Kroatische Adriaküste

Hubert Beyerle · Dietrich Höllhuber

Gratis-Download: Updates & aktuelle Extratipps der Autoren

Unsere Autoren recherchieren auch nach Redaktionsschluss für Sie weiter. Auf unserer Homepage finden Sie Updates und persönliche Zusatztipps zu diesem Reiseführer.

Zum Ausdrucken und Mitnehmen oder als kostenloser Download für Smartphone, Tablet und E-Reader.
Besuchen Sie uns jetzt!
www.dumontreise.de/kroatien-adria

DUMONT
Reise-Taschenbuch

Unterwegs an der Adriaküste

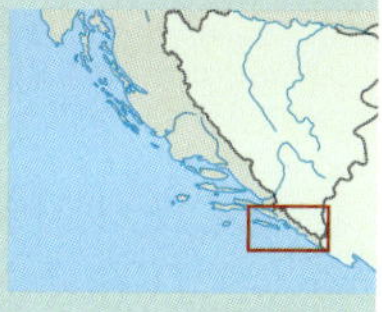

Auf Entdeckungstour

Karten und Pläne

s. hintere Umschlagklappe

▶ Dieses Symbol im Buch verweist auf die Extra-Reisekarte Kroatische Adriaküste

Liebe Leserin, lieber Leser,

das erste Mal kam ich Ende der 90er-Jahre nach Kroatien. Ich war als Student mit dem Rucksack unterwegs und erkundete das Land per Bahn und Bus. Es war März und in Zagreb regnete es ganz furchtbar. Ich war enttäuscht und wollte schon wieder weiterziehen Richtung Italien. Irgendeiner Eingebung folgend entschied ich mich am Busbahnhof, es doch noch mit der kroatischen Küste zu versuchen. Die Fahrt nach Split dauerte acht Stunden, denn die Autobahn gab es damals noch nicht. Aber als der Bus von den Bergen hinunter zur Küste fuhr, riss der Himmel plötzlich auf und die Sonne kam durch. Ich war fasziniert von der unglaublichen Küstenlandschaft. Der Eindruck blieb: Ich kam dann immer wieder, fast jedes Jahr, und blieb immer, solange es ging.

Heute gibt es günstige Flüge direkt nach Split oder Dubrovnik. Die bringen einen zwar schneller ans Ziel, haben aber den Nachteil, dass man dabei weniger sieht. Vor allem die Fahrt auf der Küstenmagistrale ist ein großartiges Erlebnis. Ich bin sie mehrfach abgefahren.

Erst später entdeckte ich auch die Inseln für mich. Im Laufe der Jahre besuchte ich die meisten von ihnen. Was mich immer wieder fasziniert: Sie haben zwar alle eine ähnliche Geschichte, wurden geprägt von Römern aus dem Westen, Kroaten aus dem Osten, Venezianern aus dem Westen, der K.-u.-k.-Monarchie aus dem Norden und dann einige Jahrzehnte von Jugoslawien. Aber dennoch hat jede Insel einen ganz eigenen Charakter entwickelt.

Der Tourismus ist an vielen Orten inzwischen weit über hundert Jahre alt. Die Menschen an der Küste haben gelernt, mit ihm umzugehen – mit ihm und von ihm zu leben, ohne sich völlig von ihm beherrschen zu lassen. Es gibt den Massentourismus und es gibt Hotelanlagen mit allem Komfort, aber es gibt auch immer noch genügend einsame Dörfer, in denen das Leben auf das Wesentliche reduziert ist. Es gibt einsame Buchten und Berge mit wundervollem Blick über das Meer. Hier Urlaub zu machen und einfach herumzureisen ist für mich immer wieder ein Erlebnis. Ich hoffe, ich kann Sie mit diesem Reiseführer dazu ermuntern, ähnliche Erfahrungen zu machen.

Ihr

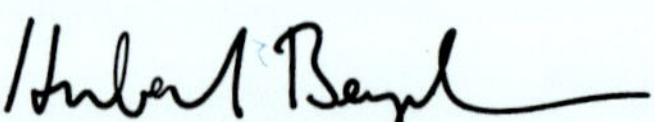

Pučišća auf der mitteldalmatinischen Insel Brač

Leser fragen, Autoren antworten

Kroatische Adriaküste – unsere Tipps

Die kroatische Adriaküste zum Kennenlernen

Mit dem Auto kann man Kroatiens Adriaküste in einer Woche ›schaffen‹. Ideal sind jedoch mindestens zwei Wochen, damit man in jedem Ort entlang der hier vorgeschlagenen Route (Gesamtlänge 870 km, pro Etappe ca. 125 km) zwei Übernachtungen einplanen kann. Für einen ersten Stopp eignet sich das pittoreske **Umag** kurz hinter der slowenisch-kroatischen Grenze. Die zweite Etappe führt mit einem Stopp in **Poreč** (alternativ Rovinj) bis **Pula** mit seiner römischen Arena. Weiter geht es nach **Rijeka,** drittgrößte Stadt Kroatiens (oder ins früh als Kurort entdeckte Opatija). Über eine Brücke gelangt man auf die Sonneninsel **Krk** und zwei Tage später auf der berühmten Küstenmagistrale ins lebhafte **Zadar.** Dann stehen das venezianisch geprägte **Šibenik** und die Metropole **Split** auf dem Programm. Letzte Station ist **Dubrovnik,** die ›Königin der kroatischen Adria‹.

Sieben Inseln in sieben Tagen

Zum Auftakt dieser Inselhopping-Tour fahren Sie von **Rijeka** auf die abwechslungsreiche Insel **Krk** mit ihren liebenswerten alten Orten. Von dort gelangen Sie per Fähre zum bäuerlich

Kroatiens Adriaküste kennenlernen

Eine Woche Inselhopping

geprägten **Cres,** das mit dem romantischen und touristisch entwickelteren **Lošinj** eine Doppelinsel bildet. Eine Abendfähre bringt Sie nach **Zadar** (Festland). Von dort erreichen Sie am dritten Tag Preko auf **Ugljan,** das durch eine Brücke mit **Pašman** verbunden ist – beide Inseln sind Radler- und Wassersportparadiese. Von Tkon (Pašman) gelangen Sie per Fähre nach **Biograd na moru** (Festland) und übernachten in **Split.** Am nächsten Morgen geht es nach Stari Grad auf der sonnigen Lavendelinsel **Hvar,** die Sie bis ans andere Ende durchqueren. In Sućuraj an der östlichen Inselspitze legt die Fähre nach **Drvenik** (Festland) ab. Sie folgen der Küste bis Ploče und setzen zur gebirgigen Halbinsel **Pelješac** über, wo schöne Strände locken und die zweitlängste Festungsmauer der Welt bestaunt werden kann. Nach einer weiteren Überfahrt landen Sie auf **Korčula.** Im gleichnamigen Städtchen fühlt man sich in venezianische Zeiten versetzt. Für die Rückreise eignet sich die Fähre von Vela Luka (Korčula) nach Split.

Welche Eindrücke und Erlebnisse erwarten mich in Kroatien?

Die einsamen Buchten und Strände natürlich, das silbern glitzernde Meer und die heitere Geschäftigkeit der Küstenorte. Man sollte auch einmal an einem Sommertag einen Segeltörn oder eine Kajaktour zwischen den Inseln unter-

Vom Wasser aus eröffnen sich ganz eigene Perspektiven auf die Insel Krk

Kultur und Museen

nehmen, in Split durch den Palast des römischen Kaisers Diokletian spazieren und an der Mole eines kleinen Hafenortes mit Blick auf die Fischerboote ein Eis schlecken. Wer genug Zeit und Entdeckungsfreude mitbringt, wird auch vom Landesinneren begeistert sein. Wenn man durch die schroffen Hänge des Küstengebirges im Hinterland oder die Ölbaumhaine und Lavendelfelder geht, an den dürren Felsfluchten der Inseln mit ihren langen Mäuerchen zwischen den Weidebereichen entlangspaziert und dabei die wie eh und je weidenden Schafe beobachtet – dann beginnt man, diese Landschaft und damit auch ihre Menschen zu begreifen.

Kommt man ohne Auto zurecht?

Wenn man gut plant und wenig Gepäck mitnimmt, kann man die kroatische Adriaküste auch gut ohne Auto erkunden. Das Busnetz ist dicht und viele Ziele sind ohnehin nur mit der Fähre oder mit dem Katamaran – der keine Autos transportiert – zu erreichen. Nach **Split** gelangt man per Direktflug oder über Zagreb per Eisenbahn oder Bus. Von dort gelangt man gut per Bus bzw. Schnellfähre auf eine der Inseln vor der Küste: **Brač, Hvar** oder auch **Šolta.** Auf den Inseln und auch in Istrien kann man viele Fahrradtouren unternehmen – in fast jedem Touristenort gibt es einen Fahrradverleih. Braucht man doch mal ein eigenes Fahrzeug, kann man es für den betreffenden Tag leihen, was in Kroatien allerdings sehr teuer ist.

Welche Städte sind kulturell besonders interessant?

Wer an Kultur und Geschichte besonders interessiert ist, sollte ein paar Tage in **Dubrovnik** verbringen, dessen historische Altstadt unter dem Schutz der UNESCO steht, ebenso wie der Diokletianspalast in **Split.** Die kroatische Metropole hat auch sonst viel zu bieten, u.a. venezianische Bauten. Venezianische Befestigungen lassen sich im malerischen **Poreč** bewundern, das allerdings stark vom Tourismus geprägt ist. **Rovinj** ist ein umwerfend charmanter Ort, der Geschichte atmet und zugleich Erholung an Meerwasser und Luft verspricht. In **Zadar** verbinden sich eine 2000-jährige Geschichte mit einem geschäftigen Alltagsleben. In den Altstadtgassen von **Trogir** begibt man sich auf eine Reise in die Zeit der venezianischen Herrschaft. Kleinstädtischen Charme versprüht **Šibenik,** das eine prachtvolle Kathedrale und alte Befestigungen sein Eigen nennt. Mit Adelspalästen und einer Renaissance-Loggia prunkt die winzige Hafenstadt **Hvar** auf der gleichnamigen Insel.

Welches sind die Top-Museen?

Nicht entgehen lassen sollte man sich das **Museum kroatischer archäologischer Altertümer** und die **Galerija Meštrović** in **Split.** In **Dubrovnik** zeigt das **Museum im Dominikanerkloster** wertvolle Renaissance-Gemälde. Das **Museum des kroatischen Küstenlandes** in **Rijeka** ermöglicht Einblicke in Alltag und Kulturgeschichte an der Küste. Das **Batana-Öko-Museum** in **Rovinj** ist ein kleines, aber ausgezeichnetes Museum zur Meeresökologie und Fischerei. Beim Besuch des **Museums in der Burg Nehaj** in **Senj** kann man in die Geschichte der Uskoken eintauchen, die aus osmanisch besetzten Gebieten geflohen waren.

Wo kann man gut Rad fahren?

Die weniger befahrenen Straßen im **Hinterland Istriens,** der **Riviera von Crikvenica,** jener von **Zadar** und der **großen Inseln** eignen sich besonders für Radfahrer. Ideal ist ein Trekkingrad – selbst auf ausgeschilderten Radwegen, wie sie rund um **Umag/Novigrad, Poreč** und **Novi Vinodolski** existieren. Auf den Inseln mit ihren oft noch nicht ausgebauten Straßen und an Küsten mit steilerem Hinterland, wie an der **Riviera von Makarska** oder an jener von **Opatija,** ist ein Mountainbike von Vorteil. Gerade auf den Inseln, die man mit Ausnahme der des Kvarner in den wenigsten Fällen mit dem Pkw ansteuert, ist das Fahrrad die beste Möglichkeit, unterwegs zu sein.

Schöne Wanderregionen und Strände

Und wo kann ich wandern?

Der dinarische Gebirgszug stößt zwischen Senj und Zadar direkt an die Adria. Hier liegt das **Velebitgebirge,** an dessen Südende der **Nationalpark Paklenica** zu schönen Wanderungen einlädt. Wunderbare Wandergebiete sind auch der Gebirgsfuß und die Hochfläche des **Biokovogebirges** südlich von Split. Selbst durch die Steilwände schlängeln sich Steige, die ›Normal-Wanderer‹ bewältigen können.

Die schönsten Strände

Der berühmteste kroatische Strand ist der **Zlatni rat,** das ›goldene Horn‹ von Bol auf der **Insel Brač.** Feiner Kies säumt beide Seiten dieses weit ins Meer ragenden Sporns. Der Strand von **Baška** auf **Krk** beeindruckt wegen seiner Länge und wegen seiner Kulisse aus nackten Felsinseln. Die Südspitze **Istriens** krönt **Kap Kamenjak** mit weitem Horizont, freigespülten Felsen und kleinen Kiesbuchten dazwischen. **Plaža Zrće** auf **Pag** ist ein echter Partystrand. Bei **Zaton** nördlich von Zadar gibt es einige sehr schöne Strände, darunter auch sandige. Bei **Makarska** (Dalmatien) ist schwer zu sagen, welcher der Strände in Reichweite der attraktivste ist.

Wo ist abends am meisten los?

Naturgemäß ist das Unterhaltungsangebot in den Städten am größten: In **Split** werden am Nationaltheater Dramen, Opern oder Ballettstücke aufgeführt. Zum Sommerfestival kommen alljährlich Stars der internationalen klassischen Musikszene nach **Dubrovnik.** Vor allem in **Split,** aber auch in **Poreč, Rovinj** und **Dubrovnik** gibt es viele Bars und Clubs, in denen oft Live-Musik geboten wird. Kroatien hat eine spezielle Strandparty-Industrie. Diese konzentriert sich um **Novalja** auf Pag,

Bei Makarska gibt es zahlreiche schöne Strände

um **Split,** in **Hvar** (Insel Hvar) sowie in **Bol** auf Brač. In Hvar etwa hat der Club Carpe Diem eine eigene Insel gepachtet, auf der bis in die Puppen getanzt wird.

Wo locken kulinarische Genüsse?

In Kroatien spielt gutes Essen eine wichtige Rolle. Es gibt eine Reihe kleiner Orte, die man im ganzen Land für ihre hervorragende Gastronomie kennt, u.a. **Volosko** bei Opatija, **Cavtat** und Umgebung im Konavle, **Mali Ston** auf der Halbinsel Pelješac oder **Skradin** an der Krka.

Wo kann ich Urlaub abseits vom Massentourismus machen?

Auf den Inseln kann man sprichwörtlich zum Robinson werden – je weiter weg von der Küste desto mehr: **Vis** oder **Mljet,** aber auch **Cres** und **Lastovo** kommen in Frage. Die meisten anderen Inseln bieten in kleineren Orten ebenfalls genug Weltfluchtmöglichkeiten. Man kann auch einfach einen Ort ohne Strand wählen, z.B. **Skradin** beim Nationalpark Krka mit wunderschöner Natur. Wer Ruhe und Einsamkeit sucht, sollte auf keinen Fall die istrische Küste oder den Abschnitt zwischen Split und Dubrovnik wählen.

Der besondere Tipp

Wer ein besonders spektakuläres Dach über dem Kopf sucht, kann einen der nicht mehr in Betrieb stehenden, oft auf kleinsten Inselchen gelegenen Leuchttürme mieten. Zurzeit werden 11 Leuchttürme als Ferienwohnungen vermietet. Sie bieten Platz für drei bis acht Personen. Je nach Saison kosten sie bis zu 1100 € pro Woche. Der Aufenthalt ist in jedem Fall ein Erlebnis (www.lighthouses-croatia.com).

NOCH FRAGEN?

Die können Sie gern per E-Mail stellen, wenn Sie die von Ihnen gesuchten Infos im Buch nicht finden:
beyerle@dumontreise.de
info@dumontreise.de
Auch über eine Lesermail von Ihnen nach der Reise mit Hinweisen, was Ihnen gefallen hat oder welche Korrekturen Sie anbringen möchten, würden wir uns freuen.

Fantastischer Ausguck über dem Meer – Lubenice, S. 131

Kulinarische Genüsse im Restaurant Peterokutna kula in Poreč, S. 95

Lieblingsorte!

Mystische Töne:
Meeresorgel in Zadar, S. 186

Grün für etwas Ruhe:
Strossmayer-Park in Split, S. 220

Magische Einsamkeit in der Bucht von Baška, S. 144

Kreative Natur – Bojinac im Nationalpark Paklenica, S. 174

Die Reiseführer von DuMont werden von Autoren geschrieben, die ihr Buch ständig aktualisieren und immer wieder und zu allen Jahreszeiten vor Ort recherchieren. So entdecken sie immer wieder Neues, und immer wieder sind idyllische Dörfer, einsame Buchten, aussichtsreiche Berge, freundliche und hilfsbereite Menschen dabei, die ihnen zu mehr als nur einem Objekt der Recherche wurden. Einige dieser ganz persönlichen Lieblingsorte seien hier genannt, Wohlfühlorte, zu denen nicht nur der Autor dieses Buches immer wieder gerne zurückkehrt.

Wehrhafte Venezianerin – Blick auf die Stadt Korčula, S. 247

Stadt und Meer in der Tiefe – Dubrovniks Hausberg Srđ, S. 271

Schnellüberblick

Istrien
Die grüne Halbinsel mit buchtenreichen Küsten und alten Städten wie Poreč, Rovinj und Pula ist ein Paradies für Wassersportler, Mountainbiker und alle, die auf der Suche nach kulinarischer Vollkommenheit sind. S. 78

Opatija und die Inseln des Kvarner
Ein Inselarchipel für Aktivreisende wie Strandurlauber, altösterreichisches Flair in Opatija und Mali Lošinj, venezianisches in Cres, Krk und Rab und überall kleinere und kleinste Seebäder. S. 116

Die Küste von Rijeka bis Paklenica
Eine der schönsten Küstenstraßen Europas ist die Adriamagistrale zwischen Rijeka und Zadar mit dem Velebitgebirge im Hintergrund und romantischen Orten wie dem von der Trutzburg Nehaj überragten Senj. S. 156

Zadar und Umgebung
Um die Stadt mit ihren zahlreichen Bauten aus venezianischer Zeit breitet sich ein entdeckungsreicher Inselarchipel aus, wie ihn sich nicht nur Segler und Taucher erträumen. S. 176

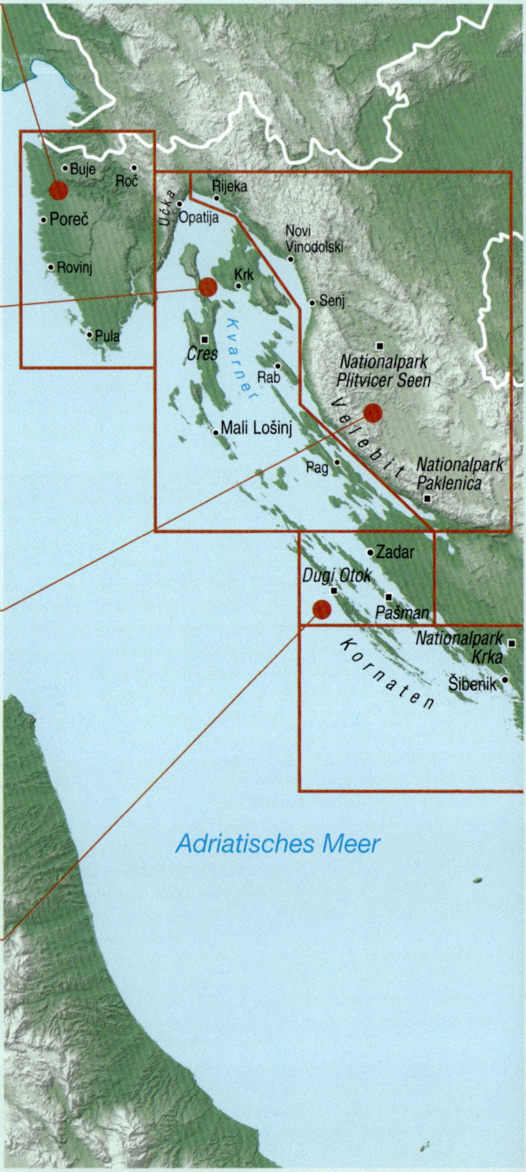

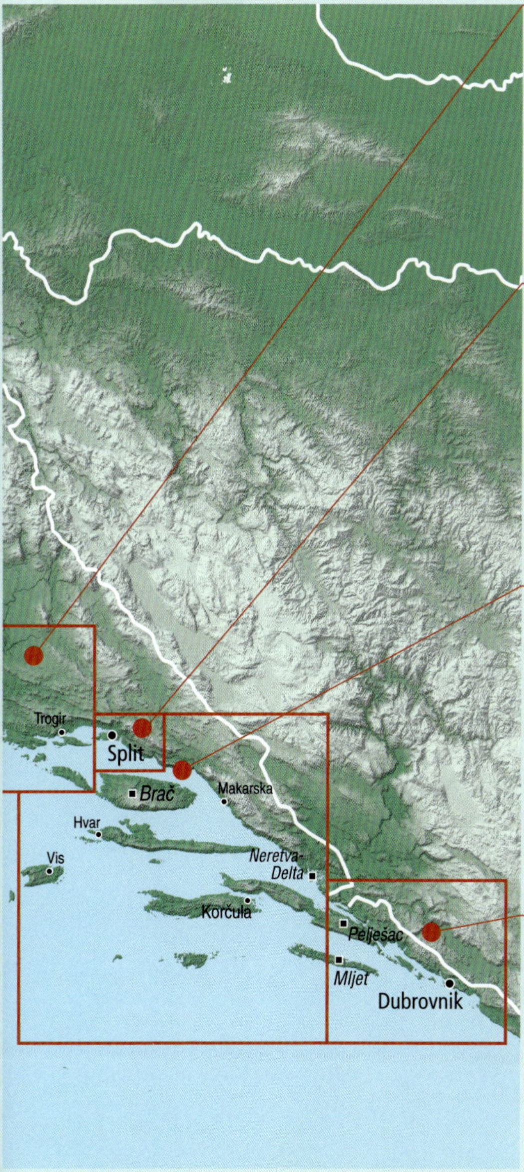

Von Šibenik nach Trogir
Zwei Städte wie aus dem Bilderbuch, Trogir als Weltkulturerbe, vor der Küste das Segelparadies des Nationalparks Kornaten, im Rücken die stäubenden Wasserfälle des Krka-Nationalparks. S. 196

Split und Umgebung
Altstadt im Kaiserpalast, ein römisches Mausoleum als Kathedrale, venezianische Neustadt und rundherum eine pulsierende moderne Stadt mit großem Hafen, von dem man alle Inseln im Süden Dalmatiens erreicht. S. 212

Zwischen Split und Dubrovnik
Brač, Hvar, Korčula, das sind die größeren der zahlreichen Inseln, die zwischen Split und Dubrovnik faszinierende Natur, unverbaute Küsten, alte Städte wie Hvar oder Korčula und idyllische Dörfer bieten. S. 230

Dubrovnik und Umgebung
Die große alte Dame der Ostadria wird von gewaltigen Festungsmauern geschützt, es ist, als ob die Altstadt 1813 in einen Dornröschenschlaf gefallen wäre – nicht nur die Stadt ist es, jeder Besucher ist von ihr verzaubert. S. 258

Reiseinfos, Adressen, Websites

Café auf Felsterrassen an der Stadtmauer von Dubrovnik

Informationsquellen

Infos im Internet

Viele kroatische Internetseiten, insbesondere die von kleineren Hotels und Pensionen, sind nicht gerade auf dem neuesten Stand. News aus dem Vorjahr bilden keineswegs eine Ausnahme; Englisch und vor allem Deutsch werden benutzt, als ob es keine Übersetzer oder gar Muttersprachler gäbe. Die wichtigste Sprache bei den touristischen Infos im Netz ist auf jeden Fall Englisch. Nur wenige Internetseiten geben allgemeine Auskünfte, ohne mit dem Zaunpfahl der Buchung von Zimmer oder Mietwagen zu winken.

www.croatia.hr
Detaillierte Informationen zu Orten und Aktivitäten der Tourismuszentrale, auch in Deutsch. Die Seite gibt gute Anregungen für Kroatienreisende – aus Sicht der kroatischen Tourismus-Profis.

www.hina.hr/English
Seite der kroatischen Nachrichtenagentur, täglich Nachrichten (auch auf Englisch).

www.forum-kroatien.de
Was Sie immer schon über Kroatien wissen oder auch nicht wissen wollten, hier finden Sie es in allen Details; ältere Wortmeldungen sind recht übersichtlich archiviert.

www.kroatien-reiseberichte.info
Ein privater Hobby-Blog mit vielen Fotos und Berichten eines Caravan-Fans, viele Campingplätze werden genannt.

www.mint.hr
Das kroatische Ministerium für Tourismus informiert auf seiner Website auch auf Englisch über neueste Vorschriften oder Regelungen für Touristen.

Fremdenverkehrsämter

... in Deutschland

Kroatische Zentrale für Tourismus
Stephanstr. 13, 60313 Frankfurt/Main
Tel. 069 238 53 50
info@visitkroatien.de
www.croatia.hr

Kroatische Zentrale für Tourismus
Sonnenstraße 8
80331 München
Tel. 089 22 33 44
office@visitkroatien.de

... in Österreich

Kroatische Zentrale für Tourismus
Liechtensteinstr. 22 a
1090 Wien
Tel. 01 585 38 84
office@kroatien.at

Hauptbüro in Kroatien

Hrvatska Turistička Zajednica
(Kroatische Tourismuszentrale)
Iblerov trg 10/IV
10000 Zagreb
Tel. 01 469 93 33
info@htz.hr
www.croatia.hr

Jeder Ort an der Küste hat eine Touristeninformation, die oft auch sonntags geöffnet ist, in kleinen Ortschaften allerdings nur in der Hauptsaison, also im Juli und August. Weder die Qualität der Beratung noch das zur Verfügung stehende Prospektmaterial sind sonderlich gut, vor allem weil offizielle und private Interessen oft eng verflochten sind. Die wenigsten Infostellen vermitteln Zimmer, und in den

Listen der Beherbergungsbetriebe, die man bekommt, werden im Regelfall keine Preise genannt.

Die Tourismus-Informationsstellen der einzelnen Orte und Regionen sind bei den jeweiligen Ortsbeschreibungen im Reiseteil angegeben. Offizielle, also staatliche und kommunale Infostellen nennen sich **TZG**, also Turistička Zajednica Grada, oder **TU**, Turistički Ured. Ein **Turist Biro** ist meistens ein privates, also kommerzielles Büro.

Lesetipps

Der Buchmarkt bietet reichlich Literatur – hier eine Auswahl der besten und interessantesten Titel, um sich auf das Land einzustimmen oder ihm näherzukommen.

Amode, Martin u. a.: Der Kvarner. Die schönste Bucht der Adria – Cres, Krk, Lošinj, Rab. Klagenfurt (Carinthia) 2005. Liebeserklärung an den Kvarner von einem österreichischen Autorenteam, das u.a. Gastronomietipps und mehrere ausgezeichnete regionale Rezepte enthält.

Bodrožić, Marica: Tito ist tot. Erzählungen. München (btb) 2013. Kurze Geschichten der in Dalmatien geborenen und in Deutschland lebenden Autorin, meist sehr persönliche Naturschilderungen.

Bremer, Alida: Olivas Garten. Frankfurt/Main (Eichborn) 2013. Das unverhoffte Erbe eines Olivenhains an der dalmatinischen Küste ist der Beginn einer Reise der Autorin in die eigene Vergangenheit.

Bremer, Alida (Hg.): Südliche Luft. Liebeserklärungen an Kroatien. Berlin 2008. Eine Sammlung leicht lesbarer Geschichten von unterschiedlichen Autoren über und aus Kroatien ist hier zusammengestellt, darunter sind Juli Zeh und Wladimir Kaminer.

Ferić, Zoran: In der Einsamkeit nahe dem Meer, Wien (Folio) 2017. Ein flotter Roman über Sonne, Freiheit und Testosteron in den 1970er-Jahren. Er spielt auf der Insel Rab.

Harris, Robin: Dubrovnik. A History. London 2006. Das Buch zur Geschichte Dubrovniks (nur auf Englisch).

Held, Kurt: Die Rote Zora und ihre Bande. Frankfurt/Main (diverse Ausgaben, z.B. Fischer 2015). Jugendbuchklassiker, der in Senj und Bakar angesiedelt ist (die Verfilmung als TV-Serie von 1978/79 und der Kinofilm von 2008 sind auf DVD erhältlich).

Istrien (1997), **Dalmatien** (1998), **Karst** (1997) und **Dubrovnik** (2001). Klagenfurt (Wieser Verlag). Die Bände der Reihe »Europa erlesen« versammeln eine Fülle von Textausschnitten aus der deutschsprachigen Literatur über diese Region.

Jergović, Miljenko: Das Walnusshaus. München (Heyne) 2009. Ein großartiger Roman, der hauptsächlich in Dubrovnik und Sarajevo in den Wirren der vergangenen hundert Jahre spielt.

Mappes-Niediek, Norbert: Kroatien. Das Land hinter der Adria-Kulisse. Berlin (Ch. Links) 2009. Dieses Werk ist kein Führer, sondern ein Porträt dessen, was dem Touristen meist verborgen bleibt.

Rada, Uwe: Die Adria. Die Wiederentdeckung eines Sehnsuchtsortes. München (Pantheon) 2014. Eine schön erzählte und gut lesbare Kulturgeschichte der Adria, in der auch erzählt wird, wie sie zu ihrem Namen kam.

Salvator, Ludwig, Erzherzog von Habsburg: Mit der Jacht entlang der kroatischen Küste (1870–1910). Hannover (HZ-Verlag) 1998. Kommentierter Nachdruck der Reiseberichte über die kroatische Küste, vor allem jedoch über Opatija, Bakar, Ston und Dubrovnik, mit allen Abbildungen des Originals.

Wetter und Reisezeit

Klima

Die kroatische Adriaküste ist keineswegs regenarm, aber die Niederschläge fallen vor allem im Winterhalbjahr, während im Sommer wochenlang die Sonne scheint. Auf den Bergen, der Učka in Istrien und dem Velebitgebirge, fällt der meiste Regen. Die feuchten Nordwestseiten der Gebirge sind üppig bewachsen, die trockenen Südostseiten karg und kahl. Dazu trägt auch die Bora (kroat. *bura)* bei, ein vom Festland kommender Fallwind, der eiskalt und mit hoher Geschwindigkeit auf die Nordostseiten der Inseln prallt. Die Südküsten erwärmen sich bereits im Spätwinter so sehr, dass man am liebsten baden gehen möchte, umso mehr, wenn ein dahinter aufragendes Gebirge, etwa in Bol auf Brač, die Sonnenstrahlen wie ein Hohlspiegel bündelt. Die niedrigeren Inseln wie die Kornaten in Norddalmatien, auf denen es kaum Wolkenstau gibt, haben geringere Niederschläge.

Wettervorhersagen findet man z. B. auf **www.wetter.net.**

Klimadiagramm Pula

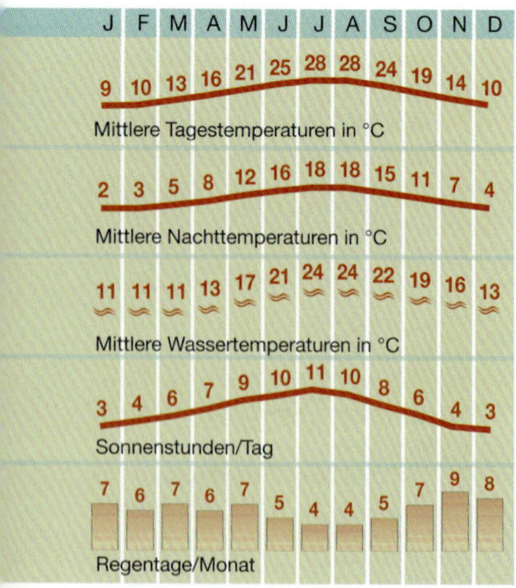

Reisezeit

Wer sein Hauptaugenmerk auf ein angenehmes Reisewetter richtet, der reist am besten im Mai oder Juni bzw. von Mitte September bis Ende Oktober. Im späten Frühjahr ist es noch grün, die Hotels und Sehenswürdigkeiten haben bereits geöffnet, sind aber nicht überlaufen. Im Mai kann man bereits häufig, im Juni auf jeden Fall im Meer baden. Im Herbst hat das Wasser noch angenehme Temperaturen; das Wetter ist trocken, denn die Winterregen kommen erst im November. Diese Monate sind zudem die besten für Wander- und Radtouren. Auch der April ist ein guter Reisemonat, man muss jedoch noch mit Regen rechnen und sich für abendliche Spaziergänge mit einer warmen Jacke oder Weste rüsten.

Wer vor allem zum Baden kommt, sollte zwischen Juli und September reisen. Dann gibt es praktisch keinen Regen bis auf ein paar Gewitter, es kann aber sein, dass ein – aus dem Süden wehender – Schirokko die Luft tagelang so schwül macht, dass man kaum atmen kann. An Küsten mit gebirgigem Hinterland bringt jedoch meist ein abendlicher Landwind etwas kühlere Luft.

Von November bis März ist es an der Küste wunderschön und mild; meist fällt kein Schnee. Für Wanderer, die nicht gerade in die Gipfelregion des Velebitgebirges wollen, ist das Wetter oft sehr günstig. Doch die meisten Touristenhotels sind geschlossen.

Hauptsaison ist von Mitte Juli bis Mitte August. Der 15. August beendet

Frühling in Istrien – Orchideenblütezeit

die traditionelle Urlaubssaison der Italiener. Planen Sie Ihren An- oder Abreisetermin nicht für das Wochenende um dieses Datum. Sobald die Italiener als Gäste wegfallen, fallen die Preise. In vielen Fällen wird auch die zweite Julihälfte zur Hauptsaison gerechnet, vor allem dort, wo deutsche und österreichische Gäste dominieren.

Wenig billiger, aber deutlich ruhiger ist es in der **Zwischensaison,** die den Rest von Juli und August umfasst, während die **Nebensaison,** die von Ostern bis zumeist Ende September oder, weiter im Süden, Mitte Oktober reicht, deutliche Preisnachlässe bringt. Im Winter schließen viele Hotels, auch in Touristenhochburgen wie Poreč hat dann nur ein einziges Großhotel geöffnet, Apartments und Privatzimmer sind in dieser Zeit kaum zu bekommen. Dies trifft nicht auf die großen Orte wie Rijeka, Split und Dubrovnik zu: Dort schwanken die Preise jahreszeitlich wenig; Apartments und Privatzimmer werden das ganze Jahr über angeboten!

Die kroatische Adriaküste im Jahreslauf

Spätwinter, frühes Frühjahr: An den Küsten bei Opatija und in Dalmatien blühen Mimosen, Judasbaum und Pittosporum – der Frühling zieht drei Wochen früher als in Mitteleuropa ein.
Frühjahr: Kulinarischer Frühling in Istrien, Wildspargelzeit! Auf den Inseln des Kvarner und Dalmatiens blüht die Macchie. Auch erste Orchideen blühen.
Frühsommer: Lavendelernte auf den Inseln. Im Velebit- und Biokovogebirge ist der Schnee abgeschmolzen und Wanderwege locken, die wenigen Quellen sprudeln noch.
Sommer: Ganz Küstenkroatien ist ein Freizeitparadies!
Herbst: Dalmatien bietet warmes Meer und angenehme Lufttemperaturen bis in den November hinein; in den Bergen kann man wieder wandern.
Winter: Um ein paar Grad wärmer als Mitteleuropa ist es an der Adriaküste allemal – die Riviera von Opatija ist ein ideales Ziel für Winterurlauber.

Anreise und Verkehrsmittel

Einreisebestimmungen

Bei einem Aufenthalt bis zu drei Monaten genügt ein Reisepass oder Personalausweis für die Einreise nach Kroatien. Kinder benötigen unabhängig vom Alter ein eigenes Reisedokument. Schweizer Autofahrer haben neben Führerschein und Wagenpapieren die Internationale Grüne Versicherungskarte mitzuführen (auch für andere Autofahrer sinnvoll, da sie die Schadensabwicklung erleichtert).

Zoll: Bei der Einfuhr sind Gegenstände des persönlichen Gebrauchs zollfrei sowie pro Erwachsenem 300 Zigaretten, 200 Zigarren oder 1 kg Tabak, 10 l Spirituosen. Wertvolle elektronische Geräte und Sportausrüstung müssen an der Grenze als Eigenbedarf deklariert werden.

Mitnahme von Haustieren: Hund (außer Kampfhund) und Katze dürfen mit, sofern sie eine Tätowierung oder einen Mikrochip haben und ein internationales Zertifikat bestätigt, dass das Tier gesund ist. Außerdem brauchen sie einen Internationalen Impfpass, in dem insbesondere die Tollwutimpfung (mind. 15 Tage alt, höchstens sechs Monate) eingetragen ist.

Anreise

... mit dem Flugzeug

Linienflüge verbinden die größeren mitteleuropäischen Flughäfen mit Zagreb, wo man Anschlussflüge nach Pula, Rijeka-Krk, Brač, Zadar, Split und Dubrovnik bekommt. Im Sommer gibt es viele direkte Linien- oder Charterverbindungen von Mitteleuropa nach Pula, Split, Zadar, Brač und Dubrovnik, siehe z.B.: www.croatiaairlines.hr, www.easyjet.de, www.germanwings.com.

... mit der Bahn

Die Anreise mit der Bahn ist auf einige wenige direkte Verbindungen beschränkt. Man kann bis Zagreb fahren und steigt dann um, etwa nach Split, was mit der Bahn noch einmal rund sechs Stunden dauert. Nach Rijeka fährt außerdem ein Direktzug von Ljubljana (Slowenien), der etwa drei Stunden braucht. Auch von Zagreb kommt man nach Rijeka, was aber ein Umweg ist, wenn man sowieso über Ljubljana fährt.

Der EC 113 (in Österreich: 213) fährt von Frankfurt in 13 Std. bis nach Zagreb. Ein EuroNight (EN 50463) startet in München und ein zweiter (EN 40465) in Zürich. Letzterer braucht 14 Stunden bis Zagreb. Alle fahren über Villach, wo auch ein weiterer Direktzug (211) bis nach Zagreb abgeht. Ein weiterer EuroNight fährt von München direkt nach Rijeka an die Küste, nicht über Zagreb, sondern über Ljubljana in 10 Stunden (EN 60463).

Von Wien nach Zagreb fährt außerdem einmal am Tag ein direkter Zug (EC 159) – in fast sieben Stunden.

... mit dem Bus

Europabusse verbinden die großen Städte Mitteleuropas mit fast allen größeren Orten Kroatiens (z.B. Nürnberg–Split ca. 18 Std.). Angebote ab ca. 100 € (hin und zurück). Eurolines (www.eurolines.com) und Flixbus (www.flixbus.de) sind die wichtigsten Anbieter. Eine gute Option ist auch der neue IC-Bus der Deutschen Bahn von München nach Zagreb (3 x tgl., ab 29 €).

Einen guten und zeitgenauen Überblick geben Verbindungsportale wie www.busliniensuche.de oder www.fromatob.de.

... mit dem Auto

Autofahrer gelangen auf drei Hauptstrecken ins Land: entweder über Salzburg, Tauerntunnel, Villach, Loibltunnel und Ljubljana; die Strecke bis dorthin und die Fortsetzung bis Piran ist als Autobahn ausgebaut, nicht jedoch der Grenzübergang nach Kroatien in Richtung Rijeka. Oder man wählt den Reiseweg Nürnberg–Pyhrn–Adria über Passau–Wels–Graz–Maribor und weiter über Zagreb und die Plitvicer Seen nach Zadar. In Maribor kann man über Ljubljana an die nördliche Adria abzweigen. Diese Strecke ist langwieriger als die Verbindung über den Loibltunnel, aber erholsamer und besonders Familien zu empfehlen. Eine weitere Variante ist die italienische Autobahn (ab Villach) über Udine und Triest mit Anschluss nach Slowenien, Schweizer nehmen die italienische A 4 zwischen Mailand und Triest.

Die großen Tunnel und die italienische, slowenische und die anschließende kroatische Autobahn sind Mautstrecken. In Österreich und Slowenien werden für die Autobahnbenutzung Vignetten benötigt. In Kroatien zahlt man mehrfach kleinere Beträge an mehreren Mautstationen. Insgesamt kostet die Autobahnbenutzung für einen Pkw von Salzburg bis Kroatien derzeit rund 40 €, in Kroatien selbst von der slowenischen Grenze bis z. B. Split noch einmal 23 €.

Die Bildung von Rettungsgassen ist Pflicht auf Österreichs Autobahnen und Schnellstraßen (überall, wo die Autobahnvignette benötigt wird), bei stockendem Verkehr oder Stau, auch wenn sich noch kein Einsatzfahrzeug nähert. Bei Behinderung von Einsatzfahrzeugen sind Geldstrafen bis zu 2180 € möglich (www.rettungsgasse.com).

... mit dem Schiff/der Fähre

Große Autofähren verbinden Ancona mit Zadar (Gaženica), Hvar (Stari Grad) und Split sowie Bari mit Dubrovnik. Wer in Dalmatien Urlaub macht, sollte diesen Anreiseweg in Erwägung ziehen. Wegen der Vignetten für die österreichischen und italienischen Autobahnen und der Fährkosten ist dies die teuerste, aber auch am wenigsten anstrengende Variante. Die Autofähren zwischen Italien und Kroatien werden betrieben von Jadrolinija (www.jadrolinija.hr), im Sommer setzt Venezialines (www.venezialines.com) ein Schnellboot (Katamaran) ein.

Verkehrsmittel im Land

Bus

Mit dem Bus ist man in Kroatien bequem, rasch und sehr preisgünstig unterwegs, allerdings fahren die Busse oft sehr früh am Morgen. Die Fernbusse sind anders als die Stadtbusse meist neuer und mit Klimaanlage und Videogerät ausgestattet, Bustoiletten sind nicht geöffnet, sehr kurze Pausen in großen Abständen! Fahrkarten gibt es in den Busstationen oder sonst auch im Fahrzeug.

Nicht jeder Bus stoppt an allen Haltestellen – versichern Sie sich vor der Abfahrt, dass er dort hält, wo Sie hinwollen. Das Netz ist dicht, besonders entlang der Hauptverkehrslinien. Auf den Strecken Zadar–Split, Zagreb–Rijeka, Zagreb–Zadar und Zagreb–Split fahren bis zu 40 Buspaare täglich. Auf den großen Strecken verkehren meist mehrere Linien; insgesamt gibt es Dutzende von Betreibern. Leider sind Auskünfte über Buslinien, die nicht am Auskunftsort beginnen oder enden, sehr schwer zu bekommen, eine nationale Übersicht gibt es nicht.

Bahn

Innerhalb Kroatiens ist nur das Binnenland recht gut erschlossen, für die Adria und Istrien ist das äußerst dünne Bahnnetz auf Zagreb ausgerichtet und für Urlauber eher ungeeignet. Die sehr langsamen Züge haben Waggons der ersten und zweiten Klasse. Die Preise liegen in Kroatien deutlich über denen der Busse. Fahrplan unter www.hzpp.hr (engl./kroat.).

Taxi
Taxen gibt es in allen größeren Städten. Der Taxameter muss eingestellt sein, die Preise sind in etwa so hoch wie in Deutschland: Start mit bis zu 3 € plus 1–1,50 € je Kilometer.

Fähren
Die kroatische Fährgesellschaft Jadrolinija verbindet alle größeren Inseln durch Autofähren mit dem Festland, im Sommer auch untereinander. Reservierungen sind nicht möglich. Im Sommer und an Feiertagen müssen Autofahrer trotz außerplanmäßiger Fähren mit stundenlangem Warten rechnen, Linienbusse werden bis zum letzten möglichen Moment an der wartenden Autoschlange vorbei auf die Schiffe geladen (Informationen und Fahrpläne über die Zentrale von **Jadrolinija**, Riječki Lukobran bb., 51000 Rijeka, Tel. 051 21 14 44, www.jadrolinija.hr).

Neben der staatlichen Jadrolinija gibt es noch vier weitere Gesellschaften, die meist nur ein oder zwei Linien betreiben: Diese sind Kapetan Luka (www.krilo.hr), G&V Line (www.gv-line.hr), LNP (http://lnp.hr) und Rapska plovidba (www.rapska-plovidba.hr). Um Infos über den Fahrplan einer Fährlinie zu erhalten, muss man also wissen, welche Gesellschaft sie betreibt.

Verkehrsregeln
Die Verkehrsregeln entsprechen offiziell denen Mitteleuropas. **Abblendlicht** ist Ende Okt.–Ende März auch tagsüber Pflicht, in Slowenien immer.
Die **Höchstgeschwindigkeit** beträgt in Orten 50 km/h, außerhalb 80 km/h, auf Schnellstraßen 100 km/h und auf Autobahnen 130 km/h; für Gespanne gelten außerhalb geschlossener Ortschaften generell 80 km/h. Die **Promillegrenze** liegt bei 0,5 Promille, für Fahrer bis 24 Jahre sogar bei 0,0 Promille.
Alle **Unfälle** müssen der Polizei gemeldet werden, bei sichtbaren Schäden am Fahrzeug ist für die Ausreise ein Polizeiprotokoll nötig.

Flugzeug
Croatia Airlines Croatia Airlines (www.croatiaairlines.hr, Tel. 072 50 05 05, vom Ausland Tel. 00385 16 67 65 55) betreibt ein relativ dichtes innerkroatisches Flugnetz. Die Preise entsprechen etwa denen im deutschsprachigen Raum. Größere Flughäfen: Zagreb, Pula, Rijeka (auf der Insel Krk), Brač (nur Charter), Zadar, Split, Dubrovnik.

Mietwagen
Die großen internationalen Firmen gibt es an allen Flughäfen, zudem sind sie in Kroatien mit Niederlassungen vertreten: www.hertz.hr, www.budget.hr, www.avis.com, www.sixt.com.

Autofahren in Kroatien
Autofahren ist in Kroatien weniger regelbetont als in Deutschland. Es wird viel öfter überholt, auch bei durchgezogener Mittellinie. Dann wird erwartet, dass man dem Überholenden, auch dem entgegenkommenden, beim Einscheren hilft. Besonders gefährlich ist wegen ihrer vielen Kurven die Küstenstraße zwischen Rijeka und Dubrovnik. Bei Regen ist sie schmierig und auch ohne Gegenverkehr riskant!

Schutzbriefe
Die Schutzbriefschecks ausländischer Klubs werden zwar vom kroatischen

Automobilklub HAK akzeptiert, aber nicht von den Reparaturdiensten, die vom HAK vermittelt werden und das Abschleppen übernehmen. Bei Unfällen ist unbedingt eine polizeiliche Unfallbestätigung einzuholen *(potvrda)*, am besten verwendet man den »Europäischen Unfallbericht«. Die Abwicklung übernimmt in der Regel das kroatische Versicherungsbüro **Hrvatski ured za osiguranje,** Martićeva 73, 10000 Zagreb, Tel. 01 469 66 00, www.huo.hr.

Übernachten

Hotels und Pensionen

Kategorien

Für Hotels gibt es die staatlich festgelegten Kategorien von 1 bis 5 Sternen, für Pensionen werden 1, 2 oder 3 Sterne vergeben. Die Kategorie ist von Kriterien abhängig, die für den Gast eines Hotels oder einer Pension oft gar nicht wichtig sind – mit gleichen Möbeln eingerichtete Zimmer werden derselben Kategorie zugerechnet, ganz egal, wie neu oder abgewohnt sie sind.

Preise

Zwischen Neben- und Hauptsaison schwanken die Preise sehr, in der Hauptsaison sind sie oft viermal so hoch. Während in der Nebensaison ein Doppelzimmer in einem Mittelklassehotel im Hinterland noch 40 oder 50 € kosten mag, werden das in der Hochsaison gerne 150 € oder mehr, je nach Ausstattung. Manche Hotels verlangen Aufschläge von 30 %, wenn man weniger als drei Nächte bucht. Ein Großteil der kroatischen Hotels ist in der alljährlich erscheinenden kostenlosen Broschüre »Kroatien – Hotels« der kroatischen Fremdenverkehrswerbung zusammengefasst (keine Preisangabe).

Buchen im Internet

Die Buchungsplattformen Booking (www.booking.com), Kayak (www.kayak.com) oder Airbnb (www.airbnb.com) haben die Vermietung von Zimmern und Apartments vollkommen verändert. Sie bieten ein riesiges Angebot aller Preisklassen und so gut wie überall. Auch Hotels sind oft auf den Websites vertreten. Diese lassen sich den Service natürlich über Gebühren bezahlen. Bei Booking und Kayak zahlt diese der Vermieter, bei Airbnb hauptsächlich der Mieter.

Klassische **Reiseveranstalter** bzw. **Vermittler** bieten Unterkunft und Reise, meist auch Ausflüge an. Der größte für Kroatien ist Riva in München (www.kroatien-idriva.de) mit einem umfangreichen Angebot an **Ferienwohnungen** und **Privatunterkünften**. Gut ist www.lastminute.de, wo man nach dem Baukastenprinzip **Flug, Hotel** und **Mietwagen** auswählen kann.

Hotels (meist hochpreisig und selten wirklich »last minute«) bieten die folgenden Websites: www.hotels.com hat derzeit das größte Angebot für Kroatien im Drei- bis Viersternebereich, die Preise entsprechen den vom Hotel verlangten. Weniger Auswahl bieten www.ehotel.de, www.travelocity.de und www.ebookers.de sowie www.hotelrooms.com. Eine Anzahlung nimmt der australische Anbieter www.hotelclub.com (bzw. www.ratestogo.de), dafür gibt es bei jeder Buchung Travel-Dollars, die man bei der nächsten Reise einsetzen kann. Außerdem ist die Seite

Urlaub auf dem Bauernhof
Der Urlaub auf dem Bauernhof (Agrotourismus, *Agriturizam, Ruralni turizam*) ist eine echte Wachstumsbranche, vor allem in Istrien. Im Gegensatz zur Hotellerie hat er keine alten Wurzeln, in Tito-Jugoslawien war Privatinitiative nicht gefragt. Das Niveau ist generell hoch, die Zimmer sind gut ausgestattet, oft mit Kochnische und fast immer mit TV-Gerät. Ein wichtiger Bestandteil des Aufenthalts ist es, den Alltag der Landwirte mitzuerleben.
Auf der Website www.dalmatia.hr gibt es unter dem Stichwort »Agrotourismus« eine Liste der Anbieter, Ähnliches findet man auch bei www.istra.hr unter »Das Grüne Istrien«.

tatsächlich »last minute«, hier sind Preisabstriche in letzter Minute nahezu die Regel.

Budget-Hotels gibt es in Kroatien noch kaum, die Internetsuche bringt entsprechend wenige Treffer. Nur Split hat an der Küste ein einigermaßen akzeptables Angebot: www.hostels.com bzw. www.hostelz.com.

Das mit Abstand größte Angebot an **Apartments** und **Ferienwohnungen** findet man bei www.atraveo.com. Andere Anbieter im Web sind www.fewo-direkt.de, www.interchalet.com und www.kroatien-adrialin.de, letzterer ebenfalls mit umfangreichem Angebot.

Privatzimmer

In allen Touristenorten gibt es Privatzimmer, das Angebot und die Preise sind vom Staat geregelt. Fast alles läuft heute über die o.g. Buchungsplattformen im Internet. In manchen Orten werden Zimmer auch an Fähranlegern und Busstationen von daselbst mit einem Schild Wartenden angeboten (z.B. am Fährhafen und Busbahnhof in Split), es ist jedoch in jedem Fall besser, sich an ein »Turist Biro« zu wenden (so nennen sich meist die Agenturen, die Zimmer und Apartments vermieten).

Jugendherbergen

In den größeren Orten an der Küste gibt es private Hostels und die klassischen Jugendherbergen des kroatischen Jugendherbergsverbandes. Ganzjährig geöffnete Jugendherbergen findet man in Pula und in Krk. Im Sommer (Juli und August) sind Herbergen in Borik bei Zadar, Šubićevac bei Šibenik und in Dubrovnik geöffnet, in denen Schlafplätze in der Regel mindestens zwei Wochen vorher reserviert werden sollten. In der Hochsaison sind die Jugendherbergen meist von Jugendgruppen ausgebucht.

Infos erteilt der **Kroatische Jugendherbergsverein,** Savska 5, 10000 Zagreb, Tel. 01 482 92 94, www.hfhs.hr (auf Kroatisch und Englisch; gute Seite mit allen Jugendherbergen).

Camping

Campingplätze, meist »Autocamp« genannt, sind das A und O der kroatischen Adriaküste. Von Umag bis Cavtat gibt es an der Festlandküste und auf den Inseln Hunderte von Campingplätzen – vom Luxusplatz bis zur einfachen privaten Anlage. Die offiziellen Plätze sind in der alljährlich erscheinenden kostenlosen Broschüre der Kroatischen Fremdenverkehrswerbung »Kroatien – Camping« mit Bildern und Kurzbeschreibungen zusammengefasst.

Internet: www.camping.hr – auch auf Deutsch, mit zahlreichen weiterführenden Links.

Essen und Trinken

Die Küchen Küstenkroatiens haben viel gemeinsam: Von Istrien bis Süddalmatien sind die Leidenschaft für das Grillen von Fisch, Fleisch und Gemüse, die Zubereitung von Nudeln und Risotti nach italienischer und von Palatschinken nach österreichisch-ungarischer Art zu finden. Der Kniefall vor dem touristischen Massengeschmack mit immer neuen Pizzerien ist leider allerorts im Trend. An Grundprodukten und Zubereitungsarten kennt man hier wie dort Mediterranes wie Oliven und Olivenöl, Reisgerichte und Mittelmeerfisch, ebenso Dinarisch-Balkanisches wie gefüllte Paprikaschoten, Hackfleischgerichte, Spießchen. Auch die Methode des langsamen Garens unter einer Metallglocke, der *peka* oder *čripnja*, über die Glut gehäufelt wird, ist beiden Regionen gemeinsam.

Dennoch gibt es deutliche Unterschiede zwischen der istrischen und der dalmatischen Küche, wobei der Kvarner eine Übergangszone bildet. Nirgendwo in Kroatien ist der Streifen mediterraner Vegetation so breit wie in **Istrien,** das Angebot an Gemüsen und Früchten so groß. Die Küche kann es sich leisten, mehr Fleisch zu verwenden, denn es gibt gute Weiden und in den Wäldern leben Wildschweine, Rehe und Hasen. Italienische und altösterreichische Einflüsse sind in Istrien und im Kvarner am stärksten.

Verglichen mit Istrien ist **Dalmatien** arm, die Küche schlicht. Sie ist hier stärker vom Meer bestimmt, es wird weniger gegrillt, man gart stattdessen in der Brühe. Aus der Not entstand der *brodet*, der köstliche Fischeintopf, aus Sparsamkeit die Zubereitungsart *na lešo*, im Sud, bei der nichts verloren geht. Aus dem Hinterland stammen die Krautrezepte, etwa *salma* (Krautwickel), wie sie auch aus Griechenland und der Türkei bekannt sind. Das beliebteste Gemüse ist Mangold, den man mit gekochten Kartoffeln vermischt zum *na lešo* gekochten Fisch isst. Lammfleisch und Schafskäse, der köstliche dalmatinische Rohschinken, *pašticada*, Rinderbraten aus der Keule sind den Feiertagen vorbehalten.

Spezialitäten von der kroatischen Küste

Vorspeisen

Kroaten essen gerne eine Vorspeise, besonders beliebt sind Rohschinken und Schafskäse. Ein paar grüne Oliven sollten nicht fehlen. Der Rohschinken, *pršut*, aus Istrien oder Dalmatien ist von höchster Qualität, mit den Industrieschinken, die bei uns auf den Tisch kommen, hat er nichts zu tun. Käse, *sir*, wird praktisch nie nach dem Essen verzehrt, sondern immer als Vorspeise. Der beste und bekannteste Schafskäse, der *paški sir*, kommt aus Pag und ist recht teuer. Aber auch andere Inseln und Gegenden produzieren hervorragenden Käse. Besonders schmackhaft ist der von Frauen in den Dörfern auf der Insel Krk hergestellte Schafskäse.

Erster Gang

Fischsuppe und *manestra* sind die wichtigsten Suppen an der Küste. Die Fischsuppe ist meist eine passierte Suppe ohne Einlage. *Manestra* ist eine Gemüsesuppe, in die alles hinein kommt, was der Garten gerade hergibt; sie ist nicht nur dem Namen nach der italienischen Minestrone verwandt. Wo Steinpilze vorkommen, isst man sie gerne im Omelett. In Istrien gibt es die typischen Fuži-Nudeln, hoffentlich hausgemacht, mit einem Wild- oder Rindsragout. Auf Krk zieht man die dortigen *šurlice* vor, die man zum Lammragout reicht. Oder man serviert zu den Ragouts *njoki*, Verwandte der italienischen Gnocchi und der österreichischen Nockerln. Aus der Armeleuteküche Venetiens stammend, hat *pasta e fasoi*, zusammen gekochte Nudeln und dicke Bohnen (Saubohnen), jetzt auch in guten istrischen Restaurants einen Platz.

Hauptgang

Fisch oder Fleisch? Die Antwort gibt auch der Geldbeutel vor: Ein Fischgericht aus Weißfisch (Brasse, Barsch) kostet meist doppelt so viel wie ein Fleischgericht. Fisch und Meeresfrüchte sollten auf der Speisekarte mit Kilopreisen versehen sein, das Kilo Weißfisch kostet ab 30 €, meist bis zu 50 €. Eine anständige Portion Fisch vom Grill für zwei Personen wiegt meist nicht unter 700 g – das ist für die meisten Kroaten zu teuer. Billiger ist nur die Makrele, die man gerne vom Grill isst.

Fisch und anderes Meeresgetier ist besonders schmackhaft, wenn es aus dem Backofen kommt, unter der *peka* mit Kartoffeln gegart wird. Die Zubereitung *na lešo*, bei der man die vorher marinierten Fische und Meerestiere in einer Brühe ziehen lässt, eignet sich besonders für den einfacheren Fisch. Dazu wird in Dalmatien Mangold mit Salzkartoffeln serviert. Das Grillen ist nur bei besonders gutem Fisch empfehlenswert. Eine schmackhafte Zubereitungsart für Krusten- und Schalentiere ist *na buzaru* (alla buzzara): Dabei werden die Scampi oder Muscheln (oder, wenn man es sich leisten kann, Hummer) in einer Kräuter-Knoblauch-Olivenölmischung geschmort, was einen wunderbaren Duft ergibt. Ein Gericht besonderer Art ist der *brodet (brudet)* Dalmatiens, ein Fischragout nach Art der Bouillabaisse, das so gehaltvoll ist, dass man es als Hauptgericht reicht. Für den *brodet* (von ital. *brodetto)* werden verschiedene Fische, Krusten- und Schalentiere in einem Fischsud mit Kräutern geschmort, bis nur noch wenig Saft zurückbleibt. Dazu gibt es Brot oder Polenta. Die beliebten *kalamari*, die man vom Rost oder leicht paniert und frittiert bekommt, schmecken im Winter und im Frühjahr während der Paarungszeit der Tiere am besten.

Im Binnenland Istriens und im Hinterland von Rijeka hat die Forelle ihren festen Platz auf den Speisekarten. Der Aal ist eine Spezialität des Neretva-Deltas und der unteren Cetina.

Überall an der Küste wird gerne Lammfleisch gegessen. Man schmort Rippchen, Schulter und Haxe zusammen mit Kartoffeln und Kräutern (Rosmarin, Lorbeer) im Ofen oder unter der *peka*. Das ist natürlich ein Festtagsessen, für Ostern etwa. Auch die dalmatinische *pašticada*, ein gespickter Rinderschmorbraten, kommt nur zu besonderen Anlässen auf den Tisch. Preiswerter sind Hackfleischgerichte, z.B. die früher überaus beliebte *pljeskavica*, eine große Frikadelle. Die mit Hackfleisch gefüllten Krautwickel, wie sie in Sinj geschätzt werden, sind enge Verwandte der griechisch-türkischen *dolmades*, die es, gerne mit einer Eier-Zitronensauce, auch als Hauptgericht gibt.

Zu empfehlen ist schließlich der *burek*, den man in vielen Bäckereien noch warm bekommt. Er besteht aus einem speziellen Strudelteig mit einer Quarkfüllung (wie der türkische Börek, von dem er abstammt), auch andere Füllungen (Mohn, Apfel) sind möglich.

Nachtisch

Süßes kommt in Kroatien selten nach dem Essen auf den Tisch. Nach dem Hauptgang gibt es Kaffee, ein Dessert ist etwas für seltene Feste. Wer Süßes

Wie heißt der Fisch?

Auf Speisekarten sind kroatische Begriffe oft fehlerhaft ins Deutsche übersetzt. Genauer sind die Übersetzungen ins Italienische, zumal einige Namen italienischer Herkunft sind. Nachfolgend bezeichnen A und B Fische sehr guter und guter Qualität, die gebraten oder gegrillt werden, C Fische, die meist gekocht oder geschmort, D Fische, die in Salz oder Öl eingelegt oder frittiert werden.

Kroatisch	Italienisch	Deutsch	Qualität
arbun/rumenac	pagello	Rotbrasse	(B)
barbun	barbon	Rotbarbe	(B)
bukva	boga	Gelbstrieme	(B)
cipal bataš	cefalo	Gewöhnliche Meeräsche	(B)
cipal skošac	muggine dorato	Goldäsche	(A)
grdobina	rospo	Seeteufel	(A, nur Schwanzteil)
inćun/sardon/minćon	alice, acciuga	Sardelle/Anchovis	(D)
iverak/pašara	passera	Flunder	(A)
jegulja/anguja/bizat	anguilla	Flussaal	(A)
kirnja/finka/tenka	cernia gigante	Brauner Zackenbarsch	(C)
kokotić sivac	cappone scuro	Grauer Knurrhahn	(B)
lavrata/podlanica	orata	Goldbrasse	(A)
list/šfoja	sogliola	Seezunge	(A)
lubin/brancin	branzino/spigola	Wolfs-(See-)barsch	(A)
oslić/tovar	merluzzo	Seehecht	(B)
patarača	rombo	Lammzunge	(A)
poklopac/razok	rombo di arena	Steinbutt	(A)
šarag	sarago	Bindenbrasse	(A)
škrpun/bodeć	scorpena nera	Brauner Drachenkopf	(C)
skuša/vrnut	scombro	Makrele	(B)
srdela	sardina/sardella	Sardine	(A/D)
srdelica/papalinka	papalina	Sprotte	(D)
trlja kamenjarka	triglia di scoglio	Gestreifte Meerbarbe	(A)
ugor/gruj	grongo	Meeraal	(A)
zubatac/zubac	dentice	Zahnbrasse	(A)

will, geht in die Konditorei und isst dort eine Cremeschnitte, eine Sachertorte oder ein Nussbeugerl. Überall in Kroatien sind diese Relikte österreichisch-ungarischer Backtradition zu finden – auch die ungemein beliebten Palatschinken, die man mit Marmelade, Walnuss- oder Schokoladenfüllung bekommen kann. Die Nussstrudel Istriens, das Hefegebäck *pinza*, die in Öl gebackenen *kroštuli* (ein Mandelgebäck) und die ebenfalls frittierten *fritule* (Strauben, Spritzkuchen) waren früher den Festtagen vorbehalten.

Getränke

Auch wenn Bier immer beliebter wird, ist Wein immer noch das Hauptgetränk an der Küste. Gemischt mit normalem Wasser wird er im Kvarner als *bevanda* bezeichnet, ein Begriff, der aus dem Italienischen kommt und einfach »Getränk« bedeutet. Wie in vielen anderen Weingegenden trank man den Wein selten pur, nie als Flaschen-, sondern immer als Fasswein; die Rebsorten änderten sich von Region zu Region, manchmal von Dorf zu Dorf. Glücklicherweise haben die vielen autochthonen Rebsorten Istriens und Dalmatiens überlebt und sind sogar noch populärer geworden: etwa Istriens roter Teran, der nur um Vrbnik auf Krk angebaute Žlahtina, die vielen Rotweine Dalmatiens, die sich nicht nur auf den Plavac beschränken. Die Tendenz zum Flaschenwein und zu gehobenen Qualitäten ist in Kroatien noch recht neu – das sozialistische Jugoslawien förderte die Wein-Großindustrie. Inzwischen haben sich Dutzende von Privatbetrieben auch im Ausland Beachtung als exzellente Weinproduzenten erarbeitet. Weinverkostungen laden zu einem hochinteressanten Streifzug durch eine sich ständig verändernde und entfaltende önologische Landschaft ein.

Aus den Pressresten der Weinkelterung produziert man einen klaren, geschmacklosen Tresterschnaps. Um ihm mehr Aroma zu verleihen, werden Kräuter zugesetzt. Die Raute ist das beliebteste Würzkraut, man kann aber buchstäblich alles, was Aroma gibt, in die Flasche geben (sogar Kaffeebohnen – schmeckt interessant). Im Kvarner, wo es weniger Wein gibt als in Istrien, brennt man den Schnaps aus Feigen.

Restauranttypen

Bife (wörtlich Buffet) kann eine Imbissstube oder Kneipe sein. *Gostiona* oder *gostionica* ist ein meist als Familienbetrieb geführtes Gasthaus oder einfaches Restaurant, häufig mit eher traditioneller Küche.

Die einfache Gaststätte mit Grillgerichten, meist nur Fleisch, heißt *grill*. *Konoba* bedeutet eigentlich Weinkeller, heute ist dies meist ein Gasthaus im Familienbetrieb mit Hausmannskost. Besonders gern wird dieser Ausdruck in Istrien verwendet, in Touristengebieten benutzt man eher den aus dem Italienischen stammenden Begriff *taverna*. *Pivnica* bezeichnet ein Gasthaus mit Bierausschank oder einen Bierkeller. In Fremdenverkehrsgebieten trifft man mittlerweile häufig auf *pizzerien*. Als *Restoran*, *restaurant*, *restauracija* bezeichnet man ein Restaurant mit meist gehobenem Ambiente. Restaurants in Hotels sind in der Regel auf den Durchschnittsgeschmack ausgerichtet. Ein *riblji restoran* ist ein Fischrestaurant. *Samoposlužni restoran* heißt Selbstbedienungsrestaurant. In der *Caffe-Bar* oder *kavana* gibt es nur Getränke, kein Essen, nicht mal ein Brötchen oder Croissant (Ausnahmen bestätigen die Regel). *Slastičarna* bezeichnet Eisdiele, Konditorei und Café in einem, ähnlich den mitteleuropäischen Konditoreien.

Aktivurlaub, Sport und Wellness

Radfahren

In fast allen Küstenorten kann man ein Rad leihen. In der Regel handelt es sich um robuste, aber recht einfache und meist nicht gefederte Mountainbikes. Die **Fahrradverleihe,** die oft mit Mofa- und Motorradverleih verbunden sind, befinden sich häufig neben Großhotels oder an Busstationen; Hotelportiers und Reiseagenturen kennen die oft wechselnden Adressen.

Für Istrien kann man **Fahrradkarten und Wegbeschreibungen** anfordern, die mittlerweile von mehreren Orten herausgegeben werden (Umag, Buje, Poreč, Rovinj, Vrsar u.a.). Im Kvarner gibt es die Broschüre »Mit dem Rad durch den Kvarner« der Tourismusvereinigung, die 19 Radrouten vorstellt.

Viele Anbieter haben organisierte Radreisen im Programm, z.B.: Eurobike, Mühlstr. 20, A-5162 Obertrum, Tel. 0043 62 19 74 44, www.eurobike.at; Baumeler Reisen, Zinggentorstr. 1, CH-6002 Luzern, Tel. 0041 414 18 65 65, www.baumeler.ch; Wikinger Reisen, Tel. 02331 90 46, www.wikinger-reisen.de; Istriabike, Tel. 0043 699 10 74 77 97, www.istriabike.com; Mallorca Aktiv, Ursprungsweg 32, 71263 Weil der Stadt, Tel. 07033 69 28 30, www.mallorca-aktiv.de. Auch Riva Tours (www.kroatien-idriva.de) bietet eine Reihe von Touren an, meist mit Übernachtungen auf klassischen Motorseglern.

Internet: www.istria-bike.com zeigt ausführlich beschriebene Touren und bietet wertvolle Tipps zu Unterkünften und Sehenswürdigkeiten. Eine interaktive Landkarte und kostenlose GPS-Tracks stehen zum Download bereit.

Karten: Sehr zu empfehlen ist für Istrien der Istra Bike Atlas, der vom Tourismusverband Istrien herausgegeben wird (im Buchhandel in Istrien erhältlich).
Infos zum Radfahren s. a. S. 10.

Segeln

Die Außeninseln schützen einen Großteil der kroatischen Adria vor starken Nordweststürmen. Deshalb ist sie, wenn nicht gerade die Bora tobt, ein ideales Segelrevier auch für Ungeübte. Dieser Bereich ist hervorragend durch **Jachthäfen** erschlossen, die zum Großteil vom kroatischen Jachtverband ACI (www.aci-marinas.com) betrieben werden. Das Mitbringen des eigenen Bootes ist einfach, es wird eine Sicherheitsgebühr, eine Nutzungsabgabe für Schifffahrtseinrichtungen und eine Verwaltungsgebühr erhoben. Viele Anbieter vermieten **Boote mit Crew,** meist findet man sie in den ACI-Marinas. Die Liste aller kroatischen Jachthäfen und ihrer Preise kann als Broschüre »Croatian Marina rates« bei allen Infostellen angefordert werden.

Schön ist auch eine Kreuzfahrt mit einem der klassischen, großenteils aus Holz gebauten Motorsegler. Der mit Abstand größte Anbieter ist **Riva Tours,** Neuhauser Str. 27, 80331 München, Tel. 089 23 11 000, www.kroatien-idriva.de (frühzeitig reservieren!).

Tauchen

Die felsige, vielerorts rasch tief abfallende Meeresküste der Kroatischen Adria ist ein ideales Tauchrevier und einer der ältesten Standorte dieses Sports im Mittelmeer. Gewürzt wird das Taucherlebnis durch die vielen Schiffswracks, die man besuchen kann. Für den Kvarner werden sie in der

Die Unterwasserwelt Kroatiens entdecken

Broschüre »Der Genuss des Tauchens« vorgestellt, die man bei den Touristeninformationen bekommt. Viele Tauchtipps und Adressen fast aller Tauchschulen stehen in der ebenfalls kostenlosen Broschüre »Tauchen« der Kroatischen Zentrale für Tourismus. Zahlreiche Tauchschulen übernehmen die vor einem Tauchgang vorgeschriebenen Behördengänge – jeder Tauchgang muss angemeldet werden – und stellen die Ausrüstung zur Verfügung. Die Ausbildung, zumeist auch in deutscher Sprache und oft durch deutsche Tauchlehrer, endet mit einem Diplom, das in Deutschland, Österreich und der Schweiz anerkannt wird.

Wandern, Trekking und Klettern

Kroaten wandern gerne und häufig, deshalb gibt es viele gute und gepflegte, bestens markierte Wanderwege in allen Teilen des Landes. Istrien ist von

einem wahren Netz von Wanderwegen überzogen, auch das Učka-Massiv bei Opatija ist bestens erschlossen. Die **Nationalparks Nordvelebit** und **Paklenica** haben ein dichtes Netz von guten Wegen und bewirtschafteten Hütten. Eine großartige Trekkingroute verläuft entlang der höchsten Grate über die Gipfel des Velebitgebirges, allerdings sind die Wege an ausgesetzten Stellen zwar gekennzeichnet, aber nicht gesichert, sie sind also wirklich nur für geübte Bergsteiger geeignet. Ein wunderbares Wandergebiet ist außerdem der **Naturpark Biokovo** im Hinterland der Riviera von Makarska, dort gibt es ebenfalls gut markierte Wege und bewirtschaftete Hütten. Auch die **Inseln** bieten schöne Wandermöglichkeiten: Die Televrina auf Lošinj, die Berge um Baška auf Krk, die Vidova Gora auf Brač haben gute und deutlich markierte Wege.

Wandersaison ist von April bis November, im Herbst kann es allerdings stark regnen und im April können im Velebitgebirge noch Schneereste liegen. Die meisten Hütten sind nur Mitte Juni bis Ende August oder Mitte September geöffnet, obwohl Mai und Oktober eigentlich die idealen Monate für Wandertouren sind.

Es gibt Dutzende Bergsteigerklubs, die zwar im Hrvatski Planinarski Savez, der kroatischen Bergsteigervereinigung, zusammengefasst sind, aber nicht wie die Alpenvereinssektionen intensiv zusammenarbeiten. Die Website der Vereinigung nennt die aktuellen Telefonnummern (und eventuelle Öffnungszeiten) der in Frage kommenden Hütten: **Hrvatski Planinarski Savez,** 10000 Zagreb, Kozarčeva 22, Tel. 01 48 23 624, www.hps.hr.

Die **Ausrüstung** sollte mindestens aus knöchelhohen Wanderschuhen, Sonnenschutzmittel, Hut und langen Hosen (wegen der Dornen und als Schutz gegen Schlangenbisse) bestehen. Außerdem muss man viel Wasser mitnehmen, denn im trockenen Karst, der den Großteil der Berge des kroatischen Küstenlandes stellt, findet man nicht sehr oft eine Quelle.

Kletterer zieht es in den Nationalpark Paklenica mit seinen senkrechten und überhängenden griffarmen Wänden, an die untere Cetina, nach Istrien und in die Učka-Gruppe. Auch auf einigen Inseln gibt es Freeclimber-Standorte.

Infos im Internet

Kajaken, Raften und Meereskajaken: www.croatiarafting.com und – auf Dubrovnik spezialisiert – www.adriatickayaktours.com. Anbieter für Kajaken und Raften auf dem Fluss Cetina (Dalmatien) sind www.investigator.hr, www.rafting-pinta.com und www.jut-cetina.hr.

Klettern: www.croatia.hr gibt (auch in Deutsch) unter dem Stichwort »Klettern« recht detaillierte Beschreibungen der Klettermöglichkeiten in den Gebirgen Kroatiens.

Segeln: Die beste Website für die Vorbereitung ist www.skippertips.de – sie ist privat und neutral.

Tauchen: Die Croatian Diving Federation veröffentlicht im Internet eine Liste in Kroatien bestehender Tauchzentren: www.diving-hrs.hr. Gleicher Service bei www.divessi.com.

Wandern: Wanderreisen nach Kroatien, einige kombiniert mit Inselspringen mit dem »Velo« (Fahrrad), bietet der Luzerner Reiseveranstalter Baumeler an (www.baumeler.ch).

Wassersport

Wer bei einem Strandurlaub die Auswahl haben will, sollte eines der größeren Hotels wählen, die im ganzen Land zu finden sind. Diese Häuser haben nicht nur Pools, ihre Strandanteile sind auch meist gepflegt, selbst wenn sie öffentlich sind, es gibt (manchmal mobile) Umkleidekabinen, Duschen, Vermietung von Tretbooten, Kanus, Surfboards und Bananas. Auch in kleineren Orten bieten die Hotels Wassersportmöglichkeiten an oder verweisen auf nahe private Anbieter. Nicht ganz billig sind Wasserski und Paragliding, wo man an einem Fallschirm von einem Motorboot gezogen wird. Einige wenige Hotels haben bisher die beliebten Wasserrutschen, Aquaparks gibt es nicht.

Kajaken, Raften, Meereskajaken

Kaum ein Aktivurlaub kommt heute noch ohne Raften oder Kajaken aus. An der kroatischen Adriaküste repräsentierten bisher Raftingtouren auf dem Fluss Zrmanja im Velebitgebirge im Hinterland von Zadar und auf der Cetina unweit Split diesen Sport. Die Fahrt auf der Cetina ist beinahe Kult geworden, von ganz Dalmatien aus kann man sie als Tagesausflug buchen.

Meereskajaken ist vor allem in Süddalmatien stark im Kommen. Meist fährt man in Gruppen, der Führer gibt vorher eine Einweisung, und auch Anfänger können sich so einen Trip zumuten – wenn es wetterbedingt unsicher ist, wird sowieso nicht aufgebrochen. Im Einerkajak fährt man dann an einem Halbtag rund um Lokrum oder erkundet die beiden Seen im Nationalpark Mljet. Das Angebot wird in den nächsten Jahren sicher ausgeweitet werden, fragen Sie im örtlichen Reisebüro nach Seakayaking!

Windsurfen

Windsurfen ist fast überall möglich, besonders geeignet sind die schmalen Wasserstraßen mit Ventileffekt und die Außenseiten der großen Inseln. Sehr beliebt sind der Kanal zwischen Istrien und Cres, die Meeresstraße zwischen Pelješac und Korčula sowie die Südwestküste der Insel Brač. Am spannendsten ist Surfen während einer sommerlichen Bora, der ablandige Fallwind aus dem Inneren Kroatiens sollte allerdings die Windstärke von 5 Beaufort nicht überschreiten. In allen größeren Touristenzentren gibt es Brettverleih und Surfschulen, oft in der Nähe der Großhotels.

Feste und Veranstaltungen

Auch wenn der Sommer die Hauptsaison für Feste ist, gibt es doch fast das ganze Jahr über etwas zu feiern. Karneval, Ostern, die Feiertage im Mai mit ihren feierlichen Prozessionen, Sommerfeste und Festspiele, zu Mariä Himmelfahrt wieder Prozessionen, Herbstfeste zur Weinlese und Kastanienernte oder Trüffelernte.

Karneval

Ganz Kroatien lässt im Karneval den Alltagsmenschen zu Hause und versteckt sich hinter Masken. Vor allem in **Rijeka** haben Straßenumzüge mit aufwendigen Kostümen lange Tradition, und kaum ein Zuschauer ist nicht ebenfalls verkleidet. Ganz Kroatien nimmt an diesen Umzügen teil, die den Verkehr zum Erliegen bringen. Die Saalveranstaltungen werden live im Fernsehen übertragen. In einigen Regionen Küstenkroatiens haben sich alte Bräuche erhalten. So nehmen an den Umzügen im Hinterland von **Opatija** Glockenträger mit Tiermasken teil, einige in Lammfell gekleidet, andere mit Blumen geschmückt. Auf **Lastovo** wird der *lastovski poklad* gefeiert, bei dem eine als »Mohr« – wie der Türke aus dem Bilderbuch – gekleidete Stoffpuppe eine große Rolle spielt. Am Abend des Faschingsdienstags wird sie unter Beteiligung der gesamten Inselbevölkerung verbrannt.

Im Küstenort **Senj** findet zudem in der zweiten Augustwoche der Sommerkarneval statt. Der Umzug skurriler und traditioneller Folkloregruppen ist ein Erlebnis, das in der Nacht in ein großes Gelage mündet und bei dem die ganze Stadt samt anwesender Touristen mitmacht.

Religiöse Feste

Patronatstage

Orte mit Schutzheiligen, deren Tage in die Sommermonate fallen, sind gegenüber denen mit Winterheiligen im Vorteil: Man kann aus dem Patronatstag nach der feierlichen Prozession durch den Ort ein großes Fest unter freiem Himmel machen, mit Musik und Tanz, traditionellen Speisen und viel lokalem Wein. Am 28. April, dem Tag des hl. Vincent, beginnt der Ort Blato auf **Korčula** die Serie der Patronatstage. Dabei wird von der lokalen »Kumpanija«-Tanz- und Musikgruppe der traditionelle Schwertertanz aufgeführt, wie er auf der Insel auch in anderen Orten verbreitet ist: am Tag des hl. Theodor (27. Juli) in der Stadt Korčula und am Rochustag (16. Aug.) in **Postrana** und **Žrnovo.** Diese Schwerttänze, *moreška*, *moštra* oder *kumpanija* genannt, haben eine alte Tradition, die auf die Türkenkriege zurückgeht.

Mariä Himmelfahrt

Mariä Himmelfahrt (15. Aug.) ist im katholischen Kroatien fast der wichtigste Feiertag; ein Tag, an dem nicht an festlichen Messen, Prozessionen, Musik, Essen und Trinken gespart wird; häufig hält die Pfarrgemeinde alle Gläubigen, auch die Touristen, frei. Marienwallfahrtsorte wie **Trsat** sind an diesem Tag das Ziel von Wallfahrtsgruppen, die von weither kommen. Die Frauen tragen häufig die alte Tracht, die man in Kroatien leider so selten außerhalb des Museums bewundern kann. Die Prozession der Madonna des Franziskanerklosters von **Stari Grad** zur Pfarrkirche von Pag lässt diese alte Tradition besonders charaktervoll wieder lebendig werden.

Festkalender

Februar

Fest des hl. Blasius: 3. Feb., Prozessionen, Umzüge, Musik, Tanz und Rahmenprogramm in Dubrovnik.

Februar/März

Karneval: große Umzüge und Veranstaltungen in Rijeka, archaische Formen von Karnevalsumzügen in den Dörfern über Opatija und Rijeka; auf Lastovo wird der **Lastovski Poklad** gefeiert, s. S. 35.

März/April

Ostern: Prozessionen am Karfreitag und Ostersonntag in den meisten Orten, festliche Messe am Ostersonntag.

April

Kornati Cup: Mitte April, international besetzter Segelcup vor der Insel Murter, www.kornaticup.at.

Tag des hl. Vincent: 28. April, Aufführung der Kumpanija in Blato (Insel Korčula), s. S. 35.

Mai

Fest der Madonna von Zečevo: 5. Mai, Schiffsprozession von Nin zur Insel.

Raber Armbrustschützenfest: an einem Tag im Mai und drei weiteren im Sommer.

Juni/Juli/August

Festivals, Sommerfeste, Inselfeste und Folklore in der gesamten Region.

Spliter Sommer: Opern-, Theater- und Ballettaufführungen, Konzerte sowie Ausstellungen, www.splitsko-ljeto.hr.

Juni

Internationales Kinderfestival: in Šibenik, www.mdf-sibenik.com.

Johannestag: 24. Juni, Ruderregatta von Sveti Ivan in den Hafen von Vela Luka (Korčula).

Juli

Internationales Klapa-Festival: in Omiš, mit Chören aus der Küstenregion und anderen Teilen Kroatiens, Österreich und den USA, www.fdk.hr.

Sommerfestspiele in Dubrovnik: Juli/Aug. Ältestes Festival Kroatiens, Darbietungen klassischer Musik und Theateraufführungen, www.dubrovnik-festival.hr.

Tag des hl. Theodor: 27. Juli, Aufführung der Moreška in Korčula (plus weitere Termine), s. S. 35.

Tag der Präfektenwahl in Hum (Istrien): Ende Juli, aus venezianischer Zeit stammende Zeremonie mit Volksfest.

August

Sommerkarneval: in Senj, Anfang Aug.

Schiffsprozession: 5. Aug., von Kukljica (Ugljan) zur Kapelle Gospe od Sniga.

Fest des hl. Lorenz: 10. Aug., z. B. in Sv. Lovreč (bei Poreč).

Mariä Himmelfahrt: 15. Aug., Festmessen und Prozessionen an vielen Orten. Große Prozession von Stari Grad nach Pag, s. S. 35.

Tag des hl. Rochus: 16. Aug., Aufführung der Moštra in Postrana und Žrnovo (Insel Korčula), Feste u. a. in Šilo (Insel Krk) und Liganj (bei Lovran), s. S. 35.

September

Mariä Geburt: 8. Sept., Marienprozessionen, besonders sehenswert in Stari Grad bei Pag und in Solin.

Kastanienfeste: Ende Sept./Anf. Okt., an der Riviera von Opatija (z. B. Lovran).

Reiseinfos von A bis Z

Apotheken

Apotheken *(ljekarna)* gibt es auch in kleineren Städten, selten auf dem Land. Alle wichtigen Medikamente sind erhältlich.

Ärztliche Versorgung

Die ärztliche Versorgung ist ausreichend, die meisten **Krankenhäuser** *(bolnica)* haben mitteleuropäischen Standard. Die **Ärzte** in den Küstengebieten sprechen im Norden häufig Italienisch oder Deutsch, im Süden meist Englisch. Die **Europäische Krankenversicherungskarte** (EHIC, www.krankenkassen.de/ausland/Europaeische-Krankenversicherungskarte) wird anerkannt. Da z.T. aber die Kosten nicht komplett übernommen werden, ist es sinnvoll, eine private Auslandskrankenversicherung abzuschließen.

Diplomatische Vertretungen in Kroatien

Botschaft der Bundesrepublik Deutschland
Vukovarska 64
10000 Zagreb
Tel. 01 63 00 100
www.zagreb.diplo.de

Botschaft der Republik Österreich
Radnićka česta 80/9 (Zagreb Tower)
10000 Zagreb
Tel. 01 48 81 050
www.bmeia.gv.at/oeb-agram

Österreichische Konsulate
Konzula Istranina 2
51000 Rijeka
Tel. 051 33 85 54

Klaiceva poljana 1
21000 Split
Tel. 021 32 25 35

Botschaft der Schweiz
Augusta Cesarca 10
10000 Zagreb
Tel. 01 48 78 800
www.eda.admin.ch

Elektrizität

Die Netzspannung beträgt 230 V, 50 Hz Wechselstrom. Die Steckdosen entsprechen denjenigen in Mitteleuropa.

Feiertage

1. Jan. – Neujahr
Ostersonntag und **Ostermontag**
1. Mai – Tag der Arbeit
Fronleichnam
22. Juni – Tag des antifaschistischen Kampfes
5. Aug. – Tag der Heimat (»Siegestag«)
15. Aug. – Mariä Himmelfahrt
8. Okt. – Unabhängigkeitstag
1. Nov. – Allerheiligen
25. und 26. Dez. – Weihnachten

FKK

In Kroatien wurde die Freikörperkultur sozusagen erfunden – seit den 1930er-Jahren gibt es Nacktbadestrände. Das sozialistische Ordnungswesen hat den FKK-Stränden eher verschwiegene Ecken zugewiesen, etwa die letzte Bucht auf der Halbinsel von Punta Križa auf Cres. Aber man hat sich so an die Nacktbader gewöhnt, dass sie gelegentlich auch an anderen Stränden akzeptiert werden.

Eine komplette Liste kroatischer FKK-Campingplätze ist zu finden unter: www.croatia.hr, Rubrik Unterkunft/Campingplätze, »Naturistencampingplatz«.

Fotografieren

In Museen darf meist nicht fotografiert werden, Aufnahmen mit Stativ sind im Allgemeinen verboten. Auch in vielen Kirchen ist das Fotografieren nicht erlaubt.

Geld

Die Landeswährung ist die Kuna (Mehrzahl Kune) zu 100 Lipa. 7,40 Kn entsprechen 1 € (1 Kn = 0,14 €; Stand Juli 2017). Auch in kleineren Orten gibt es Bankautomaten (benutzbar mit den üblichen Bank- und Kreditkarten wie Maestro, Visa etc.), es können jeweils bis 2000 Kn abgehoben werden. Reiseschecks werden in Wechselstuben eingetauscht. Diese gibt es in allen, auch kleineren Orten – meist übernimmt ein Reisebüro diese Funktion. Kreditkarten sind bisher nur in Hotels, Restaurants und Läden des gehobenen Bedarfs einsetzbar.

Internetzugang

Fast alle Cafés haben WLAN. Meist muss man den Kellner nach dem Passwort fragen oder es steht auf der Getränkerechnung. Internetcafés werden mangels Bedarf immer weniger. Die meisten Hotels und besseren Apartments haben WLAN. Gratis-WLAN bieten zudem einige Städte (z. B. Rijeka) und größere Fremdenverkehrsorte (z. B. Opatija) im öffentlichen Bereich an. Das nächste Internetcafé und den nächsten WLAN-Hotspot findet man auf www. worldofinternetcafes.de und http://hotspot-locations.com oder bei www.croatia.hr unter »Nützliche Informationen«.

Karten

Gute Straßenkarten für das gesamte Land sind in unterschiedlichen Maßstäben erhältlich. Empfehlenswert sind z. B. die beiden Karten im Maßstab 1:200 000 von Marco Polo »Istrien, Kroatische Küste Nord und Mitte« sowie »Kroatische Küste Mitte und Süd«. Sie sind im Buchhandel der deutschsprachigen Länder zu erwerben, zum Teil werden sie sogar in Kroatien angeboten. Für Wanderer und Bergsteiger sowie für Radfahrer eignen sich z. B. die Kompass-Wanderkarte 1:100 000 Dalmatinische Küste in drei Blättern (1–3) sowie die Karten von SMAND in 42205 Vidoveć. Letztere erhält man nur in Buchhandlungen in größeren Städten, wie in der Schulbuchhandlung in der Ignacija Henckea 1b in Rijeka oder besser vorab in Deutschland in einer auch auf Karten spezialisierten Versandbuchhandlung.

Kinder

Kroaten lieben Kinder und schleppen sie überall mit hin. Als Gast hat man das gleiche Privileg: Kein Restaurantbesitzer würde sich über ein schreiendes Baby oder zwischen den Tischen spielende Kinder aufregen. Die großen Hotels besitzen sämtlich Kinderbecken, einige haben Animation und Betreuung für Kinder im Programm. Viele Hotels bieten Ermäßigungen für Kinder bis zu 14 Jahren an, in der Nebensaison kann das bedeuten, dass man nichts bezahlen muss. Üblicherweise können zwei Erwachsene mit maximal drei Kindern bis 14 Jahre in zwei Doppelzimmern eine Ermäßigung von 30 % erwarten. Kinder unter 2 Jahren reisen kostenfrei.

Flache, kindergeeignete Strände findet man in Westistrien, Mali Lošinj,

Punat, Baška, Nin, an der Riviera von Zadar, auf Primošten und in den flacheren Bereichen der dalmatinischen Inseln wie um Supetar und Stari Grad, aber auch an der Riviera von Makarska. Reine Sandstrände sind rar und überlaufen (wie in Lopar auf Rab) und nicht so aufregend für Kinder, die lieber in abwechslungsreichem Gelände spielen und auf fast allen Inseln kleine Felsenklippen entdecken können.

Medien

Radio und Fernsehen

Radionachrichten in englischer Sprache können Sie täglich um 8.03 (So um 9.03), 10.03, 14.03 und 20.03 Uhr auf der Frequenz 92,1 MHz hören. Verkehrssendungen tgl. 7.30–20.30 Uhr jede Stunde in Deutsch und Englisch im ersten Programm des Kroatischen Rundfunks, die Frequenzen stehen entlang von Hauptstraßen auf den Begrenzungspflöcken. Die kroatischen Fernsehsender bringen – wie die Kinos – alle Filme in Originalsprache.

Zeitungen

Die wichtigsten Tageszeitungen sind »Jutarnji list« (www.jutarnji.hr, nur auf Kroatisch), »Večernji list« (www.vecernji.hr, nur auf Kroatisch) und »Novi list« (www.novilist.hr, nur auf Kroatisch). Für die italienische Minderheit erscheint La Voce del Popolo, vor einigen Jahren noch in Rijeka/Fiume herausgebracht, heute Beilage des Triestiner Il Piccolo. Deutschsprachige Zeitungen sind in den Touristenorten meist einen Tag nach Erscheinen an den Kiosken zu bekommen.

In Dubrovnik erscheint in der Saison wöchentlich eine englische Zeitung für Touristen, die »Dubrovnik Times« (www.thedubrovniktimes.com).

Mehrwertsteuerrückerstattung

Steuerausländer können sich für in Kroatien erworbene Waren (mit Ausnahme von Treibstoffen) die Mehrwertsteuer rückerstatten lassen. Die Einzelrechnung muss über 500 Kn ausmachen, für jeden Kauf muss vom Verkäufer ein PDV-P-Formular ausgefüllt und bestätigt werden. Bei der Ausreise müssen die Rechnungen schließlich beim Zollamt beglaubigt werden, dann kann man die Mehrwertsteuer innerhalb eines halben Jahres persönlich oder schriftlich direkt vom Verkäufer zurückfordern.

Notruf

Notruf: 112
Polizei: 192
Feuerwehr: 193
Unfall/Erste Hilfe: 194
Pannendienst des kroatischen Automobilclubs HAK: 1987 oder vom Mobiltelefon aus: +385 119 87
Seenot-Rettungsdienst: 195
Sperrung von Handys, Bank- und Kreditkarten: +49 116 116

Öffnungszeiten

Die Öffnungszeiten sind geregelt, werden aber sehr locker gehandhabt. So dürfen normale Läden (außer Lebensmittelläden) am Sonntag nicht öffnen, die Ausnahme sind touristische Orte, was großzügig ausgelegt wird. **Geschäfte** meist von 8 bis 20 Uhr, in manchen Städten v. a. im Sommer oft mit Mittagspause (ca. 12/13 bis 15/16 Uhr). In den Haupt-Tourismusgebieten haben die Geschäfte länger und oft auch am Sonntag geöffnet, manche sogar rund um die Uhr. Die täglichen **Grünmärkte** der Städte starten meistens um 6 Uhr und dauern bis zum frühen

Spartipps
Aufschläge für einen Aufenthalt unter drei oder vier Nächten in Hotels und Apartments reißen ein großes Loch in die Reisekasse, sie können bis zu 30 % betragen. Es lohnt sich also auf jeden Fall, länger an einem Ort zu bleiben statt ständig den Standort zu wechseln. Die Preise pro Saison können um bis zu 400 % schwanken, ein Apartment für zwei kostet mal 45 € im März, dann 170 € im August. In der Hauptsaison wird man kaum einen niedrigeren Preis bekommen, in der Nebensaison lohnt es sich zu handeln. Die Zimmerpreise sind keine Festpreise!
Wer nicht allzu großen Wert auf feine Zubereitungen legt, sollte an Halbpension denken statt Zimmer mit Frühstück. Die Aufschläge für das Abendessen betragen oft nur 15–20 Kn, also 2–3 €. Im Restaurant muss man für ein Essen mit mindestens 10–15 € rechnen.
Wer von Nord nach Süd unterwegs ist, sollte einen Blick auf die Fähren werfen, mit denen man fast durchgehend von Brestova nach Dubrovnik kommt: Sie sind Dank staatlicher Zuschüsse so billig (auch mit Pkw), dass die Benzinkosten auf der Straße fast höher kommen.

Nachmittag. **Postämter** sind Mo–Fr 7–19, an einigen Orten auch bis 21 Uhr, Sa 7–13 Uhr geöffnet, Banken Mo bis Fr 8–19 Uhr. In kleineren Orten gibt es zwischen 12 und 15 Uhr eine Mittagspause. **Tankstellen** sind täglich von 7–19/20 Uhr, im Sommer bis 22 Uhr geöffnet, in größeren Städten und entlang der großen Hauptachsen auch rund um die Uhr. **Museen** sind nicht einheitlich geöffnet; wo feste Öffnungszeiten gegeben sind, werden sie bei den Ortsbeschreibungen erwähnt. Besonders kleinere **Kirchen** sind oft verschlossen, manchmal haben die Nachbarn den Schlüssel oder wissen, wo er zu bekommen ist. **Restaurants** haben in den Touristengebieten während der Hauptsaison meist täglich geöffnet. Während der Nebensaison und im Winter ist sonntagmittags kaum ein Restaurant zu finden, abends machen einige wenige auf.

Post

Postämter gibt es überall, auch in kleinen Orten. Eine Marke für eine Postkarte nach Deutschland kostet knapp 1 €. Briefmarken kann man auch (mit Aufpreis) im Hotel oder an manchen Kiosken kaufen. Eine Postkarte ist nach Deutschland gerne auch schon mal zehn Tage unterwegs!

Reisekasse und Preise

Kroatien ist kein Billigland, die Preise der für Urlauber wichtigen Produkte und Dienstleistungen entsprechen dem mitteleuropäischen Standard. Besonders teuer ist Fisch (mind. 30 €, in besseren Restaurants bis zu 50 €).
Unterkunft: Privatzimmer ab 40 € pro DZ, aber meistens eher 50 € und mehr; Mittelklassehotel ab 60 € pro DZ (Nebensaison); Viersternehotel ab 100 € pro DZ (Nebensaison).
Essen und Trinken: 1 Flasche Bier oder 0,3 l offener Wein 2–4 €; Essen im Restaurant ab 10 € pro Person (ohne Getränke); Espresso 1–1,50 €.
Verkehrsmittel: Taxifahrt 3 km ca. 7 €; Busfahrt z. B. Rijeka–Krk, 52 km, 8 € (inkl. Brückenmaut); Split–Makarska, 70 km, 4–6 €.

Reisen mit Handicap

Kroatien ist noch nicht auf Behinderte eingestellt, nur wenige öffentliche Einrichtungen und Hotels sind behindertengerecht. Die Internetseite www.myhandicap.de bzw. www.myhandicap.ch bietet Hilfestellungen für das Reisen von Behinderten. Im Kvarner z.B. gibt es Strände für Behinderte, ebenso in Baška, Crikvenica, Malinska und Novi Vindolski.

Sicherheit

Kroatien ist für Touristen ein sicheres Land, Diebstähle sind selten, Überfälle kommen praktisch nicht vor. Gefährlich sind aber die zahllosen Landminen, Hinterlassenschaften der kriegerischen Auseinandersetzungen 1991 bis 1995, vor allem im südöstlichen Gorski Kotar, zwischen Knin und Zadar und um Dubrovnik bzw. im Konavle. Wenn man sich abseits üblicher touristischer Wege bewegen will, muss man sich immer bei lokalen Stellen über die mögliche Verminung des Gebietes informieren.

Souvenirs

Neben den **Spitzen** von der Insel Pag und **Filigranschmuck** kommen vor allem ess- und trinkbare Mitbringsel in Frage. **Kräuter** zum Würzen und für Heiltees werden besonders an der Küste verkauft. Hvar ist für seinen **Lavendel** bekannt, der auch als Lavendelöl in Fläschchen angeboten wird. Besonders schmackhafte kulinarische Mitbringsel sind die **Tresterschnäpse** (Grappa), die häufig mit Kräutern angesetzt werden. **Maraschino,** ein Sauerkirschlikör mit geschützter Marke und Herkunftsbezeichnung, wird in Zadar hergestellt. **Weine** werden fast im ganzen Land angeboten. Der berühmte **Schafskäse** aus Pag, **Schinken** aus Dalmatien oder Istrien, getrocknete Feigen von den Inseln, **Olivenöl** vor allem aus Istrien und dem Kvarner und **Honig** aus fast allen Regionen sind köstliche Mitbringsel.

Telefonieren

Bei Anrufen nach Kroatien folgt nach der Ländervorwahl die Rufnummer ohne 0. Im Land ist immer die komplette Nummer inklusive Ortsnetzkennzahl (z.B. 01 für Zagreb) zu wählen. Die **Auskunft** erreicht man in Kroatien unter 988, international unter 902. Das rasch wachsende Netz bedingt ständige Änderungen der Rufnummern. **Telefonkarten** bekommt man am Kiosk und im Tabakladen.

Handys bzw. Smartphones und mobiles Internet funktionieren überall, wo Menschen leben. Es gibt fünf Anbieter (T-mobile, VIP net, Tele2, Tomato und Bonbon). Seit Juni 2017 sind Roaming-Gebühren für Handygespräche innerhalb der EU abgeschafft. Allerdings empfiehlt es sich, dennoch die genauen Bedingungen beim eigenen Anbieter zu studieren.

Vorwahl Deutschland: 00 49
Vorwahl Österreich: 00 43
Vorwahl Schweiz: 00 41
Vorwahl Kroatien: 00 385

Trinkgeld

Die Preise der Restaurants enthalten bereits ein Bedienungsgeld, man rundet die Rechnung aber normalerweise auf. Taxifahrer erwarten wie ihre Kollegen in aller Welt einen Obolus von 10–15 % des Fahrpreises.

Trinkwasser

Überall in Kroatien ist das Wasser aus Wasserhähnen trinkbar, es schmeckt nur nicht überall. Viele kaufen ihr Trinkwasser im Supermarkt.

Zeit

Kroatien hat die Mitteleuropäische Zeit (MEZ), inkl. Sommerzeit.

Panorama – Daten, Essays, Hintergründe

Traumhafter Blick über die Insel Mljet

Steckbrief Kroatische Adriaküste

Lage und Erstreckung: Die Küste des kroatischen Adriaanteils ist 1778 km lang. Die Küstenlänge der Inseln beträgt weitere 4012 km.
Fläche: Kroatien umfasst 56 594 km², der als exklusiv beanspruchte Meeresanteil umfasst 57 000 km².
Hauptstadt: Zagreb (790 000 Einwohner)
Einwohner: 4,19 Mio. (2016)
Die größten Städte an der Küste: Split (180 000 Einw.), Rijeka (130 000 Einw.), Zadar (75 000 Einw.), Pula (57 000 Einw.)
Währung: Kuna (1 € = 7,40 Kn)
Zeitzone: Kroatien hat mitteleuropäische Zeit (MEZ) und Sommerzeit.

Geografie und Natur
Die Küstengebirge und Inseln Kroatiens sind ein alpines Faltengebirge, das nach den Eiszeiten teilweise vom Meer überflutet wurde. Der Untergrund ist meist wasserdurchlässiges Kalkgestein, in dem sich Höhlen bilden und das kaum oberirdische Gewässer zulässt. Das Mittelmeerklima ist durch milde, regenreiche Winter und heiße, trockene Sommer gekennzeichnet, wobei die winterliche Regenmenge durch die vom Global Warming bewirkte Verschiebung der Klimazonen tendenziell (und in den letzten Jahren recht deutlich) abnimmt, während die Sommertemperaturen noch ansteigen. Die Vegetation ist typisch mediterran, der Ölbaum ist weit verbreitet.

Geschichte und Kultur
Das heutige Kroatien der Küsten und Inseln wurde erst im 7. Jh. von Kroaten besiedelt. Im 10. Jh. wurde Kroatien ein Königreich, das von Anfang an beste Beziehungen zum Papst hatte. Ungarische und venezianische Herrschaft folgten, dann Österreich und schließlich Jugoslawien, dem sich Kroatien ursprünglich mit Begeisterung anschloss. Nach dem Ersten wie nach dem Zweiten Weltkrieg verflog die Begeisterung schnell. Nach Titos Tod 1980 kam es 1991 zum Krieg mit Rest-Jugoslawien, er wurde erst 1995 endgültig beendet. Stärker als im früheren Jugoslawien können Kroaten sich heute wieder auf ihre kulturellen Wurzeln besinnen, die alten Kostüme, Klapa-Gesang und Kolo-Tanz, vergessene Dichter und übersehene Maler ausgraben.

Staat und Verwaltung
Kroatien ist eine parlamentarische Demokratie. Im Januar 2015 gewann die konservative Politikerin Kolinda Grabar-Kitarović die Präsidentschaftswahlen. Das Parlament ist ein Repräsentantenhaus, acht von 100 bis 160 Plätzen sind für Minderheiten reserviert. Von 2003 bis 2011 regierte eine Mitte-Rechts-Koalition mit Premierminister Ivo Sanader (bis 2009) bzw. Jadranka Kosor, unter deren Regierung ihr Vorgänger wegen Korruptionsverdacht zuerst seiner diplomatischen Immunität verlustig ging und dann nach Flucht und Auslieferung durch österreichische Behörden

vor Gericht gestellt wurde. Noch unter Jadranka Kosor führten die Verhandlungen mit der EU zum Erfolg: Im Dezember 2011 unterschrieb sie den Beitrittvertrag für ihr Land.

Seither regiert eine linksliberale Koalition unter dem Premierminister Zoran Milanović. Im Juli 2013 konnte Milanović den unter seinen Vorgängern eingeschlagenen Kurs der europäischen Integration mit dem Beitritt seines Landes zur EU abschließen.

Wirtschaft und Tourismus

In den ersten Jahren nach dem Krieg entwickelte sich Kroatiens Wirtschaft noch recht kräftig. Vor allem der Wiederaufbau von Häusern und Straßen schuf Jobs und Einkommen. 2008 stürzte das Land aber, wie viele andere Länder, in eine Rezession, von der es sich bisher nicht erholt hat. Die Nettolöhne, die sich in zehn Jahren bis 2008 etwa verdoppelt hatten, stagnieren seither bei rund 790 Euro monatlich. Die Arbeitslosigkeit liegt im Jahresdurchschnitt bei rund 12 %, im Winter deutlich darüber. Unter den Jugendlichen ist mehr als jeder vierte ohne Arbeit oder Ausbildung (27 %). Der Beitritt zur EU hat hier bislang nicht den erhofften Schub gebracht. Vielmehr stieg der Wettbewerbsdruck, vor allem bei Lebensmitteln, die in anderen Ländern oftmals günstiger erzeugt werden können und nun frei auf den kroatischen Markt kommen.

Auch den Rentnern geht es nicht gut: Die durchschnittliche Rente beträgt nur 330 Euro pro Monat. Zudem ist das Rentensystem steigenden Belastungen ausgesetzt: 1,2 Mio. Rentner müssen von 1,4 Mio. Beschäftigten finanziert werden. Künftig wird dieses Verhältnis noch ungünstiger werden.

Weder Industrie noch Landwirtschaft sind sehr wettbewerbsfähig. Ihre Exporte können daher nur rund drei Viertel der Importe decken. Besonders unwirtschaftlich waren jahrzehntelang die Werften, die viele Arbeiter entlassen haben und teilweise geschlossen wurden.

Nur der florierende Tourismus kann Beschäftigung und Einnahmen schaffen: Jedes Jahr kommen neue Luxushotels hinzu. 2016 kamen etwa 16 Mio. Gäste nach Kroatien, insgesamt wurden über 90 Mio. Übernachtungen gezählt, das ist erneut ein Rekord für das Land.

Bevölkerung

Von den 4,19 Mio. Einwohnern Kroatiens (2016) leben etwa 1,4 Mio. in den Küstengebieten und im unmittelbaren Hinterland. Die serbische Bevölkerung, die während des »Heimatkrieges« in den Jahren 1991 bis 1995 geflohen war, ist nur zum kleineren Teil nach Kroatien zurückgekehrt; hier leben noch oder wieder 190 000 Serben. Von den mehreren Hunderttausend Italienern, die noch bis kurz nach dem Zweiten Weltkrieg in Istrien und Rijeka gelebt haben, gibt es heute noch 18 000.

Religion

Die Mehrheit der kroatischen und der italienischstämmigen Bevölkerung gehört der römisch-katholischen Kirche an, etwa 10 % sind ohne Religionszugehörigkeit. Es gibt orthodoxe (4,5 %) und muslimische (unter 2 %) Minderheiten.

Geschichte im Überblick

Vor- und Frühgeschichte

Ab 10 000 v. Chr.	Während der mittleren Altsteinzeit leben im Raum des heutigen Kroatien Neandertaler; die ältesten Funde stammen von der Insel Korčula. Jungsteinzeitliche Fischer, Jäger und Sammler (ab 5500 v. Chr.) stellen Tongeschirr in aufwendigen Formen her.
Ab 2500 v. Chr.	In der Frühen Bronzezeit entwickelt sich an der Küste und auf den Inseln eine megalithische Kultur, deren Wallburgen und Großsteinbauten sich besonders auf Brač und Hvar erhalten haben. Ab 1600 (Mittlere und Späte Bronzezeit) wird die Urbevölkerung allmählich von zugewanderten »Illyrern« verdrängt.
700–500 v. Chr.	Während der frühen Eisenzeit entwickelt sich in Dalmatien, das von den seefahrenden Liburnern besiedelt ist, eine eigenständige Kultur. Es entstehen große Wallanlagen um die küstennahen Siedlungen, z. B. in Nin und Zadar.

Griechische Kolonisation und Römische Herrschaft

Ab 385	Griechische Siedler folgen den Handelsschiffen: Auf Hvar gründen Dorer aus Syrakus die Stadt Pharos (Stari Grad), auf Vis gründen Ionier aus Paros den Ort Issa (Vis).
Ab 200 v. Chr.	Griechen aus Issa gründen Tragurion (Trogir). Rom beginnt mit der Eroberung Dalmatiens und fasst seine Besitzungen im heutigen Küstenkroatien in einer Provinz Illyricum zusammen.
Ab 9/10 v. Chr.	Als größte Städte im heutigen Küstenkroatien entwickeln sich Pietas Iulia (Pula), die Hauptstadt Salona (Solin) und Narona (Vid).
284–305	Regierungszeit Kaiser Diokletians, der sich nahe Salona einen Palast errichten lässt; dieser wird die Keimzelle des heutigen Split.
313	Mit dem Toleranzedikt von Mailand endet die Christenverfolgung, Salona wird zum wichtigsten Bistum der gesamten Provinz.

Byzantinische Herrschaft (395–800)

395	Nach der Teilung des Römischen Reiches wird Illyrien-Dalmatien Teil Westroms, ab 533 gehört es zu Ostrom (Byzanz).
5. Jh.	Germanische Stämme durchqueren den Balkan, unter Theoderich dem Großen ist Kroatien Teil des Ostgotenreiches.
614	Awaren zerstören Salona. Mit ihnen dringen slawische Siedler in das Land ein, die allmählich die bisherige Bevölkerung ersetzen. Nur in ei-

nigen Küstenstädten halten sich unter byzantinischem Schutz spätantike Kultur und Sprache.

Kroatischer Nationalstaat (um 800–1102)

Um 800 Fränkische Heere erobern fast das gesamte byzantinische Dalmatien, die Küstenstädte bleiben byzantinisch.

Um 830 Kroatische Piraten von der Neretva kapern venezianische Schiffe, Venedig führt erstmals eine Flottenexpedition in Dalmatien durch.

864 Fürst Trpimir (845–864) stimmt der Gründung des Bistums Nin zu, damit beginnt die Anlehnung Kroatiens an die römische Kirche.

879–892 Während der Regierungszeit des Fürsten Branimir wird die von den »Slawenaposteln« Kyrill und Methodius entwickelte glagolitische Schrift übernommen.

925 Fürst Tomislav aus der Familie des Trpimir wird mit Zustimmung des Papstes zum ersten kroatischen König gekrönt.

Um 1000 Der venezianische Doge Pietro II. Orseolo erobert Dalmatiens Küstenstädte und mehrere Inseln.

1058–1074 Mit Petar Krešimir IV. kann sich erstmals ein kroatischer Herrscher der Küstenstädte bemächtigen.

Rekonstruktion des Diokletianspalastes in Split

1091 Der letzte kroatische König Stephan II. stirbt kinderlos, auf ihn folgt der ungarische König Koloman, der 1102 in Personalunion König von Kroatien wird.

Zwischen Ungarn und Venedig (1102–1420)

1203/1204 Venedig wird nach der Eroberung Konstantinopels die wichtigste Macht der Adria und annektiert Ragusa.

1385 Während Venedig und Ungarn Krieg führen, kann sich Ragusa (Dubrovnik) wieder vom venezianischen Joch befreien.

1409 Ladislaus von Neapel-Anjou, einer der Anwärter auf den kroatisch-ungarischen Thron, verkauft Zadar, Novigrad, Pag und weitere Teile Dalmatiens an Venedig.

Venezianische und osmanische Herrschaft (1420–1683)

1420 Venedig erobert fast sämtliche Inseln der Ostadria mit Ausnahme des Territoriums der Republik Ragusa.

1463 Dalmatiens Nachbarland Bosnien fällt an das osmanische Reich. Damit stehen türkische Truppen vor den Toren dalmatinischer Städte.

1526 König Ludwig II. von Ungarn und Kroatien fällt in der Schlacht von Mohacs gegen die Türken. Der Habsburger Ferdinand wird zum kroatischen König ausgerufen.

1571 Seeschlacht von Lepanto, Sieg der Christenallianz über die türkische Flotte.

1667 Erdbeben in Dubrovnik, die Stadt wird fast völlig zerstört.

1699 Der Friedensvertrag von Karlowitz zwischen den europäischen Großmächten regelt den Abzug der Osmanen aus weiten Teilen Slawoniens. Sie behalten aber einen Zugang zur Adria bei Neum.

Die Rückeroberung Kroatiens (1683–1797)

1683–1699 Nach der zweiten Türkenbelagerung Wiens führt die österreichische Balkanoffensive zur Befreiung des östlichen Kroatien von den Türken.

1714–1718 Venedig erobert Gebiete in Süddalmatien.

1797 Durch den Vertrag von Campo Formio kommt Dalmatien zu Österreich-Ungarn, wo es – mit der napoleonischen Unterbrechung – bis 1918 als sogenanntes Kronland verbleibt. Dieses reicht von Rab im

Norden bis Budva (heutiges Montenegro) im Süden; formelle Landeshauptstadt ist Zara/Zadar.

Das 19. Jahrhundert

1808 Französische Truppen lösen die Republik Ragusa (Dubrovnik) auf.

1815 Im Wiener Kongress erhält Österreich Venedig und damit wieder dessen oberitalienische und kroatische Besitzungen zurück.

1844 Anfänge des Tourismus: Bau der Villa Angiolina in Abbazia/Opatija, der ersten Urlaubsvilla im modernen Sinn.

Vor 1848 Wegen des zunehmenden Drucks der Ungarn, ihnen die Souveränitätsrechte über Kroatien zurückzugeben, werden kroatische Belange öfter in Budapest entschieden. Im Gegenzug entwickelt sich der kroatische Nationalismus, zunächst zusammen mit der südslawischen Idee.

1848 Der kroatische Ban Josip Jelačić rettet durch sein Eingreifen gegen die ungarischen Revolutionäre die Habsburger Monarchie und verärgert damit den ungarischen Adel. Wien wird daher zunehmend Bezugspunkt für die Kroaten.

1866 Schlacht von Lissa (Vis): Die österreichische Flotte unter Admiral Tegethoff besiegt die Italiener und sichert damit die Vorherrschaft der K.-u.-k.-Monarchie an der östlichen Adria.

1867 Österreich gewährt Ungarn den ›Ausgleich‹, Fiume (Rijeka) wird zum ungarischen Mittelmeerhafen ausgebaut.

1873–1891 Die Österreichische Südbahn schafft eine Eisenbahnverbindung mit Opatija. Diese trägt maßgeblich dazu bei, dass der Ort zum beliebten Seebad des Wiener Adels wird. In den 1890er-Jahren entstehen an der Küste zahlreiche Hotels und Sanatorien.

Das 20. Jahrhundert

1914–1918 Im Ersten Weltkrieg kämpfen kroatische Soldaten an der Seite Österreich-Ungarns.

1918 Der Sabor, der kroatische Landtag, bricht am 29. Oktober alle Beziehungen zu Österreich-Ungarn ab, Kroatien tritt dem »Königreich der Serben, Kroaten und Slowenen« bei.

1920 Im Vertrag von Rapallo erhält Italien Istrien, Zadar, Cres, Lošinj, Lastovo und Palagruža, 1924 okkupiert es auch Rijeka.

1929 König Alexander setzt die Verfassung aus und regiert als Diktator, der Staatsname wird in »Königreich Jugoslawien« geändert.

1934 König Alexander fällt einem Attentat kroatischer Separatisten zum Opfer.

1941 Deutsche Truppen überrennen Jugoslawien. Ante Pavelić, Führer der national-radikalen Ustaša-Bewegung, ruft am 10. April einen unabhängigen kroatischen Staat aus.

1943–47 Die Partisanen unter dem Kroaten Josip Broz Tito setzen sich im innerjugoslawischen Bürgerkrieg durch. Proklamation eines neuen jugoslawischen Staates im Jahr 1943 in Jajce (Bosnien). 1945 konstituiert sich die Föderalistische Republik Jugoslawien. Die italienisch besetzten Gebiete werden bis 1947 zurückgegeben, der Streit um Istrien zieht sich noch länger hin. 300 000 Italo-Kroaten und Italiener verlassen das Land.

Ab ca. 1960 Beginn des touristischen Ausbaus der Küste, Bau der Adriatischen Küstenstraße, Industrialisierung. Zahlreiche Gastarbeiter in Mitteleuropa.

1980 Tod Titos am 4. Mai.

Unabhängigkeit und Ära Tuđman

1990 Bei gesamtjugoslawischen Wahlen erhält in der Teilrepublik Kroatien die Partei HDZ (Kroatische Demokratische Gemeinschaft) die Mehrheit, ihr Vorsitzender Franjo Tuđman wird Präsident der Republik.

1991 Im Mai stimmen 93,24 % der wahlberechtigten Bevölkerung in einem Referendum für ein unabhängiges souveränes Kroatien. Slowenien und Kroatien lösen sich von Jugoslawien. Noch im Oktober dieses Jahres wird Dubrovnik von jugoslawischen Truppen bombardiert.

1992 Beginn des »Heimatkrieges« zur Verteidigung der territorialen Integrität der jungen Republik. Als erster Staat der EU erkennt Deutschland das unabhängige Kroatien an. Im Mai wird Kroatien in die UNO aufgenommen. Zu diesem Zeitpunkt ist ein Drittel des staatlichen Territoriums unter Kontrolle serbischer Freischärler.

1995 Kroatische Truppen befreien im Mai Ostslawonien und im August die Krajina, 200 000 Serben flüchten oder werden vertrieben. Im Herbst wird im Erdut-Abkommen die Rückgabe von Ostslawonien, Baranja und Krajina an Kroatien ausgehandelt (bis 1998 unter UN-Verwaltung).

1999 Franjo Tuđman stirbt am 10. Dezember 1999.

Ein neuer Anfang

2000 Ivica Račan wird Premierminister mit einer Links-Mitte-Regierungskoalition, der Zentrumspolitiker Stipe Mesić kroatischer Präsident.

2001 Assoziationsvertrag mit der EU. Der Wimbledon-Sieg von Ivanišević stärkt das Selbstvertrauen der Kroaten.

2003 Bei den Parlamentswahlen im November gewinnt die Kroatische Demokratische Gemeinschaft (HDZ), Premierminister wird Ivo Sanader.

2008 Die zum 1. Januar unilateral erklärte exklusive Fischereizone muss im März wegen des Widerstands von Slowenien und Italien zurückgenommen werden. Im gleichen Monat beginnt in Den Haag der Kriegsverbrecherprozess gegen Ante Gotovina und zwei weitere Ex-Generäle.

2009 Im Sommer tritt Ministerpräsident Sanader überraschend zurück, Nachfolgerin wird Jadranka Kosor. Ebenfalls im Sommer wird Kroatien als Mitglied in die NATO aufgenommen.

2010 Bei den Präsidentenneuwahlen im Januar siegt der Sozialdemokrat Ivo Josipović. Bedingung für die Aufnahme in die EU ist ein Schiedsverfahren zwischen Slowenien und Kroatien um den Grenzkonflikt.

2011 Sanader steht wegen Korruptionsverdacht vor Gericht; Beitrittsvertrag mit der EU. Im Herbst Neuwahlen: Abwahl der HDZ, neue Regierung Mitte Links, Premier wird Zoran Milanović.

2012 Beim Referendum über den EU-Beitritt stimmen zwei Drittel der Wähler dafür. Ante Gotovina wird vom Kriegsverbrechertribunal freigesprochen.

2013 Am 1. Juli tritt Kroatien als 28. Staat der Europäischen Union bei.

2015 Die konservative Politikerin Kolinda Grabar-Kitarović (HDZ) gewinnt die Präsidentschaftswahlen.

2016 Der europaorientierte Reformer Andrej Plenković von der HDZ wird nach Neuwahlen neuer Ministerpräsident und bildet mit der neuen Gruppierung Most (»Brücke«) eine Koalitionsregierung; Letztere hat die Regierung im Frühjahr 2017 allerdings bereits wieder verlassen.

2017 Ein Schiedsgericht entscheidet in der Grenzfrage zwischen Kroatien und Slowenien weitgehend zugunsten Sloweniens.

Grundsätzlich ist Kroatien ein wasser- und regenreiches Land, dennoch hat es wenige Flüsse. Der Untergrund aus Kalkstein lässt die Niederschläge schnell versickern. Unter der trockenen Oberfläche fließt das Wasser durch Höhlengänge, trockengefallene Höhlen füllen sich mit Stalagmiten und Stalaktiten, die das Sickerwasser zurücklässt – eine fantastische Welt.

Der Kalk, aus dem Kroatiens Gebirge an den Küsten und auf den Inseln bestehen, wurde in den Kalkskeletten von Myriaden von Meerestieren gebildet, die sich über Jahrmillionen auf dem Meeresgrund ansammelten. Später wurden diese oft Hunderte Meter dicken Kalkschichten gehoben und gefaltet, verschoben und gleichzeitig abgetragen. Das Küstengebirge entlang der Balkanhalbinsel entstand. Kroatiens Inseln und Küsten sind die Grate und Gipfel dieser nach den Eiszeiten ins steigende Meer versunkenen Gebirge. Damals hob sich der Meeresspiegel der Adria um 70 m an.

Kalk, Karst und Karren – Höhlen und verschwindende Flüsse

Karst in Istrien

Das Wort »Karst« kommt aus Istrien: *Kras* nennt sich das zur Adria steil abfallende slowenische Kalkplateau über Triest, in dem alle Phänomene des Karsts anzutreffen sind. Die Täler sind wasserlos, Flüsse strömten nur vor Urzeiten durch Täler wie das der Limska draga. Häufig trifft man auf Becken ohne Zu- oder Abfluss, und oft ist ihr Boden, der aus Schwemmmaterial besteht, sehr fruchtbar. Solche Vertiefungen im Karstgebiet bezeichnet man mit einem weiteren kroatischen Wort: *polje*, also Feld oder Ebene – in den ausgedehnten Karstgebieten der Region konnte man nur in diesen Vertiefungen Felder anlegen. Istrien ist so typisch für das Phänomen Karst, dass der ursprüngliche Landschaftsname zum Terminus technicus der Geografen wurde.

Wasserfall im Nationalpark Plitvicer Seen

Kalk und Wasser

Wasser löst Kalk. Wer sich Gesteinsoberflächen ansieht, erkennt die untrüglichen Zeichen dieses Lösungsprozesses: Riffelmarken, sogenannte Karren, feine oder tiefe Rillen in der Abflussrichtung des Regenwassers. Das Wasser dringt in Gesteinsklüfte ein, erweitert sie und schafft Schlote, Schlünde, die von einer flachen Oberfläche senkrecht in die Tiefe weisen. Auf waagerechten oder leicht geneigten Schichtgrenzen unter der Oberfläche entstehen unterirdische Wasserrinnen, Höhlen. Wenn das Wasser noch tie-

Rillenkarren im Nationalpark Paklenica

fere Schlünde gegraben hat, fließt es auf einem tieferen Stockwerk, der ursprüngliche Höhlengang fällt trocken. Das Wasser transportiert den gelösten Kalk zunächst weiter. Steigt jedoch die Temperatur des Wassers z. B. im langsamer fließenden Unterlauf eines Flusses an, wird er erneut abgelagert. Sinterterrassen entstehen. Sickerwasser dringt in die trockengefallenen Höhlengänge ein, löst den Kalk an den Decken der Höhlen und bildet Stalaktiten und Stalagmiten.

Sinterdämme und Wasserfälle

Wo es Flüsse gibt, ist ihr Wasser so mit gelöstem Kalk gesättigt, dass dieser beim geringsten Hindernis und in Berührung mit Luft ausfällt, Sinterwälle und -terrassen aufzubauen beginnt und sich so selbst immer wieder neue Wasserfälle schafft. Die Kalksinterkaskaden der Plitvicer Seen, der Zrmanja, der Krka gehören zu den spektakulärsten Naturschauspielen Kroatiens. Andere Flüsse gehen in einem Ponor (Schluckloch) verloren wie jenen unergründlichen unter der Burg von Pazin, in das die Fojba stürzt. Genauso plötzlich gelangen sie wieder an die Oberfläche: Die Ombla bei Dubrovnik kommt als breiter Fluss aus dem Felsen. Oft drückt das Wasser erst unter der Meeresoberfläche heraus und erzeugt damit an vielen Stellen Dalmatiens kalte Wasserstellen mit niedrigem Salzanteil – gut für Austern, aber beim Schwimmen manchmal irritierend.

Höhlen in Kroatien

Von den 8580 bekannten Höhlen in Kroatien sind gerade einmal 15 als Schauhöhlen zugänglich, aber auch andere kann man besuchen: als Mitglied eines speläologischen Vereins und mithilfe kroatischer Höhlenforscher. Vor eigenem »Forschen« kann dagegen nur dringend gewarnt werden! Seit 1892 gibt es in Kroatien speläologische Vereine, heute sind es 26 mit etwa 400 aktiven Mitgliedern. Die längste Höhle Kroatiens ist der Đulin ponor der Medvednica in der Nähe von Ogulin (bei Karlovac), die dortigen erschlossenen Höhlengänge haben eine Länge von 16,4 km! Die tiefste Höhle ist mit 1392 m die Lukina jama im Velebitgebirge (Nationalpark Nordvelebit). Immer wieder werden neue Höhlensysteme entdeckt und erforscht. Übrigens fand man bisher in 40 Höhlen den blinden Grottenolm, eine Amphibie, die sich bestens an das Leben in absoluter Dunkelheit angepasst hat.

Ein faszinierendes Phänomen der kroatischen Karsthöhlen sind die oft aus ebenem Gelände tief hinab in einen Höhlenbereich führenden engen Schlote. Die Lukina jama z. B., die tiefste kroatische Höhle, besteht aus einem solchen System von Gängen und Schloten. Im August 2004 machten kroatische Speläologen eine Entdeckung in der Jama Rožanski kuk im Velebit: Sie fanden einen 607 m tiefen Schlund, den tiefsten Kroatiens. Auch der Besucher einer Schauhöhle kann solche Schlote sehen. So führt etwa der Eingang zur Biserujka-Höhle auf Krk aus einem total flachen Karstplateau in Meeresnähe ganz unvermittelt in die Tiefe. Es ist ein seltsames, etwas gruseliges Gefühl zu wissen, dass die tiefsten Höhlengänge bis unter den Meeresspiegel reichen. Sie entstanden, als dieser während der Eiszeiten 60 m tiefer lag. Mit dem Meer sind sie jedoch nicht verbunden – hoffentlich!

Schauhöhlen an der kroatischen Adria

Baredine (Nova Vas bei Poreč, s. S. 97), **Biserujka** (Rudine, Insel Krk, s. S. 146), **Golubnjača** (im Nationalpark Plitvicer Seen, ▶ F 6), **Samogradska** (Perušić bei Gospić, http://pp-grabovaca.hr, ▶ E/F 7), **Cerovačke špilje** (Velebit, ▶ G 8; die untere der beiden Höhlen, Donja cerovačka spilja, ist mit 2,68 km Länge die längste Schauhöhle Kroatiens), **Manita Peć** (▶ F 8), **Vranjača** (Kotlenice im Mosorgebirge, ▶ H 11), **Grapčeva** (Jelsa-Grabak, Insel Hvar, ▶ J 12), **Modra spilja** (Biševo, s. S. 244), **Šipun** (bei Cavtat, ▶ M 14)

Andere Karstphänomene

Starke Karstquelle: Ombla-Quelle; Rijeka Dubrovačka (s. S. 282). **Untermeerische Quelle** in der Vrulja-Bucht bei Makarska (s. S. 251). **Karrenfelder, Rillenkarren:** Nationalpark Paklenica und Nationalpark Nördlicher Velebit (s. S. 172, 171). **Karstnadeln:** Čepić-Polje bei Plomin (▶ C 5) in Istrien, Televrina auf Lošinj (▶ C 7). **Schlucklöcher, verschwindender Fluss:** Fojba in Pazin (Istrien, s. S. 98). **Poljen:** Konavle (s. S. 276), Ličko Polje (Velebit). **See ohne Zu- und Abfluss:** Vrana-See auf Cres (s. S. 132).

Infos im Internet

Weitere Infos findet man auf der Website der Kroatischen Speläologischen Vereinigung, http://speleologija.hr (engl.), bzw. direkt bei Hrvatski Speleološki Savez (HSS), Marulićev trg 19, HR-10000 Zagreb, Tel. 098 49 77 95.

Was blüht im Frühjahr an Kroatiens Küsten?

Die küstennahe Macchie blüht im Frühjahr in bunten Farben: Gelber Affodil, ein Dutzend verschiedene Orchideen, wilde Tulpen, rote Anemonen, weiße Zistrosen. Im Sommer duftet die Macchie besonders stark: Thymian, Salbei, Oregano, Hundsröschen, Lavendel, Rosmarin und wilder Lauch verbinden sich zu einem betörenden Bouquet.

Das Pflanzenkleid der kroatischen Küste ist eher karg. Wo im Winter die Bora (kroat. bura) wütet, gedeihen nur wenige niedrige Pflanzen, kein Baum, kein Strauch kann sich an der Ostküste von Krk, Rab und Pag gegen diesen Eiswind stemmen. Die einstigen Wälder wurden für Roms und Venedigs Flotten abgeholzt und haben niedriger, nur 1–3 m hoher Macchie – lockerem Buschwald – Platz gemacht. In der Macchie sind die Aleppokiefern leicht zu erkennen, küstennah hat man vielerorts Strandkiefern angepflanzt sowie Pinien mit ihren hohen Stämmen und ausladenden Kronen. Meist nur Buschhöhe erreichen die Charakterpflanzen: Steineiche, deren immergrüne Blätter mit kurzen Dornen bewaffnet sind, Flaumeiche, drei Wacholderarten, darunter der Sadebaum mit rotbraunen Früchten, Terebinthe und Mastixstrauch, beide zu den Pistazien gehörend, die schon in der Antike für Heilzwecke verwendet wurden. Als einer der frühesten und schönsten Blüher fällt der Judasbaum mit seinen Büscheln rosafarbener Blüten an den noch unbelaubten Zweigen auf. Ein willkommener Fruchtbaum ist die wilde Kornellkirsche, im Frühjahr blüht sie weiß. An vielen Standorten sieht man gelb blühende hohe Sträucher: Ginster.

Nur hier heimisch

Einige Blütenpflanzen der Macchie und der küstennahen Berge sind endemisch, d. h. sie kommen nur an der kroatischen Adria oder in deren gebirgigem Hinterland vor. *Viola adriatica*, das Adriaveilchen, gibt es nur an der kroatischen Adria, *Centaurea dalmatica*, die Dalmatinische Flockenblume, ist auf die Inseln des Kvarner beschränkt. *Iris illyrica* wurde erstmals auf einer Insel bei Krk entdeckt, diese Iris existiert nur an der Ostadria. *Campanula istrica*, die Istrische Glockenblume, ist gar auf den Süden Istriens und den nördlichen Kvarner begrenzt. Vor allem im dalmatinischen Biokovo, einem isolierten Bergstock, gibt es eine große Zahl autochthoner Pflanzensippen.

Orchideen – kleine Imitationskünstler

Die mediterranen Orchideen sind allesamt Bodenwurzler, ihre Blüten sind klein und oft unauffällig – die spektakulären Baumwurzler muss man in den Tropen suchen. Da sie so klein sind, werden sie oft übersehen. Aber wer genau hinschaut, erkennt, dass sie mit ihren tropischen Verwandten sehr wohl konkurrieren können. Häufig sind schon im März und bis in den Mai hinein die zahlreichen Ragwurzarten zu entdecken. Ihre Blütenstände imitieren Insektenweibchen, was der Drohnenragwurz *(Ophrys bombyliflora)*, die als eine der ersten blüht, besonders gut gelingt. Aber auch Bienen-, Wespen- und Hummelragwurz ahmen Insektenkörper geschickt nach. Andere Ragwurzarten machen nur durch eine besondere Form oder Farbgebung auf sich aufmerksam, was eigentlich gar nicht nötig wäre: Die unscheinbare Rotbraune Ragwurz *(Ophrys fusca)* wächst als eine der frühesten (wir haben sie schon Mitte März gefunden) und ist sicher die häufigste. Viele andere Orchideen, von den zahlreichen Knabenkrautarten bis zur Adriatischen Riemenzunge *(Himantoglossum adriaticum)*, die nur von Mittel- und Norditalien über Istrien bis ins österreichische Leithagebirge vor-

Artenschutz
Im Gegensatz zu den mitteleuropäischen Ländern sind die Orchideen in Kroatien bedauerlicherweise nicht generell geschützt. Nur sieben Arten (eine davon ist der Frauenschuh) dürfen nicht gepflückt oder ausgegraben werden. Dass man das als Tourist auf keinen Fall tun sollte, ist natürlich selbstverständlich. Sie würden eine Reise ohnehin nie überleben.

kommt, verwandeln den Boden der Macchie im April und Mai, an höher gelegenen Stellen sogar bis in den Juni, in ein wunderschönes Blütenparadies.

Kroatiens ›Neuankömmlinge‹

Eine der charakteristischsten Pflanzen der Mittelmeerküste stammt aus Amerika: Die Agave *(Agave americana)* kam bereits im 16. Jh. aus Mexiko nach Italien und später nach Kroatien. Ihre gigantischen Blütenstängel werden bis zu 9 m hoch – allerdings hat sie nur einmal in ihrem Leben die Kraft, eine Blüte zu entwickeln.

Nachdem österreichische Forstwirte vielerorts Kiefern aufforsteten, entstanden wieder Wälder, meist jedoch artenarme: Statt der einheimischen Schwarzkiefer dominiert jetzt die schnellwüchsige Aleppokiefer. An den Küsten wurden Strandkiefern und stellenweise Pinien angepflanzt und in vielen Gärten steht der weiß blühende Strauch *Pittosporum* (Klebsamen), dessen an Orangenblüten erinnernder Duft Ende April bis Mitte Mai ganze Orte erfüllt, wie etwa Korčula. Weil ihre Früchte so schmackhaft und saftig sind, haben frühere Generationen Maulbeerbäume angepflanzt. Heute findet man sie oft in verwilderter Form am Rand verlassener Dörfer, so beispielsweise auf Krk und Cres.

Frühjahrsblüte auf der Insel Vis

Römische Städte in Kroatien

Gerade die wichtigsten Orte an der kroatischen Adriaküste haben römische Wurzeln und strahlen das noch heute aus: In Pula steht auf dem Forum ein römischer Tempel, die dortige Arena zählt zu den besterhaltenen Amphitheatern des Römischen Reiches, die Euphrasius-Basilika in Poreč wurde noch im Römischen Reich gegründet und die Tempel auf dem dortigen Marafor-Platz sind kaiserzeitlich. In Split hat sich eine ganze Stadt im römischen Kaiserpalast angesiedelt.

Die römischen Provinzen

Als Illyrien nach dem Aufstand von 6–9 n. Chr. endlich fest in römischer Hand war, drückte Rom seinen beiden neuen Provinzen gleich einen kräftigen Stempel auf. Zuerst baute man in der das heutige Kroatien, Slowenien und Bosnien-Herzegowina umfassenden Region neue Straßen für Truppenverschiebungen, vor allem in Illyricum superior (Ober-Illyrien), auch Pannonia genannt, aber ebenso im Küstenbereich Illyricum inferior (Unter-Illyrien), auch Dalmatia genannt. Innerhalb von ein, zwei Generationen entwickelten sich aus Barbarenorten und griechischen Siedlungen römische Provinzstädte. Zudem wurden neue Städte gegründet: Salona (Solin), Lader (Zadar) und Narona (Vid). Nach römischem Muster besaßen die Städte jeweils ein Forum für Märkte, öffentliche Versammlungen und Ankündigungen, einen Forumtempel auf einer erhöhten Plattform, vielleicht auch einen zweiten Tempel. Für die klassischen drei Tempel, wie etwa in Tunesien erhalten, fehlte in den kleinen Städten Dalmatiens und Pannoniens das Geld.

Thermen und Theater – Zentren des Lebens

Absolut essentiell waren Thermen. Wo sonst hätte man sich richtig reinigen und Kontakte pflegen sollen? Selbst in kleinen und kleinsten Orten wurden Thermen errichtet. Die imposantesten Relikte aus römischer Zeit dienten der Unterhaltung: Amphitheater und Theater. Zwei Amphitheater blieben erhalten, jenes in Salona und das von Pola/Pietas Iulia (Pula), eines der besterhaltenen überhaupt. Pola hatte mit Illyrien nichts zu tun, sondern gehörte wie ganz Istrien zu Italien. Seine Bürger waren Römer, während in der Barbarenprovinz Illyrien nur einige Römer in den neuen Städten lebten. Diesen Unterschied musste man schon deutlich machen. Das römische Theater von Pula schmiegt sich wie viele an einen Hang, das verlieh Stabilität und sparte Arbeitszeit. Neben den größeren Orten Pola, Salona und Narona gab es eine ganze Reihe

Amphitheater in Pula

von kleineren Städten, die zum Teil nur durch Bodenfunde bekannt sind. Narona liegt an der Neretva unter dem Dorf Vid und ist zum Teil noch nicht ausgegraben, besitzt jedoch einen rekonstruierten Forumtempel mit bestens erhaltenen römischen Bildnisskulpturen.

Der Diokletianspalast in Split

Erst der private Palast eines abgedankten römischen Kaisers rückte die Region ins Bewusstsein der römischen Öffentlichkeit: Als sich der Illyrer Diokletian nahe der Provinzhauptstadt Salona – vermutlich war dies sein Geburtsort – einen riesigen Palast bauen ließ, den Kern des heutigen Split, war die ansonsten ziemlich uninteressante Provinz plötzlich in aller Munde. Kaum war der Herrscher gestorben, wurde es allerdings wieder ruhig um das Land. Das Leben ging seinen gewohnten Gang und man machte Geschäfte. Vor allem an der Küste, denn die wichtigen Handelslinien Roms umgingen das Binnenland oder streiften es gerade noch wie die Donau-Handelslinie zum Schwarzen Meer. Mit der Eroberung und Zerstörung von Salona und wahrscheinlich auch Narona durch Slawen und Awaren im Jahr 614 wurde schließlich das Ende der römischen Periode eingeläutet.

Venedigs Erbe zwischen Poreč und Korčula

Wohin man an der kroatischen Adriaküste auch tritt, man stolpert über die venezianische Vergangenheit, die zum Teil fast 800 Jahre währte, vom 11. bis zum ausgehenden 18. Jh., als die Serenissima unterging: Markuslöwen über istrischen Stadttoren, Kirchen in Osor oder Trogir, die Arsenale in Zadar und Hvar, der Stadtteil Novi Grad in Split. Auch für die Stadtmauern von Dubrovnik beauftragte man Meister aus Venedig.

Die venezianischen Kaufleute handelten mit der Levante, mit Konstantinopel, Alexandria und Aleppo, sie führten für ganz Europa Kostbarkeiten wie Gewürze, Parfum, Weihrauch, Baumwolle, Seide, Farbstoffe und Rohrzucker ein. Was hatte Dalmatien und was hatten die kroatischen Inseln dagegen zu bieten? Wenig. Aber die Hauptschifffahrtslinien durch die Adria verliefen bis in die Zeit der Dampfschiffe im sicheren Windschatten der Inseln. Und wer die Küstenstädte in der Hand hatte, der bestimmte auch den Balkanhandel. Also war die reiche und mächtige Handelsmacht auf das arme Küstenland angewiesen.

Venedig erobert die Ostküste der Adria

Venedig betrachtete jeden direkten Handel zwischen den beiden Ufern der Adria als Schmuggel, und nur wer beide Küsten kontrollierte, konnte diesen wirksam verhindern. Wer sich dem widersetzte, war Pirat und konnte natürlich nicht geduldet werden. Also musste die Serenissima an der Ostadria nach dem Rechten sehen, erstmals in einer See-Expedition von 838 und ganz massiv im Jahr 1000. Am 9. Mai des Jahres stach der Doge Pietro Orseolo II. in See und kehrte zwei Monate später siegreich aus Dalmatien zurück, um sich und seine Nachfolger ab sofort mit dem Titel Dux Veneticorum et Dalmaticorum zu schmücken. Von nun an waren Venedigs Flotten zur Stelle, wenn sich eine Stadt an der östlichen Adria einbildete, ohne oder gar gegen Venedig Handel treiben zu können. Zara (Zadar) bekam das bereits 1047 zu spüren, als ein Aufstand niedergeschlagen wurde, dann wieder 1202, als der Doge Enrico Dandolo die gesamte Kreuzzugsflotte über Zara dirigierte, um die aufmüpfige Stadt niederzuwerfen.

Nach dem Kauf von Dalmatien 1409 und nach mehreren Raubzügen, die bis 1420 auch zur Okkupation der meisten Inseln vor der Küste führten, konnte Venedig an der Ostadria schalten und walten, wie es wollte. Doch eine neue Macht aus dem Osten, das Osmanische Reich, beendete den Traum von der Venezianisierung der gesamten Region. Erst 1571 gelang es Venedig, sich für türkische Überfälle zu rächen, als in der Schlacht von Lepanto die weit überlegene türkische Flotte vernichtet wurde.

Schwierige Zeiten

Als im späten 17. und im 18. Jh. Venedigs Seemacht bröckelte und ein Levantebesitz nach dem anderen verloren ging, hielt Venedig in Dalmatien durch, zumindest die Adria wollte man behalten. Im Zuge österreichischer Balkankriege konnte die Serenissima ihr Territorium sogar noch erweitern, was aber mehr Kosten als Nutzen brachte, denn welchen Handel sollten die neuen Festungen schützen? Immer mehr englische und holländische Schiffe kamen nach Venedig, in der Levante gab es immer weniger einzuhandeln. Im 18. Jh. gelang es Venedig gerade noch, Küste und Inseln der östlichen Adria zu halten; die prächtigen Kirchen und luxuriösen Villen, für die in Venedig selbst und seiner Terra ferma die letzten Zechinen ausgegeben wurden, wird man in Kroatien vergeblich suchen. Nur in Dubrovnik entstanden prachtvolle barocke Kirchen, wie sie auch Venedig kannte – aber die Republik Ragusa war eine eigenständige Handelsmacht. So sehr man dort Venedig als kulturelles Vorbild sah, politisch wollte man mit dem Markuslöwen nichts zu tun haben.

Das venezianische Kroatien

Die deutlichsten Spuren hinterließ Venedig in Istrien, das 800 Jahre lang in seinem Besitz war und wo heute noch von einer Minderheit Italienisch gesprochen wird. Parenzo (Poreč) oder Rovigno (Rovinj), aber auch kleinere Orte wie Montona (Motovun) oder Umago (Umag) unterscheiden sich kaum von italienischen Städten. Fast überall hat sich der Campanile mit dem Vorbild des Markusdoms durchgesetzt, die Paläste sind nach venezianischem Muster erbaut, an vielen Stellen und auf allen Stadttoren dräut der Markuslöwe, die alten Gräber tragen italienische Inschriften.

Venezianisches Tor in Rovinj

In den Dörfern Istriens, des Kvarners und Dalmatiens, aber auch in den Städten finden sich die typischen Brunnen mit abgerundetem Aufsatz über unterirdischen Zisternen, in denen Wasser gesammelt wird. Sie sind venezianisch wie die größte Anlage ihrer Art, die »Pet Bunari«, die fünf Brunnen in Zadar, oder die »Bunari« in Šibenik. Viele Orte haben ihre Stadtbefestigung erhalten, wie Arbe (Rab), Zara, das heute Zadar heißt, Sebenico (Šibenik), Traù (Trogir), Spalato (Split), Lesina (Hvar) oder Curcola (Korčula). Bei allen stammt sie aus venezianischer Zeit, in Zara wurde sie zum Teil sogar vom berühmten Stadtbaumeister Sanmicheli entworfen.

Kulinarische Hinterlassenschaften

Das vielleicht dauerhafteste venezianische Vermächtnis ist nicht das künstlerische oder architektonische, sondern ein Erbe, das sich in der Alltagskultur zeigt, z.B. der Küche. *Brodet* (brodetto, Fischsuppe), *rižot* (Risotto), *pršut (prosciutto,* Rohschinken), *rozata* und *škampi*, *pulenta* (Polenta), *fuži* (Fusilli), *kroštule* und *pastizada* sind kulinarische Erbstücke, wenn auch einige von ihnen wie *makkaruni* erst später (während der italienischsprachigen österreichischen Zeit) vermittelt wurden. Muss man Venedig nicht dankbar sein, dass es an der kroatischen Adriaküste heute so köstliche Gerichte gibt wie den *crni rižot*, den Schwarzen Risotto mit der Tinte des Tintenfischs?

Der »Heimatkrieg« 1991 bis 1995

Der heutige Staat Kroatien ist in einem Krieg entstanden. Das erklärt vieles, was in Kroatien heute etwas anders ist als in anderen Ländern. Die Kroaten nennen diesen Krieg, der von 1991 bis 1995 dauerte, »Heimatkrieg« (Domovinski rat). In diesem Krieg hat die kroatische Seite ihre Kriegsziele vollständig verwirklichen können: Die Grenzen der jugoslawischen Teilrepublik Kroatien wurden zu Staatsgrenzen eines souveränen, unabhängigen Staates.

Nach dem Fall der Berliner Mauer im Herbst 1989 wurden in den damaligen jugoslawischen Teilrepubliken Slowenien und Kroatien die Stimmen für eine Unabhängigkeit immer lauter. Der kroatische Geschichtsprofessor Franjo Tuđman trommelte mit Unterstützung der weltweiten kroatischen Diaspora für ein unabhängiges Kroatien. In Belgrad, der Hauptstadt Jugoslawiens, hielt der starke Mann Serbiens, Slobodan Milošević, dagegen. Er reklamierte für sich das Recht, ein serbisch dominiertes Jugoslawien nach seinen Vorstellungen zusammenzuhalten – für die überwiegende Zahl der Kroaten eine unakzeptable Perspektive.

Auf ein erfolgreiches Referendum folgte am 25. Juni 1991 die Unabhängigkeitserklärung Kroatiens (und Sloweniens). Dass diese am 23. Dezember 1991 von der deutschen Bundesregierung anerkannt wurde, wird bis heute von manchen als deutscher Beitrag zum Zerfall Jugoslawiens interpretiert.

Kurzlebige »Serbische Republik Krajina«

Der friedlichen Unabhängigkeit des Landes stand der ethnisch serbische Bevölkerungsteil, der ca. 12 % ausmachte, im Weg. Für diesen galt mehrheitlich ein Leben in einem unabhängigen Kroatien als nicht akzeptabel. Überall in Kroatien, wo Serben lebten, kam es zu Schießereien und auf beiden Seiten zu Massakern an Zivilisten. Am 19. Dezember 1991 sagte sich die sogenannte Serbische Republik Krajina vom neuen Kroatien los. Deren Zentrum war Knin, eine seit Jahrhunderten mehrheitlich von Serben bewohnte Stadt, aber auch eine alte kroatische Fürstenstadt. Die schlimmsten Kämpfe gab es um die Stadt Vukovar an der Donau.

Ende 1991 war mehr als ein Viertel des Landes unter serbischer Kontrolle. Freischärler, darunter manche aus Gefängnissen entlassene Kriminelle, wurden von der Jugoslawischen Volksarmee unterstützt. Überall kam es neben Kämpfen zwischen bewaffneten Truppen zu Massakern und Verbrechen an der Zivilbevölkerung – vor allem seitens der militärisch überlegenen serbischen/jugoslawischen Seite. Die Kroaten hatten erst 1990 begonnen, eine eigene Armee aufzubauen.

Zwischen 1992 und 1995 wurde das benachbarte Bosnien-Herzegowina zum Hauptschauplatz des Krieges, der dort mit noch mehr Zerstörung und Vernichtung einherging.

»Operation Sturm«

Auch die weltbekannte kroatische Stadt Dubrovnik an der Adriaküste war von 1991 bis 1992 Ziel serbischer Artillerieangriffe vom Meer und von den Bergen über der Stadt. Viele Dächer und auch einige Fassaden wurden beschädigt. Im Sommer 1995 waren die kroatischen Truppen stark genug, um in zwei blitzartigen Feldzügen das serbische Territorium unter ihre Kontrolle zu bringen. Die entscheidende Aktion war die »Operation Sturm« *(oluja)* vom 4. bis 7. August 1995. Die meisten Serben flohen oder wurden vertrieben.

Die drei wichtigsten kroatischen Generäle der Operation, unter ihnen Ante Gotovina, wurden vom Internationalen Kriegsverbrechertribunal in Den Haag wegen Kriegsverbrechen angeklagt und verhaftet, aber 2012 freigesprochen. Heute wird der »Heimatkrieg« in Kroatien von der Mehrheit der Bevölkerung als notwendiger und legitimer Befreiungskrieg angesehen. Gotovina gilt als Volksheld und ist eine respektierte Person, deren Konterfei man überall begegnet.

Der Krieg in Kroatien kostete 20 000 bis 22 000 Menschen das Leben, etwa zwei Drittel auf kroatischer, ein Drittel auf serbischer Seite. Die meisten Kroaten sind inzwischen in ihre Heimat zurückgekehrt und haben ihre zerstörten Häuser wieder aufgebaut. Von den Serben kehrte nur ein kleinerer Teil zurück. Lebten vor dem Krieg 580 000 Serben auf dem Gebiet des heutigen Kroatien, sind es heute offiziell nur noch 186 000. Die übrigen leben vor allem in Serbien und Bosnien-Herzegowina, manche noch immer als Flüchtlinge.

Aufnahme der Schäden nach einem Bombenangriff in Dubrovnik im Mai 1992

Die Schrift der frühen Herrscher

Das Thema Schrift ist in Kroatien kein ganz einfaches. Heute gilt die Abgrenzung zum Serbischen als wichtig, und da die Serben hauptsächlich kyrillische Buchstaben benutzen, schreibt man in Kroatien mit lateinischen Lettern. Dabei ist das kroatische Ur-Alphabet ein Vorläufer des Kyrillischen.

Die kyrillische und glagolitische Schrift der slawischen Völker ist zwei makedonischen Griechen zu verdanken. Für ihre Missionsreise zu den Slawen entwickelten die Brüder Konstantin (um 832–869), später Kyrill genannt, und Methodius (um 820–885) ein eigenes Alphabet, das die spezielle slawische Phonetik berücksichtigte. Diese Schrift, das Glagolitische, gaben sie an die Bevölkerung weiter. In Bulgarien wurde eine Weiterentwicklung, das Kyrillische, 894 als offizielle Schrift eingeführt. Später wurde sie von Russland übernommen – und von Serbien. Die ursprüngliche Form der glagolitischen Schrift wurde wohl im 11. Jh. nochmals überarbeitet und an den kroatischen Bedarf angepasst. Diese Schriftform konnte sich nur in einem einzigen Gebiet der Slawen halten, in Kroatien, wo frühkroatische Herrscher sich ihrer bedienten, wenn sie die Landessprache, das Kroatische, verwendeten. In zahlreichen Inschriften sind Widmungen belegt, sie stammen vor allem aus Kirchen, wo man neben den glagolitisch-slawischen Texten die entsprechenden lateinischen Inschriften platzierte. Das Glagolitische hat sogar

Die glagolitische Schrift war der Vorläufer des Kyrillischen

das Ende der kroatischen Nationalkönige überlebt, da es von Behörden, Adel, Kirche und in Klöstern weiterhin benutzt wurde. Letzte Hinweise auf die Verwendung des Glagolitischen stammen aus dem 19. Jh.! Das Glagolitische eroberte auch die Buchdruckerkunst, erste Drucke wurden um 1480 in Venedig hergestellt. Ab 1486 existierte in Senj eine auf glagolitische Schrift spezialisierte Druckerei. Die ersten Bücher, die in Fiume/Rijeka gedruckt wurden, waren ebenfalls in dieser Schrift verfasst.

Die Tafel von Baška

Um 1100 ließ Abt Dobrovit auf dem von Abt Držiha geschenkten Grundstück in Jurandvor bei Baška die dortige Kirche der heiligen Lucia errichten. Aus diesem Anlass wurde eine Tafel mit einem kroatischsprachigen Text in glagolitischen Schriftzeichen angefertigt. Für die Geschichtsschreibung ist vor allem die Erwähnung von König Zvonimir im Text von Bedeutung, denn damit wird erstmals die kroatische Herrschaft über die zuvor byzantinischen Inseln bestätigt. Sprachwissenschaftler fanden heraus, dass es sich um einen Text in tschakawischer Mundart handelt, der stark mit kirchenslawischen Begriffen durchsetzt ist. Wo sich ehemals die 1851 entdeckte Tafel befand, kann man heute eine originalgetreue Kopie bewundern, das Original selbst befindet sich in Zagreb. Dort hat sie einen Ehrenplatz im Atrium der Akademie der Wissenschaften und Künste.

Der Stein von Valun

Eher unscheinbar wirkt die Tafel von Valun im Vergleich zu der von Baška. Aber sie hat ihr etwas voraus. Sie ist wesentlich älter, wahrscheinlich das älteste Denkmal glagolitischer Schrift in Kroatien. Der schwer lesbare Stein war eine Grabplatte, die man in der Vorhalle der alten Kirche von Valun auf dem heute noch genutzten Friedhof gefunden hat. Sie ist zweisprachig: Die erste Zeile ist kroatisch und in glagolitischen Zeichen verfasst, die zweite und dritte Zeile in mittellateinischer Sprache mit karolingischer Schrift geschrieben. Man vermutet, dass die Tafel Mitte des 11. Jh. entstand, zwei Generationen früher als die in Baška. Heute befindet sich die Tafel in der Sakristei, eine Replik kann man zusammen mit weiteren Abgüssen von glagolitischer Schrift im kleinen Lapidarium unten im Ort Valun bewundern.

Fund- und Ausstellungsorte
Die ältesten Funde wie der **Stein von Baška-Jurandvor** (Krk), der **Stein von Valun** (Cres), die **Inschrift von Plomin** und viele andere können zumindest in Abgüssen in der **Glagoljica-Ausstellung in Rijeka** besichtigt werden (Universitätsbibliothek, Dolać 1). Noch an Ort und Stelle befindet sich der **Stein von Hum** (Istrien) mit seiner schönen Dekorleiste im frühkroatischen Stil. Die **Museen in Zadar** (Archäologisches Museum) und **Split** (Museum kroatischer archäologischer Altertümer) zeigen Objekte mit glagolitischen Inschriften. Wer heute ein paar glagolitische Buchstaben lernen möchte, hat oberhalb von **Baška** auf Krk und zwischen **Roč** und **Hum** in Istrien Gelegenheit dazu, wo einige Riesenlettern als Landschaftskunst aufgestellt wurden.

Volksmusik und Volkstanz in Süddalmatien

Einmal pro Woche trifft sich der Klapa-Chor »Mafrina« im Kulturhaus von Vela Luka. Ein Mandolinenspieler gibt die Tonhöhe vor, intoniert und begleitet bei manchen Liedern, die Einsätze gibt der Chorleiter. Notenblätter braucht man nicht, nur drei Leute haben Blätter mit den Texten. »Was ist die Motivation der Klapa-Gruppe?«, lautet die Frage an den Chor. »Singen«, sagt ein Chormitglied, »wir singen einfach gerne.«

Die Harmonik wirkt zunächst gänzlich abendländisch, man denkt an süditalienische Weisen, Dur-Tonarten herrschen vor. Nur in manchen Phrasen hört man eine weniger geläufige Melodik, einen harschen Akkord. Am Schluss bringt der Chor Lieder, die etwas geglättet und ein wenig sentimental wirken, auf Nachfrage stellen sie sich als die zuletzt komponierten heraus.

Acht bis zehn Männer umfasst eine Klapa-Gruppe, die Stimmlagen sind Tenor und Bass. Sie singen oft a capella (wie bei Klapa Navalia aus Novalja, Insel Pag), es gibt aber auch Gruppen mit Instrumenten, meist nur Mandolinen (wie Klapa Leut in Zadar). Häufig singt ein Tenor allein die erste Strophe, erst bei der zweiten fällt der Chor ein. Die Musik knüpft an alte kroatische Volkslieder an. Diese sind wiederum sowohl der alten Balkantradition als auch der Musik Italiens verbunden – daher auch die Mandolinen. Immer stärker wird heute der Einfluss italienischer Volksmusik – oder dessen, was als solche verkauft wird –, die alten Dissonanzen gehen in einer Welle manchmal banalen Wohlklanges unter. Einige Klapa-Chöre wie jener der Stefanskirche in Stari Grad auf Hvar kommen aus dem Kirchengesang, sie betonen eher die gregorianischen Wurzeln der Klapa.

Kleine Diskografie

Songs of Croatia, gesungen von Klapa Cambi und Klapa Jelsa, Dallas (Zagreb), die Liedtexte sind mit englischen Übersetzungen versehen, www.arcmusic.co.uk

Croatie: musique d'autrefois, Lieder und Musik aus allen kroatischen Regionen, einige Klapa-Gesänge, alle sind historischen Aufnahmen entnommen, Ocora

Croatie: musiques traditionelles d'aujourdhui, alte Tondokumente aus wissenschaftlichen Archiven, gute Informationen im Beiheft, Auvidis/UNESCO

Tonbeispiele für Klapa-Musik: http://klapakumpanji.com

Klapa weltweit

Klapa gibt es weltweit, bei 3 Mio. Auslandskroaten ist das nicht anders zu erwarten. In den USA, in Australien, in Argentinien, in der Slowakei, in Österreich und in anderen Staaten findet man Klapa-Chöre. Dennoch: Einem Klapa-Chor in Kroatien zu lauschen ist etwas Besonderes. Ein Fest, auf dem ein Klapa-Chor auftritt, sollte man sich deshalb nicht entgehen lassen. In Omiš wird jeden Sommer ein Festival der Klapa-Chöre abgehalten, das jeder, der diese Chormusik kennenlernen will, unbedingt besuchen sollte. Auch in Kroatiens Hauptstadt findet alljährlich ein Folklorefestival mit Klapa-Konzerten statt.

Volkstänze

Auch bei den Volkstänzen gibt es beide Traditionen, die sich einander aber stärker angenähert haben. Viele Tänze im dinarischen Inneren des kroatischsprachigen Balkans (der ja nicht nur Kroatien umfasst) waren ursprünglich Kettentänze, die man nach Geschlechtern getrennt tanzte. Heute jedoch sind die meisten, etwa der Kolo, wie er überall in Kroatien getanzt wird, und der Linđo von Dubrovnik, der sonntagvormittags in Čilipi zu bewundern ist, fast reine Rundtänze, wie man sie aus der mediterranen Tradition kennt.

Ritterspiele auf Korčula

Moreška in Korčula, Kumpanija in Blato, Smokvica, Pupnat, Čara und – seit einigen Jahren wieder – Vela Luka, Moštra in Žrnovo – so nennt sich in den Inselorten eine Art Tanz in Form von Ritterspielen, die es nur hier gibt. Wie es heißt, entstanden die Tanzspiele nach Abwehr der algerischen Angriffe im Jahr 1571, sie feiern den Sieg der Christen über die Mauren (daher der Name Moreška). Die Spielregeln wurden erstmals 1620 festgelegt und haben sich bis heute nicht geändert, auch wenn die Gewänder der (öfter für Touristen) aufgeführten Tänze etwas bunter und aufwendiger geworden sein mögen.

Der Linđo-Volkstanz ist in Dubrovnik immer noch lebendig

Der Bildhauer Ivan Meštrović

Der Kroate Ivan Meštrović (1883–1962) war einer der bedeutendsten Bildhauer des 20. Jh. Bei einer Kroatienreise stößt man immer wieder auf seine Skulpturen oder Bauten. Split oder Cavtat, Trogir oder Otavice – eine ganze Reihe von Orten schmückt sich mit einem oder mehreren Werken von Ivan Meštrović.

Zahlreiche seiner Arbeiten zieren als Denkmäler öffentliche Plätze. Die imposante Statue des Bischofs Grgur von Nin in Split zählt zu seinen Werken (Abb. s. S. 220), in Zagreb, Split, Cavtat und Otavice (bei Knin im Binnenland von Šibenik) kann man seine Bauten und Plastiken bewundern, aber auch auf dem Gipfel des Lovćen-Berges im heutigen Montenegro oder im Zentrum von Belgrad.

Kroate und Kosmopolit

Meštrović wurde als Kind katholischer (kroatischer) Eltern in Vrpolje in Slawonien geboren und wuchs in Otavice in der Nähe von Knin auf. Im Alter von 16 Jahren ging er – ohne jemals eine Schule besucht zu haben – bei einem Steinmetz in Split in die Lehre, wo ihn ein Wiener Unternehmer entdeckte und für seine Ausbildung 1901 bis 1906 an der Wiener Akademie der bildenden Künste aufkam. In Wien sah Ivan Meštrović sich mit Jugendstil, Sezession und Symbolismus konfrontiert. Davon zeugt sein erstes großes Meisterwerk, der Lebensbrunnen aus dem Jahr 1905, der vor dem Nationaltheater in Zagreb steht. In Paris, wo er ab 1908 lebte, wurde er besonders stark von Auguste Rodin beeinflusst.

Schon von Anfang an zeigten Meštrovićs Figuren eine ungewöhnlich starke Ausdruckskraft und Emotionalität. Seine erste Ausstellung in Wien 1905 machte ihn schnell in Kunstkreisen bekannt. Nach dem Ersten Weltkrieg zog er in das neue Jugoslawien, das er auch politisch stark unterstützte. So war er eines der Gründungsmitglieder des Jugoslawischen Komitees, einer Intellektuellengruppe, die die Gründung des südslawischen Staates vorantrieb. Zwischen 1920 und 1931 entstanden die Mausoleen für die Familie Račić in Cavtat und das für die eigene Familie in Otavice, beide auf Hügeln gelegen und als klassizistische Rundtempel gestaltet – typisch für Meštrovićs Arbeiten als Architekt.

In der Zwischenkriegszeit lebte er teils in Zagreb, teils in Split. Allerdings erlaubte ihm seine wachsende Bekanntheit, zunehmend ein kosmopolitisches Leben zu führen. So ging er

Nackte im Garten der Galerija Meštrović in Split

1924 in die USA, wo das Reiterdenkmal von Chicago (1928) das bekannteste seiner Werke wurde, nicht nur in den USA. Im Laufe der Jahrzehnte spielte die schon in der Jugendzeit vorhandene tiefe Religiosität Meštrovićs eine immer größere Rolle.

Split: Galerija und Kaštelet

Im Jahr 1931 begann Meštrović mit dem Bau seiner Villa in Split, der heutigen Galerija Meštrović, und 1939 erwarb er Kaštelet, einen heruntergekommenen Landsitz unter dem Marjanberg in Split, und baute ihn bis 1939 aus, ab 1932 lebte er in Split. Heute beherbergt die Galerie, eine grandiose Anlage mit breitem Treppenaufgang, einer Gartenterrasse und großen, meist sonnendurchfluteten Räumen mit Holzdielenböden, rund 200 Skulpturen und annähernd 600 Zeichnungen Meštrovićs. Ein Besuch der beiden Museen erlaubt es, sich ein umfassendes Bild von dem Ausnahmekünstler Meštrović zu machen.

Auch Kaštelet, dessen schlichten Bau er durch eine vorgeblendete Säulenarkade erweiterte und aufwertete, besitzt Kunstwerke aus seiner Hand: In der eingebauten Kirche ist ein kompletter Zyklus zur Passion Christi erhalten: 28 lebensgroße Holzreliefs, die in einem Zeitraum von über 30 Jahren entstanden sind – eine ungewöhnlich lange Zeitspanne für ein einheitliches Kunstwerk.

Ivan Meštrović in Kroatien
Die Werke Meštrovićs sind über Kroatien und darüber hinaus verstreut. Die **Meštrović-Galerien** in Zagreb und Split (s. S. 221), beide in seinen ehemaligen Wohn- und Arbeitsstätten eingerichtet, geben einen ausgezeichneten Einblick in Leben und Werk des Künstlers. Die **Ivan Meštrović Foundation** gibt auf ihrer Website **www.mestrovic.hr** für die wichtigen Bauten und Sammlungen des Meisters recht ausführliche Beschreibungen. Einige der ausgestellten Kunstwerke sind etwas detaillierter erklärt. Die in den USA, in Serbien und in Montenegro existierenden Werke werden hier allerdings vernachlässigt.

Flucht in die USA

Den faschistischen kroatischen Staat unter deutschem Patronat lehnte Meštrović ab. 1941 wurde er von der Ustaša verhaftet, weil er sich mit seiner Weigerung, auf Hitlers Einladung hin in Berlin auszustellen, zum Feind des neuen kroatischen Ustaša-Staates gemacht hatte. Nach einer Intervention des Vatikans kam er frei, und über Rom gelangte er schließlich wieder (1946) in die USA. An der Syracuse University in New York State und der University of Notre Dame in Indiana lehrte er die letzten Jahre seines Lebens, bis zu seinem Tod 1962. Dem Werben des neuen jugoslawischen Staates nach dem Zweiten Weltkrieg entzog er sich, trotz seiner jugoslawischen Jugendideale. Mit dem kommunistischen Nachkriegsjugoslawien wollte er nichts zu tun haben. Seinen Besitz und seine Werke vermachte er dem kroatischen Volk. Seine sterblichen Überreste wurden nach seinem Tod 1962 aus den USA nach Jugoslawien gebracht und liegen in dem Familien-Mausoleum in Otavice.

Kroatien – jüngstes Mitglied der EU

Kroatien trat im Juli 2013 nach jahrelangen Verhandlungen als 28. Staat der Europäischen Union bei. Der Beitritt brachte mehr außenpolitische Sicherheit, mehr und bessere Marktchancen – und noch mehr Gäste. Im Gegensatz zu anderen Beitrittsstaaten gibt es in Kroatien kaum Europa-Skepsis – doch es schwelen Konflikte.

Ein Vorzeigeunternehmen taumelt

Ein Konzum (sprich: »Konsum«) steht in fast jedem kroatischen Ort, und meist nicht nur einer. Das typische Knallrot ist allgegenwärtig. Dass der Marktführer unter den Supermärkten einmal in Schwierigkeiten geraten könnte, war nicht zu erwarten gewesen. Doch im Frühjahr 2017 gerät das größte kroatische Unternehmen Agrokor in Schieflage. Das hochverschuldete Firmenkonglomerat kann seine Kredite aus eigener Kraft nicht mehr bedienen und wird per Gesetz unter einen besonderen Gläubigerschutz gestellt. Ein von der Regierung ernannter Restrukturierer versucht seither, das Unternehmen zu retten. Immerhin ist es mit 30 000 Beschäftigten (und noch einmal so vielen in den Nachbarländern) ein wichtiger Arbeitgeber.

Noch haben die Analysten und Journalisten sich nicht an die Klärung der Ursachen gemacht, aber natürlich spielt der steigende Wettbewerb aus dem Ausland eine Rolle, eine Folge des freien Marktes, der mit dem Beitritt zur EU einherging. Denn nach diesem Beitritt kamen viele ausländische Konsumwaren auf den kroatischen Markt, die die heimische Lebensmittelindustrie unter Druck setzten.

Ex-Kriegsgeneräle sind heute Volkshelden

Die Generäle, die im »Heimatkrieg« vor Ort das Kommando hatten, sind, sofern sie für Kriegsverbrechen angeklagt waren, freigesprochen und längst zu Volkshelden avanciert. Der bekannteste ist Ante Gotovina, der die sogenannte »Operation Sturm« (s. S. 65) und damit die Vertreibung von rund 150 000 ethnischen Serben aus der Krajina vor Ort umgesetzt hatte. Nach seiner Verhaftung auf den Kanaren im Jahr 2005 wurde er vom Internationalen Kriegsverbrechertribunal in Den Haag 2011 zunächst verurteilt, dann im November 2012 freigesprochen. In Kroatien galt und gilt er heute mehr denn je als Held und Restaurants schmücken sich mit ihm als Ehrengast. Tatsächlich gilt in Kroatien die Operation Sturm als Schlusspunkt des »Heimatkrieges«, der der Befreiung des kroatischen Territoriums diente, das von serbischen Freischärlern kontrolliert war. Der Freispruch Gotovinas wird daher von den meisten Kroaten als nachträgliche Legitimierung dieses Feldzuges verstanden.

Grenzstreitigkeiten

Seit Frühjahr 2017 sind sich Kroatien und das Nachbarland Slowenien so fern wie seit Jahrzehnten nicht mehr – jedenfalls was den Grenzübertritt betrifft. Lange Schlangen an den Kontrollstationen und stundenlange Wartezeiten sind die Folge aus den verschärften Sicherheitsvorschriften der Europäischen Union. Denn obwohl beide, Kroatien und Slowenien, Mitglied der EU sind, trennt sie doch ein wichtiges Wörtchen: Schengen. Seit 2008 verläuft die Schengen-Grenze zwischen Slowenien und Kroatien, über eine Länge von 670 km.

Während Kroatien an dieser Frage unschuldig ist, gilt das nicht für einen anderen Konflikt: Denn das Land lässt nicht locker, was den Streit um den Verlauf der Grenze bei der Mündung des Flüsschen Dragonja in Istrien. Vom Verlauf dieser Grenze hängt ab, wem die davor liegende Wasserfläche in der Bucht von Piran gehört. Im Juni 2017 hat ein internationales Schiedsgericht weitgehend zugunsten Sloweniens entschieden. Kroatien sträubt sich allerdings derzeit noch gegen die Anerkennung des Urteils.

Rechtsangleichung und Korruption

Dem EU-Beitritt im Juli 2013 ging ein jahrelanger Prozess der Angleichung von Gesetzen und Normen voraus. Das betraf insbesondere das Thema Rechtsstaatlichkeit und Transparenz der Verwaltung. Sowohl aus Brüsseler Sicht als auch in der Wahrnehmung der eigenen Bevölkerung war und ist Korruption in der Politik das Hauptproblem des Landes. Inzwischen scheint allerdings die Antikorruptionspolizei USKOK (Behörde zur Bekämpfung von Korruption und organisierter Kriminalität) einen Wandel erreicht zu haben. Davon zeugen immer wieder Verhaftungen und Razzien bei Politikern, die meist entsprechend inszeniert werden.

Kein Geringerer als Ex-Premier Ivo Sanader hat das besonders hart zu spüren bekommen. Er kam im Jahr 2015 in einem Berufungsprozess frei, wurde allerdings im Frühjahr 2017 erneut erstinstanzlich verurteilt und muss die genüsslichen Zeitungsberichte über echtes oder angebliches Vermögen – und was ihm davon letztendlich geblieben ist – ertragen. Inzwischen steht sein Name in Kroatien für Korruption, aber auch für den tiefen Fall der einst Mächtigen.

Minderheitenrechte in Theorie und Praxis

Minderheiten – die Serben, die Italiener, die Schwulen und Lesben, Orthodoxe und Muslime – sind nach wie vor ein Problem für einige Kroaten. Den geflüchteten Serben hat man ein Rückkehrrecht eingeräumt, von den einst 580 000 ethnischen Serben ist heute knapp ein Drittel noch oder wieder da – es werden wohl auch nicht mehr werden. Für die Serben sind wenige Anstrengungen unternommen worden, vor allem fehlt es an Arbeitsplätzen. Selbst die Italo-Kroaten in Istrien und dem Kvarner müssen immer wieder feststellen, dass ihre Sprache für die Kroaten oft ein Problem darstellt – zu viel Blut ist auch hier geflossen.

Kroatische und europäische Flagge vor dem Regierungssitz in Zagreb

Willkommen im Klub

Seit Juli 2013 ist Kroatien also das 28. Mitglied der EU, nachdem in einem Referendum mehr als 66 % der Kroaten dem Beitritt zugestimmt hatten. Auch wenn der EU-Beitritt für die kroatische politische Elite nie in Frage stand, ist trotz der Abstimmungsergebnisse in weiten Teilen der Bevölkerung, vor allem in der Provinz, eine gewisse Skepsis vorhanden. Tatsächlich werden viele wirtschaftliche und soziale Probleme auf Brüssel geschoben, womit man es sich natürlich einfach macht. Hat man den Abbau der Subventionen für die großen Werften, deren Privatisierung und teilweise Schließung gerade akzeptiert, rückt nun der nächste Konflikt näher: der Streit um den Staatshaushalt, denn Kroatien macht zu viele Schulden und stand deshalb bei der EU-Kommission bis 2017 unter Beobachtung.

Unterwegs an der Adriaküste

Geschäftiges Treiben in der Fußgängerzone von Dubrovnik

Das Beste auf einen Blick

Istrien

Highlights!

Poreč: Die frühchristliche Euphrasius-Basilika mit Goldmosaiken, Atrium und Bischofspalast – das ist erlebte Geschichte. S. 91

Pula: Die Römer haben in Kroatien eine Menge Denkmäler hinterlassen. Eines der spektakulärsten, vergleichbar nur mit dem Kolosseum in Rom und der Arena von Verona, ist die »Arena« von Pula, ein bestens erhaltenes Amphitheater. S. 107

Auf Entdeckungstour

Trüffel & Olivenöl – Genießerroute rund ums Mirnatal: Feinschmecker sind im Mirnatal und im Hügelland zu beiden Seiten auf dem richtigen Pfad. Neben Trüffeln und Steinpilzen locken Wildspargel und der Weltgeltung genießende Malvazija (Weißwein), *pršut* (Rohschinken) und Olivenöl. S. 84

Durchs grüne Hinterland – Radrundfahrt ab Rovinj: Nur hügelig, ist die Umgebung von Rovinj für Radler meist familiengeeignet. Küstenwege, hübsche Dörfchen mit alten Kirchlein, *teran* und *pršut* in der *konoba* garantieren Abwechslung. Als Radtour vier oder fünf Stunden Schweiß und als Tagesausflug genug Zeit für die Rast. S. 104

Kultur & Sehenswertes

Glagolitische Allee und »kleinste Stadt der Welt«: Zwischen Roč und der ›Mini-Stadt‹ Hum verläuft die Glagolitische Allee mit Stelen und Tafeln zum Thema glagolitische Schrift. S. 89, 90

Totentanz in Beram: Drastische Fresken aus dem 15. Jh. lassen sich in der Kirche Sveta Marija na Škriljinama in Beram bestaunen. S. 98

K. u. k. Marinefriedhof in Pula: Ein großer Friedhof voll mit Grabmälern aus der österreichisch-ungarischen Zeit. Wer sich auf Friedhöfen Geschichte erschließt, ist hier richtig. S. 109

Mit dem Rad unterwegs

Radtour am Lim-Kanal entlang zur Romualdo-Höhle: Von Vrsar nach Kloštar fährt man gemütlich hoch über dem steil eingeschnittenen Meeresarm Limski kanal. S. 99

Genießen & Atmosphäre

Peterokutna Kula in Poreč: Im Verteidigungsturm am Eingang der Altstadt von Poreč verbirgt sich ein Restaurant mit offener Aussichtsterrasse auf der höchsten Plattform. S. 95

Austern: Zwei Restaurants am Lim-Kanal bieten die dort gezüchteten Muscheln und Austern an. S. 100

Hotel Scaletta in Pula: Angenehmer als in diesem gepflegten Familienhotel nahe der Arena kann man kaum absteigen. S. 113

Abends & Nachts

Bar Valentino in Rovinj: Hier kann man sich auf Sofas am Felsenufer auf die Nacht einstimmen. S. 107

Techno-Fort in Pula: Ein altösterreichisches Sperrfort (Fort Bourguignon) auf der Halbinsel Verudela ist der richtige Ort für Techno-Weekends. S. 114

Der Norden und die Mitte

Istrien ist eine ungewöhnlich vielfältige Landschaft. Der Norden der Halbinsel ist üppig mediterran an den Küsten und im Hügelland, karg in den Bergen im Inneren. Während sich an den Küsten der Tourismus breitgemacht hat – an einigen Stellen, wie in und um Poreč, mit besonderer Dichte –, ist das Innere bis auf wenige, aber umso interessantere kulinarische Inseln – Trüffelland! – ziemlich unberührt geblieben und umso interessanter zu entdecken.

Die Halbinsel, deren Großteil zu Kroatien gehört (ein kleinerer zu Slowenien und ein winziges Stück um Triest zu Italien), ist ein Dorado für Wassersportler, seien es Segler, Taucher oder Surfer, für Wanderer, Mountainbiker und Freeclimber. Wellness und Fitness werden großgeschrieben, fast jedes der größeren Hotels hat ein »Wellness Centar«, Hallenbad, Tennisplätze. Umag ist ein Weltklasse-Tennisort.

Die Küste ist abwechslungsreich, wenn auch nicht spektakulär, Kiesstrände überwiegen. Das Meereswasser ist sauber, denn es gibt weder Industrie noch bedeutende städtische Abwässer, was die Austern aus dem Limski kanal und die *škampi* aus den Fangkörben vor der Küste bestätigen – beide übrigens mit im kulinarischen Spektrum, das von Meeresfrüchten über Trüffel und Wildspargel bis zu getrocknetem Schinken und handgerollten *fuži* (Nudeln) mit Wildschweinragout reicht.

Infobox

Touristeninformation

Tourismusverband der Region Istrien (Turistička zajednica Istarske županije): 52440 Poreč, Pionirska 1, Tel. 052 88 00 88, www.istra.hr

Internet

www.istra.hr: Die Website der istrischen Tourismusinformation bietet außer Infos zu Istrien-relevanten Themen auch Buchungsmöglichkeiten.

www.istrien.info: Angebot einer deutschen Reiseagentur mit Informationen und Übernachtungsangeboten.

Anreise und Verbindungen

Mit dem **Auto** über Triest (Autobahn Tarvisio/Tarvis–Udine) oder Rijeka (Autobahn Zagreb–Rijeka). Die Verbindung innerhalb der Region leistet das ›Istrische Ypsilon‹, eine Autobahn, deren drei Äste in der Mitte der Halbinsel zusammenlaufen.

Europabusse fahren von zahlreichen deutschen Städten nach Rijeka.

Das **Bahnnetz** Istriens ist dürftig, es gibt nur eine kleine lokale Linie zwischen Pula und Buzet. Rijeka (von dort aus nach Istrien mit dem Bus) ist mit Kurswagen von Wien aus erreichbar.

Der **Flughafen** Pula wird von verschiedenen Destinationen in Deutschland aus saisonal direkt angeflogen (z. B. Germanwings, Ryanair), über Zagreb mit Croatia Airlines auch ganzjährig. Zudem kommen auch die italienischen Flughäfen von Venedig und (ab München) Triest infrage. Von Triest aus gibt es gute Busverbindungen nach Istrien.

Den Städten an der Küste, etwa Poreč, Novigrad und Umag, sieht man ihre venezianische Vergangenheit an, ein Teil der Bevölkerung spricht heute noch Italienisch. Die meisten Orte liegen auf Halbinseln, die schon zur Römerzeit und früher besiedelt waren. Die kleinen Orte im Inneren sind oft noch von Mauern umgeben, Motovun etwa oder Hum, die »kleinste Stadt der Welt«. Die ländliche Bevölkerung schwindet seit Jahrzehnten, in einigen Orten wie in Vižinada sind Künstler nachgerückt.

Istrien bietet seinen Besuchern jede Art von Unterkunft: erstklassige Hotels und eine zunehmende Anzahl von Apartments. Zudem Unterkünfte auf dem Land, die ideale Art, die Insel und ihre liebenswürdigen Bewohner kennenzulernen.

Umag ▸ A 4

Auf den ersten Blick ist Umag (ital.: Umago) ein altes, pittoreskes Örtchen auf einer Halbinsel: Hauptplatz mit der alten Pfarrkirche Mariä Himmelfahrt, Reste der Stadtmauern, ein Turm mit Heimatmuseum. Tatsächlich aber ist es ein Touristenzentrum ersten Ranges, mit Großhotels und Apartmentblöcken, Autocamps, Restaurants, gepflegten Badestränden, zwei Marinas und jeder Menge Sport- und Freizeitvergnügen. Tennis wird in Umag ganz groß geschrieben: Kein Hotel ohne mehrere gepflegte Tennisplätze; das Tennisstadion ist Austragungsort des renommierten, seit 1990 veranstalteten Croatia Open Umag. Strände, wohin das Auge reicht, nach Norden folgt einer um den anderen, zunächst alle mit Hotel oder Feriendorf, dann wird es ab dem kleinen touristisierten Fischerdorf Savudrija einsamer. An der Südküste des Golfs von Piran (das bereits in Slowenien liegt) folgt dann nur noch ein FKK-Camp, wunderbar gelegen, ruhig.

Stadtmuseum

Trg sv. Martina 1, www.mgu-mcu.hr, Sommer Di–Sa 10–13, 18–21, So 10–13, sonst Di–So 10–12 Uhr, 1 €
Das Stadtmuseum in einem Turm der Stadtmauer sollte man sich nicht entgehen lassen: Vor allem die Unterwasserfunde aus dem Meer vor dem Rt (Kap) Katoro, das zwischen Umag und der Nordspitze Istriens liegt, und die Funde von römischen Siedlungen an der Küste sind interessant. Auf dem Platz vor dem Turm wurden die Reste einer frühmittelalterlichen Kirche, eine Ölmühle, Hausfundamente, 1700 Jahre alt und älter, ergraben.

Übernachten

Die meisten Hotels in Umag sind auf Pauschalreisende eingestellt und nehmen im Sommer kaum einen Gast, der unter einer Woche bleibt. Größte Hotel- und Feriendorfagentur ist Istraturist/Sol Meliá Croatia, beide Jadranska 66, Tel. 052 70 07 00, www.istraturist.com. Alternative: Campen oder Privatzimmer, Letztere z. B. bei Kompas Travel, Trgovačka 13, Tel. 052 74 16 13, www.kompas-travel.com.

Goldene Bucht – **Zlatna vala:** Sveti Ivan 45, Tel. 052 75 60 60, www.zlatna-vala.hr, DZ/ÜF 90–120 €. Südlich von Umag, wenige Autominuten an der Küstenstraße, findet man das Familienhotel direkt an einer kleinen flachen Bucht. Die Zimmer sind in Plüsch; schön ist der Blick auf den Sonnenuntergang.

Ganz in Rosa – **Villa Badi:** Lovrečica (5 km südl.), Umaška 10, Tel. 052 75 64 02, http://badi.hr, DZ/ÜF 70–130 €. Überschaubares Familienhotel mit 22 Zimmern. Die große Sonnenterrasse lädt zum Entspannen ein.

Camping – **Kanegra:** Kanegra 2, Tel. 052 70 90 00, www.istracamping.com, Mitte April–Sept. Der beliebte FKK-Platz liegt landschaftlich wunderschön an der Bucht von Piran mit Kies und Fels. Im Kanegra ist es recht ruhig – nicht so im nahen Bungalowdorf Kanegra mit Disco, DJ und ganztägiger Beschallung!

Essen & Trinken

Zwei **Restaurantmeilen** gibt es: die eine entlang der Obala Sv. Pelegrina am Südrand der Altstadt, sehr stimmungsvoll in alten Fischerhäusern; die andere an der Nova Obala zwischen der dorthin führenden Trgovačka und der großen Bucht im Norden.
Im Zentrum – **Konoba Da Lorenzo:** Šetaliste Vladimira Gortana 74, Tel. 095 907 47 62, ab 15 €. Koch Lorenzos Spezialität sind Fischgerichte mit handgemachten Nudeln.
Lokale Küche – **Konoba Nono:** Umaška 35, Petrovia, Tel. 052 74 01 60, http://konoba-nono.com, ab 10 €. Einige Kilometer außerhalb Umags Richtung Buje liegt diese beliebte Konoba mit grünem Garten sowie geräumigem Innenraum und Spezialitäten der istrischen Küche.

Aktiv

Tauchausflüge – Zum Rt (Kap) Katoro mit den reichen Funden zahlreicher hier untergegangener Schiffe: **Tauchschule Subaquatic Diving Center** des Touristendorfes Sol Stella Maris, Savudrijska cesta bb., Umag, Tel. 052 66 32 20, www.subaquatic.info.
Tennis – Alle Hotels haben mehrere Tennisplätze, dazu kommt das Tennisstadion auf der Halbinsel Punta (13 weitere Plätze): ITC Stella Maris, Tel. 052 71 00 00, beim gleichnamigen Touristendorf.
Baden – Vor allem an Kiesstränden, bei **Zambratija** und **Kanegra** (beide im Norden), auch FKK.
Mountainbiking – Mehrere gekennzeichnete Mountainbikerouten in der Umgebung, Karten bei der Touristeninformation.

Abends & Nachts

Discos, meist *open air*, gibt es in allen Hotels in Umag, beim Apartmentkomplex Stella Maris, Disco Mulino in Kanegra.

Infos & Termine

Touristeninformation Umag: Trgovačka 6, 52470 Umag, Tel. 052 74 13 63, www.coloursofistria.com.
Croatia Open Umag: im Juli, www.croatiaopen.hr. *Das* Tennisevent Kroatiens.

Buje ▸ A/B 4

Buje, ein Städtchen im Binnenland, 12 km von Umag entfernt, hat im jüngeren, unteren Bereich des Stadthügels ein paar moderne Lokale, aber in der Altstadt auf der Hügelkuppe geht das Leben weiter, als gäbe es keine Fremden, die neugierig in alles hineinschnüffeln wollen. Gässchen, Treppen, abblätternder Putz, manche der alten Steinhäuser wirken wie kurz vor dem Einsturz.

In die Mauern der **Pfarrkirche** auf dem höchsten Punkt des Hügels wurden zahlreiche römische Säulentrommeln, Grabstelen und sonstige große Steinblöcke eingemauert. Sie dienen nicht der Verzierung, sondern ausschließlich der Verstärkung des Mauerwerks – Buje ist wie alle anderen istrischen Orte ein paar Mal von Erdbeben heimgesucht worden. Weit und breit ist der Glockenturm mit seinen 50 m das höchste Gebäude, man sieht ihn aus der Ferne von allen Seiten.

Übernachten

Luxus auf dem Land – **San Rocco:** Srednja ul. 2, 52474 Brtonigla (8 km nördlich im Binnenland), Tel. 052 72 50 00, www.san-rocco.hr, DZ/ÜF 200–250, Suite 340 €. Das 2004 eröffnete Luxushotel im kleinen Ort Brtonigla ist in einem früheren Herrensitz eingerichtet und verfügt über allen Komfort unserer Zeit, samt kleinem Wellnessbereich. Hübsch ist der Kontrast zwischen freigelegten Balkenkonstruktionen und Holzdielenböden mit modernem Qualitätsmobiliar; erstklassiges Restaurant.

Herberge im Steinhaus – **Al Merlo Olivo:** Gardossi 47, 52460 Krasica (3 km südl.), Tel. 098 997 62 90, www.olivomerlo.eu, DZ/ÜF 60 €. Idyllische B & B-Herberge in einem alten istrischen Steinhaus im Örtchen Krasica. Fahrradfahrer werden besonders freundlich empfangen und erhalten Rabatt.

Essen & Trinken

Kultige Konoba – **Konoba Astarea:** Ronkova 9, 52474 Brtonigla, Tel. 052 77 43 84, www.konoba-astarea-brtonigla.com, ab 25 €. Kult-*konoba*, von deren rustikal-urigem Inneren sich viele andere im Land bei ihrer Innendeko beeinflussen ließen. Kultig ist auch die Zubereitung der Speisen über dem offenen Feuer und vor allem die ganz langsam garenden Gerichte unter der *peka*, der Tonglocke oder *črpnja*, der gusseisernen Glocke (probieren Sie die Kalbshaxe!).

Grožnjan ▸ B 4

Auch Grožnjan (ital: Grisignana) liegt auf einem Hügel in Aussichtslage, zwanzig Kirchtürme der umliegenden Orte könne man von hier aus sehen, heißt es. Die italienischsprachigen Bewohner sind nach 1954 ausgewandert. Der einstmals wichtige venezianische Ort war im Begriff zu veröden, als sich eine Künstlergruppe seiner erbarmte und aus ihm eine zumindest im Sommer sehr lebendige Künstlerkolonie machte. Die Steinhäuser mit ihren schönen Adelswappen, die **Stadtmauern,** das – einzige erhaltene – Haupttor, die hübschen Innenhöfe, der alte Waschplatz, die **Kirche SS. Vito e Modesto,** ehemals Bischofskirche, die **venezianische Loggia** von 1577 wurden instand gebracht. Ein Vorzeigestädtchen entstand, ein Ort wie aus dem Bilderbuch, mit Galerien, Künstlerateliers und Werkstätten, Läden mit Kunsthandwerk und einer Sommer-Musikakademie.

Übernachten, Essen

Traditionslokal – **Ladonja:** Tel. 052 77 61 25, Grožnjan, zwei Gänge 15–30 €, das Restaurant hat auch eine angeschlossene kleine Pension. Im Ort lädt das alteingesessene Restaurant der Familie Radečić zum ebenso rustikalen wie erlesenen Schmaus. Spezialität sind Gerichte mit den Pilzen der Region, seien es Steinpilze oder Trüffel.

Einkaufen

Im Sommer haben in Grožnjan zahlreiche Kunst- und Kunsthandwerksgalerien geöffnet. Die **Galerie Fonticus** (Trg lođe 3, Tel. 052 77 61 31, http://gallery-fonticus-groznjan.net) bietet zeitgenössische Malerei und steht als eine der wenigen ganzjährig offen.

Infos & Termine

Touristeninformation Grožnjan: Gorjana 3, 52429 Grožnjan bzw. Grisignana, Tel. 052 77 61 31, www.tz-groznjan.hr. ▷ S. 87

Auf Entdeckungstour: Trüffel & Olivenöl – Genießerroute rund ums Mirnatal

Feinschmecker sind im Mirnatal und im Hügelland zu beiden Seiten auf dem richtigen Weg. Neben Trüffeln und Steinpilzen locken Wildspargel sowie der Weltgeltung genießende Weißwein Malvazija, Schinken und Olivenöl. Doch nicht nur Gourmets, auch Radfahrer und Wanderer kommen voll auf ihre Kosten. Im Prinzip ist die Tour ganzjährig möglich, am schönsten ist sie jedoch im Oktober. Frisch gibt es die Weiße Trüffel nämlich nur von September bis Mitte Januar.

Reisekarte: ▶ B 4

Länge: 49 km
Zeit: Ein halber, besser ein Tag. Wer die Tour auf zwei Tage ausdehnen möchte, kann gut in Momjan im Agroturizam San Mauro übernachten (s. S. 86).

Start: Buje, bis dorthin von Umag 12 km, Poreč 28 km oder Rovinj 58 km.

Planung: Für Weinproben bzw. Verkostungen sollte man sich vorab telefonisch anmelden. Die Restaurants Zigante und Marino sind tgl. geöffnet. Bei beiden besonders für abends reservieren!
Hinweis für Autofahrer: Einige Abschnitte der Route sind sehr steil, vor allem die Anfahrt nach Oprtalj.

Die Trüffelregion in Nordistrien rechts und links der Mirna gilt als gastronomisches Paradies. In den Trüffelwäldern am Fluss und den Steinpilzwäldern der Berge schöpft die Natur aus dem Vollen. Die örtliche *konoba* serviert lufttgetrockneten Schinken *(pršut)*, Wildspargelomelett oder *fuži* (Nudeln) mit Wildschweingulasch zum hauseigenen roten Teran oder weißen Malvasier.

Ouvertüre: Olivenöl in Buje

Olivenöl, kalt gepresst, eine Delikatesse, kann man gleich in Buje probieren, wo sich an der Höhengrenze des frostempfindlichen Ölbaums gepflegte Haine ausdehnen. Vielleicht schmeckt das »extra native« Olivenöl gerade wegen dieser kritischen Klimasituation so delikat. Ölbaum ist übrigens nicht gleich Ölbaum: In Istrien kommen acht Arten wie Bianchera und Moraiolo recht häufig vor, andere oft nur noch in verwilderten Anlagen. Gute Olivenölerzeuger sind in Buje **Franco Basiaco** (A. Manzoni 15, Tel. 052 77 34 05) und **Nino Činić** (Krasica 40, Tel. 052 77 61 64). Eine lange Liste der Olivenölerzeuger Istriens findet sich übrigens auf der Website des Fremdenverkehrsverbandes: www.coloursofistria.com.

Erster Satz: Trüffel in Livade

Im Herbst 1999 war **Carlo Zigante** mit seiner Hündin auf Trüffelpirsch. Seine gefundene Weiße Trüffel wog 1,31 kg, das war (und ist noch immer) das schwerste jemals gewogene Exemplar und reif fürs Guinnessbuch der Rekorde. Heute kostet das Kilo Trüffel je nach Art und Marktlage 1500 € bis 2500 €. Zigante gründete im Heimatdorf Livade eine Trüffelfirma (www.zigantetartufi.com), die

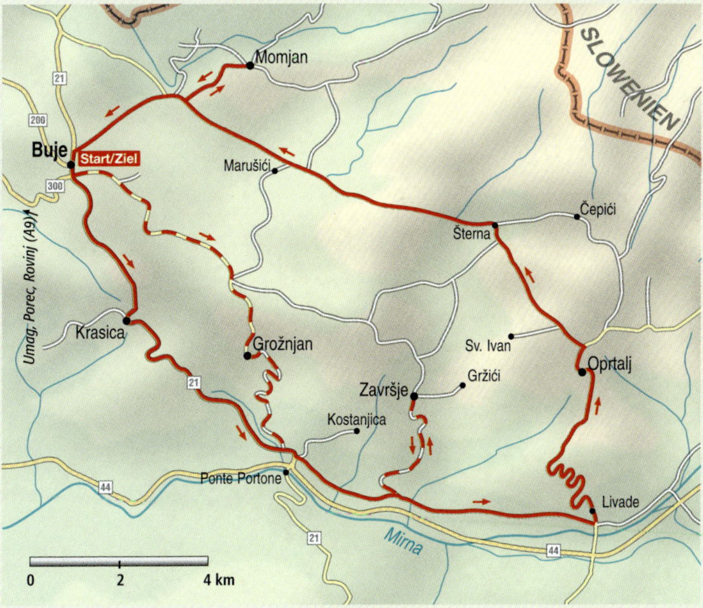

sich zu einem bedeutenden Unternehmen entwickelt hat. Man sollte in Livade unbedingt Zigantes Laden besuchen, wo man u. a. tiefgekühlte Trüffel bekommt, aber auch Mitbringsel kaufen kann. Selbst wenn man keine Trüffel kaufen möchte, lohnt der Besuch.

In den Pappelwäldern an der Mirna und den Flaumeichenwäldern an den Hängen darüber kommen mehrere schwarze und weiße Trüffelarten vor. Die edelste und duftintensivste ist die meist als Alba-Trüffel bezeichnete Weiße Trüffel *Tuber magnatum pico*, die zwischen September und Januar gefunden und praktisch nur roh gegessen wird. Am besten schmeckt sie eigentlich zu einem ganz schlichten Gericht: Tagliatelle (breite Nudeln) mit etwas Butter, und dann fein geraspelt. Dazu ein trockener Malvazija.

Natürlich lohnt sich ein Besuch des **Restaurants Zigante** (Livade-Levade 7, Livade, Tel. 052 66 43 02, www.restaurantzigante.com, im Sommer 12–22 Uhr, im Winter geschl.). Dort gibt's alles mit Trüffeln, auch das Dessert – ein Mekka für Trüffel-Fans: Weiße und Schwarze, Sommer- und Wintertrüffel, wahrlich meisterhaft zubereitet. Ein Menü mit Trüffeln kostet ab ca. 120 € (aber vielleicht tut es auch ein Trüffel-Risotto für etwa 30 €).

Zweiter Satz: Malvazija und Muškat in Momjan

Ein istrischer Rotwein ist der etwas derbe Teran. **Gianfranco Kozlović** in Momjan keltert einen der feinsten. Vor allem ist der Winzer aber für seinen kultigen Muskat (Muškat) berühmt, einen trockenen, im Bouquet an Muskat und Rosen erinnernden Weißwein aus einer Rebsorte, die sonst eher für Dessertwein bekannt ist. Probieren können Sie den »Momjanski Muškat« auf dem Weingut Kozlović (Valle 78, Momjan, Tel. 052 77 91 77, www.kozlovic.hr).

Seit einem Jahrzehnt wird der weiße Malvazija in Istrien häufiger angebaut. Der Malvasier ist ein delikater, reiner, feinbitterer, an den Duft von Akazien erinnernder Wein, unverzichtbar zu den mit Trüffeln veredelten Tagliatelle. Hervorragende Kreszenzen bekommt man im **Weingut Kabola** (Kanedolo 90, Momjan, Tel. 052 77 92 08, www.kabola.hr) im Ortsteil Kremenje. Die Weine von Kabola können Sie zudem im erstklassigen **Restaurant Marino** testen (Kremenje 96/B, Tel. 052 77 90 47, tgl. 12–22 Uhr), das auch Trüffelgerichte serviert. Angenehm: Die Weine gibt es dort auch an der Bar als offene Weine.

Wenn Sie in Momjan übernachten, abends den eigenen getrockneten istrischen *pršut*, Tagliatelle mit vom Hausherrn gefundenen Trüffeln sowie Wein und Schnaps aus eigener Herstellung genießen wollen, empfiehlt sich das Anwesen San Mauro. Die Apartments für zwei kosten mit Frühstück 48–64 € (Familie Sinković, Sv. Mauro 157, Momjan, Tel. 052 77 90 33, www.sinkovic.hr).

Finale: Pršut und Walnüsse

Gerade im Herbst gibt es genügend Bauern, die ihre Produkte direkt an der Straße anbieten, etwa frische und getrocknete Steinpilze, Olivenöl, Wein, Walnüsse, Honig, Rohschinken *(pršut)* und frisches Brot. Im Frühjahr verkaufen die Bauern u. a. bleistiftdünnen grünen Wildspargel. Folgendes Gericht können Selbstversorger schnell zubereiten: Spargel 5 Min. kochen, mit Knoblauch, Olivenöl aus der Mirna-Region, Salz und Pfeffer abschmecken und dazu zwei gekochte Eier servieren.

Musikjugendfestival – Internationales Kulturzentrum der Kroatischen Musikjugend: Mitte Mai bis Mitte Sept., www.hgm.hr. Breit gefächertes Programm, vorwiegend Kammermusik.
Festival »Jazz is back«: Juli/Aug., www.jazzisbackbp.com.

Novigrad ▸ A 5

Nur die Mauern, die den Süden der Insel vor Angriffen von der Meerseite aus schützen sollten, sind von der alten Befestigung des Küstenortes Novigrad (ital.: Cittanova) übrig geblieben. Auch bei dem von Cafés gesäumten Trg Venezia ist ein größerer Mauerabschnitt erhalten, er stammt wie die anderen Mauern aus venezianischer Zeit. In den Fassadendekors, im Dom und in der Form des Campanile ist Venedig ebenfalls präsent. Die **Domkrypta** mit ihren Reliquien erinnert an die frühere Bedeutung von Novigrad – sie ist im 8. Jh. erbaut und somit die älteste noch erhaltene an der östlichen Adria (Eintritt 2 €).

Das **Marinemuseum Gallerion** in der Altstadt lohnt den Besuch (Mlinska 1, Di–So 9–12, 16–21 Uhr, 4 €). Der Schwerpunkt liegt auf der k. u. k. Zeit, also dem 19. Jh. Im 18. Jh. wurde die Insel zur Halbinsel, damals schüttete man einen Teil des trennenden Meeresarms zu, ließ aber Platz für einen Hafen. Der alte Hafen Mandrač dient heute als Jachthafen.

Übernachten

Novigrad hat nur wenige Unterkünfte, dafür gibt es etwas außerhalb in Brtonigla ein viel gelobtes Hotel (s. S. 83).
Elegant – **Cittar:** Prolaz Venecije 1, Tel. 052 75 77 37, www.cittar.hr, DZ/ÜF 90–180 €. Privathotel, in die zinnenbekrönte Stadtmauer hineingebaut. Komfortable Zimmer mit Atmosphäre.
Modern – **Hotel Makin:** Šaini 2, Tel. 052 75 77 14, www.hotelmakin.hr, DZ/ÜF 70–90 €. Kleines Privathotel etwa 1 km vom Zentrum Richtung Umag, 200 m vom Strand entfernt. Netter Innenhof mit viel Grün und Korbsesseln zum Ausspannen, die Zimmer sind solide und sauber.
Mittelklasse – **Laguna:** Terre 4, Tel. 052 85 86 60, www.laguna-novigrad.hr, DZ/ÜF ab 100 €. Das große Hotel mit 220 Zimmern liegt unweit der Altstadt nahe dem Strand, wirkt nach einer Renovierung wie ein Neubau und hat Sauna und Fitnessraum, Meerwasserhallenbad und Süßwasserpool.

Essen & Trinken

An Lokalen vom touristischen *konoba*-Typ (mit dunklem Innenraum und rustikalen Dekorstücken) herrscht kein Mangel. Ein Restaurant mit überregionalem Ruf ist für Gourmets ein Muss. Sehr gut auch das Restaurant Pepe Nero im Hotel Cittar (s. o.).
Istro-Sushi auf Sterneniveau – **Damir e Ornela:** Zidine 5, Tel. 052 75 81 34, www.damir-ornella.com, Mo geschl., unbedingt reservieren, v. a. an Wochenenden und im Sommer, drei Gänge ab ca. 35 €, fünf Gänge mit Wein ab ca. 70 €. Dass sich hinter der leicht zu übersehenden Tür in einer Nebengasse eines der besten Restaurants Kroatiens verbirgt, ist schon überraschend, dass dann drinnen gerade mal sechs Tische stehen, noch mehr. Und der rohe Fisch, die rohen Muscheln, das mag für nicht vorinformierte Gäste noch überraschender sein. Mit dem geschliffenen Tranchiermesser präpariert Damir das Meeresgetier, das vor Istriens Küsten schwimmt, fangfrisch à la Sushi: mit darüber gehobelten Weißen Trüffeln, frischen Früchten aus dem istrischen Garten, köstlichem Olivenöl. Keine Speisekarte.

Thront auf einem Hügel: Motovun

Istrische Küche – **Torči 18:** Ulica Torči 18, Tel. 052 75 77 99, www.torci18.hr. 3-Gänge-Menü ab 35 €. Traditionelle *Gostionica* am Altstadtkai mit exzellentem Fisch und guten Nudelgerichten.

Infos

Touristeninformation Novigrad: Mandrač 29a, 52466, Novigrad, Tel. 052 75 70 75, www.coloursofistria.com.

Mirnatal und Umgebung

Motovun ▸ B 5

Spektakulär auf einem Bergkegel und mit Blick über das Mirnatal liegt Motovun (ital.: Montona). Das »ona« des Ortsnamens kommt wie bei Albona (Labin) von einer keltischen Wurzel, die »besiedelter Ort« bedeutet.

Das mittelalterliche Städtchen zieht sich um das Kastell herum, zwei konzentrische Mauern umgeben Kastell und Stadt, eine dritte Mauer umgibt die Unterstadt, die man durch die Porta della Madonna betritt. Mit dem Bau der Mauern hat man begonnen, als die Besitzer des Ortes noch wechselten: mal die Grafen von Görz, dann die Patriarchen von Aquileia.

Da die Stadtregierung einsah, dass sie auf Dauer keine Chance gegen das mächtige Venedig hatte, begab sie sich 1278 lieber freiwillig unter die Fittiche des Markuslöwen. Die Venezianer vollendeten Mauern und Tore in fünf Jahrhunderten.

Buzet ▸ B 4

In prachtvoller Landschaft zieht sich eine Bundesstraße durch das im Unterlauf teilweise versumpfte Mirnatal, das sich bei Istarske Toplice stark verengt. Hier treten heiße Quellen aus, die von einer Bade- und Kuranstalt genutzt werden. Nach der engen Talstrecke wirkt das Becken von Buzet doppelt geräumig. Der alte Ort Buzet/Pinguente liegt auf einem Hügel, der neue Ort breitet sich im Becken darunter aus.

Man betritt die alte Stadt durch ein von den Venezianern 1547 errichtetes Tor, Teil der Stadtmauern, die sie dem 1421 erworbenen Ort zukommen ließen. Pinguente wurde Venedigs Verwaltungssitz und Militärzentrum in diesem Abschnitt der Grenze zum österreichischen Teil Istriens. An schönen Steinhäusern mit Adelswappen vorbei gelangt man zum Hauptplatz, mit dem ehemaligen venezianischen **Rathaus** (Palazzo Pretorio) und dem Amtssitz des Militärstatthalters, **Casa del Capitano.** Hier steht auch Buzets barocke **Pfarrkirche,** in die Teile eines gotischen Baus von 1326 integriert sind.

Bei der **Kirche Sveti Juraj** (1611) kann man die **Stadtmauer** besteigen und ein Stückchen auf ihr spazieren gehen, um den herrlichen Ausblick auf die Landschaft der Umgebung zu genießen.

Roč und Umgebung ▸ B 4

Roč liegt direkt an der Schnellstraße Buzet–Rijeka. Die fast komplett erhaltenen **Stadtmauern** und ein **Lapidarium** im nördlichen Stadttor lassen die lange Vergangenheit des Ortes erkennen.

In der **Kapelle Sveti Rok** (St. Rochus) nahe dem Nordtor sind die Fresken eines italienischen Künstlers des 14. Jh. zu bewundern.

Glagolitische Allee

Zwischen Roč und Hum (s. S. 90) verläuft die Glagolitische Allee (Aleja Glagoljaša). Sie wird bei Roč von der Schnellstraße durchschnitten, die man daher überqueren muss. An der Allee wurde zwischen 1977 und 1981 eine Reihe von Denkmälern aufgestellt, die die wichtigsten Buchstaben der glagolitischen Schrift in Großformat vorstellen.

Beim Weiler **Brnobići** hat man bei der Kapelle unterhalb der Straße Abgüsse von glagolitischen Schriftsteinen aufgestellt (mehr über die glagolitische Schrift und ihre Bedeutung für die Entwicklung des kroatischen Staates s. S. 66).

Kotli

Einige Bekanntheit hat der halb verwaiste Weiler Kotli erlangt (3 km westlich der Glagolitischen Allee). Die hier noch junge Mirna hat in den Kalkstein eine Reihe so tiefer Gumpen gegraben, dass man drinnen – einigermaßen – baden kann. Im Dörfchen gibt es eine Sommer-*konoba,* die am Wochenende eine ordentliche Stärkung bietet.

Nach Kotli führt ein sehr enger und einspuriger Fahrweg ab Brnobići auf halber Strecke zwischen Roč und Hum.

Hum ▶ B 5

Hum ist nur mit dem eigenen Fahrzeug auf Sträßchen ab Roč oder von der Schnellstraße beim Učka-Tunnel zu erreichen. (Letztere Route auf einer engen Straße erfordert allerdings etwas Kartenstudium.) Es schmückt sich mit dem Titel »kleinste Stadt der Welt«. Tatsächlich war es einer der befestigten Orte, die unter dem Kommando des venezianischen Militärbefehlshabers in Buzet die Grenze zu Österreich bewachten, daher die starken **Stadtmauern**, die sich komplett erhalten haben. Die Handvoll Einwohner wählte einen Bürgermeister aus ihren eigenen Reihen, auch das mag zum Nimbus der »Stadt« beigetragen haben.

Hum bietet wie kaum ein anderer Ort eine Konzentration pittoresker Steinhäuser in gutem und sanft renoviertem Zustand. Im Haus gegenüber dem romanischen Campanile der Kirche steht unter Arkaden das große Original eines solchen Steines. In den beiden mit Kieselsteinen gepflasterten Gässchen des Ortes lassen sorgfältig gebaute Bruchsteinhäuser keinen Zwischenraum frei.

Übernachten, Essen

Die Region ist für ihre urigen Lokale und gastronomische Qualität bekannt. Adressen s. Entdeckungstour S. 84.

Unterm Kastell – **Kaštel:** Trg A. Antico 7, 52424 Motovun, Tel. 052 68 16 07, www.hotel-kastel-motovun.hr, DZ/ÜF 100–140 €. Das ruhige Altstadthotel befindet sich im ehemaligen Adelspalais am Hauptplatz des Dorfes. Komfortable, helle und freundliche Zimmer machen den Aufenthalt angenehm, stimmig abgerundet wird er von einem Besuch im guten **Restaurant** des Hotels. Hier sitzt man drinnen oder draußen auf dem Burgvorplatz unter Schatten spendenden Rosskastanien und isst istrischen Schinken, *njoki* mit Gulasch oder *fuži* mit Trüffeln. Zwei Gänge inkl. Trüffelgericht um 20 €.

Essen & Trinken

Idyllische Lage – **Konoba Kolinasi:** Kolinasi 13 (kurz hinter Roč Richtung Hum fährt man an der linken Seite einen kleinen Weg hinein, folgt ihm ca. 1 km), Roč, Tel. 052 66 66 24, www.konoba-kolinasi.com. Ausgezeichnete Konoba mit eigenen Erzeugnissen: Gemüse, hausgemachte Wurst, recht deftig und gut. Fleischplatte für 2 Personen 16 €. Eigentümer Valter Glavic vermietet auch Zimmer.

Infos & Termine

Touristeninformation Motovun: Trg Andrea Antico 1, 52424 Motovun, Tel. 052 68 17 26, www.tz-motovun.hr.

Touristeninformation Buzet: II. istarske brigade 2, 52420 Buzet, Tel. 052 66 23 43, www.tz-buzet.hr.

Filmfestival Motovun: Ende Juli/Anf. Aug. Bis zu 80 Filme aus 20 Ländern, www.motovunfilmfestival.com.

Markt: 3. Mo im Monat in Motovun.

Mosaik in der spätantik-byzantinischen Euphrasius-Basilika

Poreč! ▸A 5

Poreč (ital.: Parenzo) ist ein Juwel von einer Stadt, der alte Kern auf seiner spitz zulaufenden Halbinsel kaum durch Neubauten verschandelt. Was neu gebaut wird, so das lange Zeit aufgegebene Hotel Riviera am Hafen, ältestes Hotel der Stadt, das als »Palazzo« wieder auferstand, wird den alten Straßenzügen und Fassaden angepasst. Und was birgt diese Altstadt! Eine spätantik-byzantinische Basilika, Reste römischer Tempel, mittelalterliche Straßenzüge, gotische und barocke Paläste. Rund um die Neustadt gibt es zahlreiche Hotels, vor allem für Pauschalurlauber. Sie liegen unweit kleiner Buchten mit Kies- und Felsstrand, von alten Schwarzkiefern beschattet. Ein langer Wanderweg am Strand entlang führt von der Stadt zu den Hotelbuchten **Plava Laguna** und **Zelena Laguna.** Wer's bequemer mag, nimmt das zwischen Stadt und Buchten pendelnde Boot, eines fährt zur **Insel Sveti Nikola** (St. Nikolaus) direkt vor der Stadt, dort steht mitten im Grün ebenfalls ein Hotel.

Langeweile kann in Poreč kaum aufkommen. Sport-, Wellness- und Animationsprogramme der Hotels würden schon genügen, dazu kommen Bars und Strandbars, Discos, Casinos, Kino und die Feste – von Karneval über den 30. April, an dem die Befreiung der Stadt und der Beginn der Saison gefeiert werden, bis zu sommerlichen ›Touristenfesten‹ in der Umgebung.

Decumanus

Vom Parkplatz her betritt man die Stadt am **»Fünfeckigen Turm« (Peterokutna kula)** 1 (s. Lieblingsort S. 95) auf der Südseite. Eine lange Straße zieht sich über den Rücken der Halbinsel hinweg, auf der die Stadt Poreč (ital.: Parenzo) liegt, ehemals einfach

Poreč

Sehenswert
- 1 Fünfeckiger Turm (Peterokutna kula)
- 2 Heimatmuseum
- 3 Romanisches Haus
- 4 Römisches Forum
- 5 Euphrasius-Basilika
- 6 Bischofspalast/ Diözesanmuseum

Übernachten
- 1 Mauro
- 2 Valamar Riviera Hotel
- 3 Filipini
- 4 Hostel Alma
- 5 Autocamp Zelena Laguna
- 6 Grand Hotel Palazzo

Essen & Trinken
- 1 Restaurant Artha
- 2 Peterokutna kula
- 3 Istra

Einkaufen
- 1 Markt

Aktiv
- 1 Diving Center Poreč
- 2 Bike Point

Abends & Nachts
- 1 Euphrasiana
- 2 Bar Torre Rotonda

Strada grande genannt, ›große Straße‹. Sie entspricht dem Decumanus, der Hauptstraße des römischen Parentium.

Den 2000 Jahre alten Decumanus, der meist von flanierenden Urlaubsgästen völlig verstopft ist, säumen venezianische Gebäude wie der spätgotische Palast auf Nr. 5 mit seinen prachtvoll verzierten Fenstern und den von Löwen getragenen Brüstungen im ersten Stock oder der Palast der Familie Sinčić von 1719 auf Nr. 9, der heute das **Heimatmuseum** 2 beherbergt (seit Jahren wegen Restaurierung geschlossen). Zwei spätgotisch-venezianische Paläste stehen zu beiden Seiten des *Cardo Maximus* (Via Cardine Massimo). Bemerkenswert sind die gedrehten Säulchen der Fenster von Nr. 17.

Marafor-Platz

Am Marafor-Platz, wo der *Decumanus* endet, steht das **Romanische Haus** 3 aus dem 12./13. Jh. (Öffnungszeiten in der Touristeninfo erfragen). Der dritte Stock dieses Steinhauses besitzt wieder seinen alten umlaufenden Holzbalkon. Der Marafor-Platz markiert den Standort des **Römischen Forums** 4 (Martis Forum = Forum des Mars). Reste des Neptuntempels und Säulen des Tempels des Mars sind von einem ehemals aus drei Tempeln bestehenden Komplex übrig geblieben, sie stehen etwas

hinter dem heutigen, gegenüber der Antike kleineren Platz. Der Tempel war mit 30 x 15 m der größte Istriens, ehem. 16 m hoch, die erhaltenen Säulen sind aus rotem Veroneser Marmor. Bummelt man durch die Seitengassen des *Decumanus*, findet man immer wieder sehenswerte Innenhöfe und reizvolle alte Häuser, wie das Haus der zwei Heiligen, dessen zwei Heiligenreliefs auf der Außenseite ihm den Namen gaben.

Geht man vom Marafor-Platz die Ljudevita Gaja nach Norden, findet man rechts versteckt einen barockisierten Palazzo (einst eine Franziskanerkirche aus dem 13. Jh.), in dem Ende des 19. Jh. der Landtag Istriens tagte. Leider ist keine Besichtigung möglich.

Euphrasius-Basilika 5

Eufrazijeva 22, Mo–So 9–16, im Sommer bis 21 Uhr, 5 €

Die Euphrasius-Basilika, der ganze Stolz der Stadt, ist in ihren ältesten Teilen nochmals fast tausend Jahre älter. Während der Christenverfolgungen unter Kaiser Valerius (253–260) wurde auch Maurus, der erste Bischof von Parentium, zum Märtyrer. Er wurde in seiner eigenen Hauskapelle bestattet, über der im 4. Jh. eine erste Kirche entstand. Der größere Nachfolgebau, die »Prä-Euphrasiana«, bestand bis 539, als der damalige Bischof Euphrasius einen Neubau beginnen ließ. Nach byzantinischem Muster entstand eine gro-

Lieblingsort

Gemütliches Restaurant mit Ausblick

Im venezianischen Torturm am Eingang von Poreč würde man kein Restaurant vermuten – und schon gar keines wie das **Peterokutna kula** 2 mit so viel Atmosphäre. Über einen schmalen Treppenaufstieg erreicht man das großzügig gestaltete Lokal in den einstigen Räumen der Wache. Auf der obersten Etage befindet sich die Terrasse – bei Sonnenuntergang ein magischer Ort. Zum Blick über Poreč gibt's klassische istrische Küche: Risotto mit Tintenfisch, Steak mit Trüffeln, Weißfisch mit Mangoldkartoffeln – köstlich! Nicht zu vergessen: der charmante Service auf Deutsch. **(Peterokutna kula,** Decumanus 1, Tel. 098 977 92 22, www.kula-porec.com.hr, Menü ab 25 €).

ße dreischiffige Kirche mit Chor und Apsiden, einem offenen Vorhof (Atrium) und einer achteckigen Taufkirche. Beim Bau wurde nicht gespart, das kann man im Chor und in den Apsiden erkennen (die Frontmosaiken stammen großteils aus dem 19. Jh.).

In der Basilika ist vor allem der Chor von Bedeutung: Die drei Apsiden besitzen im unteren Wandbereich noch ihre prachtvollen alten Inkrustationen aus Marmor, Schmelzglas, Perlmutt und Emaille, darüber leuchten Goldmosaiken aus dem 6. Jh., die wie durch ein Wunder erhalten geblieben sind: Christus als Weltenrichter mit der Gottesmutter, Heiligen und Engeln, darunter der hl. Euphrasius mit einem Modell der Basilika, Verkündigung und Heimsuchung. Der Altar mit seinem kunstvoll verzierten Ziborium (Baldachin) entstand 1277. Die Hauskapelle des Maurus, das Oratorium, ist heute die Sakristei.

Bischofspalast/ Diözesanmuseum 6

Öffnungszeiten wie Basilika

Der **ehemalige Bischofspalast** befindet sich im gleichen Baukomplex und die Besichtigung schließt sich direkt an die der Basilika an. Die Grundmauern der Prä-Euphrasiana und die älteren Kirchenbauten kann man von diesem Gebäude aus studieren, in ihm ist jetzt das **Diözesanmuseum** untergebracht. Aus der hohen Empfangshalle im ersten Stock sieht man besonders gut auf die Baureste der Vorgänger der heutigen Basilika, deren Standort Euphrasius etwas südlich vom ursprünglichen Heiligengrab bestimmte. Aber auch ein römisches und mittelalterliches Lapidarium sowie eine interessante Sammlung von Kirchenschätzen, Gemälden und Skulpturen sind zu sehen.

Übernachten

Freundlich – **Mauro** 1: Obala maršala Tita 15, Tel. 052 21 95 00, www.hotelmauro.com, DZ/ÜF 110–190 €. Nagelneues Viersternehotel, funktional und schick eingerichtet. Sehr freundliche Rezeption. Für den Standard günstig.

Stadthotel – **Valamar Riviera Hotel** 2: Tel. 052 40 08 00, www.valamar.com, DZ/ÜF 200–240 €. Mit Bedacht und komfortabel renoviertes Stadthotel mit moderner Einrichtung, Zimmer nach vorne leider laut – ein Tipp also eher für Nachtschwärmer, die mittendrin wohnen wollen.

Mediterran – **Filipini** 3: Filipini 1b., Tel. 052 46 32 00, DZ/ÜF 70–105 €. Modernes Privathotel, 6 km außerhalb im Dorf Filipini (Straße nach Pazin/Rijeka, dann links) liegt das sympathische und im mediterranen Stil eingerichtete Privathotel. Ruhige Lage im Grünen, acht einfache, gemütlich möblierte Zimmer und Apartments.

Günstig und zentral – **Hostel Alma** 4: Cardo Maximus 3, Tel. 052 42 85 39, www.hostel-alma.com.hr, DZ 46–60 €. Neues Hostel in der Altstadt, das auch Zweibettzimmer hat.

Im Zelt – **Autocamp Zelena Laguna** 5: Zelena Laguna bb., Tel. 052 41 01 02, www.lagunaporec.com, geöffnet Ostern bis Okt. Der bestens ausgerüstete, ortsnahe Platz (5 km südlich) hat meist Felsenstrand und viele schattige Stellplätze. Auch FKK.

Luxus – **Grand Hotel Palazzo** 6: Obala Maršala Tita 24, Tel. 052 85 88 00, www.hotel-palazzo.hr, DZ oder Suite/ ÜF 110–540 €. Das 1910 errichtete Gebäude, das direkt am Meer steht, war jahrelang triste Ruine. Heute ist das Hotel ein Haus mit sehr hohem – allerdings nicht wirklich luxuriösem – Standard, mit drei Zimmerkategorien und Suiten (wenige mit Balkon), Wellness und Außenpool.

Essen & Trinken

Veggie – **Restaurant Artha 1**: Jože Šurana 10, Tel. 052 43 54 95. Vegetarisches und veganes Essen, fantasievoll und in großer Auswahl.
Mit Ausblick – **Peterokutna kula 2**: s. Lieblingsort S. 95.
So traditionell wie gut – **Istra 3**: Bože Milanovića 30, Tel. 052 43 46 36, ein Gang ab ca. 10 €, drei Gänge ab ca. 30 €. Traditionell mit guter istrischer Küche an der Hafenpromenade am Rand der Altstadt. Oft sieht man festlich gekleidetes lokales Publikum – hier wird gerne gefeiert.

Einkaufen

Dies und das – **Markt 1**: tgl. an der Mlinska neben dem Großparkplatz.

Aktiv

Tauchen – **Diving Center Poreč 1**: Tauchschule des **Hotel Diamant**, Brulo 4, Tel. 052 43 36 06, www.divingcenter-porec.com.
Mountainbiking – Routen in die Umgebung und ins istrische Hinterland, einige nicht ganz leicht. Radverleih und -reparatur bei **Bike Point 2**, B. Parentina 19, Tel. 052 45 35 20.

Abends & Nachts

Die Altstadt ist abends recht ruhig, den Touristen wird in ihren Hotels fast immer Unterhaltung geboten, auch in hoteleigenen Discos. Wer in den Hotels an der Zelena Laguna abgestiegen ist, kommt in den Genuss der dortigen Open Air Discos.

Klassische Konzerte in der **Euphrasiana 1** Juli–Mitte Sept. Das **Peterokutna kula 2** (s. S. 95) ist ein Superstandort für Nachtschwärmer in der Altstadt, ebenso das Café im Rundturm auf der anderen Halbinselseite, die **Bar Torre Rotonda 2**, Narodni trg 3a, www.torrerotonda.com. (Vorsicht: Die Kellner sind manchmal etwas im Stress und dann entsprechend launisch.)

Infos & Termine

Touristeninformation Poreč: Zagrebačka 9, 52440 Poreč, Tel. 052 45 12 93, www.to-porec.com.
Busbahnhof am Rande der Altstadt, dort befindet sich auch ein **Taxistand,** Tel. 060 33 31 11.
Katamaran: Venezialines, Trg Matije Gupca 11, Tel. 052 42 28 96, tgl. nach Venedig, Piran, Rovinj und Pula.
Tag der Stadt Poreč und Beginn der Touristensaison: 30. April, mit großem Unterhaltungsprogramm.
Maurustag: 21. Nov., Festmesse und Volksfest auf dem Trg Slobode.

Ins Hinterland von Poreč

Baredine-Höhle ▸ A 5

Tel. 052 42 13 33, www.baredine.com, Juli, Aug. tgl. 10–18, Mai, Juni, Sept. 10–17 Uhr, April, Okt. 10–16 Uhr, regelmäßig Führungen, 9 €
Ein Ausflug vor die Tore von Poreč führt zur Baredine-Höhle in **Nova Vas**, die man auch ganz bequem mit dem Fahrrad auf einem ausgeschilderten und teilweise asphaltierten Radweg erreichen kann. Die Tropfsteinhöhle, deren Besuch mit Führung – auch auf Deutsch oder Englisch – auf einem gut gesicherten Steig ca. 40 Min. dauert, ist besonders im Sommer eine herrlich kühle (konstant 14 °C) Wunderwelt voller Stalaktiten, weißer bis orangefarbener Tropfsteinvorhänge und jahr-

tausendealter Stalagmiten. Highlight ist ein Abstieg zu einem Höhlensee in 60 m Tiefe. Führungen finden jede halbe Stunde statt, man muss also nie lange warten. Wer mehr wissen will über Höhlen, unternimmt eine **Höhlentour,** die nebenan von Speleolit für ca. 35–60 € organisiert wird (www.speleolit.com, Tel. 092 110 00 70). Dabei besucht man eine oder mehrere der nahe liegenden, nicht allgemein geöffneten Höhlen. Kleidung und Ausrüstung werden gestellt.

Pazin ▸ B 5

Beim Ort Pazin verschwindet der Fluss Fojba urplötzlich in einem senkrechten Schlund unter der Burg. Die Kleinstadt im Herzen Istriens hieß früher Mitterburg und war das Zentrum der habsburgischen Verwaltung in diesem Gebiet. Rund um die Burg stehen noch Häuser aus dem 15. bis 17. Jh. Die Einwohner sind stolz darauf, dass einer der Romane von Jules Verne hier (und im Lim-Kanal bzw. Limski kanal) spielt: »Mathias Sandorf«. Es gibt sogar einen Jules-Verne-Verein und **Jules-Verne-Tage,** an denen mächtig gefeiert wird.

Burg von Pazin

Muzej grada Pazina, Trg Istarskog razvoda 1, www.muzej-pazin.hr, Sommer tgl. 10–18, im Winter 10–16 Uhr, 3 €

Die **Mitterburg,** nach der sich der Ort benannte, ist seit 1002 belegt. Die um einen großen Innenhof errichtete Burg beherbergt ein **Ethnografisches, Archäologisches und Stadt-Museum.** Historische Trachten, Möbel, alte Handwerksgeräte, eine Glockengießerei mit 23 Kirchenglocken sowie archäologische Funde sind hier zu besichtigen.

Wer etwas Adrenalin ausschütten möchte, kann an einem Seil (Zipline) über den Abgrund der **Fojba** schweben. Maximalgewicht 120 kg und 22 € für eine halbe Stunde Abenteuer (www.central-istria.com/de/zipline/).

Beram ▸ B 5

Sveta Marija (Marienkirche)

Im nahen Beram besorgt man sich – jeder im Ort weiß, wo er sich gerade befindet – den Schlüssel für die Kirche **Sveta Marija na Škriljinama** auf dem Ortsfriedhof. Der von außen unauffällige Bau enthält einen beeindruckenden vollständigen **Freskenzyklus** von 1474, den Meister Vinzenz von Kastav schuf. Der Meister behandelt das für eine Friedhofskirche wie generell für die Zeit des Spätmittelalters verbreitete Thema des Totentanzes. Auf 75 m^2 stellt er in 46 Bildern den Bethlehemitischen Kindermord und die Hl. Drei Könige dar, Szenen aus dem Leben Marias, das Leiden Christi und eben den Totentanz. Die Gesichter der Tanzenden zwischen den Skeletten sind realistisch gezeichnet, sie sind Porträts von Zeitgenossen des Meisters.

Aktiv

Radfahren – Die hügelige Landschaft im Hinterland von Poreč bietet sich für leichte und mittelschwere **Radtouren** an. Wenn man keine steilen Strecken fahren will, sollte man allerdings auf das Mirnatal im Norden (s. S. 88) verzichten. Zwei gute Karten gibt es gratis bei der Touristeninformation von Poreč (s. S. 97): »Bike Poreč North« und »Bike Poreč South«. Versorgen Sie sich mit reichlich Getränken, denn in den Dörfern des Umlandes haben die wenigen Geschäfte häufig eine – sonst nicht übliche – lange Mittagspause!

Per Boot zu erkunden – oder per Fahrrad am Ufer entlang: der Lim-Kanal

Infos & Termine

Touristeninformation Pazin: Franine i Jurine 14, 52000 Pazin, Tel. 052 62 24 60, www.tzpazin.hr.
Die **Jules-Verne-Tage** finden im Sommer in Pazin statt, das große **Volksfest** in Beram steigt am 15. August.
Bus: Pazin ist ein wichtiger istrischer Buslinienknoten, Direktbusse regelmäßig nach Pula, Rovinj, Poreč, Rijeka.

Vrsar und der Lim-Kanal ▸A 5

In **Vrsar** (ital.: Orsera) verbrachten die Bischöfe von Parenzo bis 1772 ihre Sommer. Die noch recht ansehnlichen Ruinen des Sommerpalastes liegen neben der Pfarrkirche des Ortes, der auch bekannt ist wegen des großen FKK-Camps Koversada mit seinen 120 ha, auf dem bis zu 5000 Personen campen können. Naturfans und diejenigen, die von der istrischen Küche schwärmen, wählen Vrsar als Urlaubsstützpunkt, weil dort um den **Lim-Kanal** (Limski kanal) eine recht naturnahe Landschaft erhalten blieb, sowie wegen der zahlreichen Dorfwirtshäuser, in denen sich ganz ausgezeichnet speisen lässt und natürlich wegen der Austern, die im Lim-Kanal gezüchtet und im Restaurant am Ufer verspeist werden können.

Der Lim-Kanal ist der vom Meer überschwemmte Unterlauf eines steil in das flache Plateau Westistriens eingeschnittenen Flusses, der auch im Oberlauf als echter Karstfluss mal fließt, dann wieder nicht – meist Letzteres.

Radtour am Lim-Kanal entlang zur Romualdo-Höhle

Gesamtstrecke ca. 35 km, Dauer hin/zurück ohne Pausen ca. 3 Std., gute Übersichtskarte im Faltblatt »Vrsar Bike Eco ride« bei der Touristeninformation in Vrsar oder Poreč; alternativ zum Download: www.istria-bike.com

Unser Tipp

Kultweingut

Wer Wein direkt beim Produzenten kaufen möchte, sollte das Weingut Matošević südöstlich von Poreč (nahe Kloštar) besuchen. Mit seiner viel gerühmten Malvazija-Produktion ist es eines der besten Weingüter Kroatiens. Der aromatische, trockene Malvazija ist der klassische Weißwein Istriens (**Vina Matošević d. o. o.,** Krunčići 2, Sveti Lovreč, Tel. 052 44 85 58, www.matosevic.com, tgl. 9–16 Uhr, aber zur Sicherheit vorher anrufen).

Diese Unternehmung ist eine recht gemütliche Mountainbiketour durch die Waldlandschaft am Nordrand des Lim-Kanal. Sie beginnt in **Vrsar** bei der Busstation unterhalb der Altstadt und führt auf das Plateau im Rücken der Stadt hinauf. Das **Flugfeld von Vrsar** wird südlich (rechts) umgangen, dann geht es in leichtem Auf und Ab durch Wald und Weiden bis zum kleinen Ort **Kloštar.** Auf halbem Weg Hinweisschild auf die unterhalb im Steilhang über dem Lim-Kanal liegende **Romualdo-Höhle,** Fußweg! Die Höhle kann im Sommer tgl. 10–16 Uhr mit Führer betreten werden. Rückweg ebenfalls durch Wald etwas weiter nördlich, Weggabelung nach ca. 1,5 km Rückfahrt auf der Trasse des Hinweges, das letzte Stück hinunter nach **Vrsar** verläuft auf der Hauptstraße.

Übernachten

Camping – **Koversada:** Koversada 1, Vrsar, Tel. 052 80 020 00, www.campingrovinjvrsar.com, Parzelle 15–20 €. Beliebter FKK-Platz am Eingang des Lim-Kanals. Der Platz ist groß, mit allem Komfort, von Bäckerei bis Massage, schattig, auch Bungalows zu mieten.

Essen & Trinken

Istrische Küche – **Konoba Bare:** Kamenarija 4, Tel. 052 44 51 93, Vorspeise und Hauptgang ab 20 €. Das Haus an der Straße zwischen Funtana und Vrsar ist für seine vorzügliche Küche bekannt. Spezialitäten sind Brot, Fisch und Fleisch mit Kartoffeln, alles unter der *peka* gebacken, istrische Würstchen vom Rost, *fuži* mit Trüffeln. Auch bei plötzlichem Stress durch Busgruppen immer freundliche Bedienung.

Austern satt – **Fjord:** Limski kanal bb., Sv. Lovreč, Austern und Weißfisch um 25 €, Risotto und Muschelgericht um 12 €. Direkt am Lim-Kanal (zweites Fischrestaurant nebenan): Dass hierher an Feiertagen und abends die Massen strömen, liegt an den frischen Austern ebenso wie am Ambiente direkt an der engen Meeresbucht, dem ›Fjord‹.

Maritime Komposition – **Trošt:** Obala M. Tita 1a, Tel. 052 44 51 97, www.restoran-trost.hr. Ausgezeichnetes Fischrestaurant im Zentrum von Vrsar an der Hafenpromenade. Küchenchef Željko beherrscht die Kunst, istrische (Spargel, Trüffel) und maritime Erzeugnisse meisterhaft zu kombinieren. Fischplatte für zwei Personen ab 30 €.

Aktiv

Wracktauchen – **Starfish Diving:** Autocamp Porto Sole, Vrsar, Tel. 098 33 55 06, www.starfish.hr. **Exkursionen** zum britischen Spionageboot Coriolanus.

Infos

Touristeninformation Vrsar: Rade Končara 46, 52450 Vrsar, 052 44 17 46, www.infovrsar.com.

Der Süden

Istriens Süden ist etwas weniger touristisch als der Norden. Zwischen Rovinj und Pula und an der teils steilen, schlecht erreichbaren Ostküste kann man noch unentdeckte Winkel finden und geschützte Naturlandschaften wie das Kap Kamenjak und einen Nationalpark, der die Brijuni-Inseln umfasst. Ganz im Osten ragt das Bergmassiv der Učka auf, der 1394 m hohe Gipfel markiert den Südrand eines großen, fast unbesiedelten Plateaus, der Čićarija.

Nur in und um Rovinj, in Pula und in den Orten und kleinen Buchten südlich davon sowie in Rabac unterhalb des alten Städtchens Labin im Osten der Halbinsel hat sich Tourismus angesiedelt. Die Strände sind meist aus Kies, seit dem Ende der forcierten Industrialisierung zu Tito-Zeiten ist das Wasser wieder sauber. Vor allem bieten der Süden und Osten Istriens an diesen Orten alle Möglichkeiten für Wassersportler und Wanderer, Mountainbiker und Freeclimber, sich zu bewähren – die Klettergebiete der Učka haben nicht nur lokale Berühmtheit. Auch Wellness und Fitness werden großgeschrieben, fast jedes der größeren Hotels bietet seinen Gästen ein »Wellness Centar«, ein Hallenbad oder Tennisplätze an.

Rovinj sieht man seine venezianische Vergangenheit an, ein Teil der Bevölkerung spricht heute noch Italienisch. Die Stadt liegt wie andere venezianische Orte auf einer Halbinsel, die schon zur Römerzeit besiedelt war, eine bedeutende Wallfahrtskirche überragt ihre Spitze. Pula, die größte Stadt der Region, hat ebenfalls eine römische Vergangenheit, wie das hervorragend erhaltene Amphitheater beweist, aber auch eine österreichische: Pula war wichtigster Militärhafen der österreichisch-ungarischen Monarchie.

Rovinj ▶ A 5

Auf einem Luftbild sieht man deutlich, dass ein Drittel der von Felsen umgürteten Fast-Insel Rovinj (ital.: Rovigno) aus dem Grün um die ehemalige Kathedrale Sveta Eufemija besteht. Die alten Zypressen dort sind geschützte Naturdenkmäler. Dieses Grün umfasst den alten Friedhof, der wahrscheinlich die Stelle der ersten Siedlung auf diesem Boden, einer spätrömischen Festung (3./4. Jh.), markiert. Damals war die heute mit der Vorstadt durch einen breiten Streifen Land verbundene Altstadt von Rovinj noch eine Insel. 965 wurde sie durch einen Einfall der Narentaner Kroaten zerstört. Die Stadt, immer noch rein romanischsprachig, erholte sich rasch, unter Kaiser Otto III. erhielt der Bischof des Ortes gar das Primat über alle istrischen Diözesen.

Altstadt

Unter dem höchsten Punkt der schildförmigen Stadtanlage drängen sich die Häuser so dicht aneinander, wie sich das für einen mediterranen Küstenort gehört. Der **Uhrturm,** das venezianische **Stadttor »Arco dei Balbi«** und die venezianische **Loggia,** heute in den Bau des Rathauses inkorporiert, dominieren den Trg Maršala Tita auf der aufgeschütteten Fläche zwischen Festland und früherer Insel. Rechts vom Stadttor liegt das **Städtische Museum** (www.muzej-rovinj.hr, Juni–Sept. Di–So 9–12, 19–22, sonst Di–Sa 10–13 Uhr, 6 €), es ist als Bau schon sehr interessant und zeigt Gemälde alter Meister bis zur Moderne, u. a. einige Seestücke des Marinemalers A. Kircher mit Schiffen der k. u. k. Kriegsflotte. Links vom Tor passiert man an der Uferstraße das **Batana-Öko-Museum** (Kuća o batani Obala P. Budićina 2, www.batana.org, Sommer tgl. 10–14, 19–23, Rest des Jahres außer Jan/Feb. Di–So 10–13, 16–18 Uhr, 1 €). Die Batana ist das klassische Fischerboot Istriens und des Kvarner. Alte Fotos, Videos und Modelle geben eine Vorstellung vom Bootstyp und vom Leben der Fischer. Das Museum ist zwar klein, aber didaktisch sehr gut durchdacht.

Kirche Sveta Eufemija

Die Treppengasse **Grisia** führt zur Spitze des Stadthügels, auf ihrer ganzen Länge wird sie von Boutiquen, Souvenirläden, eifrig stickenden oder häkelnden Frauen und diversen Bars flankiert. Die Grisia wird von fast allen Neuankömmlingen bis hinauf zur Kirche St. Euphemia beschritten, dem Dom auf der Spitze des Inselberges mit dem weithin sichtbaren nadelspitzen Campanile. Einer altchristlichen Kirche wurde im 6. Jh. eine größere Kirche übergestülpt, die dann im 9./10. Jh. durch einen dreischiffigen Bau ersetzt wurde, dessen barocke Erweiterung wir heute betreten. Der aus der Zeit Justinians stammende Marmorsarkophag der hl. Euphemia ist ein bedeutendes Wallfahrtsziel (Hauptwallfahrtstag: 16. Sept.). Auf dem 60 m hohen Campanile dreht sich ihre Statue (seit 1758) nach der Windrichtung und weist den einlaufenden Schiffern den richtigen Weg.

Außerhalb der Altstadt

Carera und Franziskanerkloster

Die Carera (Carrera) ist die alte Straße nach Bale (Valle) und Pula (Pola), heute ist sie die geschäftige Verbindungsgasse zum Busbahnhof. Älter als dieser ist das Septagon auf der anderen Straßenseite, die kleine **Kirche der hl. Dreifaltigkeit** ist romanisch. Auf dem Hügel links oben steht das **Franziskanerkloster,** ein eindrucksvoller barocker Bau mit sehenswerter Bibliothek.

Aquarium

Obala G. Paliaga 5, Mitte April–Mitte Okt. 10–17, im Sommer 9–21 Uhr, 1 €
Weiter stadtauswärts und wieder tiefer und meeresnah gelegen steht das Aquarium. Dieses historisch bedeutsame, bereits 1891 als Ableger des Berliner Zoos eingerichtete Adria-Aquarium wird heute vom Ruđer-Bošković-Insitut betreut (zu dem es auch räumlich gehört), der größten naturwissenschaftlichen Institution Kroatiens, die sich mit Meeresbiologie befasst.

Katharineninsel

Im Jahr 1905 ließ der österreichische Erzherzog Karl Stephan das vorgelagerte Inselchen Sveta Katarina als Park gestalten. So können die Gäste des Katarina-Hotels hier unter alten Bäumen lustwandeln.

Inselwelt vor Rovinj ▸ A 5

Am Hafen in Rovinj legen mehrmals tgl. Boote zur Katharineninsel und zur Roten Insel (Crveni Otok) ab
Die ›Rote Insel‹ ist eigentlich eine Doppelinsel, deren Teile durch einen Damm zusammengehalten werden. Auf dem größeren **Sveti Andrija** breitet sich weitläufig der Hotelkomplex Istra aus, lässt aber genug Platz für den schönen Park, der noch aus dem späten 19. Jh. stammt. Ein gewisser Baron Hütterott hatte sie 1890 gekauft und hergerichtet, mit der Vision einer großen Hotelanlage am Festland – er war seiner Zeit weit voraus.

Sportlicher Tagesausklang vor der Kulisse von Rovinj

Der andere Inselteil heißt **Maškin,** ist unbewohnt, bewaldet und von felsigem Strand umgeben, ein Teil ist FKK-Anhängern vorbehalten. Ein kleines Restaurant und ein Meditationspfad laden zum Verweilen ein.

Übernachten

Größtenteils hochpreisig ist das Angebot der Altstadt. Preisgünstiger wird's in den Touristenburgen außerhalb (meist von Maistra, V. Nazora 6, Tel. 052 70 02 50, www.maistra.com). **Privatzimmer:** Kompas Travel, Tel. 052 81 32 11, www.kompas-travel.com.

Fünfsterner – **Monte Mulini:** A. Smareglina 3, Tel. 052 80 02 50, www.maistra.com, Premium-DZ/ÜF 240–504 €, Luxussuite 440–840 €. Zwei neue Fünfsterner stehen oben auf dem Monte Mulini (Mühlenberg), das Monte Mulini und das Lone, das aussieht wie ein Kreuzfahrtschiff. Das Hotel Monte Mulini gilt als eines der besten Hotels Kroatiens. Hier ist alles vom Feinsten, von ausgewählter Kunst an den Wänden bis zum Wellness-Center.

Auf der Insel – **Inselhotel Katarina:** Otok Katarina 1, Tel. 052 80 03 50, www.maistra.com, Mitte April–Mitte Okt., komfortable DZ/ÜF mit Meerblick 80–200 €, Suiten mit HP bis 300 €. Das Hotel auf der per Boot erreichbaren Katharineninsel ist innen eher traditionell-klassisch eingerichtet, passend zum geschichtsträchtigen Ort. ▷ S. 106

Auf Entdeckungstour: Durchs grüne Hinterland – Radrundfahrt ab Rovinj

Per Rad lässt sich das Hinterland der istrischen Küste prima kennenlernen. Diese 68 km lange Tour, die in Rovinj beginnt, ist besonders abwechslungsreich: Limski kanal, Weinbau in Krunčići, nochmals das tief eingeschnittene Lim-Tal, nun ohne Gewässer, die Ruinenstadt Dvigrad, Kanfanar mit der schönen Kirche San Silvestro, dann verkarstetes Gebiet mit Dolinen. Schließlich Bale, Sitz der italienischen Gemeinschaft Istriens, und das Vogelschutzgebiet Palud.

Reisekarte: ▶ A/B 5, B 6
Höhenunterschied: insgesamt 550 m
Etappen: Rovinj–Lim-Kanal (Limski kanal) 12,5 km, 130 m im Auf- und Abstieg; Lim-Kanal–Kanfanar 9,5 km, zwei Anstiege à 210 m! Abfahrt 130 m; Kanfanar–Bale 28 km, 150 m Höhenverlust; Bale–Rovinj 18 km, 140 m Höhenverlust. **Varianten:** s. die Karte »Istra Bike Rovinj« (gratis bei der Touristeninformation erhältlich).

Von Rovinj zum Lim-Kanal

Am **Nordausgang von Rovinj** liegt die alte Fischfabrik »Mirna«. Wir biegen hier links ab, bleiben also entlang der Spazierpromenade, lassen das alte k. u. k. Krankenhaus linker Hand liegen und fahren geradeaus. Wir halten uns rechts, nicht Richtung Valalta. Nach 10 Min. biegt eine kleine Fahrstraße nach rechts ab. Wir kommen nun an **Sveti Tomaž** vorbei, Ruinen einer romanischen Kirche aus dem 9. Jh. Hier treffen wir auch auf die aufgelassenen Gleise der alten Eisenbahnstrecke Rovinj–Kanfanar. Es folgen einige Kilometer schon wilder Feldwege. Vor dem Lim-Kanal (Limski kanal) geht es nach rechts und man erreicht die Staatsstraße 303 beim Vorort **Rovinjsko Selo.** Nun ca. 800 m nach links auf der DC 303, die hier den Ort nördlich umfährt, und dann auf eine links abzweigende Straße, 100 m weiter rechts auf einen Fahrweg. Man passiert eine Häusergruppe und erreicht ein besseres Sträßchen, auf dem man sich rechts hält. Wieder kommt man zur DC 303, diesmal quert man sie nur, um auf der sie kreuzenden DC 21 nach links und zum **Lim-Kanal** hinunterzuzischen – 130 Höhenmeter. Unten warten links zwei Muschel- und Austernlokale.

Vom Lim-Kanal nach Kanfanar

Nun wird es etwas anstrengend: Es geht wieder auf die Hochfläche hinauf, in die sich der Lim eingeschnitten hat. In den Kurven und oben an Aussichtsstellen locken Händler und Buden mit Souvenirs, Schnäpsen und Honig. Es gibt sogar einen Aussichtsturm (Eintritt). Oben bei der Gabelung geht es rechts und auf dem Zufahrtssträßchen weiter nach **Krunčići.** Hier ist einer der bekanntesten Winzer Kroatiens ansässig: Ivica Matošević (s. S. 100). Man setzt den Weg über **Jural** und die Autobahn hinweg nach **Mrgani** fort, wo man ein Sträßchen nach Osten (rechts) erreicht, das zum Lim zurückführt. Ab Jural geht es im Wesentlichen bergab.

Jenseits des Tales liegt links die Ruinenstadt **Dvigrad** (Duecastelli). Die dreischiffige Kirche Santa Sofia und ein Teil der Stadtmauer sind gut erhalten, die verbliebene Einrichtung der Kirche wurde allerdings in die Pfarrkirche Kanfanar gebracht. Es sind die

eindrucksvollen Überreste einer um 1630 nach Malaria- oder Pestwellen wüstgefallenen Stadt. Noch ein kürzerer Anstieg, und man erreicht **Kanfanar** in Balkonlage über dem Tal des Lim, leider zu nahe an der Autobahn.

Von Kanfanar zurück nach Rovinj

Auf der DC 303 fährt man in Richtung Rovinj, 1,2 km hinter der **Autobahnbrücke** biegt man in einer Rechtskurve nach links ab. Nun geht es geradeaus in südlicher Richtung, bei einer Gabelung hält man sich rechts und erreicht die DC 21, der man ca. 1 km in Richtung Bale (links) folgt. Bei der Einmündung der Straße in Richtung **Golaš** rechts und im folgenden Örtchen **Sveti Bembo** nach links zur Straße Rovinj–Bale. Auf dieser weiter nach **Bale** (auch Valle; links). Hier gibt es eine urige Jazzkneipe: Kamene priče, die ›Steinernen Geschichten‹ (Castel ul. 57, www.kameneprice.com).

Zurück an die Gabelung von Zufahrts- und Umgehungsstraße, dort auf die andere Seite zum Sträßchen nach Barbariga. Nach 5 km geht es rechts ab auf einen Fahrweg und entlang des Vogelschutzgebietes Palud (das man links liegenlässt) nach **Veštar** und über **Villas Rubin** zurück nach **Rovinj.**

Edel – **Hotel Angelo d'Oro:** Vladimira Švalbe 40, Tel. 052 85 39 20, www.angelodoro.com, DZ/ÜF 150–250 €. Edles Hotel in einer Altstadtgasse, mit 23 erstaunlich geräumigen Zimmern. Wer das besondere Flair Rovinjs spüren möchte, ist hier richtig.
Modern – **Vila Lili:** A. Mohorovičića 16, Tel. 052 84 09 40, www.hotel-vilalili.hr, DZ/ÜF 80–130 €. Sympathisches Familienhotel auf dem Festlandteil der Stadt, daher gut zu erreichen. Die 17 Zimmer und drei Apartments in diesem neuen Hotel sind mal modern, mal klassisch eingerichtet, auch Zimmer mit Blick auf die Altstadt.
Stadthotel – **Adriatic:** Obala Pina Budicina 16, Tel. 052 80 02 50, www.maistra.com, DZ/ÜF 180–320 €. Das Traditions-Stadthotel in einem spätgründerzeitlichen Bau am zentralen Platz ist jüngst umfassend luxussaniert worden. Alles glänzt jetzt – dafür ist es nachts mitunter recht laut, denn draußen ist im Sommer meist Party.
Camping – **Porton Biondi:** Aleja Porton Biondi 1, Tel. 052 81 35 57, www.portonbiondirovinj.com, Parzelle mit Autoparkplatz ab 9 €, Ostern bzw. Mitte April–Sept. Kleiner, gut ausgestatteter Platz, stadtnah, schattig, regelmäßig Busse zur Altstadt.

Essen & Trinken

An der Riva reihen sich mehrere Lokale aneinander, ihre Küchen ähneln sich, die Preise sind tourismusgemäß. Aber es gibt Ausnahmen:
Elegant und kreativ – **Monte:** Montalbano 75, Tel. 052 83 02 03, www.monte.hr, nur abends, gegrillter Fisch ab 45 € für zwei Pers., drei Gänge (inkl. Trüffelgang) ab 50 €. Das Lokal knapp unter der Kirche der hl. Euphemia bietet herausragende Küche mit traditionellen italo-istrischen Zutaten von Garnelen bis zu Wildem Spargel.
Mit italienischem Touch – **La Puntulina:** Sv. Križa 38, Tel. 052 81 31 86, www.puntulina.eu. Ausgezeichnete Fischgerichte, etwa Shrimps »Öl & Zitrone« auf Rucola für 12 €. Auch Vegetarier kommen hier auf ihre Kosten.
Konoba mit Kick – **Veli Jože:** Svetog križa 1, Tel. 052 81 63 37, Nudel- oder Reisgericht plus Hauptgang ab 25 €, mit Trüffeln deutlich mehr. Besonders stimmungsvoll ist diese *konoba* in der Altstadt, ungewöhnlich gemütlich der Gastraum. Gut die Nudeln mit dicken Bohnen *(pasta e fagioli)*, Fleischspießchen, Weißfisch vom Grill oder hausgemachte Tagliatelle mit Trüffeln.
Altstadtlokal – **Giannino:** Augusta Ferrija 38, Tel. 098 42 01 04, Risotti/Nudeln ab 8 €, zwei Gänge ab ca. 25 €. Die *gostionica* liegt abseits der Touristenströme, man isst z. B. gegrillte Kartoffelnudeln mit Hummer, aber auf jeden Fall istrische Gastroschlager in guter Zubereitung. Der kleine Gastgarten gegenüber im Gässchen ist besonders nach Sonnenuntergang lauschig.

Einkaufen

Dies und das – Die Treppengasse **Grisia** (s. S. 102) ist eine einzige Einkaufszeile. Viel Billigkram und Nippes wird angeboten, aber auch besonders in den Ateliers das eine oder andere originelle Stück.

Aktiv

Wracktauchen – Vor dem Hafen von Rovinj liegt in 28–42 m Tiefe das Wrack des im August 1914 gesunkenen österreichisch-ungarischen Passagierschiffs »Baron Gautsch«. Als Kulturdenkmal geschützt, darf es nur von offiziellen Tauchschulen aufgesucht werden, etwa vom **Tauchzentrum Scuba,** Autocamp Veštar–Cocaletto, Tel. 099 733 82 27, www.diving-rovinj.com.

Abends & Nachts

Clubs, Tanzcafés, Discos im Vergnügungspark Zabavni im Ortsteil Monvi, z. B. Disco Monvi im Hotel Eden.

Romantisch – **Bar Valentino:** Santa Croce 28, Tel. 052 83 06 83, www.valentino-rovinj.com, im Sommer tgl. 18–1 Uhr. Direkt am Strand unter der Altstadt, sehr stimmungsvoll, Kissen, gepolstertes Mobiliar, Sofas auf den Felsen unterhalb über dem Meer. Zum Träumen.

Infos & Termine

Touristeninformation Rovinj: Obala P. Budićina 12, 52210 Rovinj, Tel. 052 81 15 66, www.tzgrovinj.hr.

Busse: Gute Verbindungen mit Pula, Poreč, Rijeka und Zagreb. Busbahnhof am Trg na Lokvi am Ende der Carera, Tel. 060 33 31 11.

Tag der Stadtpatronin hl. Euphemia: 16. Sept., Prozession, Volksfest.

Pula! ▶ B 6

Pula (ital.: Pola) ist eine freundliche, nicht übertrieben geschäftige Mittelstadt mit großem Hafen, etwas Industrie und einer bedeutenden Vergangenheit. Römische und österreichische Bauten erinnern an die beiden Höhepunkte der Stadtgeschichte. Das römische Pula wurde als Gegenpol zum illyrischen Nesactium gegründet und überholte die Gegnerin bald bezüglich Wirtschaftskraft und Einwohnerzahl. Beide Orte verloren mit dem Ende des Römischen Reiches jedoch jegliche Bedeutung. Es mussten erst die Spezialisten der k. u. k. Kriegsflotte kommen (1856), die den Naturhafen von Pula als idealen Stützpunkt für die österreichische Kriegsmarine erkannten und Pula mit der Kriegswerft und dem Hafen für Kriegsschiffe wieder Bedeutung verschafften. Bis in die 1980er-Jahre war Pula vor allem eine Militärstadt – eine Einseitigkeit, für die die Stadt heute ihren Preis bezahlt.

Der **Narodni trg** mit seiner **Markthalle** 1, einer Eisen-Glas-Konstruktion von 1903, dem Grünmarkt, den Cafés, Bistros und Restaurants ist der ideale Startpunkt für einen Stadtbummel.

Triumphbogen der Sergier 2

Der Triumphbogen der Sergier (Slavoluk Sergijevaca), an dem man die Altstadt betritt, stammt aus der Zeit nach der Schlacht von Actium (30 v. Chr.), nach der die XXIX. Legion aufgelöst wurde. Dem Tribunen dieser Legion, Sergius Lucius, widmete seine Gattin Salvia Postuma den Bogen. Rechts erinnert ein Denkmal an James Joyce, der hier lehrte – ohne große Freude, wie er seinen Freunden mitteilte. Hier beginnt die Einkaufsstraße Sergijevaca, Nachfolgerin des römischen *cardo.*

Römisches Forum

Die Ulica Sergijevaca führt in leichtem Bogen auf einen großen Platz, das römische Forum, das auch heute wieder diesen Namen hat. Auf einem Podium erhebt sich der noch zu Augustus' Zeiten entstandene **Tempel des Augustus** 3 (Sommer tgl. 9–20, Winter 8–14 Uhr, 1 €); seine vier vorgeblendeten korinthischen und zwei seitlichen Säulen sind hervorragend erhalten. Das haben wir den frühen Christen zu verdanken, die das Innere ausräumten und aus dem Tempel eine Kirche machten. Der Tempel enthält heute ein kleines **Museum römischer Skulpturen.**

Um das Geheimnis des **Rathauses** 4 (1296) zu ergründen, muss man um den Bau herumgehen. An der Rückfront erkennt man, dass er einen zweiten Tempel umschließt, wahrscheinlich den der Diana.

Kathedrale 5

Kandlerova ulica 27, Eintritt frei

Die Kathedrale Mariä Himmelfahrt (Uznesenja Blažene Djevice Marije) ist alt, romanisch-gotisch, aber innen ziemlich leer. Die reliefierten Kapitelle der Säulen kann man mit bloßem Auge kaum noch identifizieren.

Arena 6

Tgl. im Sommer 8–24, im Winter 8–20 Uhr, 7 €

Pulas große Sehenswürdigkeit, das Amphitheater (s. Abb. S. 60), ist auch das größte Gebäude der Stadt: 130 x 105 m in Ellipsenform, bis zu 30 m hoch, ehedem bis zu 20 000 Besucher fassend (heute Bestuhlung für 5000). Die Außenmauer mit ihren leeren Arkadenfenstern wird von vier Türmen unterbrochen, wie das gesamte Gebäude besteht sie aus istrischem Kalk. Man vermutet, dass sie die Aufgänge für die Arbeiter waren, die das Zeltdach aufzuspannen hatten, wenn die Tageshitze unerträglich wurde. In den unterirdischen Gängen, die früher für Gladiatoren, Tiere und Kulis-

Pula

Sehenswert
1 Markthalle
2 Triumphbogen der Sergier
3 Tempel des Augustus
4 Rathaus
5 Kathedrale
6 Arena
7 Archäologisches Museum
8 Römisches Theater
9 Herkulestor
10 Kastell/Historisches und Meeresmuseum Istriens
11 K.-u.-k.-Marinefriedhof
12 Fort Bourguignon
13 Fort Verudela/ Aquarium

Übernachten
1 Scaletta
2 Milan
3 Riviera
4 Hotel Amfiteatar
5 Valsabbion
6 Neptun-Istra
7 Jugendherberge
8 Camping Arena Stoja

Essen & Trinken
1 Pizzeria Pompei
2 Konoba Batelina
3 Sommerbar

Abends & Nachts
1 Pietas Julia
2 Café Galerija Cvajner
3 Café Bass
4 Casino Luckia

senschieber gedacht waren, ist heute ein **Museum zum antiken Wein- und Ölbau** in Istrien untergebracht.

Archäologisches Museum 7

Carrarina ul. 3, Tel. 052 35 13 00 (Sommer), www.ami-pula.hr, bis auf Weiteres wegen Renovierung geschl.
An der Carrarina liegt der Eingang zum Archäologischen Museum Istriens, das auf drei Stockwerken eine Fülle von Funden aus der Vorzeit bis ins Frühmittelalter zeigt. Besonders interessant sind die **Funde aus Nesactium** im ersten Stock mit Spiraldekors.

Römisches Theater und Herkulestor

Frei zugänglich ist die recht gut erhaltene Rückwand des **Römischen Theaters** 8. Auch das zum Platz Giardini weisende **Herkulestor** 9 (Porta Ercole) ist römisch. Es ist eines der Stadttore aus der Kaiserzeit und hat einen bärtigen Herkules im Scheitel.

Kastell/Historisches und Meeresmuseum Istriens 10

www.ppmi.hr, Sommer tgl. 9–21, Winter Mo–Fr 9–17 Uhr, 3 €
Im Zentrum der Stadt und auf ihrem höchsten Punkt lag immer ein Kastell, die venezianisch-österreichische Anlage von heute ist nur die letzte einer Reihe. Im Inneren befindet sich das **Museum der Geschichte Istriens** mit Sammlungen, die vor allem den Schiffbau der Region beleuchten.

K.-u.-k.-Marinefriedhof 11

Stoja bb.
Ein paar Gehminuten Richtung Stoja-Halbinsel liegt der K.-u.-k.-Marinefriedhof, ein Gelände, auf dem während der gesamten österreichisch-ungarischen und in jugoslawischer Zeit Marineoffiziere und Schiffsmannschaften bestattet wurden.

Österreichische Festungswerke

Noch etwas weiter südlich liegt eine der großen Festungen, die Österreichs Kriegshafen schützen sollten, das **Fort Bourguignon** 12 (auf der Halbinsel Zlatne Stijene hinter der pyramidenförmigen Disco, s. Abends & Nachts). Ein weiteres Fort an der Spitze der Halbinsel, das **Fort Verudela** 13, beherbergt das **Aquarium** (www.aquarium.hr, Juni–Aug. tgl. 9–22, April, Mai, Sept. tgl. 10–18, Okt.–März 10–16 Uhr, 10 €) von Pula mit einem Rehabilitationszentrum für Meeresschildkröten.

In der Umgebung

Halbinsel Kamenjak ▶ B 6

Südlich von Pula streckt sich die lange, schmale Halbinsel Kamenjak weit ins Kvarner-Meer vor: 9,5 km lang und maximal 1,5 km breit, 30 km Küstenlinie. Ab dem Dorf **Premantura** ist sie als Naturpark geschützt, Pisten führen über den Kamm der Halbinsel und zu einigen der Strände in den Buchten mit schönen Badegelegenheiten (Pkw und Motorräder gebührenpflichtig, Fahrräder frei). Trotz des von den Pkws aufgewirbelten Staubs ist die Runde mit dem Mountainbike ein echtes Erlebnis: karge Landschaft und weite Blicke aufs Meer, unverfälschte Strände und Einsamkeit.

Medulin ▶ B 6

Eine zweite Halbinsel reicht südlich der touristischen Ortschaft Medulin bis zum Rt Marlera. Wer mit dem Fahrrad unterwegs ist und zuerst Kamenjak besucht hat, kann einen schmalen Damm nach **Pomer** nehmen und von dort aus die Straße nach **Medulin.** Besonders hübsch, mit Kiefernwald, Felsstränden und einem kleinen Sandstrand, ist die Halbinsel, auf der sich das Autocamp Medulin befindet, aber das wissen leider inzwischen schon sehr viele Leute.

Nationalpark Brijuni ▶ B 6

Informationsbüro des Nationalparks in Fažana, Brijunska 10, Tel. 052 52 58 83, www.np-brijuni.hr. Boote von Fažana dreimal am Tag nach Brijuni; man bucht, immer inkl. Führung, an Bord oder bereits im Reisebüro; je nach Saison 20–30 € pro Tagesticket

Vom Küstenort Fažana/Fazana erreicht man die Inselgruppe Brijuni (ital.: Brioni). Jugoslawiens langjähriger Staatschef Marschall Tito lebte hier im Sommerhalbjahr, für gewöhnliches Publikum war sie *off limits.* Nach Titos Tod hat man sie zum Nationalpark erklärt. Die 14 größeren und kleineren Inseln umfassen gepflegtes Parkland, einen Freiluftzoo, Reste einer antiken Siedlung und einer römischen Villa, einen Golfplatz und zwei Hotels. Ein **Museum** (im Sommer tgl. 8–19, im Winter 8–14 Uhr) erinnert hier mit Exponaten und Dokumenten sowie Fotografien an den noch immer populären Tito und seine Beziehung zu Brijuni.

Eintrittstor in die Altstadt von Pula: der Triumphbogen der Sergier

Vodnjan ▶ B 6

Vodnjan (ital. Dignano), 12 km nördlich von Pula, ist ein großer geschäftiger Ort mit vielen mittelalterlichen Bauten. Bemerkenswert und sehr reizvoll ist das **Haus Castello** am Hauptplatz. Das Ziel vieler Menschen, ob Wallfahrer oder Touristen, ist die Kirche **Sveti Blaž (St. Blasius),** ein spätbarocker Bau. In der Gruft wird eine Sammlung von 370 Reliquien mit Resten von 287 ›Heiligen‹ gezeigt. Dazu gibt es einen Dorn aus Christi Dornenkrone, ein Tuch, mit dem der hl. Simon Jesus einhüllte, Reliquien aller Apostel und vor allem drei gut erhaltene istrische Mumien (tgl. 9–19 Uhr außer während der Messen, 5 €).

Übernachten

Das Hotelangebot in Pula selbst ist eher bescheiden, besser ist es auf den Halbinseln und in den Orten weiter südlich, vor allem Stoja, Veruda, Verudela, Banjole, Premantura und Medulin. Größter Anbieter und fast exklusiv bei den großen Pauschalhotels und riesigen Feriendörfern ist Arenaturist, A. Smareglia 3, www.arenaturist.hr.

Antike Ausgrabungen auf den Brijuni-Inseln

Unser Tipp – **Scaletta 1**: s. S. 113.

Komfort mit Stil – **Milan 2**: Stoja 4, Tel. 052 30 02 00, www.milan1967.com, DZ/ÜF 100–120 €. Das gediegene Milan ist ein modernes Privathotel, etwas versteckt in der Nähe des Marinefriedhofs. Die stilvoll eingerichteten Zimmer haben Klimaanlage, Sat-TV und Minibar, es gibt Pool und Hallenbad.

Für Stadtschwärmer – **Riviera 3**: Splitska 1, Tel. 052 21 11 66, www.arenaturist.com, DZ/ÜF 50–90 €. Gigantischer neobarocker Bau mit eindrucksvoller Fassade, aber nur recht einfachen Zimmern. Die zentrale Lage macht jedoch für Stadtschwärmer den spartanischen Einrichtungsstil wett. Die obersten Räume nach vorne haben zudem einen sehr schönen Ausblick!

Zentral – **Hotel Amfiteatar 4**: Amfiteatarska 6, Tel. 052 37 56 00, www.hotelamfiteatar.com, DZ/ÜF 75–130 €. Das neue, innen wie außen funktionale Hotel mit 18 Zimmern liegt, wie der Name es sagt, direkt an der Arena.

Schick vom Feinsten – **Valsabbion 5**: Pješčana uvala IX/26, Pješčana uvala, Tel. 052 22 29 21, www.valsabbion.hr, DZ/ÜF 90–245 €. Elegant und sehr exklusiv ist die passende Beschreibung für dieses Privathotel an der Uferstraße mit kleinem Hallenbad und ausgezeichnetem Beauty-, Wellness- und Fitnesscenter; das Restaurant des Hauses (s. Essen & Trinken) ist weit über die Grenzen Kroatiens hinaus bekannt.

Logieren auf der Insel – **Neptun-Istra 6**: 52214 Brijuni, Tel. 052 52 58 88, www.np-brijuni.hr, DZ/ÜF 60–200 €,

Halbpension plus 12 € pro Person. Die Nr. 1 auf Brijuni steht gleich am Landesteg der Boote, ist aber trotz dreier Sterne recht schlicht (Zimmer mit Sat-TV, Minibar, Föhn).

Einfach und günstig – **Jugendherberge 7**: Zaljev Valsaline 4, Valsaline (Bus 2 ab Pula bis zur Haltestelle am Beginn der Stichstraße nach Valsaline), Tel. 052 39 11 33, geöffnet Mitte April–Mitte Okt., Übernachtung ab 14 €.

Naturnah – **Camping Arena Stoja 8**: Stoja 37, Tel. 052 38 71 44, www.arenacamps.com. Großer Platz in schöner Lage auf der hügeligen Stoja-Halbinsel; eigene Tauchschule. Mit dem Stadtbus gut zu erreichen (Endhaltestelle).

Essen & Trinken

Italo-Spitzenküche – **Milan:** im gleichnamigen Hotel 2 (s. S. 112), Stoja 4, Tel. 052 30 02 00, www.milan1967.hr. Das Milan hat als Lokal für die Geschäftsleute von Pula seit Jahren Tradition. Das elegante Restaurant samt Weinbar unter Wintergarten-typischem Glasdach bietet italienische Küche, z. B. eine delikate Vorspeisenplatte mit Meeresfrüchten, sehr gute Desserts und ausgezeichnete Auswahl an Weißweinen; drei Gänge ab 30 €, mit Weißfisch oder Trüffeln deutlich mehr.

Pizza Pasta – **Pizzeria Pompei 1**: Clerisseauova 3, Pizza 5–7,50 €. Angenehmes Lokal am Rand eines verkehrsfreien Platzes mit plätscherndem Brunnen. Hier bekommt man hervorragende Pizza (sehr gut die »istriana« mit *pršut* und Oliven), auch die Nudelgerichte sind ausgezeichnet. Aber es gibt wirklich nur Pizza und Pasta! Das Ambiente drinnen ist eher dröge, schöner sitzt man draußen – wenn man einen Platz findet, denn die Pizzeria ist beliebt.

Exzellenz als Tradition – **Valsabbion:** Pješčana uvala IX/26, Pješčana uvala, im gleichnamigen Hotel 5 (s. S. 112), Tel. 052 21 80 33, drei Gänge ab 35 €, großes Degustationsmenü (12 Gänge) 65 €. Das Valsabbion, wo vor einer Generation erstmals in Kroatien Spitzengerichte aus der Küche kamen, ist ein exklusives, elegantes Restaurant, sicher eines der besten des Landes – von hier aus nahm die neue Küche Kroatiens ihren Weg: Branzino in der Salzkruste, Carpaccio mit Trüffeln.

Frisch und familiär – **Konoba Batelina 2**: Čimulje 25, Banjole, Tel. 052 57 37 67, ab 17 Uhr geöffnet, Hauptgerichte ab 10 €. Die von einer freundlichen Familie geführte *konoba* in Banjole lohnt die ca. 5 km weite Anfahrt von Pula. Hier isst man frisch, was der Familienvater morgens aus dem Meer gefischt hat, nach alten Traditionen zubereitet, z. B. Fisch mit leicht bitterem Löwenzahn-Pesto.

Am Kap Kamenjak – Nahe dem Rt Kamenjak gibt es eine kleine **Sommer-**

Unser Tipp

Gut aufgehoben – im Hotel Scaletta 1

Das freundliche, modern und sehr gut ausgestattete Hotel (man sehe sich die Bäder an!) in Fußentfernung von Fernbusbahnhof und Arena darf sich mit gerade mal zwei Sternen schmücken, mindestens drei Sterne wären angebracht. Die deutsch-kroatische Besitzerfamilie kümmert sich persönlich um ihre Gäste – ein wahres »home away from home« also. Gutes Frühstück, z. B. mit frischen Laugenstangen. Restaurant im Haus (Flavijevska 26, Tel. 052 54 15 99, www.hotel-scaletta.com, DZ/ÜF 85–100 €).

Unser Tipp

Wasser-Reiten
Eine schöne Landschaft lässt sich auch schön auf dem Rücken eines Pferdes erkunden. Im Dorf Manjadvorci, ca. 18 km nördlich von Pula, ermöglicht dies die **Ranch Barba Tone.** Die Reitschule bietet kurze bis mehrtägige Ausritte an. Höhepunkt ist ein Ausflug ans Meer, wo man auf und mit dem Pferd schwimmen geht (Manjadvorci 60, 52207 Barban, Tel. 098 982 90 73, www.istra-riding.com).

bar 3 auf deren origineller luftiger und schattiger Terrasse Getränke und kleine Speisen zu haben sind.

Einkaufen

Markt – Tgl. in der **Markthalle** 1 und auf dem **Narodni trg.** Frische Lebensmittel u. v. m.

Abends & Nachts

An der Hafenpromenade nahe der Arena lockt nicht nur tags (Café), sondern auch nachts (Disco) **Pietas Julia** 1 (Riva 20, www.pietasjulia.com). Auf dem Forum ist das **Café Galerija Cvajner** 2 (Forum 2, Tel. 052 21 65 02) dank plüschiger Sofas und Kunst an den Wänden *der* In-Treff. Angenehm kann man den Abend im leicht morbiden **Café Bass** 3 (Širolina ulica 3) verbringen. Im riesigen (einst) österreichischen **Fort Bourguignon** 12 finden im Sommer u. a. Techno-Wochenenden statt, an denen es 48 Stunden lang bewummert wird. Das **Casino Luckia** 4 (Giardini 3, www.luckia.hr) bietet Spielbetrieb rund um die Uhr.

Infos & Termine

Infopunkt: 52100 Pula, Forum 3, Tel. 052 21 91 97, www.pulainfo.hr.
Flughafen Pula: ca. 8 km, innerkroatische Verbindungen, im Sommer auch Verbindungen nach Deutschland, kein Busverkehr, Tel. 060 30 83 08, www.airport-pula.hr.
Bahn: von/nach Lupoglav und Slowenien, ab Lupoglav per Bus nach Rijeka.
Bus: Trg I. Istarske brigade bb., Tel. 052 35 65 32, Verbindungen u. a. mit Triest, Zagreb, Rijeka, Dubrovnik, Rovinj, Umag, Poreč, Labin, Pazin, Opatija. Weitere Infos s. www.pulainfo.hr/de/prijevoz/bus/54/.
Taxi: Tel. 052 22 32 28.
Internationales Theaterfestival: Anfang Juli.
Internationales Jugendtheaterfestival: Juli/Aug.
Opernaufführungen in der Arena im Sommer, www.pulainfo.hr.
Pula Filmfestival: Juli/Aug. Existiert seit über 60 Jahren, u. a. Vorführung neuer Filme in der Arena und Starauftritte, www.pulafilmfestival.com.
Krabbenfest: 1. Mai, in Premantura.
Fest des Ortspatrons von Premantura hl. Laurentius »Lovrečevo«: 10. Aug.

An der Ostküste

Dem Golf von Kvarner wendet Istrien seine abweisende Seite zu: Die Učka-Kette stürzt steil ins Meer, wenige Dörfer liegen zwischen Ölbaumhainen und Kastanienwäldern. Aber die Berge schützen auch gegen Wind und Kälte. Rabac hat ein mildes, angenehmes Klima, das einen Aufenthalt in allen Jahreszeiten erlaubt. Nur werden im Gegensatz zum nahen Opatija (s. S. 119) in Rabac im Herbst die Gehsteige bis zur Karwoche hochgeklappt.

Labin ▸ C 5

Unter den Rosskastanien des Hauptplatzes von Labin (ital.: Albona) sitzt man zwischen der alten Stadt auf der Felskuppe und der neuen Bergarbeiterstadt. Beide haben ihren Höhepunkt überschritten, denn die Bergwerke waren bloß vom 18. bis späten 20. Jh. in Betrieb. Eine von den Italienern zu Zeiten des faschistischen Regimes angelegte Bergarbeitersiedlung (Raša) hat man von Pula kommend gerade passiert. Die Funktion der alten Stadt fiel bereits weg, als ganz Istrien unter österreichische Herrschaft kam: Die Venezianer hatten Albona, wie der Ort seit keltischen Zeiten hieß, vor allem als Grenzfestung gegen den benachbarten österreichischen Besitz in Istrien ausgebaut.

In Labin wurde 1520 der wichtige Reformator, Freund und Schüler Martin Luthers, Matthias Flacius Illyricus, (»der Illyrer«) geboren. Er war nach seinem Studium in Wittenberg später als Professor in Jena tätig und starb 1575 in Frankfurt am Main.

Eine **Renaissance-Loggia,** eine runde Befestigung und das **Stadttor Sveto Flor** (alle nach 1555) leiten in die alte Stadt mit ihren Treppengassen, unnahbaren Steinhäusern und Adelswappen. Im **Nationalmuseum** (Prvog svibnja 6, Tel. 052 85 24 77, im Sommer tgl. 10–13 und 17–20, sonst Mo–Fr 10–18 Uhr, 2 €), das im barocken Palazzo Battiola-Lazzarini eingerichtet wurde, kann man sich über die Stadtgeschichte, die Archäologie der Zone und das ehemalige Bergwerkswesen informieren.

Auf dem höchsten Punkt der Stadt steht ein **Campanile.** Wer ihn besteigt, hat ein Panorama, das weit über Istrien reicht und erst an den Inseln des Kvarner seinen Horizont findet (tgl. 9–14 Uhr).

Rabac ▸ C 5

Rabac liegt 5 km entfernt von Labin unten am Meer und ist eine Retortenstadt der Titozeit: Die Hotels liegen im Grünen, um den kleinen Hafen begegnet man dem üblichen Gedränge von Restaurants, Bars und Shops – und an den Hängen erstreckt sich eine rasch wachsende Zahl von Apartmenthäusern, Villen und Wochenendhäusern. Der Fels- und Kiesstrand ist nirgendwo sehr breit, aber er bietet überall Zugang zu wundervoll klarem Wasser. Nur an der **Maslinica-Bucht** lockt ein recht breiter und flacher Strand.

Bergland Učka

Siehe S. 206.

Übernachten

Erstklassig – **Villa Annette:** Raška 24, Rabac, Tel. 052 88 42 22, www.villa-annette.com, DZ/ÜF 100–190 €. Großzügig geschnittene Suiten mit moderner, komfortabler Einrichtung. Schön ist die Lage über dem Ort mit tollem Blick.

Gediegener Geschmack – **Hotel Nostromo:** Obala Maršala Tita 7, Tel. 052 87 26 01, www.nostromo.hr, DZ/ÜF 80–110 €. Kleines sympathisches Familienhotel mit nur acht Zimmern. Geschmackvolles Interieur mit traditionellem Holzmobiliar.

Infos

Touristeninformation Labin (auch für Rabac zuständig): Titov Trg 2/1, 52220 Labin, Tel. 052 85 23 99, www.rabac-labin.com.

Bus: Häufige Verbindungen zwischen Labin und Rabac. Busbahnhof: ca. 1 km von der Altstadt, alle Busse der Strecke Pula–Rijeka fahren ihn an.

Das Beste auf einen Blick

Opatija und die Inseln des Kvarner

Highlight!

Cres-Lošinj: Die lange, schmale Doppelinsel bietet auf kleinem Raum große Kontraste: lichter Laubwald in den Bergen, duftende Steineichenmacchie am Meer, verlassenes Kulturland mit alten Ölbäumen und verfallenden Mäuerchen und Orte wie Veli und Mali Lošinj mit 150-jähriger Tourismustradition. S. 124

Auf Entdeckungstour

Geierwanderungen bei Beli im Norden der Insel Cres: Nur noch auf Cres und zwei kleinen Inselchen gibt es Gänsegeier. Gepflegte Wanderwege und Labyrinthe führen durch die alte, heute verlassene Kulturlandschaft. S. 126

Kultur & Sehenswertes

Gründerzeit- und Jugendstilvillen in Opatija und Lovran: Die renovierten großbürgerlichen Absteigen sind heute zum Teil Luxushotels. S. 120, 124

Altstadt von Rab: Vier Kirchtürme überragen die Gassen, seit Jahrhunderten kaum etwas verändert. S. 148

Zu Fuß unterwegs

Spaziergang nach Veprinac: Das mittelalterliche Veprinac ist von Opatija aus schnell erreicht. S. 120

Von Lovran ins Učka-Bergmassiv: Die bis zu 1401 m aufragende Učka ist ideales Wanderland mit Wäldern, Wiesen, alten Steinmauern und Häusern. S. 123

Wandern auf die Osoršćica: Mit schönen Blicken auf Cres und Lošinj. S. 133

Wanderung von Punat nach Baška: Die Überquerung der Hochebene der Insel Krk ist eine interessante Tour. S. 143

Genießen & Atmosphäre

Hafenlokale: Das Plavi Podrum und Le Mandrać am Fischerhafen von Volosko. Das ist konzentrierte Kulinarik mit Meeresduft auf höchstem Niveau. S. 122

Traumhafter Strand und blaues Meer: Kann man sich in eine Landschaft verlieben? Traumhaft schön, unvergesslich blau: die Bucht von Baška. S. 144

Abends & Nachts

Bora Bar in der Rovenska-Bucht bei Veli Lošinj: Abends sitzt man stimmungsvoll am Fischerhafen und genießt die kreative Küche des Hauses. S. 138

Partystrand Zrće bei Novalja: Wer von einer Party träumt, die kein Ende nimmt, ist am Zrće-Strand auf Pag bestens aufgehoben. S. 154, 155

Wie ein Schutzwall umgeben die Halbinsel Istrien und die Doppelinsel Cres-Lošinj die Kvarner Bucht mit ihrer Vielzahl großer und kleiner Inseln von der Größe einer Klippe bis zu 406 km² (was sowohl auf Cres als auch Krk zutrifft). Karg ist die Vegetation auf diesen Inseln, Schafweiden überziehen sie, wenige Wälder, dichte Macchie, wo es etwas feuchter ist. Die Menschen sind aus den Dörfern im Inneren an die Küste gezogen oder ausgewandert. An den Küsten gibt es genug Arbeitsplätze: Das milde mediterrane Klima, die gute Luft, das selten sehr stark bewegte Meer, die Früchte des Meeres von der Goldbrasse bis zum Hummer haben schon vor 150 Jahren Touristen angelockt. Damals vor allem aus der österreichisch-ungarischen Monarchie und aus dem Deutschen Reich. Wer konnte, baute sich eine Villa, wie Opatija und Lovran an der istrischen Ostküste (aber zum Kvarner gehörig) mit zahlreichen Beispielen illustrieren, auch mit solchen, die nunmehr als Luxushotel locken. Heute kommt man aus aller Welt, wenn auch Österreicher und Deutsche neben den Italienern weiterhin das Bild bestimmen.

Cres, Lošinj, Krk, Rab und Pag sind die großen Inseln im Golf von Kvarner, gut erschlossen und doch naturnah, mit wunderschönen Stränden und zahllosen Buchten, in denen man immer noch allein sein kann. Das gilt noch mehr für die unzähligen kleinen und kleinsten Inseln und Inselchen, die ein Meer sprenkeln, das ein wahres Skipperparadies ist. Klassische Motorsegler sind mehr und mehr zu sehen, ein Trip auf einem dieser altmodischen Schiffe ist ein echtes Erlebnis. Wenige Sandstrände, Kies- und vor allem

Infobox

Touristeninformationen

Hauptbüro für die Region Kvarner: Nikole Tesle 2, 51410 Opatija, Tel. 051 27 29 88, www.kvarner.hr

Hinweis

Die **Insel Pag** gehört geografisch zur Kvarner Bucht. Verwaltungsmäßig gehört der Inselnorden um Novalja aber zu Lika-Senj und der Inselsüden um Pag zu Zadar (s. S. 176). Auch die Telefonvorwahlen unterscheiden sich: 053 bzw. 023.

Internet

www.kvarner.hr: Fremdenverkehrszentrale für den Kvarner
www.kvarner.com: eine kommerzielle Seite, die für Buchungen von Hotel- und Privatzimmern gedacht ist

Anreise und Verbindungen

Zwei Alternativstrecken bis Rijeka: Autobahn und Bahnlinie Zagreb–Rijeka oder Autobahn und Bahnlinie Ljubljana–Rijeka. **Bahninfos:** www.hzpp.hr; **Mautbrücke** zur Insel Krk. **Busse** ab Rijeka auf alle Inseln (Brücke oder Fähre), die meisten von Autotrans, www.autotrans.hr. **Fähren** gibt es von Brestova nach Porozina (Cres), von Valbiska (Krk) nach Merag (Cres) sowie von Valbiska nach Lopar (Rab). Rab ist über die Fähre von Mišnjak nach Jablanac mit dem Festland verbunden. **Katamarane** fahren zwischen Mali Lošinj und Rijeka sowie zu den kleineren Inseln und zwischen Rijeka, Rab und Novalja. Infos s. www.jadrolinija.hr, für die Hauptverbindung Rab (Mišnjak)–Stinica s. www.rapska-plovidba.hr.

Felsküsten umranden die Inseln, aber genau dieser Umstand bewirkt, dass man auch im Hochsommer eine Bucht findet, in der man sich den Strandplatz nicht mit Handtüchern markieren muss.

Mali und Veli Lošinj haben sich erst durch den Tourismus, auch wenn er schon unter Habsburg begann, aus Fischerdörfern zu größeren Orten entwickelt, und das gilt auch für die Tourismusmetropole der Region, Opatija, das frühere Abbazia. Aber Cres und Osor auf der Insel Cres, Krk auf der gleichnamigen Insel, die Stadt Rab und die Stadt Pag sind alte, bis auf die erste schon römische Städte. Und das sieht man ihnen an, vor allem die lange venezianische Phase der Region.

Opatija ▸ C 5

Hinter den Klunkern aus der k. u. k. Zeit, als Opatija noch Abbazia hieß, verbirgt sich eine solide Infrastruktur. Die Uferpromenade in Richtung Lovran wie in Richtung Volosko ist dieselbe geblieben, auch wenn sie jetzt abends beleuchtet wird. Die Hotels im Umkreis des »Kvarner« im Zentrum des Ortes haben sich ihre dekorativen Gründerzeitfassaden bewahrt, auch wenn es drinnen Klimaanlage, Sat-TV und Kühlschrank gibt. Und nichts hat sich an der üppigen Gartenflora verändert, hier duftet und blüht es wie damals im Fin de Siècle, als die Damen noch hochgeschlossen und mit Sonnenschirm promenierten.

Opatija heißt auf Italienisch Abbazia, beides bedeutet Abtei, Kloster. Der Name leitet sich von einem kleinen Kloster her, dessen Kirchlein heute noch steht (an der Küste beim Hotel Kvarner), verschwindend klein unter den späthistoristischen Prachtfassaden und den Klotzbauten der 70er-Jahre des 20. Jh.

Vom Fischerdorf zum Kurort

Das Fischerdörfchen wachte 1844 aus seinem Dämmerschlaf auf, als Iginio Scarpa, ein Geschäftsmann aus dem nahen Fiume (Rijeka), hier eine Villa für seine Wochenenden errichten ließ, die **Villa Angiolina,** heute ein schönes **Museum des kroatischen Tourismus** (Hrvatski muzej turizma, www.hrmt.hr, Di–So 10–20 Uhr, 2 €). Als im Jahr 1873 die Bahnlinie Wien–Triest–Fiume an der Küste des Kvarner ankam, war Abbazia plötzlich im Visier der erholungshungrigen Wiener Gesellschaft. Über Nacht wurde es *en vogue* und der Winterluftkurort der gesamten österreichisch-ungarischen Monarchie.

Die Villen und Hotels, die in rascher Folge entstanden, allen voran das Quarnero (1884), heute **Hotel Kvarner,** wurden in eine Gartenlandschaft gestellt, die der alten Mittelmeerflora wenig Platz ließ. Aus allen Erdgegenden wurden subtropische Pflanzen angeschleppt und an der ›Riviera‹ angepflanzt: Winterblüher wie Magnolie, Mimose, Pittosporum, Judasbaum, immergrüne Gewächse wie Palme, Oleander, Agave. Nur der duftende Lorbeer und die Steineiche gehören zur ursprünglichen Vegetation.

Nach zwei Weltkriegen, sozialistischer Misswirtschaft und einem Bürgerkrieg werden die vom Verfall bedrohten Prachtobjekte der Zeit vor 1914 wieder auf Hochglanz gebracht, die Bausünden der Titozeit einigermaßen korrigiert oder zumindest übertüncht. Es lohnt sich wieder, durch den Ort, entlang der Uferpromenade oder der leider ziemlich lärmigen Hauptstraße zu schlendern und die Fassaden der Hotels und Villen zu betrachten.

Spaziergang auf dem Lungomare

Länge: 12 km, Dauer: ca. 3 Std., Start: Fischerhafen von Volosko bzw. Bushaltestelle oberhalb

Einer der schönsten Spaziergänge, die man am Kvarner unternehmen kann, führt am Stadtrand von Opatija entlang. Er beginnt am Hafen von **Volosko** und endet in **Lovran.** Ohne Pausen benötigt man drei Stunden. Die Eindrücke, die man vom **Obala šetalište Franza Josefa** – oder unprätentiöser Lungomare (›entlang des Meeres‹) – aus gewinnt, sind den Zeitaufwand allemal wert: Rechter Hand Villen und schicke Hotels des Fin de siècle österreichischer Prägung, Palmen und Agaven, Parks und Gärten. Links das Meer, ein paar dem Fels abgerungene Badeplätze sowie Bars, Cafés und Restaurants. Vor allem aber genießen Sie einen großartigen Blick auf die Insel Cres, den Sie nur in dieser Richtung haben! Am Ende wartet noch ein Juwel, das an Jugendstilbauten reiche **Lovran** (s. S. 123). Mit dem Bus Nr. 32 geht's zurück, selbst spätabends verkehrt er auf der Strecke Lovran–Rijeka noch in erträglichen Abständen.

Wanderung nach Veprinac

Länge: 5 km, Dauer: 1,5 Std.

Der mittelalterliche Ort Veprinac eignet sich ausgezeichnet als Ziel einer kleinen Wanderung, für die das Wetter nicht einmal das beste sein muss. In **Opatija** verläuft direkt hinter dem Hotel Palace am Trg Gortana (nicht die Ortszufahrt) der Veprinački put. Diesem folgt man, quert die Hauptstraße und steigt auf der steilen Straße weiter aufwärts. Sie führt bald in den Wald oberhalb des Ortes bis zum Weiler **Kolavići.** Hinter diesem durchquert man bei einem Tunnel die Autobahn und gelangt nach einer guten Viertelstunde nach **Veprinac.** Der Ort ist gut erhalten, und der Ausblick von der Kirche Sveti Marko auf dem Gipfel des kleinen Berges reicht weit über den Kvarner.

Übernachten

Opatija setzt auf Luxustourismus. Bislang besitzt der Ort ein gutes Dutzend Luxushotels, davon drei Fünfsterner, und es wird weiter saniert und ge-

Der einstige Fischerort Opatija hat sich zu einem beliebten Kurort entwickelt

baut. Das Angebot an preiswerteren Hotels stagniert oder nimmt sogar ab. Ihren Platz nehmen Privatzimmer und Apartments ein, die es zahlreich gibt.

Ganz in Rosa – **Mozart:** M. Tita 138, Tel. 051 71 82 60, www.hotel-mozart.hr, DZ/ÜF 100–180 €. Das komplett renovierte Gründerzeithotel (5 Sterne) legt Wert auf seinen eigenen Stil – von den Möbeln bis zu den Grafiken in den Zimmern. Zu den weiteren Annehmlichkeiten zählen eine Piano Bar, eine Terrasse, Wellnessangebote und ein sehr zuvorkommendes Personal. Mit Halal-Essen ist es bei Muslimen beliebt.

Luxus mit Tradition – **Milenij:** M. Tita 109, Tel. 051 27 80 16, www.milenijhoteli.hr, DZ/ÜF 100–190 €. Das alte »Jadran«, ein Werk des damaligen Wiener Stararchitekten Carl Seidl im üppigen Stil der auslaufenden Gründerzeit, wurde neu gestaltet. Entstanden ist ein Hotel der Luxusklasse (5 Sterne). Die Zimmer sind mit Möbeln in einem Biedermeier-Louis-XV-Mischstil und mit jeglichem Komfort ausgestattet.

Intim – **Mali Raj:** Maršala Tita 191, Tel. 051 70 40 74, www.mali-raj.hr, DZ/ÜF 60–100 €. Versteckte Familienpension, mit nur zehn Zimmern direkt am Meer zwischen Opatija und Ičići.

Stilvoll – **Galeb:** M. Tita 160, Tel. 051 27 11 77, www.hotel-galeb.hr, DZ/ÜF 105–140 €. Der warme Rotton des Kirschholzes prägt die nur knapp 30 Zimmer und Suiten dieses Privathotels der Oberklasse. Die persönliche Aufmerksamkeit, wie man sie hier erfährt, ist selten geworden.
Villa mit Charme – **Villa Ariston:** Maršala Tita 179, Tel. 051 27 13 79, www.villa-ariston.hr, DZ/ÜF 90–250 €. Fast schon in Ičići liegt diese elegante Spätgründerzeitvilla mit Park und direktem Zugang zum Meer, ein Bau des Wiener Architekten Carl Seidl. Elegant, komfortabel, die Mansardenzimmer besonders stimmungsvoll. Ausgezeichnetes Restaurant!
Relax Resort – **Miramar:** Ive Kaline 11, Tel. 051 28 00 00, www.hotel-miramar.info, DZ/HP 200–330 €. Ein beliebtes Hotel und eine Welt für sich mit mehreren Gebäuden, Hallenbad, eigenem Strand mit Liegestühlen, einer Wellness-Villa; großes Restaurant und eine Portion Sisi-Nostalgie.
Traumlage – **Hotel Villa Schubert:** Primorska 16, Tel. 051 29 17 77, www.villa.hotel-schubert.eu, DZ/ÜF 70–160 €. Wunderbare Lage direkt am Strand. Überschaubares kleines Hotel im Vorort Ika mit ausgesucht gutem Geschmack für traditionelles Holzmobiliar.

Essen & Trinken

Opatija hat am Ufer eine Reihe von Lokalen, die den üblichen Touristeneinheitsbrei auftischen, natürlich zu gehobenen Preisen. Einige Ausnahmen bestätigen die dröge Regel:
Villa für »Feinspitze« – **Villa Ariston:** M. Tita 174, Tel. 051 27 13 79, zwei Gänge ab 30 €. Das hervorragende Restaurant in der alten Villa direkt über dem Lungomare ist auf Meeresfisch und Fohlenfleisch spezialisiert. Das kann bedeuten: Carpaccio mit Parmesan und Radicchio, gefüllte Hühnerbrust mit Trüffeln und Steinpilzsoße, Seeteufel in Weißwein mit Mangoldkartoffeln, Nusspalatschinken machen den Mund wässern. Gute Weinkarte.
Frisch aus dem Meer – **Plavi Podrum:** Obala F. Supila 2, Volosko, Tel. 051 70 12 23, Hauptgerichte 20–30 €. Das kleine Volosko zählt eine ganze Reihe hervorragender Restaurants, darunter auch den ›Blauen Keller‹ am Hafen. Fisch- und Fleischgerichte.
Luxus am Fischerhafen – **Le Mandrać:** Obala F. Supila 10, Volosko, Tel. 051 70 12 23, Hauptgang ab 25 €, Menü ab 50 €. Noch ein Fischlokal am Hafen von Volosko und eines der besten an der gesamten kroatischen Adria. Bestes aus dem Meer, es ist schließlich nur ein paar Meter entfernt, aus den Wäldern Istriens (Trüffel, Steinpilze) und – für Kroatien noch ungewöhnlich – frische Kräuter aus dem Garten.

Einkaufen

In dieser Hinsicht hat Opatija – trotz diverser Schmuck- und Modeboutiquen entlang der Maršala Tita – wenig Interessantes zu bieten. Allenfalls Gourmets kommen auf ihre Kosten, z. B. in der **Vinoteka Luketić**, M. Tita 93/3.

Aktiv

Baden – **Strände** sind um Opatija rar, man behilft sich mit Betonplatten und betonierten Stellen zwischen den Felsen, die größeren Hotels haben **Hallenbäder,** fast alle einen **Pool.**
Küste & Inseln – **Bootsausflüge** entlang der Küste und zu den Inseln Cres und Krk bieten mehrere am Kai von Opatija liegende Boote, die mit Tafeln auf ihr Angebot hinweisen.
Thalassotherapie – **Thalasso Wellness Centar Opatija:** M. Tita 188/1, Tel. 051

20 26 00, www.thalassotherapia-opatija.hr. In Opatija hat die Meerwassertherapie eine lange Tradition. 2005 hat sich die Stadt ein modernes Zentrum für Thalassotherapie gegönnt.

Abends & Nachts

Sehr beliebt – **Club Seven**: M. Tita 125, Tel. 051 71 17 81, nur Juni–Sept.

Elegant – **Bar Hemingway:** Zert 2, www.hemingway.hr/opatija. Elegant gestylte Bar an der Uferpromenade mit wunderbarem Blick aufs Meer.

Retro – **Bar Monokini:** M. Tita 96, ab frühem Vormittag geöffnet. Bar mit Retro-Mobiliar der 1960er-Jahre und DJ-Abenden am Wochenende.

Bühne – **Freiluftbühne** an der Landspitze am Park der Villa Angiolina mit Kino, Theater, Konzert, Oper; die umliegenden Restaurants und Bars sind auf jugendliches Publikum eingestellt.

Infos & Termine

Touristeninformation Opatija: Maršala Tita 128, 51410 Opatija, Tel. 051 27 13 10, http://visitopatija.com.

Verkehr: An der **Bahnstation Matulji,** 5 km entfernt, halten Züge nach Slowenien und Österreich. **Lokalbusse** der Linie 32 fahren nach Lovran und Rijeka; am Busbahnhof (dort Agentur Autotrans, Tel. 051 27 16 17) halten auch die Busse der Linie Pula–Rijeka und Rijeka–Brestova–Lošinj (meist nur ein Buspaar pro Tag).

Termine: Der **Karneval** von Opatija hat die Bräuche der umliegenden Dörfer aufgenommen und ist vor allem wegen der mit Ziegenhörnern, Ziegenfellen und Glocken auftretenden archaischen *zvončari* (meist aus dem Ort Kastav) bekannt.

Im **Sommer** gibt es in Opatija eine Vielzahl fast ausschließlich auf Touristen ausgerichteter Veranstaltungen.

Lovran ▶C 5

Die »Riviera von Opatija« ist ein windgeschützter, der Sonne zugewandter, mit milden Temperaturen gesegneter Küstenstrich, der sich zwischen Lovran und **Volosko** über fast 15 km erstreckt. In Lovran beginnt bzw. endet die **Uferpromenade** aus Kaiser Franz Josephs Zeiten (s. S. 120), die Lovran und Opatija verbindet. Der Lorbeerort (kroat. *lovor* = Lorbeer) ist ein pittoreskes, von Gründerzeit- und Jugendstilvillen umlagertes Städtchen, eine Art Luxusvorort von Opatija. Die **Kirche Sveti Trojstvo** steht etwas außerhalb des einst befestigten Ortes, der heute von der Küstenstraße immer noch durch zwei Tore betreten wird. Im Zentrum ragt der Campanile der **Kirche Sveti Juraj** auf. An der Straße in Richtung Opatija zeigen die Baustile der Villen wie Jahresringe die Entwicklung zum Badeort.

Wanderung von Dobreć ins Učka-Bergmassiv

Start/Ziel: Dobreć (Variante: Ziel Medveja), Länge: hin und zurück 14 km, Dauer: 3,5 Std.

Das im **Vojak** bis zu einer Höhe von 1401 m aufragende Učka-Bergmassiv ist ein ideales Wanderland mit schattigen Wäldern, Wiesen, alten Steinmauern, Bruchsteinhäusern und guten Markierungen – aber ohne Wasser, sieht man vom Frühjahr ab. Vom Učkagipfel, den man auch auf einer Straße erreichen kann, stürzen sich Drachenflieger in den starken Aufwind und westlich des Massivs sind in den senkrechten und überhängenden Felswänden und Felsnadeln der Vranjska Draga die Freikletterer in ihrem Element. Die gesamte Wanderung bietet immer wieder wunderschöne Ausblicke und ist daher äußerst abwechslungsreich.

Von **Dobreć,** ca. 3,5 km nordwestlich von Lovran, gelangt man in ca. 1,5 Std.

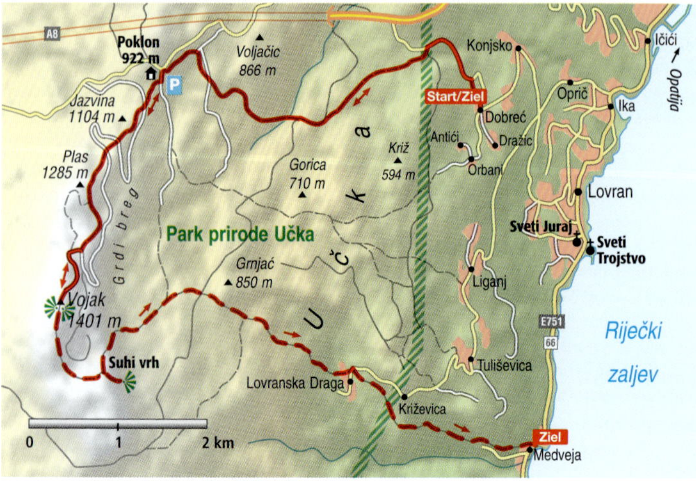

Wanderung von Dobreć ins Učka-Bergmassiv

ins Zentrum des Učkagebirges, zur **Berghütte Poklon** (922 m). Etwa eine Stunde benötigt man von dort für den Aufstieg auf den Gipfel **Vojak. Variante:** Wer von Lovran aus per Taxi oder zu Fuß nach Dobreć gelangt ist, kann auf einem schönen, steilen Weg an den Nordhängen noch über **Lovranska Draga** nach **Medveja** wandern.

Übernachten

Wunderschön – **Villa Astra:** Viktora Cara Emina 11, Tel. 051 29 44 00, www.hotelvillaastra.com, DZ/ÜF 225–330 €. Luxushotel in einer Fin-de-Siècle-Villa mit Garten. Maurischer Stil und das Wellnessprogramm gehen gut zusammen.
Aufgepeppt – **Villa Atlanta:** Šetaliste Maršala Tita 21, 51415 Lovran, Tel. 051 71 04 44, www.remisens.com/de/villa-atlanta, DZ/ÜF 50–200 €. Die innen sehr modern eingerichtete Jugendstilvilla gehört zum Remisens-Konzern. Eigener Strand und Pool. Frühbucher wohnen recht günstig.

Essen & Trinken

Gutbürgerlich à la Kvarner – **Knezgrad:** Trg Slobode 12, Tel. 051 29 18 38. Sehr schön sitzt man auf der großen Gartenterrasse im Grünen hinter hohen Palmen. Fleisch und Fisch, z. B. Seehecht vom Grill mit Mangold für 12 €.

Infos

Touristeninformation Lovran: Trg slobode 1, 51415 Lovran, Tel. 051 29 17 40, www.tz-lovran.hr.
Bus: Die Busse der Linie 32 von Rijeka und Opatija enden in Lovran.

Doppelinsel Cres-Lošinj ! ▸ C 5–7

Seit die Römer bei Osor einen Durchstich machten, sind Cres und Lošinj zwei separate Inseln. Während die Insel Cres aus einem hoch gelegenen

Karstplateau (ca. 300–648 m) besteht, ist Lošinj ein einziger, stark gegliederter, in der Televrina bis 589 m aufsteigender Bergrücken.

Keine andere Insel Kroatiens bietet dermaßen große Kontraste auf so kleinem Raum: Das Istrien nahe **Cres** besitzt im Norden, der Tramuntana, noch ganz mitteleuropäische Laubmischwälder, das weit in die Bucht des Kvarner hineinragende **Lošinj** ist dagegen vollständig mediterran, mit Steineichen- und Kiefernwäldern. Cres ist Bauernland, auf Lošinj lebten die Menschen von Fischfang und Seefahrt. Während Lošinj touristisch exzellent erschlossen ist, hat auf Cres der Tourismus noch nicht so stark Fuß gefasst, zahlreiche Buchten sind völlig unerschlossen.

Infos

Anreise nach Cres-Lošinj

Die meisten Urlauber reisen mit dem Pkw an, die Fährverbindungen sind während der Saison sehr gut.
Autofähren verkehren zwischen Brestova (Istrien) und Porozina (Insel Cres): im Sommer bis zu 17 x pro Tag in beide Richtungen, von Valbiska auf Krk nach Merag (Cres): bis zu 13 x pro Tag.
Die **Busse** der Linie Rijeka–Cres–Lošinj fahren über die Insel Krk und Valbiska, Beli ist mit dem Bus nur von Cres zu erreichen (3 x pro Tag an Wochentagen).

Beli ▶ C 5

Wenn man in Porozina die Fähre von Brestova verlässt, zeigt sich der Rücken der Insel als schmaler Grat, über dem der Aufwind besonders stark ist. Ihn nutzen die Geier, die in den Felsen der Ostküste ihre Nist- und Schlafplätze haben, um sich mühelos hochzuschrauben und nach Nahrung zu suchen. Folgt man vom Hafen in Beli einem Trampelpfad, kann man von unten her einen Blick auf die Nester und heranfliegende Geier erhaschen (s. Entdeckungstour S. 126).

Beli selbst, das durch seine Lage auf einem Steilfelsen über dem Meer gegen Piraten geschützt war, ist noch heute eng und winkelig. Ringsum liegt Kulturland mit Öl- und Obstbäumen, Wein, Feigen, Saubohnen, Zwiebeln und Lauch.

Übernachten

Aussteigerherberge – **Pansion Tramontana**: Beli 2, Tel. 051 84 05 19, www.beli-tramontana.com. Das Ehepaar Nina & Robi Malatestinić betreibt diese kleine Pansion im einsamen Beli. Unbedingt vorher anrufen und Preis verhandeln.
Am Wasser – **Autocamp Brajdi:** Beli, Tel. 051 84 05 32. Kleiner, einsamer Campingplatz am Meer beim Hafen unterhalb des Ortes Beli, mit Grillrestaurant.

Stadt Cres ▶ C 6

Cres ist ein bescheidenes Städtchen, verglichen etwa mit Mali Lošinj oder auch Krk. Hier gibt es nur ein einziges Hotel und die Landwirtschaft spielt im Leben der Menschen noch immer eine wichtige Rolle – unter den Insel- und Küstenorten heute eine Seltenheit. Cres trat in seiner weiten Bucht im 15. Jh. unter venezianischer Herrschaft die Nachfolge der alten Inselhauptstadt Osor an. Unter den Venezianern wurde die Stadt befestigt – ein Teil der Mauern und drei **Stadttore** haben sich erhalten – und es entstand ein winkelig enges Gassengewirr, in dem sich die Kühle angenehm hält. Die Venezianer haben einige ▷ S. 129

Auf Entdeckungstour: Geierwanderungen bei Beli im Norden der Insel Cres

Nur noch auf Cres und zwei kleinen Inseln des Kvarner brüten Gänsegeier. Gepflegte Wanderwege und Labyrinthe führen durch die alte, heute verlassene Kulturlandschaft. Naturliebhaber, Wanderer und alle, die Europas Natur- und Kulturerbe nicht sterben sehen wollen, werden hier viel Freude haben.

Reisekarte: ▶ C 5

Zeit: Mind. ein halber Tag, davon 3 Std. für die Wanderung (8 km, 250 m Höhenunterschied)

Start: Beli im Norden der Insel Cres, an Wochentagen 3 x tgl. Bus ab Cres

Geierschutzzentrum »Eko-Centar Caput insulae – Beli« (▶ C 5) in der alten Schule, Beli bb., Tel. 051 84 05 25, www.supovi.hr

Bis auf eine Höhe von 650 m erhebt sich im Norden der Insel Cres ein bewaldetes Bergland. Von der Inselhauptstraße aus gesehen »hinter dem Berg« – italienisch: Tramontana – liegen bis vor einer Generation bewohnte und fast sämtlich verlassene Dörfer. Ein einziges, **Beli** (s. S. 125), ist auch heute noch bewohnt – von rund 50 Menschen. Über der Tramuntana kreisen Gänsegeier, die bei Beli in den Felsen nisten. Sie suchen nach Futter, aber der früher reichlich mit toten

Schafen gedeckte Tisch ist heute nur noch karg bestückt: Immer wieder verhungern Jungvögel, fast alle sind unterernährt. Die Kulturlandschaft verfällt und verwildert nicht nur aufgrund der wachsenden Vegetation, durch Regen- und Sturmschäden, sie wird zudem auch zerstört. Vor ein paar Jahren hat man auf Cres Wildschweine freigelassen, sie wühlen den Boden auf, bringen Mauern zum Einsturz und nehmen den Geiern – den einzigen, die noch in Kroatien brüten – die Nahrung weg.

Die Nordspitze von Cres ist nicht nur wegen der Geier interessant. Hier liegt auch eine uralte Kulturlandschaft, die sich die Natur zum Teil zurückgeholt hat. Sie bietet sich für eine Wanderung auf uralten Wegen durch Olivengärten und an Schafweiden entlang an. Dabei lernt man die Landschaft besser kennen, als dies vom Auto oder Boot aus möglich wäre.

Unter Geiern

In Beli wurde das Öko-Zentrum Caput Insulae wieder aufgebaut, das sich dem Schutz der Geier und der Kulturlandschaft verschrieben hatte. Derzeit ist es geschlossen, aber es besteht die Hoffnung, dass es bald wieder eröffnet wird. Das wäre auch wichtig, denn ohne menschliche Hilfe haben die Geier schlechte Karten: Sie haben zu viele Feinde – auch falsche Freunde, vor allem unter den Menschen. Immer wieder stürzen geschwächte Exemplare ins Meer, meist aufgescheucht von Touristen. Werden sie nicht aufgepäppelt und wieder fit gemacht, haben sie keine Überlebenschance. In Sveti Juraj südlich Senj, auf der anderen Seite des Kvarner, gibt es seit ein paar Jahren ein zweites Zentrum (Grifon-Centar za zaštitu ptica grabljivica), wo man die Geier in Käfigen betrachten kann.

In Beli kann man Gänsegeier mit ein bisschen Glück in freier Wildbahn beobachten – in der Regel stehen die Chancen dafür gut. Oft sieht man zwei Exemplare der Spezies *Gyps fulvus* in ruhigen Zügen über der Insel kreisen. Ihre riesige Spannweite von über 2,5 m macht sie unverwechselbar. Zwar sind sie keine besonders guten aktiven Flieger, aber sie nutzen Aufwinde und können in Höhen bis über 10000 m stunden- und tagelang über Tausende Kilometer segeln. Durch den Schutz und die Bemühungen der Vogelschützer haben sich die Populationen in den vergangenen Jahren wieder erholt.

2013 gab es im Kvarner 141 brütende Geierpaare, 2011 waren es 128, zehn Jahre früher nur 50 gewesen. Mit zuletzt 46 brütenden Paaren befindet sich der größte Teil der Population im **Vogelschutzreservat Podokladi** an der Ostküste von Cres beim **Vrana-See** (Vransko jezero, s. S. 132). Diesem ist die Erholung des Bestandes maßgeblich zu verdanken.

Hinterm Berg: Wanderung zwischen Natur und Kunst

Ein ganzes Netz von Wanderwegen durchzieht heute die Tramuntana, deren Weiler verlassen wurden und deren Begrenzungsmauern zwischen den Feldern verfallen. Alte, zugewachsene Wege wurden gerodet und instand gesetzt, markiert und mit einer Anzahl von Kunstwerken versehen. Das betont einen neuen Aspekt der Landschaft und soll an das reiche Sagen- und Mythengut der früheren Bevölkerung erinnern. Alles war belebt: Steine und die beiden Wasserlöcher, Senken im Boden, Höhlen. Der *masmalić*, ein Zwergenwesen, wohnt auf dem Grund von Höhlen und ärgert sich, wenn man einen Stein in seine Wohnung wirft. Dem Menschen, der so etwas tut, kann es böse ergehen.

Man beginnt die Wanderung bei der Überblickskarte im **Zentrum von Beli** und schlägt den Eco trail Staza Tramuntana I ein, der seit 1995 existiert. Hier trifft man auch auf das erste von **20 Kunstwerken,** die »Pforte«, ein von dem Steinmetz Ljubo de Karina gestalteter Lochstein, der auch die anderen Werke geschaffen hat. Alle Steininschriften stammen von Andro Vid Mihičić (1896–1992) aus Beli, der erst mit 92 Jahren zu dichten begann. »Nahrung für die Seele« sollen die Steine sein. Die steinernen Labyrinthe, denen man später begegnet, sind wiederum »Metaphern für das Leben«.

Über Beli und die **römische Brücke,** die einzige, die sich im Kvarner erhalten hat, erreicht man die eigentliche Tramuntana mit ihren Trockenmauern *gomače* und gepflasterten Wegen, Schafgattern *kirinči*, runden und von niedrigen Mauern umgebenen Plätzen, deren Bedeutung nicht bekannt ist. Man kommt an der gut restaurierten Kapelle **Sveti Ivan Krstitelj** vorbei, vor der sich früher der Dorftanz abspielte. Die Wege sind hier sehr gut ausgeschildert.

Zurück zu den Geiern

Haben Sie vielleicht einen der Geier hoch über der Insel kreisen sehen? Immer noch erzählt man sich, Geier würden lebende Schafe angreifen. Das sind Märchen. Gänsegeier ernähren sich vor allem von Aas, also toten Tieren, allenfalls von sehr schwachen und kranken Tieren. Sie ernähren sich von den Totgeburten, von den bei der Geburt verendeten Schafen, vor allem aber von den 50–70 % der Lämmer, die es nicht über die ersten zwei Monate schaffen.

repräsentative Bauten hinterlassen, z. B. die kleine **Stadtloggia** am Hafen. In ihr und um sie herum findet der tägliche **Markt** statt, auf dem Bäuerinnen kalt gepresstes Olivenöl, Honig, Schafskäse, Früchte aus ihrem Garten und selbst gebrannten Feigenschnaps anbieten. Auch die Fassade der **Pfarrkirche** ist venezianisch, sie liegt etwas versteckt hinter dem Durchgang mit dem schönen Uhrturm. Ein paar Meter weiter, halb verdeckt, steht der **Stadtpalast der Familie Arsan-Petris** mit einem kleinen **Stadtmuseum** (Ribarska 7, Di–Sa 10–13 und 19–23 Uhr, 1 €).

Franziskanerkloster

Trg sv. Frane 6, tgl. 9–19 Uhr

Auch das im 13. Jh. gegründete Franziskanerkloster vor der Stadt hütet eine Erinnerung an das Venedig der Renaissance: einen schlichten, großen Kreuzgang und in dessen Zentrum die große Zisterne (1554–60). Außerdem gibt es eine kostbare Gemäldesammlung mit Werken vom 15. bis 18. Jh.

Übernachten

Ruhig & strandnah – **Hotel Kimen:** Melin I/16, Stadt Cres, Tel. 051 57 33 05, www.hotel-kimen.com, DZ/ÜF 90–130 €, Suite bis 240 €. Das funktionale Hotel im Kiefernwald ca. 0,5 km außerhalb des Ortes ist stolz auf seinen »Grünen Schlüssel«, eine Auszeichnung für umweltfreundliche Anlagen.

Naturnah – **Camping Kovačine Melin I 20:** Tel. 051 57 31 50, http://camp-kovacine.com, am Rt Kovačine 1,5 km von Cres, ab 9 €/Parzelle, auch Mobilheime, April–Okt. Großer Platz in schöner Lage auf einer teils bewaldeten Landzunge.

Essen & Trinken

Bars, Pizzerien und Restaurants gibt es rund um das Hafenbecken.

Am Wasser – **Buffet Regata:** Varozina 5, Stadt Cres, Tel. 091 546 97 14. Am Ausgang des Hafenbeckens bekommt man eine ausgezeichnete Fischplatte: Regata mit Wolfsbarsch, Goldbrasse oder Tintenfisch (für 2 Pers. 37 €).

Pizza am Hafen – **Palada:** Palada 4, Stadt Cres. Neben Pizzen (5–7 €) auch gute vegetarische und glutenfreie Kost.

Urige konoba – **Bukaleta:** Loznati bb., Tel. 051 57 16 06. In der *konoba* im winzigen Dorf Loznati 5 km südlich Cres dreht sich alles ums Lamm, vom Schafskäse bis zum geschmorten Lammbraten: Lammportion ca. 9 €.

Infos

Touristeninformation Cres: Cons 10, 51557 Cres, Tel. 051 57 15 35, www.tzg-cres.hr

Der Südteil der Insel Cres

Südlich von Cres verbreitert sich die Insel bis auf 12 km bei einer Durchschnittshöhe von 250–350 m. Ehemals lagen alle Dörfer auf der Hochfläche, die Bewohner betrieben Ackerbau, zogen Ölbäume, Feigen und Aprikosen.

Valun

Über dem kleinen Hafenort Valun steht noch die **Kirche Sveti Marko,** sie markiert den früheren Standort des Dorfes. Zu Venedigs Friedenszeiten zogen die Dorfbewohner ans Meer hinunter, ihre Toten begraben sie jedoch weiterhin am alten Platz. Der Fischfang spielt heute noch eine bedeutende Rolle. Was gefangen wird, landet in den Küchen der Gaststätten. In der Dorfkirche ist die berühmte **»Grabplatte von Valun«** eingemauert, die sich ursprünglich in der alten Kirche befand. Sie ist zweisprachig, Kroatisch und Lateinisch, der kurze kroa-

Lieblingsort

Fantastischer Ausguck über dem Meer – Lubenice ▶ C 6
Es ist die Atmosphäre dieses Dorfes mit seinem berühmten Blick auf die darunterliegende Bucht, die verzaubert. Nur noch wenige Menschen, derzeit alle um die 80 Jahre alt, leben in Lubenice. Umso beliebter ist der Ort bei motorisierten und nichtmotorisierten Bikern. Auch mit dem Auto ist die Siedlung zu erreichen, allerdings ist die Fahrt über die oft steile und in Trockenmauern eingezwängte Straße ein Abenteuer – bei Gegenverkehr heißt es zurücksetzen. Im Ort selbst beeindrucken die Enge der Gassen und das Bruchsteinmauerwerk der noch bewohnten und der unbewohnten verfallenden Häuser.

tische Text ist in glagolitischer Schrift geschrieben. Im kleinen **Lapidarium** des Ortes lassen sich eine Kopie der Grabplatte sowie Kopien anderer Steine mit glagolitischen Inschriften bewundern, wie jene aus Baška, Senj, Vrh und Plomin.

Der Süßwassersee von Vrana

In einer ovalen Vertiefung, nur 14 m über dem Meeresspiegel, liegt der große Süßwassersee von Vrana, **Vransko jezero.** Er ist 74 m tief, reicht also bis 60 m unter das Meeresniveau. Weil er keine Verbindung mit dem nahen Meer hat, kann er das Regenwasser des Plateaus des südlichen Cres speichern, ohne zu versalzen. Der Zutritt zum See ist gesperrt, da dieser der Wasserversorgung der Doppelinsel dient.

Lubenice

Siehe Lieblingsort S. 131
Das pittoreske Örtchen mit rund zwei Dutzend Häusern und einem Kirchlein liegt auf einem steil abfallenden, fast 400 m hohen Felsklotz.

Übernachten

Maritim und autofrei – **Camping Zdovice:** bei Valun, Tel. 051 57 11 61, www.cresanka.hr. Kleiner Platz am Meer, keine Straßenzufahrt, Gepäcktransport s. Infos & Termine.

Essen & Trinken

Konoba an Valuns Hafen – **Toš Juna:** ca. 15 €, mit Weißfisch bis 25 €. *Pršut,* Schafskäse, Fisch, lokaler Wein und die Atmosphäre machen nicht nur die vielen italienischen Besucher zu Stammgästen von Valuns Traditionslokal.
Ganz oben – **Konoba Hibernicia:** Lubenice 17, Lubenice. Salatplatte für 7 € oder Oktopus im Römertopf mit Kartoffeln für 16 €.

Aktiv

Baden – Schöner **Strand unterhalb von Lubenice.** Ein etwas mühsamer Weg führt im großen Bogen in 45 Min. dorthin, zurück braucht man mind. 1 Std. Die bequemere Alternative ist eine Radtour von Cres aus. In der Nähe des Strandes liegt die mittags blau leuchtende Plava Grota (Blaue Grotte).

Infos & Termine

Die öffentliche **Straße nach Valun** endet am Parkplatz etwas oberhalb des Ortes, von dort Gepäcktransport zum Campingplatz.
Lubenicer Musikabende: im Sommer. Open-Air-Konzerte mit klassischer Musik.

Osor ▸ C 7

Die alte Hauptstadt der Insel Cres zählt noch rund 60 Einwohner, weniger als einige Dörfer auf der Insel haben. Die Mauern ringsum sind verfallen und die Gärten verwildern. Nur ein Teil des ehemaligen Stadtgebietes ist noch bebaut. Dabei war Osor im Mittelalter eine wichtige Adria-Hafenstadt.

Placa und Umgebung

Auf dem Hauptplatz, der Placa, mit ihrem Café, das von einem großen Laubbaum überschattet wird, hat man das Gefühl, sich in einer Stadt zu befinden. Da ist die venezianische **Loggia** mit (späterem) Uhrturm, heute **Archäologisches Museum** (im Sommer Di–Sa 9–14 Uhr, 1 €). Da ist die große dreischiffige **Pfarr- und ehemalige Bischofskirche,** sie wurde nach Zerstörungen im Zweiten Weltkrieg originalgetreu wieder aufgebaut. Rechts neben ihr steht eine gotische **Kapelle.** Sie ist dem hl. Gaudentius geweiht:

Der Patron der Doppelinsel Cres-Lošinj stammte aus einem nahen Dorf. Im **ehemaligen Bischofspalast** aus dem 15. Jh. gegenüber der Loggia befindet sich eine kleine Sammlung sakraler Objekte (im Sommer 9–12, 19–21 Uhr).

Die **Bronzeskulpturen** von Musikern, die in den Gässchen um den zentralen Platz aufgestellt wurden, stammen von kroatischen Bildhauern, unter ihnen Ivan Meštrović. Sie verweisen auf **Osors Musikabende:** Mindestens zweimal wöchentlich finden im Sommer in der einstigen Kathedrale **Klassikkonzerte** statt (http://visitlosinj.hr).

Am Ortsrand und außerhalb

Eine altchristliche **Basilika der hl. Maria** steht nahe der Straße in Richtung Cres; wichtig sind auch die eindrucksvolle **Ruine des Männerklosters des hl. Petrus,** noch innerhalb der Mauern auf der Westseite der Stadt, und das erst 1841 verlassene **Franziskanerkloster** in der Bucht nordwestlich des Ortes.

Übernachten

Ökologisch – **Camping Bijar:** Tel. 051 23 71 47, www.camp-bijar.com, Parzelle 7–16 €, Mai–Okt. Platz mit eigenem Bootshafen etwas außerhalb von Osor im Kiefernwald. Vorbildlich die biologische Kläranlage.

Essen & Trinken

Hausmannskost à la Kvarner – **Bonifačić:** Osor 64, Osor, Tel. 051 23 74 13, Vorspeise und Hauptgang 15–25 €. An der alten Stadtmauer gibt es »Essen wie bei Großmutter« in einem modernen, hellen Restaurant.

Versteckt – **Konoba Livio:** Osor 30, Osor, Tel. 051 23 72 42. Etwas versteckt liegend; hier bekommt man einen leckeren Tintenfischsalat für 8 €.

Wanderung auf die Osoršćica ▸ C 7

Karte: s. S. 134, Start: Nerezine/ Ziel: Osor, Länge: 11 km, Dauer: 5–6 Std., Schwierigkeitsgrad: mäßig schwierig, ca. 550 m im Aufstieg, 580 m im Abstieg

Eine Drehbrücke führt bei Osor von Cres nach Lošinj, der nächste Ort auf der anderen Seite ist **Nerezine,** Ausgangspunkt für eine schöne Wanderung auf den Berg Osoršćica. Von den beiden Gipfeln des Osoršćica-Berges bietet sich ein traumhafter Blick auf Lošinj, Cres, Istrien und den Kvarner. Das ahnte schon Erzherzog Rudolf von Österreich-Ungarn, der am 28. März 1887 den Berg bestieg, keine zwei Jahre vor seinem Tod.

Der Einstieg in Nerezine ist etwas ungewöhnlich: Man läuft vom Kirchlein am südlichen Ortsanfang der Markierung folgend den kleinen Rücken hinauf. Die große Umgehungsstraße kann man durch den Regenkanal unterqueren, dazu muss man kurz vorher einen kleinen Pfad links hinunter nehmen. Danach geht es kurz rechts und dann folgt man der Markierung. Der Weg verläuft eher links, bis man nach etwa einer halben Stunde an der Bergkante ist (1 Std). Eine weitere Stunde braucht man den Rücken entlang bis zum Gipfel, wobei der Weg oft kaum zu sehen ist und man daher sorgfältig nach Markierungen Ausschau halten sollte, sonst wird es sehr mühsam. Der Blick vom Gipfel mit der kleinen **Kapelle Sveti Mikula** belohnt für die Mühen.

Man kann nun weiter zum zwar höheren, aber weniger schönen Hauptgipfel **Televrina** (589 m) mit einem Funkmast laufen. Wobei man sich links hält, also nicht auf der Straße läuft. Beim Abstieg gibt es eine kleine Passage über einen Felsen, die aber

Wanderung auf die Osoršćica

gesichert ist. Man erreicht den Rücken **Gredice,** von dem man der Fahrstraße zur aussichtsreich gelegenen **Berghütte Sv. Gaudent** (im Sommer Sa/So warme Gerichte) folgen kann.

Dann geht es hinunter auf der Fahrstraße oder dem diese mehrfach kreuzenden Bergweg Richtung **Osor** (5 Std.), durch den Campingplatz Preko Mosta und wenig später wird die Bushaltestelle erreicht.

Mali Lošinj und Veli Lošinj ▸ C 7

Hat man den kleinen Meeresdurchbruch bei Osor überquert, befindet man sich auf der Insel Lošinj, mit 74 km² deutlich kleiner als Cres und an einigen Stellen nur wenige Hundert Meter breit. Die beiden Orte der Insel sind Mali (das kleine) und Veli (das große) Lošinj mit zusammen rund 8000 Einwohnern.

Veli Lošinj (ital.: Lussingrande) war jahrhundertelang ein Ort der Seeleute, Mali Lošinj quasi der Vorort – heute scheint es umgekehrt zu sein. In Veli Lošinj im Süden der Insel hatten sich seit dem 18. Jh. Reeder und Kapitäne mit ihren Familien angesiedelt. Auch im Schiffbau tat sich der Ort hervor: 1799 wurde auf einer Lošinjer Werft das erste größere Schiff gebaut, dem eine Reihe weiterer Schiffe folgen sollten. In den 1880er-Jahren setzte die Segelschiffkrise dem ein Ende, doch ungefähr gleichzeitig begann – glückliche Fügung – die große Zeit des Tourismus. Lošinj konnte dank seines milden Klimas als Winterkurort für Lungenkranke und im Laufe der Zeit auch für den Adel und das Großbürgertum des alten Österreichs reüssieren.

Bereits in den 1880er-Jahren kamen die ersten Patienten und Gäste. Der Pionier war Erzherzog Karl Stephan. Die Villa, die er 1886 für sich in Lussingrande errichten ließ, hieß »Seewarte«; sie dient heute als Krankenhaus. Auch der später vor allem durch seinen verhängnisvollen Tod bekannt gewordene Erzherzog Franz Ferdinand überwinterte hier – natürlich aus Gesundheitsgründen. Ein anderer Österreicher, ein Forstbeamter, ließ verlassene, von Macchie überwucherte Felder roden und mit Kiefern bepflanzen, ihm verdanken wir die schönen, schattigen Wälder auf der Halbinsel der beiden Orte. Die Mole und die Hafenbefestigung in der Rovenska-Bucht gehen gar schon auf Erzherzog Ferdinand Maximilian (den späteren Kaiser von Mexiko) zurück. Inzwischen ist die Insel von Investoren, insbesondere russischen, (wieder-)entdeckt und mit luxuriösen Fünfsternern aufgepeppt worden.

Mali Lošinj

Nach 1918 wurde Veli Lošinj zu eng für die Badelustigen und die Zeit war reif für den Aufstieg von Mali Lošinj. Den größten Sprung machte der Ort zu Titos Zeiten, als die Hotels und Campingplätze in der von Kiefern bestandenen, noch heute wunderschönen **Čikat-Bucht** entstanden.

Mali Lošinj ist ein freundlicher Touristenort mit einer unbestimmt mediterranen Atmosphäre. Der große **Hafen**, der so von Halbinseln und Inseln umgeben ist, dass man seinen Ausgang vom Ort aus nicht erkennen kann, vermittelt Abgeschlossenheit und Geborgenheit.

Der 1996 im Meer vor der Insel Lošinj gefundene Apoxyomenos (Apoksiomen) ist das neue absolute Highlight des Ortes. Die griechische Bronzestatue, die im **Museum Apoxiomen** (Riva lošinskih kapetana 13, Di–So 10–13, 15–20 Uhr, 10 €) zu bewundern ist, stammt vermutlich aus dem 4. oder 3. Jh. v. Chr. und stellt einen Athleten dar, der sich die Haut von Staub und Schweiß abschabt.

Im **Palača Fritzi,** einer ehemaligen Pension für Winterurlauber, befindet sich das **Stadtmuseum** von Lošinj mit einigen Exponaten zur Seefahrtsgeschichte, Ausstellungen und der Sammlung Piperata, deren 27 Werke (größtenteils italienischer Barock) eine jahrzehntelange aufregende Odyssee hinter sich haben (Ul. Vladimira Gortana 35, Di–Sa 10–13, Di–Fr 18–20 Uhr, 5 €).

Veli Lošinj

Dagegen bietet Veli Lošinj neben dem hübschen Ortsbild um die schmale Bucht einige kunst- und kulturhistorische Sehenswürdigkeiten. In der barocken **Pfarrkirche Sveti Antun** (1774) hängt ein Meisterwerk der venezianischen Frührenaissance: Bartolomeo

Vivarinis »Madonna mit Heiligen« von 1475. Ein paar Meter vom Wasser entfernt steht die deutlich ältere Kirche der hl. Maria von den Engeln, **Sveta Marija** (1600). Der runde **venezianische Wehrturm** von 1452, die Kula, wurde zum **Museum** ausgebaut, das Objekte zur Entstehung des Turms und zur Geschichte des Ortes sowie eine Kopie des Apoxyomenos zeigt (Kaštel bb., Di–So 10–13 Uhr, 5 €).

In der **Rovenska-Bucht** sind die Fischrestaurants beliebte Ziele. Man erreicht die Bucht von Veli über alte Gassen oder entlang des Meeres auf einem Promenadenweg, vorbei an einem Kapitänsfriedhof.

Das Lošinj-Delfinschutzgebiet

Delfine sind im Mittelmeer rar geworden, in der Adria gibt es nur noch eine einzige Population des Großen Tümmlers *(Tursiops truncatus),* sie lebt in kroatischen Gewässern. Biologen schätzen, dass es noch rund 220 Exemplare dieser Delfinart in der Adria gibt, einst waren es Tausende. Aber Fischerei und Wasserverschmutzung haben die Bestände direkt und indirekt reduziert.

Offenbar einer der Lieblingsorte dieser letzten Meeressäugetiere in der Adria ist die Westseite von Lošinj südlich von **Punta Križa.** Von Mali Lošinj gibt es Bootsausflüge dorthin. Wer Glück hat, sieht Delfine aus dem Wasser springen. Um den Schutz der Delfine kümmert sich u.a. das **Lošinj Marine Education Centre** in Veli Lošinj (Kaštel 24, Tel. 051 60 46 66, www.blue-world.org, tgl. 10–21 Uhr, 2 €).

Übernachten

Lošinj ist touristisch unter Kontrolle der Holding Jadranka Group. Ihr gehören die Hotels der Čikat-Bucht (Bellevue, Punta, Aurora, Vespera, Alhambra und die Villen Diana, Kredo, Hortensia). Buchung am besten unter www.losinj-hotels.com, Tel. 051 66 11 11. Bus-Shuttles fahren von den Hotels zum Kai in Mali Lošinj. **Privatzimmer** vermitteln mehrere Agenturen, u.a. an der Riva nahe der Bushaltestelle Lošinjska Plovidba Turizam, Riva lošinjskih kapetana 8, 51550 Mali Lošinj, Tel. 051 23 10 77, www.losinia.hr (auch Verkauf von

Karten für die Fähren/Katamarane). In Lošinj gibt es ein großes Angebot an **Apartments** (50–120 € pro Nacht).

Neues Flaggschiff in der Čikat-Bucht – **Bellevue:** Čikat 9, Mali Lošinj, Tel. 051 66 11 01, www.losinj-hotels.com, DZ/ÜF 175–320 €. Gigantischer Klotz in schöner Lage im Kiefernwald, 2014 zum Fünfsterner mit entsprechendem Luxus hochgerüstet.

An der Promenade – **Mare mare Suiten:** Riva Lošinjskih kapetana 36, Tel. 051 23 20 10, www.mare-mare.com, DZ/ÜF 116–144 €. Sympathisches Familienhotel an der Hafenpromenade, außen und innen farbenfroh und mit Stil eingerichtet.

Viersterner – **Aurora:** Sunčana uvala bb., Mali Lošinj, Tel. 051 23 13 24, www.jadranka.hr, DZ/HP ab ca. 120 €.

Ein bei Skippern beliebter Ankerplatz: der Hafen von Mali Lošinj

Aurora nennt sich der Viersterner in der schönen Sunčana-Bucht mit Kies- und Felsstrand. Das beliebte Hotel im Schwarzkiefernwald ist modern und praktisch eingerichtet, die Zimmer sind klimatisiert und haben Internetzugang, ein zweistöckiger Wellnessbereich sorgt für's Wohlbefinden.

Etwas außerhalb – **Pansion Ana:** Artatore 75, Ćunski, Lošinj, an der Artatore-Bucht, rund 10 km nördlich von Mali Lošinj, Tel. 051 23 29 75, www.pansion-ana.com, DZ/ÜF 68–108 €, HP 10 € pro Person mehr. Moderne Zimmer mit allem Komfort, mit Kühlschrank und Tresor; Zentralheizung für Buchung außerhalb der Saison. Tgl. Wäscheservice. Zum Strand sind es nur 100 Meter, es gibt in Artatore auch ein paar Restaurants.

Klein und kompakt – **Villa Kredo:** Setaliste dr. Alfreda Edlera 5, Čikat-Bucht, Tel. 051 23 82 73, DZ/ÜF 115–150 €. Das kleine Hotel mit nur neun Zimmern und fünf Apartments befindet sich in einer von Kiefernwald umgebenen Gründerzeitvilla an der Silberbucht.

Im Wald – **Camping Čikat:** Mali Lošinj Tel. 051 23 21 25, www.camp-cikat.hr. Weitläufiger, schön schattiger Platz im Schwarzkiefernwald.

Essen & Trinken

Italienisch inspiriert – **Nino:** Matije Gupca 30, Mali Lošinj, Tel. 095 903 99 20. Läuft man die Hafenpromenade weiter Richtung Süden, findet man nach ca. 100 m linker Hand dieses gute Familienrestaurant. Empfehlenswert z. B. Drachenkopf vom Grill mit Mangold für 11 €.

Kreative Küche – **Bora Bar:** Rovenska 3, Veli Lošinj, Tel. 051 86 75 44, zwei Gänge ab ca. 20 €. Eine Trattoria mit kreativer Küche, dazu gibt es die besten istrischen Weine auch glasweise. Tolle Lage am Rovenska-Hafen.

Aktiv

Panoramaflüge – **Airport Mali Lošinj:** 13 km nordwestlich von Mali Lošinj, Privlaka 19, Tel. 051 23 16 66, www.airportmalilosinj.hr.

Abends & Nachts

In den größeren Hotels gibt es abends Live-Musik mit Tanz; Casino im Hotel Bellevue (Čikat 9, Mali Lošinj, www.bellevuelosinj.com); Beach-Cocktailbar mit Live-Shows in der Čikat-Bucht in der Saison. Wegen ihrer stimmungsvollen Lage sind die Lokale in der Rovenska-Bucht bei Veli Lošinj besuchenswert, allen voran die Bora Bar (s. o.).

Infos & Termine

Touristeninformation Mali Lošinj: Priko 42, 51550 Mali Lošinj, Tel. 051 23 15 47, http://visitlosinj.hr.

Fähren und im Sommer **Katamarane** zu den vorgelagerten Inseln, nach Rijeka, Rab sowie Zadar. **Busse** von Veli und Mali Lošinj nach Cres und Rijeka.

Lošinj-Regatta: 1. Aug.-Wochenende in Mali Lošinj.

Delfin-Infotag: 1. Sa. im Aug.

Stadtfest in Mali Lošinj: 11. Nov.

Kleine Inseln rund um Lošinj ▸ C 7/8

Unije

Auf der rund 17 km² großen, von niedriger Macchia überzogenen Insel Unije gibt es nur ein einziges Dorf: den Hafenort Unije mit 50 ständigen Einwohnern. Die Insel ist autofrei, allein das macht sie schon besuchenswert.

Susak

Die Insel ist eine geologische Ausnahme: Kein Karstfeld, sondern gut verfestigter Lösssand bildet ihren Untergrund. Während der Eiszeiten angehäuft, ist er heute ideal für den Anbau von Wein.

Die Bevölkerung spricht noch den tschakawischen Dialekt, eine der beiden Sprachen, aus denen das Kroatische (und das Serbische) hervorgegangen ist.

Auch die Kleidung ist sehr traditionell: Wo sonst in Kroatien sieht man noch Frauen in der althergebrachten Tracht – wenn auch nur an hohen Festtagen? In Susak trug man die Röcke nur bis zum halben Oberschenkel, mehrere übereinander, wie ein Minirock, aber mit den Petticoats der 50er-Jahre kombiniert. Dazu handgestrickte Wollstrümpfe in Schockfarben (vor allem Pink ist sehr beliebt) und Stickereien auf Bluse und Kleid.

Ilovik und Sveti Petar

Auch auf Ilovik und Sveti Petar gibt es übrigens wie auf Unije keine Autos. Die Reede von **Ilovik** befindet sich im schmalen Kanal, der das Eiland von der Nachbarinsel Sveti Petar trennt, einen eigenen Hafen besitzt es nicht. In der Saison liegen abends die Jachten aufgereiht auf der Sveti Petar zugewandten Seite, der windgeschützte Kanal (nicht bei Schirokko!) ist ein beliebter Nachtplatz. Auf **Sveti Petar** liegt der Friedhof mit kleiner Kapelle, die man von Ilovik aus gut sieht.

Infos

Anreise: Zu den drei kleinen Inseln Unije, Susak und Sveti Petar gelangt man mit dem **Katamaran,** der von Mali Lošinj nach Rijeka (oder umgekehrt) übersetzt, 1 x tgl. mit Kapetan Luka (www.krilo.hr). Nach Susak und Unije fährt 1 bis 2 x tgl. auch eine **Autofähre** (von Jadrolinija, www.jadrolinija.hr).

Insel Krk ▶ C/D 5/6

Krk, vom Festland aus ohne Fähre über die Brücke Krčki most erreichbar, ist die perfekte Urlaubsinsel: 2500 Sonnenstunden pro Jahr, im Sommer durchschnittlich 22,8 °C Lufttemperatur, 23–25 °C Meerestemperatur, Macchie mit Steineichenreservaten, Hügelland im Nordwesten, ein grünes Tal zwischen kahlen Bergen im Südosten, gut ausgebaute Wanderwege und Fahrradrouten und ein überdurchschnittliches touristisches Angebot sind die Vorzüge.

Infos

Anreise: Man erreicht Krk über die mautpflichtige Brücke von Kraljevica oder mit der Fähre Merag (Cres)–Valbiska (Krk), bis zu 13 x pro Tag. Zwischen Valbiska und Lopar (Insel Rab) verkehrt eine **Fähre** der Jadrolinija (www.jadrolinija.hr) 2 x tgl. (im Sommer häufiger).

Omišalj, Njivice, Malinska ▶ D 5

Der schmale Ort **Omišalj** wirkt wie kaum vom Tourismus berührt, obwohl ein Großhotel in der nahen Bucht für reichlich Besucher sorgt. Die venezianische Loggia, die Marienkirche mit ihrem venezianischen Campanile, der wunderschöne Frührenaissance-Flügelaltar venezianischer Herkunft im Chor zeugen von der historischen Zugehörigkeit des Ortes. Vom Aussichtsturm bei der Kapelle Sveta Helena am Ortsende blickt man über die Bucht von Rijeka (und leider ziemlich hässliche Industrieanlagen) und auf die istrischen Berge.

Die beiden touristischen Zentren **Njivice** und **Malinska** ziehen sich als fast ununterbrochener Siedlungsstreifen über 8 km an der Nordwestküste der Insel hin. Beide haben schöne Kies- und Sandstrände, Großhotels und Apartments, Privatzimmer, Cafés und Restaurants. Wassersport und Shopping sind die vorherrschenden Freizeitbeschäftigungen, Familien mit Kindern fühlen sich hier besonders wohl.

Infos

Touristeninformation Njivice/Omišalj: Ribarska obala 10, www.tz-njivice-omisalj.hr; **Malinska**: Obala 46, www.tz-malinska.hr.
Verkehr: Die Orte werden von den Bussen der Linie Krk–Rijeka bedient.

Stadt Krk ▸ D 6

Die Venezianer besaßen Veglia, heute Krk, Stadt und Insel, mit kurzen Unterbrechungen von 1118 bis 1797. Die Adelsfamilie, die mit der lokalen Verwaltung beauftragt wurde, nannte sich später Frankopan; sie sollte eine bedeutende Rolle in der kroatischen Geschichte spielen. Krk ist ein Städtchen des Spätmittelalters, der Frührenaissance. Daran erinnern das Kastell, das die Frankopanen errichteten, der Mauerring aus venezianischer Zeit, die viereckige Kula von 1191 und der sechseckige Hafenturm von 1407.

Vom Parkplatz und Busbahnhof betritt man die Stadt an der Stelle des ehemaligen Haupttors, an dem kräftigen Verteidigungsturm, der **Kula.** Dahinter öffnet sich der Hauptplatz, die **Vela Placa,** die vom Rathaus aus dem 15. Jh. dominiert wird. Die **24-Stunden-Uhr** an der Ostseite stammt aus dem 16. Jh. Vier schmale Gassen erschließen von hier aus die Stadt, jede wird von alten Häusern mit Außentreppen, kleinen Höfen, Blumentöpfen auf den Treppenstufen, Läden, Eissalons und Boutiquen flankiert. Das mitten im Ort aufgedeckte **römische Mosaik** (2. Jh. n. Chr.) verdient einen Besuch (in der Gasse Ribarska, im Privathaus Nr. 7, Eingang durch die Cafébar Mate, 1 €).

Kathedrale

Im Zentrum des Ortes stehen die **Marienkathedrale** und die benachbarte Quirinkirche. Die Diözese des Bistums umfasst heute nicht nur Krk, sondern auch die aufgelösten Bistümer Rab und Osor/Cres sowie Lošinj. Die römischen Säulen und Kapitelle der dreischiffigen romanischen Basilika entstammen dem spätantiken Vorgängerbau, der errichtet wurde, als es noch reichlich Baumaterial aus zerstörten Tempeln gab. Der romanische Um- und Ausbau rückte das Schiff über das ehemalige Atrium hinweg an die Quirinkirche heran, was zu einer interessanten Verschmelzung der beiden Kirchen geführt hat. Der Innenraum mixt die Kunstphasen: ein barocker Hochaltar, Lesepulte aus der Renaissance, ein spätgotischer Retabel aus Venedig (letzte Nische rechtes Seitenschiff), eine barocke Kanzel mit geschnitzten Heiligenfiguren. Schön ist die spätgotische Kapelle (vorderste im linken Seitenschiff), die den Frankopanen gewidmet ist, die Löwen sind ihr Wappentier.

Die benachbarte, ebenfalls romanische **Quirinkirche** (Sveti Kvirin) besteht eigentlich aus zwei Kirchen, Unter- und Oberkirche, die man von verschiedenen Seiten betritt.

Frankopanen-Kastell

Im Kastell, der von den Frankopanen (damals das wichtigste kroatische Adelsgeschlecht) ab dem 12./13. Jh. errichteten Burg, finden heute Konzerte im Rahmen des Krker Sommerfestivals statt. Ein massiver Viereckturm, der »Gerichtsturm« von 1191, venezianische Brunnen und der Rundturm der Frankopanenburg aus dem 14. Jh. haben sich gut erhalten.

Strände

Zu beiden Seiten der Stadt dehnen sich Strände mit Buchten und von Kiefern besetzten Halbinseln aus, am schönsten nach Südosten in Richtung des Hotels Koralj, dessen Lage im Wald über der Bucht nicht besser gewählt werden konnte. Noch ein Stückchen weiter kommt der FKK-Campingplatz Politin, und wer jetzt immer noch nicht genug frische Luft getankt und Natur genossen hat, der kann die ganze Halbinsel südlich dieses Camps auf guten Wegen erwandern.

Übernachten

In der Altstadt von Krk gibt es außer dem Hotel Marina am Hafen kaum Übernachtungsmöglichkeiten. In den Strandzonen außerhalb liegen zwei größere Pauschalhotels. **Privatzimmer** vermittelt www.primaturist.hr; außerdem www.adriasun.hr und http://krk tourist.com.

Seeblick im Stadtzentrum – **Marina:** Obala hrvatske mornarice 8, Tel. 051 22 11 28, www.hotelmarina.hr, DZ/ÜF 120–200 €, Luxussuiten bis 240 €. Das elegante Hotel mit Glasvorbau direkt an der Uferpromenade vor der Altstadt hat nur zehn Zimmer, Qualität geht hier vor Quantität.

Im Kiefernwald in der Bucht – **Valamar-Koralj:** V. Tomašića, Tel. 051 65 54 00, www.valamar.com, DZ/ÜF 115–210 €. Moderner Bau, in ein Kiefernwäldchen hineingesetzt, eigentlich ruhig, gäbe es die Disco nicht.

In der Altstadt – **Hotel Placa:** Ribarska 5, Tel. 051 58 74 29, www.hotel-placa.com, DZ/ÜF 90–200 € Dieses kleine Familienhotel verfügt nur über fünf Zimmer, diese sind aber dafür umso liebevoller eingerichtet. Am hölzernen Interieur wurde nicht gespart.

Schlicht – **Jugendherberge Krk:** Dr. Dinka Vitezića 32, Tel. 051 22 02 12, www.hfhs.hr, Übernachtung 16–24 €. Jugendherberge am Altstadtrand, Zimmer mit zwei bis fünf Betten, man trifft sich abends im eigenen Restaurant und im Garten.

Früher Naturist, jetzt Öko – **Camping Krk:** Narodnog Preporoda 80, Tel. 052 46 50 10, www.camping-adriatic.com, Parzelle 10–40 €, Mai–Sept. Beliebter, landschaftlich schön gelegener Platz zwischen Fels- und Feinkiesstrand und Kiefernwald, biologische Kläranlage, mehrfach ausgezeichnet (»5-Sterne-Familien-Öko-Campingplatz«).

Essen & Trinken

Rustikal – **Nono:** Krčkih Iseljenika 8, Tel. 051 22 22 21, www.nono-krk.com, tgl. 11–24 Uhr, Vorspeise/Nudeln und Fleisch ca. 15, mit Fisch/*škampi* ab ca. 20 €. Das Nono ist eine beliebte *konoba* etwas außerhalb der Altstadt.

Unser Tipp

Wasserski für Einsteiger/-innen

Wer gerne einmal Wasserski fahren möchte, aber sich scheut, hinter einem Motorboot herzujagen, für den gibt es bei Krk eine Alternative: den Wasserskilift Wakeboarder. In einer 600 m langen Schleife drehen sich Bügel im Kreis. Man steht auf einem Wasserski-Board und schwebt über den Wellen, bis es einen hinwirft. **Wakeboarder,** Prvo more na Dunatu, 51500 Krk, an der Straße zwischen Krk-Stadt und Punat, Tel. 091 26 27 303, www.wakeboard.hr.

In der Natursteinhalle mit Boot in der Mitte oder auf der Terrasse speist man *šurlice* (Lochnudeln) mit Gulasch oder Meeresfrüchte und trinkt dazu Žlahtina. Immer ist reichlich gutes Olivenöl auf dem Tisch. Wem es zu weit außerhalb liegt, der kann das **Mali Nono** (kleine Nono) im Zentrum wählen (Štrossmayera 39).

Einkaufen

Schiffsmodelle – **Leut:** Trg sv. Kvirin 1, Tel. 098 932 84 99, www.leut-krk.hr. Željko Skomeršić hat sein Hobby erfolgreich zum Beruf gemacht und produziert aufwendige und teure Modelle von Schiffstypen der Adria, aber auch z.B. der k. u. k. Kriegsmarine.

Töpferei – In der **Fortis galerija**, Dr. Dinka Vitezića bb. (hinter Sv. Kvirin), gibt es ungewöhnliche kunsthandwerkliche Tonwaren; im Hinterzimmer ist die kleine, aber interessante Archäologische Sammlung Samblich zu sehen.

Abends & Nachts

An den Türmen – **Tiffany:** Stepinca 2. Bar und Café mit ein paar Tischen draußen, dahinter die Mauern der Stadt mit eckigem und rundem Turm – als Ambiente für ein Bier oder ein Glas Wein kaum zu überbieten.

Am Hafen – **Casa del Padrone:** Šetalište sv. Bernardina bb. Bar und Nachtclub zwischen Busbahnhof und Altstadt in einem alten Hafengebäude, direkt am Sporthafen. Tagsüber Coffeespot, abends Cocktailbar.

Infos & Termine

Touristeninformation Krk: Štrossmayera 9, 51500 Krk, Tel. 051 22 02 26, www.tz-krk.hr.

Busse u.a. nach Rijeka und Zagreb, nach Cres mit Umstieg in Malinska.

Sommerfestival der Stadt Krk: Mitte Juli bis vorletzte Augustwoche. Oper, Theater, klassische Musik (Aufführungen auch auf der Insel Košljun).

Regatten: im Juli und Aug.

Punat ▸ D 6

Das alte Punat liegt oberhalb der Uferpromenade mit ihren Cafés, Eissalons, Geschäften, Buden, dem Anleger der Ausflugsboote nach Košljun, dem Hotel Park. Hier ist alles supersauber und gepflegt, die Marina bringt Geld in den Ort. Wer dem Trubel entfliehen möchte, folgt der Promenade am Hotel Park und am Camp Pila vorbei.

Insel Košljun

www.kosljun.hr, tgl. 10–17 Uhr, 3 € plus Taxiboot

Mitten in der Bucht von Punat liegt die Insel Košljun mit einem von Steineichenwald umgebenen **Franziskanerkloster.** Tagsüber lösen die Ausflugsboote von Punat und Krk einander ab, abends kehrt Ruhe ein. In der **Klosterkirche** aus der Renaissance zieht ein mehrteiliges Gemälde von Giralomo di Santacroce von 1535 auf dem Hauptalter die Blicke auf sich. Es zeigt u.a. den hl. Quirin (mit Bischofsmütze, links) mit einem Stadtmodell von Krk. Der offene Dachstuhl der Kirche ist aus Holz, die Querbalken tragen noch die Bemalungen der Entstehungszeit. In einem Teil der Klostergebäude zeigen die Mönche sakrale Objekte, traditionelle Bootstypen und vor allem die **Klosterbibliothek:** mehr als 30000 Bände mit kostbaren Inkunabeln und Manuskripten.

Übernachten, Essen

Ruhe und Komfort – **Kanajt:** Kanajt 5, Punat, Tel. 051 65 43 40, www.kanajt.

hr, DZ/ÜF 86–140 €, Suite bis 146 €. In diesem familiengeführten Hotel darf sich der Gast als König fühlen. Das rosafarbene Gebäude, ehemals Sommersitz des Bischofs von Krk, liegt inmitten eines Gartens. Zimmer mit großen Balkonen und bester Aussicht. Im Restaurant werden traditionelle Speisen serviert, etwa die typischen *šurlice* (ein Nudelgericht).

Aktiv

Am und auf dem Wasser – Hübsch ist die Abfolge von **Stränden** in Richtung Camp Konobe: betonierter Stadtstrand, dann Kies-, schließlich Felsstrand. Häufige **Bootsausflüge** zur Insel Košljun (ACI Marina Punat, Tel. 051 65 41 11, www.marina-punat.hr).

Infos & Termine

Touristeninformation Punat: Pod Topol 2, 51521 Punat, Tel. 051 85 48 60, www.tzpunat.hr.

Mehrmals tgl. (bis 12 x) **Busse** nach Krk und zu den anderen Inselorten.

Sommerspiele: Mitte Juni–Mitte Sept. mit Folklore, Konzerten, Theater, 1–3 x pro Woche, auf der Insel Košljun im gleichen Zeitraum **Musikabende**.

Croatia Cup: im Mai, www.marina-punat.hr. Internationale Regatta.

Wanderung von Punat nach Baška

Länge: 12 km, Dauer: 5 Std., Start: Punat; alternativ in umgekehrte Richtung mit Start in Baška; zum Schutz vor Giftschlangen sind lange Hosen und feste Schuhe anzuraten

Zwischen der Stadt Krk und Baška erstreckt sich ein über 500 m hoher Bergrücken, ein vollkommen karstiges Hochplateau, das sich wunderbar für Wanderungen eignet. Die Wege sind gut ausgeschildert.

In **Punat** geht es von der Umgehungsstraße an der obersten Stelle ab

Wanderung von Punat nach Baška

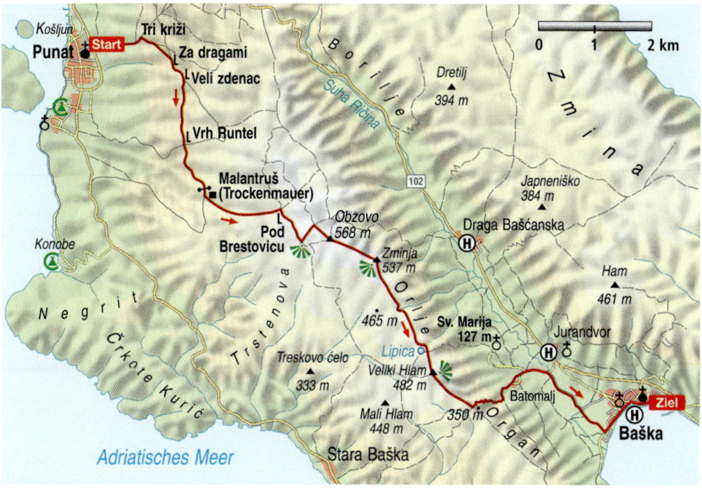

Lieblingsort

Von Felsen eingerahmt – Baška ▶ D 6

Baška hat mit dem Rest der Insel Krk kaum etwas gemeinsam. Von Krk-Stadt kommend steigt man bis auf 320 m hinauf und erreicht im Abstieg ein grünes fruchtbares Tal, das zu beiden Seiten von steilen Hängen, ja unbezwinglich erscheinenden Felswänden flankiert wird. Hier liegt Baška, ein ehemaliges Fischerdorf, das heute vor allem von seinem kilometerlangen, malerisch eingerahmten Strand lebt. Das Meer ist tiefblau, dass es in den Augen schmerzt, der Strand aus Sand und Kies zieht sich entlang der weiten Bucht, jenseits von Felsvorsprüngen warten weitere Buchten und Strände.

und an einem Kreuzweg entlang, bis man nach etwa einer Viertelstunde die **Drei Kreuze** (Tri križi) erreicht. Später hält man sich rechts zum **Veli zdenac** und zum **Vrh Runtel.** Der Weg von dort zu den höchsten Stellen zwischen **Veli vrh** und **Obzovo** ist nicht schwierig und der Ausblick ein Genuss. Immer wieder ermöglicht die nackte Hochebene eine freie Sicht. Hier stößt man auf die charakteristischen Wassertöpfe: Das Wasser wird von unten hochgedrückt und sorgt für eine interessante Flora und Fauna. Außerdem dienen die Wassertöpfe u. a. Schafen als Tränken.

Vrbnik ▶ D 6

Die Häuser rücken in Vrbnik besonders eng zusammen. Das Felsplateau 84 m hoch über dem Meer bietet nicht viel Platz, da macht man lieber die Gassen schmaler und die Häuser kleiner. Das Pflaster ist großteils noch alt: abgerundete Steine in allen Mustern und Farben, kunterbunt verlegt, wie sie gerade zur Hand waren. Am kleinen Hauptplatz bieten zwei Lokale Erfrischungen an. Der höchste Punkt dient, wie üblich, der seelischen Erhebung: Kirche und Campanile. Vrbnik ist bekannt für seinen Žlahtina. **Weinkeller** können besichtigt werden (s. Tipp).

Unser Tipp

Žlahtina aus Vrbnik

Vor dem Ortseingang von Vrbnik kann man kaum die **Vinarija Katunar** übersehen. Sie verarbeitet die Trauben aus dem etwas höher gelegenen flachen Polje. Es sind Trauben der auf die Umgebung von Vrbnik beschränkten Rebsorte Žlahtina, die dem lokalen Wein auch den Namen gegeben haben. Der Žlahtina ist einer der besten und interessantesten Weißweine Kroatiens, man sollte Vrbnik keinesfalls verlassen, ohne ihn hier in der freundlichen *konoba* oder in der Stadt bei einem anderen Keller gekostet zu haben (Vinarija Katunar, www.katunar.hr, Tel. 051 85 71 01).

Tropfsteinhöhle Biserujka

Öffnungszeiten jahreszeitlich stark wechselnd, Infos bei den Touristeninformationen oder über Tel. 098 21 16 30, www.spilja-biserujka.com.hr, 4 €

Von der Bucht von Soline, wo Rheumakranke im pechschwarzen Heilschlamm Linderung suchen, führt eine gute asphaltierte Straße über Čižići zum fast verlassenen Weiler **Rudine,** in dessen Nähe die Karsthöhle Biserujka liegt. Es überrascht, dass mitten in einem flachen Karstplateau eine Höhle sein soll; tatsächlich handelt es sich um einen Schacht, der in tiefere, von schönen Sinterbildungen überzogene Höhlengänge führt. Die seit Langem bekannte, aber erst vor einigen Jahren erforschte Höhle wird von den Besuchern in einem 110 m langen Gang besichtigt; die Temperaturen schwanken zwischen 10 und 13 °C.

Infos

Touristeninformation Vrbnik: Placa vrbničkog statuta 4, Tel. 051 85 74 79, www.vrbnik.hr.

Baška ▶ D 6

Die Sehenswürdigkeiten von Baška sind die barocke **Pfarrkirche Svete Trojice** (hl. Dreifaltigkeit) von 1740, ein kleines **Heimatmuseum** daneben (Di, Do, Sa 17–20, Mi, Fr, So 9–13 Uhr, 1 €) und die frühromanische **Kirche Sveti Ivan** neben ihrem Kirchhof auf einem Hügel oberhalb der Stadt. Hier oben lag das alte Baška, erst die Bannung der Piratengefahr nach den Uskokenkriegen erlaubte das Siedeln an der Küste.

Straße der glagolitischen Schrift

Auf dem Weg von Punat oder Krk nach Baška steht in der ersten engen Kurve nach dem Pass ein hohes Steinmonument, es stellt den ersten Buchstaben des glagolitischen Alphabets dar – das A. Noch vor Jurandvor folgt auf einem Parkplatz das B und schließlich in und um Baška der Rest des Alphabets, das aus 33 Zeichen besteht. Der Künstler Ljubo de Karina (s. S. 128) hat diese Monumente der Straße der glagolitischen Schrift geschaffen. Die großen Objekte sind aus weißem istrischem Kalkstein, die kleineren aus lokalem, cremefarbenem Stein (alle im Stadtplan in der örtlichen Info zu finden).

Jurandvor

In Jurandvor, das man kurz vor Baška durchfährt, steht oberhalb der Straße das altkroatische Kirchlein **Sveta Lucija** auf den Resten einer spätantiken *villa rustica*. Hier wurde der »Stein von Jurandvor« gefunden, eines der ältesten Dokumente glagolitischer Schrift, es stammt aus der Zeit um 1100.

Baden an der Bucht von Baška

Man muss nicht unbedingt mit Hunderten anderen direkt vor dem Hotel auf dem Kiesstrand lagern. Es gibt zahlreiche Alternativen. Zu Fuß erreicht man allerdings nur wenige, so z. B. die **Bunculuka-Bucht**, für die man Eintritt zahlen muss, weil sie vom Campingplatz besetzt ist. Von dort aus geht es auf einem nicht ganz einfachen Weg über die Küstenfelsen zur **Jablanova-** und zur wunderschönen **Storišće-Bucht**. Von dort aus wird's heikel, ohne feste Schuhe geht nichts mehr. Taxiboote bringen Sonnenanbeter und Wasserratten in weiter entfernte Buchten, etwa die **Konjska** oder **Vrzenica.** Steile, steinige Hänge mit verfallenden Trockenmauern umstehen die **Vela Luka**, dort gibt es einen Anleger, eine Sommer-*konoba* und einen sandig-kiesigen Strandstreifen. Einsam ist die flache **Mala Luka:** kein Anleger, keine *konoba*, nur (meist) Stille und eine karge Mondlandschaft, die man für sich allein genießen kann.

Übernachten

Zentral – **Hotel Forza:** Kralja Zvonimira 98, Tel. 051 86 40 36, www.hotelforza.hr, DZ/ÜF 95–240 €. Angenehmes Familienhotel mit lediglich 16 Zimmern, einschließlich drei Apartments. Vor wenigen Jahren rekonstruiertes Haus aus dem 19. Jh. in der Altstadt.

Privatzimmer – **Primaturist:** Zvonimirova 98, Baška, Tel. 051 85 61 32, www.primaturist.hr. Die Agentur hilft bei der Unterkunftssuche.

Luftig – **Naturist Camping Bunculuka:** Tel. 051 65 61 11, www.camping-adriatic.com. Wunderschön in der kleinen, teilweise sandigen Bucht gelegenes Camp mit feinem Kiesstrand. Der mehrfach ausgezeichnete FKK-Platz verfügt auch über Mobilheime und einen eigenen kleinen Markt. Nicht ganz billig: Parzelle ca. 27–42 €/Tag.

Essen & Trinken

Drei Dutzend Lokale an der Strandpromenade sind exklusiv auf Touristen eingestellt, außerdem gibt es im alten Ortskern die Konoba Placa.

Lokale Spezialitäten – **Konoba Placa:** Gorinka 2. Rohschinken, Schafskäse, gesalzener Fisch; Käseplatte für 12 €.

Aktiv

Wandern – Rund um Baška gibt es zahlreiche markierte Wanderrouten (s. a. S. 143). Eine gute Karte (gratis) ist bei der Touristeninfo erhältlich.

Infos

Touristeninformation Baška: Kralja Zvonimira 114, 51523 Baška, Tel. 051 85 68 17, www.tz-baska.hr.
Mehrmals täglich **Busse** nach Rijeka, meist ohne Umsteigen in Punat oder Krk.

Insel Rab ▸ D 6/7

Die kleinste der ›großen‹ Inseln in der Bucht von Kvarner umfasst zwar nur 90,84 km², hat aber mindestens so viel Abwechslung zu bieten wie die anderen. Der bis zu 408 m hohe Kamenjak teilt sie in einen vegetationslosen, von der Bora (kroat.: *bura)* leergefegten Nordostteil und einen relativ fruchtbaren grünen Südwestteil. Der Kamenjak wirkt auch als Wolkenfalle für aus dem Nordosten kommende Wolkenbänke, nach Nordwesten wiederum ist die Insel durch die vorgelagerten Inseln Krk und Cres vor allzu viel Bewölkung geschützt. Fazit: 2499 Sonnenstunden – das ist außerhalb von Wüsten rekordverdächtig.

Im Nordwesten bei Lopar gibt es Traum-Sandstrände, im Süden und Südwesten und auf der von Wald bestandenen Halbinsel Kalifront aber Kies- und Felsstrände. Das Ufer dort ist aufgelöst in viele parallele Buchten und Landvorsprünge – ideal für alle, die ein wenig Einsamkeit suchen.

Infos

Anreise nach Rab: Von Jablanac (auf dem Festland, südlich von Senj) **Fährverbindung** nach Mišnjak (Rab): im Sommer 23 x tgl. Sie wird von der örtlichen Schifffahrtslinie Rapska Plovidba betrieben (www.rapska-plovidba.hr), die im Sommer auch eine tägliche Linie nach Lun (Tovarnele) auf Pag betreibt (im Winter nur Mo, Mi, Fr). Der Fährort Mišnjak wird abgesehen von der seltenen Verbindung mit Rijeka nicht von Bussen angefahren! Ein **Katamaran** verkehrt zwischen Rab, Novalja und Rijeka. Tickets gibt es bei der Agentur Numero Uno (am Hafen). Ein zweiter Katamaran fährt über Mali Lošinj nach Italien (Pesaro); Anbieter ist Imperial Rab (www.imperialrab.com). Nach Suha Punta und Kalifront fahren **Taxiboote. Fähre** Lopar–Valbiska (Insel Krk) s. S. 153.

Stadt Rab

Unter den venezianisch geprägten Inselstädten der Adria besitzt Rab neben Korčula wohl die reichste architektonische Substanz. Wer Kirchen und Renaissance-Paläste sucht, ist hier richtig. Die eindrucksvollen Befestigungen sollten Stadt und Hafen gegen Angriffe der Uskoken und der Türken schützen. Der Hafen war wegen seiner günstigen Lage auf halbem Weg zwischen Zara (Zadar) und Parenzo (Poreč) für das venezianische Handelsnetz entlang der östlichen Adria besonders wichtig.

Wie bei einer ganzen Reihe kroatischer Küstenstädte geht das Straßennetz von Rab auf eine römische Anlage zurück. Die Hauptstraße, der Decumanus, folgt dem Inselrücken, ein zweiter verläuft auf halbem Hang parallel dazu, der ehemaligen Küstenlinie folgt ein dritter, heute sind das Gornja, Srednja und Donja ulica (Obere, Mittlere, Untere Straße). Sie werden im rechten Winkel von Treppengassen geschnitten. Die meisten Häuser wurden im Spätmittelalter oder während des 16./17. Jh. errichtet. Venezianische Truppen besetzten die Stadt erstmals im 11. Jh., Venedigs Macht hielt sich bis 1797, da wundert es nicht, dass die Häuser allesamt venezianischen Charakter haben.

Srednja ulica

Während die Donja trotz der Cafés, die dort auf Gäste hoffen, eher Hinterhofcharakter hat, ist die Srednja eine einzige Folge von Läden, Boutiquen, Büros. In den Seitengassen finden sich Restaurants und Cafés. An ihrem Beginn, am Trg Sv. Kristofora, steht man vor dem ehemaligen **Landtor**. Der schöne **Stadtpalast** gleich rechts hat eine schlichte Renaissance-Fassade mit ein paar gotischen Zitaten, etwa in den Mittelfenstern der Straßenfront. Das der Tafel nach 1326 errichtete, aber sicher später veränderte Gebäude ist heute Sitz der Stadtapotheke. Die folgende schlichte **Kirche des hl. Antonius von Padua** (links) ist außen recht unauffällig, innen erfreut sie durch einen großen Barockaltar mit einem Altarbild, auf dem man im Hintergrund Stadt und Insel Rab zur Entstehungszeit (1675) erkennt. Eindrucksvoll ist die alte **Stadtloggia** (rechts), heute Bar-Restaurant, und die hinter ihr gelegene kleine Kirche des hl. Gaudentius von Osor (heute Kunstgalerie).

Basilika Sveta Marija Velika

Die spitzen Türme der Kirchen an der Gornja ulica bestimmen das Profil der Stadt, wenn man sich ihr von der See her nähert. Sie beginnt an der Spitze der Halbinsel mit dem **Kloster Sveti Antun**, heute ein Frauenkloster. Die Basilika Sveta Marija Velika (St. Maria die Große) in der Gornja ulica hat einen für die engen Verhältnisse an dieser Stelle überraschend großen Vorplatz – immerhin war sie bis 1828 Kathedrale. Der romanische Bau hat eine schlichte Fassade, das Innere ist von Cipollino-Säulen (»Zwiebelschalenmarmor«) bestimmt, die einem antiken Bau entstammen. Das altersschwarze hölzerne Chorgestühl der Frührenaissance (1445) ist detailreich geschnitzt. Besonders bemerkenswert ist das frühkroatische Ziborium (Baldachin) über dem Altar, das einzige entlang der Küste Kroatiens, das sich an Ort und Stelle erhalten hat. Die typische Flechtwerkverzierung des Stirnbogens sieht man sonst nur in den großen Sammlungen frühkroatischer Kunst in den Archäologischen Museen von Split und Zadar. Der romanische Glockenturm, 25 m hoch, ist aufwendig mit einfachen, doppelten, drei- und vierfachen Fenstern gegliedert und abends zum Aufstieg geöffnet (18–21 Uhr, 2 €).

Weitere Kirchen

Das Benediktinerinnenkloster **Sveti Andrija**, ebenfalls in der Gornja ulica, hat eine Kirche aus dem 11. Jh., ihr Turm mit Triforen im letzten Stockwerk als einziger Fenstergruppe ist weniger auffällig als jener der Kathedrale. Dafür wartet **Sveta Justina,** 1574 errichtet, mit einem geschwungenen steinernen Turmaufsatz auf, der mit den einfachen Pyramiden der anderen Türme stark kontrastiert und die individuelle Silhouette der Stadt bestimmt. Eine Sammlung religiöser Kunst im Kloster ist besichtigenswert. Zwischen den beiden Kirchen liegt ein stimmungsvoller Platz, der die Gornja bis zum Steilrand der Halbinsel durchbricht (Ausblick!), eine riesige Steineiche spendet Schatten (Museum: Juli, Aug. Mo–Sa 9–13, 19–22, So 19–22, Juni, Sept. tgl. 19.30–21 Uhr, Eintritt frei).

Stadt der Kirchtürme: Blick auf die Altstadt von Rab

Von der Kirche **Sveti Ivan** stehen nur noch Mauerreste, der Glockenturm allerdings ist erhalten und zählt zum charakteristischen Raber Kirchenturm-Quartett. Auf dem stimmungsvollen Ruinengelände finden im Sommer Konzerte statt.

Park Komrčar

Die Gornja geht in den 16 ha großen Park Komrčar über, durch den man auf Stiegen hinunter zum Meer steigen kann. Er wurde noch unter österreichischer Verwaltung angelegt und gehört sicher zu den schönsten Parkanlagen der kroatischen Küste. Auf einem kleinen Spaziergang gelangt man vom Park zu einsamen **Badebuchten.**

Wanderung auf den Kamenjak

Dauer: 1 Std. 40 Min., Karte: SMAND-Karte 20a Otok Rab, im örtlichen Buchhandel

Auf den Kamenjak, den höchsten Berg der Insel (409 m), führt eine bei Sommerhitze anstrengende Wanderung. Sie beginnt im **Park Komrčar** am Hafen (Markierung). Man folgt zunächst dem Sträßchen nach Mundanije und biegt am Bergfuß nach links auf den markierten Wanderweg ab. Eine *kono-*

ba etwas unterhalb des Gipfels ist im Sommer geöffnet. Der Gipfel ist ein von Gesteinsschutt überdecktes Plateau mit großartigem Blick auf das Velebitgebirge. Allerdings ist er durch die riesige Funkstation doch etwas verunstaltet.

Halbinsel Kalifront

Taxiboote fahren zu der Rab gegenüberliegenden Halbinsel Kalifront, die unter Naturschutz steht. Die ursprüngliche Vegetation, ein naturnaher, an die 200 Jahre alter Steineichenwald, wurde während des Zweiten Weltkrieges abgeholzt. Der heutige Wald ist zwar sehr artenreich, aber eben erst ein halbes Jahrhundert alt. Wanderwege und Mountainbikerouten durchqueren die Halbinsel.

Kampor und Supetarska Draga

In **Kampor** steht das im 13. Jh. gegründete Franziskanerkloster der hl. Eufemia (sv. Eufemija; tgl. 10–12, 16–18 Uhr, 1 €) mit einer kleinen romanischen Kapelle und der eigentlichen gotischen Klosterkirche. Damals arbeiteten die Brüder Antonio und Bartolomeo Vivarini an den auf Holz gemalten Darstellungen der Kassettendecke, die der Geschichte des hl. Franziskus gewidmet sind. Der Sarkophag der Magdalena Budrišić erinnert daran, dass diese Raber Adelsfrau das Kloster Ende des 15. Jh. gestiftet hat.

Supetarska Draga ist für seine Marina bekannt, es beherbergt aber auch ein kunst- und kulturhistorisches Kleinod: die Klosterkirche St. Petrus (um 1060). Sie ist eine dreischiffige Basilika; das Mittelschiff ist fast doppelt so hoch wie die Seitenschiffe, hier ist sie noch ganz stark spätantiken Vorbildern verbunden.

Halbinsel Lopar ▶ D 6

Rund um die Halbinsel Lopar liegen zwar mehrere Sandstrände, aber der von San Marino ist der größte, breiteste und noch immer schönste von allen. Heute verstellen ein großer Campingplatz, eine Hotelanlage, Läden, Supermärkte, Disco, ein Dutzend Restaurants, eine riesige Wasserrutsche und zahlreiche Hütten, in denen alles verkauft wird, was als Mitbringsel oder modisches Accessoire denkbar ist, den Strand. Wer noch unberührte – aber keineswegs einsame – Sandstrände sucht, lässt sich mit dem Taxiboot zum FKK-Strand Sahara bringen, einer halbrunden Bucht mit feinstem Sand, oder auch zu einer anderen Sandbucht. Die kleine Siedlung **San Marino** verdankt ihren Namen dem hl. Marin, der hier geboren wurde und als Diakon der Bischöfe von Rimini im 3. Jh. verfolgt wurde. Er floh in die Berge und gründete mit Gleichgesinnten ein Dorf mit Kirche. Der Ort existiert noch – er ist die Hauptstadt des Staates San Marino.

Der Fähranleger von **Lopar** ist mittlerweile verwaist, nicht einmal der Inselbus fährt bis dorthin. Wer zur Fähre Valbiska auf Krk will, muss den letzten halben Kilometer auf der Straße gehen.

Übernachten

Platzhirsch auf Rab ist die zu Valamar gehörende Gruppe Imperial Rab (www.imperialrab.com) mit mehreren Großhotels auf der Insel. Zimmer werden auch von der Touristeninformation in Stadt Rab vermittelt (s. S. 153).

Villa an der Mole – **Arbiana:** Obala Kralja Petra Krešimira IV 12, Stadt Rab, Tel. 051 77 59 00, www.arbianahotel.com, DZ/ÜF 130–180 €. Villa der Zwischenkriegszeit im kleinen Park an der Hafenpromenade, umfassend und umsichtig restauriert und ausgestattet, Zimmer mit Meerblick lohnenswert!

Der Blick macht's – **Pansion Tamaris:** Palit 285, Rab, Tel. 051 72 49 25, www.tamaris-rab.com, DZ/ÜF 60–105 €. Moderne Pension mit vernünftigen Preisen in Palit auf der anderen Seite der Hafenbucht.

Im Touristendorf – **Family Hotel Lopar:** Lopar 608, Lopar, im Touristendorf San Marino, Tel. 051 66 77 88, www.imperialrab.com, DZ/ÜF ab 60 €. Riesenhotel mit 500 Betten an der Bucht von San Marino mit Wellness, Spa und Animation etc. Insgesamt 1000 Betten auf fünf Hotelbauten verteilt.

Zweckmäßig – **Autocamp Padova 3:** 51280 Banjol, südlich Stadt Rab, Tel. 051 66 77 88, www.rab-camping.com, April–Mitte Okt. Padova 3 ist der stadtnächste Platz, groß, aber oft laut, gutes Sportangebot.

Strandnah – **Kamp San Marino:** Lopar 488, 51281 Lopar, Tel. 051 77 51 33, www.rab-camping.com, Mitte April–Mitte Okt. Großer Platz (9,5 ha) am sandigen Paradiesstrand San Marino.

Essen & Trinken

Feine Küche – **Labirint:** Srednja 9, Stadt Rab, Tel. 051 77 11 45. Scampispieß und Fleisch vom Grill sind in diesem Altstadtlokal besonders zu empfehlen. Gehobener Standard. Fischplatte für 2 Pers. 40 €.

Gemütlich-rustikal – **St. Marija:** Dinka Dokule 6, Stadt Rab, Tel. 051 72 41 96, Hauptgericht, z. B. Scampi, ab 12 €. Holztische im Innenhof und auf der Terrasse des alten Stadthauses. Weingulasch und binnenkroatische Spezialitäten wie Samoborkotelett oder gebackene Kalbsleber.

Peka in der konoba – **Rab:** Kneza Branimira 3, Stadt Rab, Tel. 051 72 56 66. Vorspeise, *peka*-Gericht, Dessert rund 25 €. Spezialitäten der rustikalen *konoba* in einer Seitengasse der Srednja sind Lamm, Kalb oder Huhn unter der *peka*.

Rustikales unterm Strohdach – **Feral:** Lopar 69, Lopar, Tel. 051 77 52 88, drei Gänge 15–20 €. Die traditionelle *konoba* hat eine recht rustikale Karte inkl. Spanferkel vom Spieß und *brodet* mit Polenta (vorbestellen!) oder Riesen-*pljeskavica* mit Käsefüllung und Đuvećreis. Nach dem Essen gibt es gratis frische Fritule oder Palatschinken.

Aktiv

Tauchen – **Mirko Diving Center:** Barbat 710, Stadt Rab, Tel. 051 72 11 54, www.mirkodivingcenter.com.
Bootstouren – Zu empfehlen sind Ausflüge zur **Halbinsel Kalifront** und nach **Lun (Tovarnele)** an der Nordspitze von Pag (Rapska Plovidba, s. S. 148).
Wandern, Radfahren – Für beides eignen sich die Halbinsel Kalifront und der Kamenjak. Radverleih/Mountainbiketouren: **Numero Uno**, Šet. Markantuna Dominisa 5 (beim Supermarkt).

Abends & Nachts

Chillen & Tanzen – **Bar Forum:** Donja ulica 9a. Als Boot gestylte Bar, meist Rock auf dem Dancefloor innen.
Hotelbar – **Escape Lounge Bar:** Obala P. Krešimira 4. Mehr zum Chillen und Cocktail-Schlürfen als zum Tanzen, Ausnahme Fr, v. a. Techno und Electro.
Am Strand – **Bar-Café San Antonio:** Trg Municipium Arba 4. Open-Air-Disco.
Party – **Beach Club Santos:** am Pudarica-Strand nahe Barbat. Bis morgens.
Open-Air-Kino – In Stadt Rab an der Donja ulica neben der Klosterruine.

Infos

Touristeninformation Rab: Trg Municipium Arba 8, 51280 Rab, Tel. 051 72 40 64, www.rab-visit.com.
Touristeninformation Lopar: Lopar 284, 51281 Lopar, Tel. 051 77 55 08, www.lopar.com.
Bus: San Marino und Lopar werden häufig angefahren, die letzten 500 m zum Fähranleger in Lopar zu Fuß.
Fähre: Valbiska (Krk)–Lopar 2 x tgl., im Sommer häufiger (www.jadrolinija.hr).
Ritterspiele: Anfang Mai–Mitte Aug. in Stadt Rab. Vier Aufführungen des »Rapski samostreličari«, des historischen Armbrustschützenfestes von Rab.

Insel Pag ▸ D/E 7/8

Die lang gestreckte Insel Pag – 70 km sind es vom Kap Lun im Nordwesten zur Brücke über die Ljubačka Vrata, die Pag mit Dalmatien verbindet – besteht eigentlich aus drei Inseln, die durch schmale Senken miteinander verbunden sind. In diesen haben sich die beiden Städte der Insel ausgebreitet, Novalja im Norden, Pag im Süden.

Das dem Besucher zuerst auffallende Kennzeichen ist die karge Vegetation der Insel; die Bora aus dem nahen Velebitgebirge peitscht ungehemmt auf die Nordostküste und erwischt auch noch die Höhen der Südwestküste, nur die Senken dazwischen haben einiges Grün. Die einzigen Nutztiere, die sich in dieser dürren Wildnis wohlfühlen, sind Schafe. Ihr leicht salziges Fleisch wird sehr geschätzt und der Käse aus ihrer Milch ist sehr beliebt (s. Tipp S. 154). Der Schafe wegen sind die Steinmäuerchen zwischen den Weiden, die in abstrakten Mustern die gesamte Insel überziehen, gut in Schuss. In den Senken sind einige an die sehr flachen Meeresbuchten grenzende Bereiche in Parzellen geteilt, dort wird heute immer noch Salz gewonnen, so bei Pag und bei Dinjiška weiter im Süden.

Seit der Tourismus – inklusive nächtlicher Partys – die Insel erreicht hat, ist das Leben für die (nicht allzu vielen) Inselbewohner deutlich einfacher geworden.

Infos

Anreise nach Pag: Der Süden der Insel Pag ist durch eine **Brücke** an die Region Zadar angebunden. Bei starker Bora wird sie gesperrt. **Direktbusse** fahren von hier nach Zadar und über Novalja nach Rijeka und Zagreb. **Fähre** von Žigljen nach Prizna nördlich Novalja, 14 x tgl. (www.jadrolinija.hr).

Novalja ▶ D 7

Der größte Ort des Nordteils liegt in einer flachen Senke, vom Schiff aus sieht man über die Stadt und das Umland hinweg auf die Halbinsel Barbat und das Velebitgebirge jenseits des Velebitski kanal. Das frühere Fischerdorf hat sich zur Touristen- und besonders Party-Hochburg gemausert., vor allem Pensionen und Apartmenhäuser wurden errichtet.

In römischen Zeiten war der Ort nicht unbedeutend, wie eine gut erhaltene unterirdische Wasserleitung beweist, die im **Stadtmuseum** bestaunt werden kann (Ul. kralja Zvonimira 27, Mo–Sa 9–13, 18–22 Uhr, 2 €).

Strände

Die seichten Kiesstrände zu beiden Seiten der Stadt sind so angenehm wie überlaufen, der Partystrand **Zrće** hat mittlerweile internationalen Ruf und wird im Sommer von den trendigsten kroatischen Discos bespielt.

Es lohnt sich, der **Halbinsel Lun** zu folgen und irgendeinen der immer noch einsamen Strände an der Strecke aufzusuchen. In **Tovarnele** ist die Welt zu Ende, um die Ecke liegt Rab, vom Hafen blickt man auf Cres. Es ist hier so schön, dass man bleiben möchte.

Stadt Pag

In Pag im Inselsüden ist alles im rechten Winkel angelegt, sauber, adrett, ein bisschen langweilig, besonders wenn die Touristen weg sind. Nach einer Katastrophe errichteten die Bewohner der zerstörten Vorgängerstadt, heute Stari Grad, die neue Stadt nach einem genauen Plan. Baumaterial gab es genug – die Ruinen der alten Stadt. Die **Pfarrkirche** und frühere Kathedrale am Hauptplatz ist das bedeutendste Gebäude der Stadt. Sie wurde erst 1562 vollendet.

Im privaten **Spitzenmuseum** neben dem Hauptplatz (im Sommer tgl. 18–21 Uhr) werden die für die Insel typischen Spitzen gezeigt, sie wurden früher zumeist geklöppelt, heute ausschließlich gehäkelt. Dies kann man bei den Frauen beobachten, die vor ihren Häusern ihre Ware anbieten.

Stari Grad

Stari Grad (Verlassene Stadt) liegt 1,5 km von Pag entfernt an der Südseite der Saline. Der 1443 verlassene frühere Hauptort auf einem markanten Hügel besteht nur noch aus Kirchplatz, Marienkirche und den Ruinen des Franziskanerklosters innerhalb

Unser Tipp

Köstlicher Käse von der Insel Pag

Klassischer Pager Käse, *paški sir*, ist aus reiner Schafsmilch. Er ist ein halbfester bis fester Schnittkäse, der lange abgelagert wurde. Sein Geheimnis liegt in der Pressung, die eine weder krümelige noch fette, annähernd schichtige Konsistenz ohne jede Luftblase bewirkt. Die Laibe haben ein Gewicht von ca. 1,5 kg aufwärts und kosten beim Erzeuger ab 30 €. In ein leicht angefeuchtetes Tuch gewickelt und alle zwei Wochen feucht abgewischt, hält sich der Laib ein halbes Jahr im Kühlschrank.

verfallender Mauern. Leider kann man die romanische Kirche mit ihrem schönen Hauptaltar nur am 15. Aug. und am 9. Sept. bewundern, wenn die Prozession der Madonna vom Hauptaltar zur Kirche in Pag stattfindet.

Übernachten

Meerblick – **Pagus:** A. Starčevića 1, Stadt Pag, Tel. 023 61 13 10, www.hotel-pagus.hr, DZ/ÜF 65–173 €. Das nicht gerade kleine Hotel (242 Betten) liegt am Meer, eigener Strand. Modernster Komfort, Wellnessbereich mit großem Pool, Zimmer mit Minibar.
Angenehm und preiswert – **Biser:** A. G. Matoša 8, Stadt Pag, Tel. 023 61 13 33, www.hotel-biser.com, DZ/ÜF 62–92 €. Das freundliche Hotel an der Westseite der Bucht, direkt am Wasser, ca. 1,5 km vom Stadtzentrum entfernt, bietet seinen Gästen recht komfortable Zimmer und eine Reihe von sportiven Möglichkeiten.
Meeresblick – **Hotel Loža:** Trg Loža 1, Tel. 053 66 33 80, DZ/ÜF ab 60 €. Mit 37 Zimmern ein kleineres Hotel im ansonsten nach Größe strebenden Novalja. Der Blick aus den eher einfachen Zimmern ist phänomenal.
Großer Campingplatz – **Straško:** Novalja, Tel. 053 66 12 26, www.kampstrasko.com, Parzelle 12–40 €/Tag, Mai–Sept. Sehr schöner 72 ha (!) großer Platz nahe der Stadt, schattig, auch FKK.
Unter Bäumen – **Camping Šimuni:** beim Ort Šimuni in der Suha-Bucht, 12 km von Pag, Tel. 023 69 74 41, www.camping-simuni.hr, Parzelle 12–36 €/Tag, April–Sept. Ruhiger Waldplatz (48 ha) mit schönem Kies- und Sandstrand.

Essen & Trinken

Wie bei Muttern – **Dva Ferala:** Katine bb., Stadt Pag, Tel. 023 61 26 93, ab 15 € für Vor- und Hauptspeise. Das Dva Ferala ist eine stimmungsvolle rustikale *konoba* mit familiärer Atmosphäre, eigenem Wein, lokalem Käse und Schinken, gutem Lammbraten.

Einkaufen

Mitbringsel – **Pager Spitzen** und **Pager Käse** (s. S. 154) sind die ortsüblichen Mitbringsel. Spitzen kauft man von den Damen, die sie überall im Ort herstellen und anbieten. Käse bekommt man z. B. bei **Paška Sirana** (Zadarska 5, www.paskasirana.hr) oder direkt bei den Bauern an der Inselhauptstraße.

Aktiv

Wassersport – **Tauchen** lohnt sich vor allem im Südosten der Insel. In der Bucht Vlaška Mala liegt das Wrack eines Schiffs unter Wasser, das im 1. Jh. v. Chr. mit einer Ladung Amphoren sank – die meisten blieben unzerbrochen erhalten. **Lagona Divers,** Korda 15, www.lagona-divers-pag.com, oder **Ocean Pro,** www.oceanpro.cz, beide in Stara Novalja.

Abends & Nachts

Discos und Beach Clubs – In **Novalja:** u.a. Cocomo Club, Obala P. Kresimira IV 16, Tel. 099 575 57 29, www.cocomo.hr. Am **Zrće-Strand:** u.a. Aquarius (Tel. 091 364 02 41, www.aquarius.hr), Papaya (https://papaya.com.hr), Euphoria (http://euphoriazrce.com.hr), Kalypso (http://kalypso-zrce.com.hr).

Infos & Termine

Touristeninformation Pag: Od Špitala 2, 23250 Pag, Tel. 023 61 12 86, www.tzgpag.hr.
Touristeninformation Novalja: Trg Brščić 1, 53291 Novalja, Tel. 053 66 14 04, www.visitnovalja.hr.

Das Beste auf einen Blick

Die Küste von Rijeka bis Paklenica

Highlight!

Nationalpark Plitvicer Seen: Wasserfälle, weiß-gelbliche Sinterdämme, grünes Wasser in natürlichen Becken, alles in einem streckenweise von steilen Wänden begrenzten, manchmal sich zu Seenbreite weitenden Tal, das ist der Nationalpark Plitvicer Seen. S. 168

Auf Entdeckungstour

Die Uskokenfestung über Senj – ein Besuch auf Burg Nehaj: Als gewaltiger, schmuckloser Klotz thront Burg Nehaj auf einem Hügel über der Stadt Senj – eine Festung voller Geschichte: Errichtet wurde sie von den Uskoken, die im 16. Jh. vor den Osmanen nach Senj geflüchtet waren. Von der Burg aus organisierten sie ihre ›Feldzüge zur See‹. S. 165

Kultur & Sehenswertes

Die Wallfahrtskirche in Trsat über Rijeka: Wussten Sie, dass das Marienhaus von Loreto in Trsat eine Zwischenstation machte? Einer der bedeutendsten Wallfahrtsorte Kroatiens erzählt die Geschichte dieses Transfers. S. 160

Zu Fuß & mit dem Rad

Radeln im Vinodol: Das ›Weintal‹ ist auf Radler spezialisiert, in Novi Vinodolski sagt man Ihnen, wo die schönsten Routen sind. S. 164

Rundwanderung im Nationalpark Plitvicer Seen: Die berühmten Wasserfalllandschaften sind durch gut gesicherte Wege erschlossen. S. 170

Genießen & Atmosphäre

Innenhof des Lavlji Dvor in Senj: Idylle im Innenhof eines alten Stadthauses und dazu vorzügliche Regionalküche. S. 168

Dom u Paklenici: Die Hütte im Nationalpark Paklenica ist ein magischer Ort zum Verweilen. S. 173

Abends & Nachts

Straßencafés auf dem Korzo in Rijeka: Das Filodrammatica Bookshop Café und die anderen Cafés am Korzo sind genau richtig, um das abendliche und nächtliche Rijeka an sich vorbeiziehen zu lassen. S. 162

Nationaltheater in Rijeka: Das Theater Ivan Zajc in Rijeka zeigt im Ambiente der k. u. k. Zeit neben Theater auch Opern und Musicals. S. 162

Die »Jadranska magistrala«, wie sich die Küstenstraße entlang der Adria nennt, hat ihren nördlichen Endpunkt in Rijeka. Landschaftlich äußerst eindrucksvoll ist die Fahrt auf dieser Straße: Die Bergflanken, an denen sie sich entlang windet, werden nach Süden hin immer steiler, die Berge – das Velebitgebirge – immer höher, bis sie in dem Gipfel des Vaganski Vrh (1758 m) und den beiden gewaltigen Schluchten Velika und Mala Paklenica kulminieren. Immer wieder neue Blicke auf Meer und Inseln des Kvarner tun sich dabei auf. Krk, Rab, Pag und die kleineren Inseln wie Goli Otok und Sveti Grgur ziehen am Betrachter vorbei und ganz in der Ferne sind sogar Cres und Lošinj, später Dugi Otok, bereits in Dalmatien, zu sehen.

Rijeka mit der lebhaften Promenade und den würdigen Gründerzeithäusern ist der wichtigste Seehafen Kroatiens, Crikvenica und Novi Vinodolski sind Seebäder mit langer Tradition, die sich mit der des ›Piratennestes‹ Senj aber nicht messen kann. Trotz einiger kultureller Sehenswürdigkeiten wie der Wallfahrtskirche in Trsat über Rijeka oder der Festung Nehaj in Senj, ist es die Natur, die man bewundert und die zum Baden, Tauchen, Wandern und Bergsteigen, Mountainbiken, Freiklettern und nicht zuletzt zum Raften verlockt.

Rijeka ▶ C 5

Rijeka (ital.: Fiume) ist eine geschäftige Großstadt, mit 130000 Einwohnern die drittgrößte Stadt Kroatiens und der wichtigste Seehafen des Landes. Der kroatische Name Rijeka und der italienische Fiume bedeuten beide »Fluss«, Letzterer wird heute noch von den wenigen verbliebenen

Infobox

Touristeninformationen

Hauptbüro für die Region Lika-Senj: TZŽ Ličko-senjske, Budačka 12, Gospić, Tel. 053 57 46 87

Kvarner-Info – Jug: Kralja Tomislava 6, Novi Vinodolski, Tel. 051 79 11 71, www.tz-novi-vinodolski.hr

Internet

www.kvarner.hr: Website des Tourismusverbandes Kvarner

www.pp-velebit.hr: Seite des Naturparks Velebit mit Infos zu Natur und touristischer Infrastruktur

www.zadar.hr: Seite des Tourismusverbandes Zadar, zuständig für die Küste südlich Karlobag und den Nationalpark Paklenica

Anreise und Verbindungen

Rijeka ist mit Zagreb und Ljubljana durch Autobahn und Bahnlinie verbunden. Von Rijeka führt die Küstenstraße in Richtung Zadar, der Südteil der Küste ab Senj wird durch Autobahnzubringer von der Autobahn Zagreb–Split erreicht.

Telefonvorwahlen

051: Rijeka und die Küste bis knapp vor Senj und der Nationalpark Plitvicer Seen

053: Senj und die Küste zwischen Senj und Karlobag und dem Nationalpark Nordvelebit

023: Die Küste südlich von Karlobag und der Nationalpark Paklenica

Einwohnern italienischer Nationalität verwendet.

Im Mittelalter wurde der illyrisch-römische Ort mit seinem nicht sonderlich guten Flusshafen von den Frankopanen aus Krk regiert, dann von den Habsburgern. Den Ungarn verdankt Rijeka den Hafen, der die Konkurrenz zum österreichischen Triest weidlich auszunutzen verstand. Zum eigentlichen Kroatien gehörte Rijeka bis 1919 nicht, als die Stadt von italienischen Freischärlern unter dem größenwahnsinnigen Schriftsteller Gabriele d'Annunzio im Handstreich genommen wurde, um einen Anschluss an Jugoslawien zu verhindern. Rijeka kam schließlich (als Fiume) an Italien, alles, was links des Mrtvi-Kanals lag, fiel (als Sušak) an Jugoslawien, erst 1947 wurde die Stadt im neuen sozialistischen Jugoslawien wieder vereinigt.

Unser Tipp

Karneval
Rijeka besucht man am besten während des Karnevals. Der Karneval der Stadt ist Kroatiens größter, buntester und bekanntester, während der letzten Karnevalstage werden Umzüge und Sitzungen durch das Kroatische Fernsehen live übertragen und im ganzen Land gesehen. Ohne Kostüm wagt sich an den letzten Tagen vor Aschermittwoch kaum jemand auf die Straße. Infos: Tel. 051 33 58 82, www.rijecki-karneval.hr.

Altstadt

Stadtturm und Kathedrale

Rijekas Altstadt ist heute nicht mehr von Mauern umgeben, aber ein **Stadttor** 1 samt **Stadtturm** mit Uhr hat sich erhalten. Von oben blicken die Büsten der Kaiser Leopold I. und Karl VI. etwas hochnäsig auf die Passanten herunter, die vom Korzo in die Altstadt eilen. Vom Koblerov trg dahinter führt ein schmales Gässchen zum **Alten Tor** 2 (Stara Vrata), das wahrscheinlich ehemals ins römische *castrum* führte.

Am großen Trg Grivica fällt der Rundbau der heutigen **Kathedrale Sveti Vid (St. Veit)** 3 (Grivica ulica) auf, des Stadtpatrons von Rijeka. Das eindrucksvolle, durch Säulenpaare rhythmisch gegliederte barocke Innere (1638) birgt ein großes gotisches Kruzifix, das aus dem Rheinland stammt. Hinter dem Dom befinden sich das **Museum des kroatischen Küstenlandes** 4 (Muzejski trg 1, Mo 9–16, Di–Fr 9–20, Sa 9–13 Uhr, 2 €) und das **Naturhistorische Museum** 5 (Lorenzov prolaz 1, Di–Sa 9–19, So 9–15 Uhr, 1 €). Das Erste gibt einen eindrucksvollen Überblick über die Geschichte der Küste und ist auch deshalb interessant, weil sich hier 1919–20 der italienische Dichter-Politiker Gabriele D'Annunzio eingerichtet hatte, als er mit seinen Gefolgsleuten den Kvarner besetzt hatte.

Platz der Erklärung von Rijeka

Die Gebäude um den Platz der Erklärung von Rijeka (Trg Riječke rezolucije) sind das eigentliche Herz der Stadt. In der Mitte steht die **Standartensäule** 6 (Stendardac), eine spätmittelalterliche Rolandsäule, die unter Kaiser Maximilian aufgestellt wurde. Sie geht zurück auf das Jahr 1508, als Rijeka im Krieg gegen Venedig treu auf Habsburger Seite stand, als Maximilian sich zum Kaiser ernennen ließ. Die durch den Roland – hier in Gestalt des hl. Veit – symbolisierten städtischen Freiheiten waren der Dank des Reiches. Die barocke, im Kern aber be-

Rijeka

Sehenswert
- 1 Stadttor
- 2 Altes Tor
- 3 Kathedrale Sveti Vid
- 4 Museum des kroatischen Küstenlandes
- 5 Naturhistorisches Museum
- 6 Standartensäule
- 7 Kirche Sveti Jeronim
- 8 Markthallen
- 9 Adria-Palast
- 10 Nationaltheater Ivan Zajc
- 11 Festung Trsat
- 12 Wallfahrtskirche Unsere Liebe Frau von Trsat

Übernachten
- 1 Best Western Jadran
- 2 Botel Marina
- 3 Continental

Essen & Trinken
- 1 Zlatna školjka und Pizzeria Bracera
- 2 Feral
- 3 Filodrammatica Bookshop Café

Einkaufen
- 1 Shopping Tower Center Rijeka

Abends & Nachts
- 1 Casino Crystal Palace

reits spätgotische **Kirche Sveti Jeronim** 7 an der Südseite des Platzes ist dem hl. Hieronymus gewidmet, letzter Rest eines 1788 aufgehobenen Augustinerklosters.

Korzo und Hafen
Anstelle des Korzo stand bis in die Neuzeit die Stadtmauer, die ans Ufer grenzte. Erst Landaufschüttungen in der zweiten Hälfte des 19. Jh. gewannen dem Meer den heutigen Stadtbereich westlich des Korzo ab. Der Korzo ist, sein Name sagt es, die vorrangige Flanier- und Einkaufsmeile der Stadt.

Zeitgleich mit dem Korzo wurde auch der neue Hafen angelegt und der ganze Stadtteil südöstlich davon mit sehr schönen **Markthallen** 8. Der **Adria-Palast (Palača Jadran)** 9 wurde 1897 von der ungarischen Schifffahrtsgesellschaft Adria/Jadran erbaut und diente dann später und bis heute der staatlichen Jadrolinija als Hauptgebäude. Es ist das eindrucksvollste gründerzeitliche Bauwerk, dicht gefolgt vom **Nationaltheater Ivan Zajc** 10 (Uljarska ul. 1), einem 1885 fertiggestellten Bau der Wiener Architekten Fellner & Helmer. Dass das zur Entstehungszeit ausgemalte Nationaltheater Fresken von Gustav Klimt besitzt, ist wenig bekannt.

Außerhalb der Altstadt

Festung Trsat 11
April–Okt. tgl. 9–20, Nov.–März 9–17 Uhr

Über dem Stadtteil Sušak liegt die Festung Trsat, die 561 Stufen der Peter-Kružić-Stiege führen hinauf. Die gut erhaltene Burg der Frankopanen und später der Habsburger dominiert den Ausgang des Rječina-Tals. Vom Innenhof und vom Rundturm hat man einen fabelhaften Blick auf Rijeka, den Kvarner und Istrien.

Wallfahrtskirche 12
In der nahen Wallfahrtskirche Unserer Lieben Frau von Trsat (Gospe Trsatske; 1644, grundlegend erneuert 1824) soll in den Jahren 1291 bis 1294 das Haus der Jungfrau Maria auf dem (See-)Weg nach Loreto Zwischenstation gemacht haben. Warum es ihm hier nicht gefiel und das Haus weiterzog nach Italien, ist nicht überliefert. Immerhin wird in der barocken Kirche ein Marienbild gezeigt, das der Papst den Bewohnern von Rijeka zum Trost geschickt haben soll. Hunderte von Weihegaben dankbarer Pilger an den Wänden der Votivkapelle beweisen, dass Trsat heute noch ein bedeutender Wallfahrtsort ist.

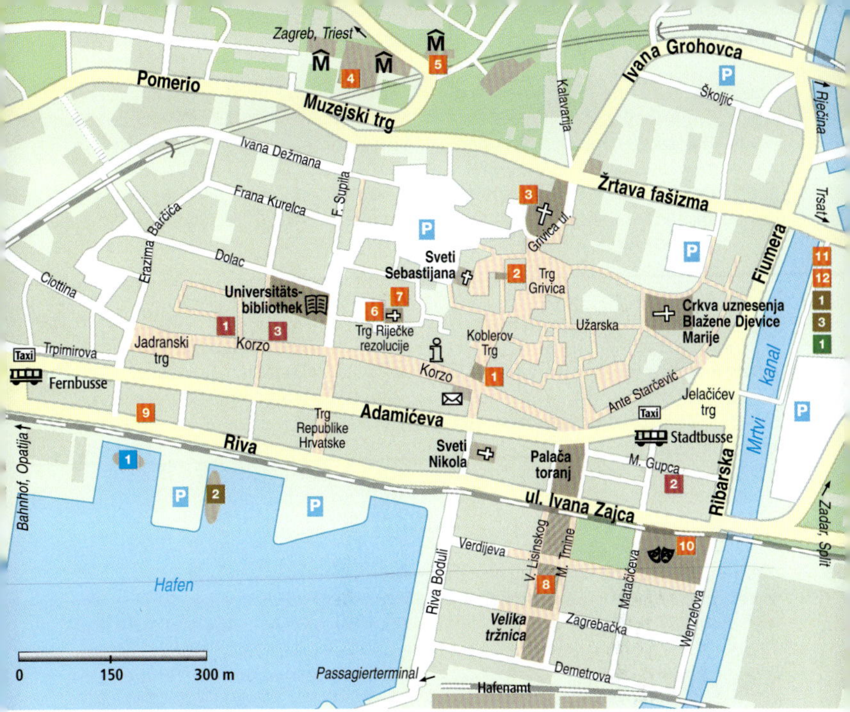

Übernachten

Rijekas Bettenkapazität ist gering, aber Opatija ist ja nicht weit! (s. S. 119)

Meerblick – **Best Western Jadran** 1: Šetalište XIII divizije 46, Tel. 051 21 66 00, www.jadran-hoteli.hr, DZ/ÜF 95–115 €. Rijekas einziges Hotel am Meer, generalüberholt, glänzt mit Viersternestandard inklusive eigenem Strand, Fitnessraum und Restaurant.

Schwimmendes Hotel – **Botel Marina** 2: am Adamićev gat, Tel. 051 41 01 62, www.botel-marina.com, DZ/ÜF 52–66 €. Die besondere Idee: Übernachten auf dem Wasser. Das Boot-Hotel (»Botel«) ist ein tipptopp zum schwimmenden Hotel hergerichtetes ehemaliges Schiff.

Gründerzeit – **Continental** 3: Šetalište Andrije Kačića-Miošića 1, Tel. 051 37 20 08, www.jadran-hoteli.hr, DZ/ÜF 85–95 €. Gründerzeithotel am Südostrand der Altstadt. Nicht alle Zimmer sind renoviert.

Essen & Trinken

Meeresfrüchte und Pizza – **Zlatna školjka und Pizzeria Bracera** 1: Kružna 12a, Tel. 051 21 37 82, Hauptgang ca. 8–16 €, Pizza ab 5 €. Das enge Gässchen sieht nicht gerade einladend aus. Das Restaurant (rechts) dagegen sehr. Beste Qualität der Fischgerichte, die *škampi buzara* sind hier noch saftig und nicht – wie meist – übergart.

Gutbürgerlich – **Feral** 2: Matije Gupca 6, Tel. 051 21 22 74, zwei Gänge ab 15 €, mit Fisch ab 20 €. Ein gehobenes Lokal, die Karte ist schwächer als die Küchenqualität: Fisch und Muscheln, Pfeffersteak, Carpaccio. Fisch und Meeresfrüchte kommen frisch vom

Fischmarkt um die Ecke, der Gast wählt vom Angebot, das ihm der Kellner im kleinen Restaurant präsentiert.
Kaffee und Bücher – **Filodrammatica Bookshop Café** 3: Korzo 28. Ein bei der örtlichen Intelligenz beliebtes Bookshop-Café – die Lage ist 1a, das Publikum meist auch.

Einkaufen

Ein beliebtes Mitbringsel ist der *morčić* (kleiner Mohrenkopf), das Maskottchen der Stadt, in Form von Ansteckern oder Schmuck.
Markt – Großer täglicher Grünmarkt um die **Markthallen** 8.
Jede Menge Boutiquen – **Shopping Tower Center Rijeka** 1: Janka Polić Kamova 81/7 (Bus 2 ab Stadtmitte), www.tower-center-rijeka.hr, Mo 13–21, Di–Sa 9–21, So 10–21 Uhr.

Abends & Nachts

Casino – **Crystal Palace** 1: Trg III. hrvatske brigade bb., Tel. 051 50 17 00. Casino mit Roulette und Disco auf einem Schiff im Hafen der Stadt.
Kultur – **Nationaltheater Ivan Zajc** 10: Hrvatsko Narodno Kazalište Ivana Zajca, Uljarska 1/I, Tel. 051 33 71 14, www.hnk-zajc.hr. Dreispartenbühne plus Konzertsaal, s. a. S. 160.

Infos & Termine

Touristeninformation Rijeka: Korzo 14, 51000 Rijeka, Tel. 051 33 58 82, www.visitrijeka.hr.
Internet: In der Innenstadt gibt es gratis WLAN an 90 Hotspots.
Flughafen Rijeka: auf Krk (ca. 25 km), Verbindungen nach Berlin, Hamburg, Köln, Stuttgart und München, Tel. 051 84 12 22, www.rijeka-airport.hr.
Bahn: Vom Bahnhof (Trg kralja Tomislava 1, Tel. 051 33 53 81) Direktzüge nach Zagreb und Ljubljana/Wien/München.
Bus: Regionalbusse in alle kroatischen Städte, nach Deutschland und in die Schweiz, Trg Žabica (400 m westlich vom Jadranksi trg, Tel. 060 30 20 10).
Taxi: Tel. 051 33 51 38 und am Busbahnhof.
Katamaran: Verbindungen für Passagiere ohne Auto in den Kvarner über Rab nach Novalja mit Jadrolinija (www.jadrolinija.hr) oder über Cres nach Mali Lošinj mit Kapetan Luka (www.krilo.hr).
Fest des Stadtpatrons, des hl. **Veit (Sveti Vid):** mehrere Tage um den 15. Juni.
Wallfahrt nach Trsat: 15. Aug.

Bakar-Bucht ▸ D 5

185 kurvenreiche, enge und nicht ungefährliche Straßenkilometer liegen zwischen Rijeka und der Maslenicabrücke. Diese Adriamagistrale sollte seinerzeit den Fremdenverkehr am südlichen Kvarner ankurbeln und vor allem zahlungskräftige Touristen nach Dalmatien bringen, so hatte man sich das zu Titos Zeiten ausgerechnet – und so kam es auch. Inzwischen wird der Hauptverkehr nach Split auf die Autobahn A 1 durch das Hinterland umgeleitet.

Die tiefe, schmale Bucht von Bakar ist ein sicherer Naturhafen, dem man leider zu sozialistischen Zeiten durch Raffinerien, Tanks und Schlote etwas den Charme nahm. Inzwischen sind die Schmutzerzeuger stillgelegt und abgeräumt. Es lohnt sich wieder, die Bucht aufzusuchen und dort zu baden, insbesondere im klaren Wasser bei **Bakarac.**

Die Thunfischleitern bei Bakarac erinnern daran, dass der Thunfischfang einst eine wichtige Einkommensquelle in dieser Region war: Hier saßen die

Fischer hoch über dem Meer, um nach den Schwärmen Ausschau zu halten.

Die Brücke von **Kraljevica** am Ende der Bucht von Bakar zur Insel Krk ist mautpflichtig (5 €).

Crikvenica ▸ D 5

Beim Badeort Crikvenica ist der kilometerlange, kinderfreundliche Strand recht flach. Dass er zu einem wichtigen Tourismusmagneten wurde, verdankt der Ort dem Konflikt zweier habsburgischer Erzherzöge. Weil der eine, der österreichische Kaiser Franz Joseph I., vorzugsweise Abbazia (Opatija) besuchte, setzte sich sein Bruder Joseph in den Kopf, ein eigenes Seebad zu bauen. Das war im Jahre 1881.

Bis 1914 entstanden drei große Hotels, darunter das »Erzherzog Joseph« (heute Kvarner Palace, s. Tipp) und das wunderschöne Jugendstilhotel Miramare, das an dem kleinen Park neben dem städtischen Freibad weiterhin seiner Renovierung entgegensieht, während ihm die damals besonders schicken Wellenmotive à la Knossos (oberster Fries) immer mehr abblättern.

Übernachten

Hotel im Kloster – **Kaštel:** Frankopanska 22, Tel. 051 24 19 70, www.jadran-crikvenica.hr, DZ/ÜF 70–120 €. Gediegenes Hotel im alten Kloster direkt am Strand am Ende der Uferpromenade. Manchmal ist es hier leider nicht ganz leise.

Maritim – **Kačjak:** Bana Jelačića 16, Tel. 051 24 19 70, www.jadran-crikvenica.hr, Mitte Mai–Mitte Sept. Der Campingplatz gehört zu einer Touristensiedlung, ist hübsch, schattig und liegt direkt am Meer.

Unser Tipp

Altgedient, aber neu

Das auf Hochglanz restaurierte, prächtige Hotel Kvarner Palace mit seiner Arkadenfassade zum Meer hin wurde 1895 gegründet; ab 1899 hieß es Therapia, als man in Nachahmung von Opatija auf Meerwassertherapie zu setzen begann. Das Therapia wurde 2013 erneut verkauft und in Kvarner Palace umbenannt. Es hat ein gut ausgestattetes Wellness Center, mit Thalassotherapie hat es aber nichts mehr am Hut. Die besten Zimmer sind die 22 mit Balkon nach vorne (weitere 70 Zi. und 19 Apt.). **Kvarner Palace,** Braće Dr. Sobol 1, Crikvenica, Tel. 051 38 00 00, www.kvarnerpalace.info, DZ/ÜF 150–280 €.

Infos

Touristeninformation Crikvenica: Trg Stjepana Radića 1c, 51260 Crikvenica, Tel. 051 24 15 16, www.crikvenica-tourist.hr.

Ganzjährige Verbindung mit dem **Motorboot** nach Šilo (Insel Krk), Taxiboote fahren nach Novi Vinodolski.

Novi Vinodolski ▸ D 5

Novi ist sehr viel älter als das benachbarte Crikvenica, wie die im 19. Jh. veränderte **Frankopanenburg** zeigt. In der Burg werden im **Ethnologischen Museum** Trachten gezeigt (Mo–Sa 9–12, 19–21, So 9–12 Uhr). Novi war wichtiger Hafen der fruchtbaren Kulturlandschaft des **Vinodol** (Weintal) im Hinterland. Verglichen mit dem Strandleben an den unterhalb gelegenen Hotels ist die Altstadt ruhig. Wie in Crikvenica geht der Tourismus noch auf die Gründerzeit zurück, den einst herrschenden Konkurrenzkampf mit seinem Nachbarn hat Novi freilich verloren.

Radfahren und Wandern im Vinodol

Wegbeschreibungen und Karten bei der Touristeninformation Vinodol, *s. S. 164*

Von Novi aus führen markierte Fahrradrouten auf meist asphaltierten Wegen durch das idyllische Vinodol. Das ›Weintal‹ ist allerdings nicht überall ein Tal: Wer den Rundweg über Breze und Lukovo wählt, muss über 1000 Höhenmeter bewältigen und im Abstieg vorsichtig sein.

Übrigens kann man im Vinodol auch wunderbar wandern und auch dafür gibt es kostenlose Karten und Infos. Nur Wein gibt es – oder gab es bis vor wenigen Jahren – im Weintal nicht mehr, denn die aus Amerika eingeschleppte Reblaus, die im späten 19. Jh. fast den europäischen Weinbau vernichtete, wirkte sich auch im Vinodol aus.

Übernachten

Komfort – **Tamaris:** Kralja Tomislava 14, 51250 Novi Vinodolski, Tel. 051 79 22 80, www.tamarishotels.com, DZ/ÜF 100–140 €. Kleineres, modernes Privathotel in Strandnähe mit Pool und Terrasse, die Zimmer haben Klimaanlage, Sat-TV, Internetanschluss und Balkon.

Infos & Termine

Touristeninformation Novi Vinodolski: Kralja Tomislava 6, 51250 Novi Vinodolski, Tel. 051 79 11 71, www.tz-novi-vinodolski.hr.

Touristeninformation Vinodol: Bribir 1, 51253 Bribir, Tel. 051 24 87 30, www.tz-vinodol.hr. Auch Vermittlung von Privatzimmern.

Musikfestival im Vinodol im Sommer: klassische Musik und Volksmusik in Kirchen und Kastellen.

Senj ▸ D 6

Senj ist heute ein kleines Küstenstädtchen mit rund 7000 Einwohnern. Es hat aber eine große Geschichte und war jahrhundertelang als Piratennest berüchtigt. Die kroatische Gründung (auf den Ruinen des römischen Senia) bot große Lagevorteile: In Senj beginnt die kürzeste Verbindung von der Adria ins kroatische Binnenland. 1185 erhielten die Tempelritter die Stadt aus der Hand der ungarischen Könige. 1271 konnte sich das Krker Adelsgeschlecht der Frankopanen die Stadt unter den Nagel reißen und sie bis 1469 halten. Aus dieser Zeit stammen viele Bauten, von denen der **Wehrturm Šabac** an der Promenade sowie das **Stadtkastell** übrig geblieben sind. Senj machte damals sein Geld mit Warenumschlag, mit Handel und Schiffbau. 1537 kamen die Uskoken, Flüchtlinge aus dem Süden und erbitterte Feinde der Osmanen. Sie bauten später die **Burg Nehaj** und starteten von Senj aus zu ihren Beutezügen (s. Entdeckungstour S. 165).

Unter Kaiser Karl VI. entstand die Straße Rijeka–Senj, unter Joseph II. die Straße über den Vratnik-Pass nach Karlovac, Zagreb und Wien. Den Senjern ging es gut. Dann erreichte im Jahr 1873 die Bahnlinie von Budapest und Wien über Zagreb die Adria – jedoch nicht bei Senj, sondern bei Rijeka. Senjs Stern sank, geblieben ist eine Kleinstadt mit bewegter Vergangenheit.

Auf Entdeckungstour: Die Uskokenfestung über Senj – ein Besuch auf Burg Nehaj

Als gewaltiger, schmuckloser Klotz thront die Burg Nehaj (Tvrđava Nehaj) auf einem Hügel über der Stadt Senj – eine Festung voller Geschichte. Errichtet wurde sie von den Uskoken, die im 16. Jh. vor den Osmanen nach Senj geflüchtet waren. Von der Burg aus organisierten sie ihre ›Feldzüge zur See‹. Wer den Kinderbuchklassiker »Die rote Zora« von Kurt Held gelesen hat, wird sich in der Burg schon ein wenig auskennen, denn sie ist das Versteck von Zoras Bande.

Zeit: 1 Std.
Lage: Burg Nehaj liegt auf dem Hügel südlich der Stadt Senj (▶ D 6); vom Park der Dichter zu Fuß in ca. 5 Min. erreichbar (an der Kirche Svete Marije od Arta vorbei, über die Magistrale hinweg und am Tennisplatz vorbei) oder per Auto von der anderen Seite.
Öffnungszeiten: Juli/Aug. tgl. 9–21, Mai, Juni, Sept., Okt. 10–18 Uhr
Eintritt: 3 €

Über viele Jahrzehnte ließ der Name Senj den Seefahrern der Adria kalte Schauer über den Rücken laufen. Senj war eine ungemütliche Stadt, geprägt von den Stürmen der Bora – und von den berühmt-berüchtigten Uskoken, die auf dem adriatischen Meer ihr Unwesen trieben. Als Standort für ihre Festung hätten die Uskoken keinen besseren Platz wählen können als den Trbušnjak-Hügel südlich der Altstadt von Senj. Von hier hatten sie nach allen Seiten beste Sicht. Auch die Burg selbst war perfekt: ein 18 m hoher Bau auf quadratischem Grundriss – jede Seite 23,5 m lang. Vier Halbtürme an den Ecken und ein weiterer über dem Eingang boten zusätzlich Sicherheit und Ausguckmöglichkeiten. »Nehaj« nannten die Uskoken ihre Festung – »Fürchte nichts«. Tatsächlich versprachen die bis zu 3,20 m dicken Mauern genügend Schutz für die Bewohner.

Wappen erzählen Geschichte

Durch den sehr klein bemessenen **Eingang** gelangt man ins Innere der Burg, wo der Blick auf einen **Ziehbrunnen** fällt, in dem das Regenwasser gesammelt wurde. Die drei **Wappen** darüber geben erste Hinweise auf die Geschichte der Festung. Das linke ist das von Ivan Lenković, Uskokenanführer und Erbauer der Festung mit Initialen und dem Baujahr der Burg, das rechte das seines Nachfolgers. 1537 hatte es Lenković und die anderen Uskoken nach Senj verschlagen, nachdem ihr früherer Zufluchtsort Klis bei Split in osmanische Hände gefallen war. Ursprünglich stammten die Uskoken, die christlichen Glaubens waren, aus anderen Gebieten Dalmatiens, Bosniens und der Herzegowina, die schon früher von den Osmanen erobert worden waren. Lenković, seit 1538 Hauptmann von Senj, hielt zur Abwehr der immer weiter vordringenden Osmanen den Bau einer Burg für notwendig und forderte vom Habsburger Erzherzog Ferdinand II., zu dessen Machtbereich Senj gehörte, finanzielle Unterstützung. Ferdinands Wappen prangt rechts neben jenem von Lenković an der Wand. Tatsächlich ›sponserte‹ der Erzherzog den Bau, war die Sicherung der Militärgrenze gegen die Osmanen doch auch in seinem Interesse. Bereits als die Osmanen Ende des 15. Jh. Bosnien erobert hatten und weiter gen Westen vorrückten, hatten die Habsburger in Senj einen Stützpunkt ihrer Militärgrenze eingerichtet. Für deren Sicherung kamen die Uskoken den Habsburgern wie gerufen, denn nach zwei Vertreibungen waren sie den Osmanen gegenüber kompromisslos feindlich eingestellt.

1558 war die Festung Nehaj fertiggestellt. Bei späteren Grabungen im Erdgeschoss hat man die Grundmauern älterer Bauten freigelegt – für den Bau von Nehaj hatte Lenković sämtliche bestehenden Bauten auf dem gesamten Hügel abtragen lassen, um Angriffe zu erschweren. Einen Teil der ausgegrabenen **Inschrift- und Dekorsteine** kann man an den Wänden bewundern.

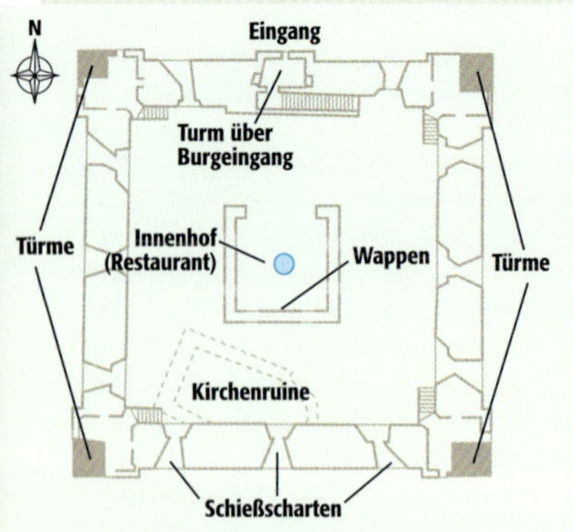

Burgbegehung

Im Erdgeschoss befanden sich eine Feuerstätte und die Räumlichkeiten der einfachen Kämpfer. Heutige Besucher können hier auch die **Reste einer Kirche** aus dem 11. Jh. betrachten – und sich im **Restaurant** stärken (s. S. 168).

Der Aufstieg zum ersten Stock ist nichts für Klaustrophobiker. Hier waren früher höherrangige Kämpfer und Befehlshaber untergebracht. Heute er-

Vom Wehrgang der Burg eröffnet sich ein fantastischer Ausblick aufs Meer

zählt hier ein **Museum** die Geschichte der Stadt Senj und der Burg. Zu sehen sind u. a. **Uskoken-Trachten,** die auf der Basis von Geschichtsquellen rekonstruiert wurden. Zu den ausgestellten Waffen gehören **zwei Kanonen** (2. Stock), einst umfasste die Kanonenbatterie elf Stück. Wer nochmals eine Treppe hinaufsteigt und die **Wehrgänge** entlangspaziert, wird mit einem wunderbaren Blick belohnt – er reicht bis Krk, Cres und zum Učkagebirge.

Den Venezianern wird's zu bunt

Die Uskoken sollten den Habsburgern verlässliche Grenzposten sein, doch sie entwickelten sich zu den gefürchtetsten Seeräubern der Adria. Mit einer schlagkräftigen Flotte relativ kleiner, aber schneller Schiffe kämpften sie im Piratenstil gegen die Türken – und zunehmend auch gegen die Venezianer, deren Handelsflotte lukrative Beute versprach. Rund 80 Jahre lang attackierten die Uskoken Venedigs Flotte immer wieder. Geschickt nutzten sie dabei die heftige Bora aus, die die großen venezianischen Segelboote manövrierunfähig machte. Irgendwann wurde es den Venezianern zu bunt: Nach dem ›Uskokenkrieg‹ verlangten sie von den Habsburgern 1617, die Uskoken unschädlich zu machen. Die Habsburger verbrannten die Boote der Uskoken und siedelten die Uskoken-Familien ins Hinterland um.

Waren die Uskoken für die Venezianer schlicht Piraten, so werden sie in Senj bis heute als heldenhafte Verteidiger – im Auftrag Österreichs, aber auch im ganz eigenen – verehrt.

»Die rote Zora und ihre Bande«

Auch die Hauptfigur von »Die rote Zora und ihre Bande« ist ein Fan der Uskoken. Wie diese müssen das rothaarige Mädchen Zora und ihre Freunde, die auf Burg Nehaj ganz ohne Erwachsene leben, mühsam ihre Existenz sichern. Ein zufälliger Besuch in Senj und die dortige Begegnung mit von Armut gezeichneten Kindern inspirierten den Schriftsteller Kurt Held zu seinem Roman. 1941 erschienen, wurde dieser millionenfach verkauft und zweimal verfilmt.

Altstadt

Die Straßen sind schmal in Senj, man hatte wenig Raum zwischen den Mauern, der Platz vor der **romanischen Kathedrale** Sveta Marija verdient kaum seinen Namen. Das **Stadtmuseum** (Ogrizovićeva 5, www.muzej-senj.hr, Mai–Okt. 10–18, Juli/Aug. länger, 3 €) befindet sich in einem spätmittelalterlichen Palast, gotische und Renaissance-Elemente sind gleichermaßen in seiner Architektur zu finden. Durch die **Stara Vrata,** das Alte Tor, verlässt man die ummauerte Stadt. Außen befindet sich noch die Inschrift »JOSEPHINAE FINIS«, Ende der Josephina – hier endete der Bau der ersten modernen Straßenverbindung von der Adria ins kroatische Binnenland.

Übernachten

Zentral am Platz – **Libra:** Obala dr. Franje Tuđmana 8, 53270 Senj, Tel. 053 88 12 08, www.hotel-libra.hr, DZ/ÜF 94–112 €. Von den zwei Hotels im Ort das elegantere. Moderner Komfort, fast alle Zimmer mit Meerblick, Disco.
Schöne Lage – **Autocamp Bunica:** 5 km nördlich der Stadt, Tel. 053 61 67 18. Idyllisch in der Bunica-Bucht gelegenes Camp; direkt daneben liegt ein weiteres von derselben Familie betreutes Camp.

Essen & Trinken

Festungs-Restaurant – **Tvrđava Nehaj:** in und vor der Festung Nehaj, Tel. 053 88 52 44 (s. S. 165). Fantastisch gelegen, bei schönem Wetter mit Blick auf Stadt und Meer. Uskoken-Fischplatte für 2 Pers. 35 €.
Löwenhof – **Lavlji Dvor:** P. Preradovića 2, Tel. 053 88 22 07, www.lavlji-dvor.hr. Der kühle Innenhof hat Renaissance-Arkaden und Brunnen, was an heißen Sommertagen angenehm ist. Fleisch, Fisch, Schalentiere, Zagreber Schnitzel (»Senjer Schnitzel«, im deutschen Sprachraum Cordon bleu), Fischplatte für 2 Pers. 50 €.

Infos & Termine

Touristeninformation Senj: Stara cesta 2b, 53270 Senj, Tel. 053 88 10 68, www.tz-senj.hr.
Sommerkarneval: vier Tage, in der ersten Augustwoche

Nationalpark Plitvicer Seen ! ▸ F 6/7

Im Sommer 24 € pro Pers., im Winter 7 €, jeweils inkl. Fahrten mit dem Boot und der Parkbahn
Ein gutes Stück von der Küste entfernt, im waldigen Bergland der Mala Kapela, liegt der 1949 gegründete Nationalpark Plitvicer Seen. Er umfasst 295 km^2 und wurde bereits 1979 von der UNESCO in die Liste des Welterbes aufgenommen. Der wasserreiche Korana-Fluss hat sich dort ein tiefes Tal geschaffen, das durch den Einbruch eines darunter liegenden Höhlensystems streckenweise noch weiter vertieft wurde. Das kalkreiche Wasser lagert Kalksinter im Flussbett ab, der immer wieder neue Terrassen und Barrieren bildet. Dahinter staut sich das Wasser zu größeren und kleineren, blau und grün schillernden Seen und stürzt dann in ein tiefer liegendes Becken. Die 16 miteinander verbundenen Seen bilden so ganze Kaskaden von neben- und übereinander gelagerten Wasserfällen, der höchste erreicht eine Fallhöhe von bis zu 76 m.

Im Nationalpark Plitvicer Seen

Weil die Dämme aus dem weichen Kalktuff ständig wachsen oder wieder einstürzen, verändert sich auch die Landschaft von Jahr zu Jahr. Die beiden Eingänge in den Park, der **nördliche Eingang 1** und der **südliche Eingang 2**, liegen an der Bundesstraße D1 (Zagreb–Split).

Rundwanderung

Der Weg durch den Park kann durch Shuttlebusse und Elektroboote auf dem Kozjak-See verkürzt werden. Nimmt man den Bus nur für den Rückweg, beträgt die reine Gehzeit ca. 4 Std.

Rundwanderung im Nationalpark Plitvicer Seen

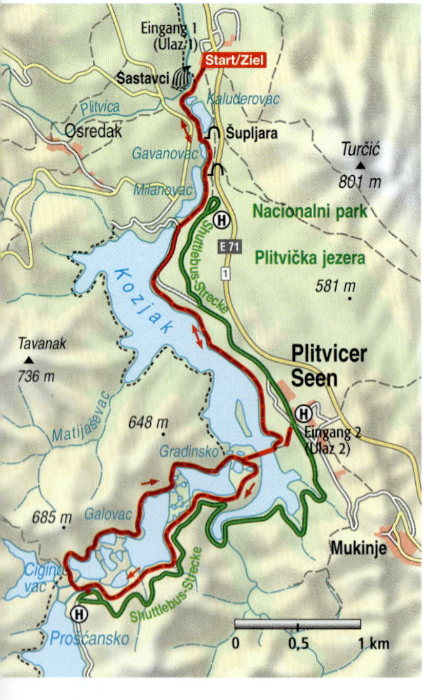

Am besten beginnt man die Erkundung des Parks bei **Eingang 1** und wandert auf dem angenehmen Weg hinunter in das steil eingeschnittene Tal. Dieser Abschnitt mit den oft senkrecht begrenzenden Wänden entstand in einem eingestürzten Höhlensystem. Man genießt herrliche Blicke auf die bis zu 76 m hohen **Sastavci-Wasserfälle** des Plitvice-Bachs. Auf einem Steg quert man einen Kalktuffdamm und kann an den Fuß der Wasserfälle gelangen. Sie haben ein regelrechtes Amphitheater mit senkrechten Wänden in das Gestein geschnitten. Der flussaufwärts führende Weg passiert nun den **Kaluderovac jezero** und führt auf einem Bohlenpfad unter den Wasserfällen des Gavanovac hindurch und hinauf zum lang gestreckten **Gavanovac jezero.** Über einen kurzen Anstieg erreicht man den größten der Seen, den **Kozjak jezero.**

Nun geht es durch ein Flusstal weiter, die senkrechten Wände der unteren Talstrecke gibt es hier nicht mehr. Ein hübscher, einfacher Wanderweg führt links am Ufer weiter. Wer abkürzen möchte, kann entweder mit dem Shuttlebus fahren oder an der Anlegestelle zur Rechten das Elektroboot nehmen. Alle drei treffen sich bei der Anlegestelle unterhalb der **Hotelgruppe des Eingangs 2,** wo man – nach 50 Höhenmetern Aufstieg – eine Erfrischung zu sich nehmen kann oder gleich mit dem Boot zum Westufer fährt. Ab hier hält man sich links. Der Weg verläuft über Tuffdämme, an kleinen Seen und Wasserfällen vorbei, durch Wald und am Ufer entlang, bis man den zweiten großen See erreicht, den **Prošćansko jezero.** Man kann mit dem Bus zum Eingang 2 oder gleich zum Endpunkt am **Nordende des Kozjak jezero** zurückfahren und dann zu Eingang 1 gehen. Sehr viel schöner ist es, den Rückweg zum Eingang 2 zu laufen, und zwar auf der anderen, weniger stark begangenen Talseite, wobei man wieder zur **Fährstelle unterhalb Eingang 2** zurückkehrt. Nach dem Übersetzen nimmt man den Bus bei den Hotels, um dann das letzte Stück bis **Eingang 1** zu laufen.

Übernachten

Neorustikal – **Pansion Etno House:** Jezerce 21, Tel. 053 77 47 60, www.plitviceetnohouse.com, nur Ende April–Mitte Okt., DZ/ÜF 65–110 €. Etwa 2 km südlich von Eingang 2. Drei Gästehäuser im Holzhüttenstil schaffen eine Art Dorfatmosphäre – aber mit Swimmingpool und Sauna.
Parkhotel – **Jezero:** Tel. 053 75 15 00, www.np-plitvicka-jezera.hr, DZ/ÜF 90–120 €, Apartments 139–158 €. Ein großes, modern eingerichtetes Hotel im Nationalpark.

Infos

Nationalparkbüro Plitvicer Seen: 53231 Plitvička jezera, Tel. 053 75 10 15, www.np-plitvicka-jezera.hr. Über diese Seite lassen sich auch Hotelzimmer buchen.
Busse fahren von Zagreb zum Nationalpark-Zentrum mehrmals tgl., ca. 2,5 Std. Fahrtzeit.

Nationalpark Nordvelebit ▶ D/E 6/7

Kroatiens jüngster Nationalpark ist trotz seiner großen Fläche nur ein kleiner Teil des Velebitgebirges. Dieser vor allem aus Kalk bestehende Gebirgszug steigt hinter der Adriaküste zwischen Senj und Maslenica als gewaltige schroffe Bergkulisse abrupt bis auf 1768 m auf und ist als Naturpark Velebit in seiner Gesamtheit geschützt (ca. 2000 km^2, inbegriffen sind Nationalpark Nordvelebit und Nationalpark Paklenica). Stark verkarstete Jurakalke bilden den Großteil des Nationalparks, hohe Niederschlagsmengen erlauben dichte alpine Vegetation.

Botanischer Garten Velebit

Der Botanische Garten Velebit (Velebitski botanički vrt) im Nationalpark ist durch eine Forststraße von Sveti Juraj an der Küste aus leicht zu erreichen, er erstreckt sich vor einer prachtvollen Gebirgskulisse und bietet viele gut markierte **Wanderwege und Naturlehrpfade.** Im 50 ha großen Garten wachsen u. a. endemische Arten wie die Velebit-Nelke und die Velebit-Degenie. In der Umgebung gibt es drei Hütten; bei insgesamt nur 100 Betten sollte man in der Hochsaison unbedingt reservieren.

Hajdučki i Rožanski kukovi ▶ E 6

Der schönste Teil des Nationalparks ist das Schutzgebiet Hajdučki i Rožanski kukovi; man erreicht es sowohl von Senj bzw. Sveti Juraj aus als auch von Jablanac weiter südlich über den Alan-Pass. *Kukovi*, Einzahl *kuk*, sind Felsspitzen, die aus dem Bergwald und den Almwiesen herausstechen, viele von ihnen kann man kletternd bezwingen. Eine unbewirtschaftete Unterkunft mit Zisternenwasser, die **Rossijeva koliba,** bietet ein Notquartier, man kann die *kukovi* aber von der Straße aus bequem an einem Tag erkunden. Ganz in der Nähe der Rossijeva liegt auf 1475 m die 1994 entdeckte und immer noch nicht vollständig erforschte **Lukina-Höhle,** die mit 1392 m die achttiefste der Erde ist – an ihrem tiefsten Punkt ist man nur 83 m über Meeresniveau!

Achtung: Wanderungen sollte man nur bei sicherem Wetter unternehmen. Der gefährlichste Feind unterwegs ist Blitzschlag – die steilen Flanken des Gebirges halten die von Westen heranrückenden Gewitterfronten an und bringen sie zur Entladung. Mit Schneefall und dadurch plötzlich verschwundenen Markierungen ist in jedem Monat des Jahres zu rechnen, wie die Wetterstation auf dem Zavižan zweifelsfrei festgestellt hat.

Übernachten

Einfach – **Zavižan-Hütte** (1594 m): beim Botanischen Garten, Tel. 051 72 47 66 (Verein) bzw. 053 61 42 09 (Hütte), 28 Betten. Im Sommer am Wochenende einfache Speisen.
Zweckmäßig – **Alan-Hütte** (1305 m): Tel. 099 515 49 99 (Hütte), 40 Betten. **V. Lubenovac-Hütte** (1260 m): Tel. 016 14 00 16 (Verein »Stanko Kempny« in Zagreb), 12 Betten.

Infos

Nationalpark-Zentrum Nordvelebit: Krasno 96, 53274 Krasno, Tel. 053 66 53 80, www.np-sjeverni-velebit.hr.
Anfahrt: Der Nationalpark Nordvelebit ist mit **öffentlichen Verkehrsmitteln** nicht zu erreichen. Mit dem **Auto** nimmt man von Norden die Straße von Sveti Juraj nach Krasnopolje und biegt auf dem Oltare-Pass auf die Forststraße zum Zavižan ab, Fahrstraße bis zur Hütte (kostenpflichtig), oder man lässt das Auto am Parkplatz und läuft etwa zwei Stunden zur Hütte. Von Süden führt ab Jablanac die Straße zum Alan-Pass mit Alan-Hütte, von wo aus man zu Fuß auf einem Sträßchen zur Lubenovac-Hütte geht (ca. 6 km). Zur Rossijeva-Unterstandshütte von der Zavižan-Hütte wie von Alan-Pass je ca. 2 Std. 30 Min. Fußweg.

Zavratnica ▸D 7

Südlich des Fährortes **Jablanac** liegt der wie ein norwegischer Fjord steil eingeschnittene, schmale Meeresarm Zavratnica. Ob von Land her oder von Krk und Mali Lošinj aus auf Tagesausflügen mit dem Boot, die Zavratnica ist ein beliebtes Ausflugsziel. Fotografen seien gewarnt: Den faszinierenden Tiefblick, den die Bilder von den Ausflugsunternehmen zeigen, hat man nur von hoch oben, und man muss etwas klettern, bis man in Aussichtsposition ist.

Infos

Fährverbindung Jablanac–Mišnjak (Insel Rab) s. S. 148.

Nationalpark Paklenica ▸F 8

Südlich von Karlobag windet sich die Straße in Sichtweite des Meeres, aber meist recht hoch am Hang, die Küste entlang. Die auf der Festlandseite aufragenden Gipfel des Velebitgebirges werden höher und unnahbarer, die von der Bora kahl gefegte Nordostseite der Insel Pag jenseits des schmalen Velebitski kanal erscheint immer mehr wie eine Mondlandschaft. Seit 1949 sind die höchsten Gipfel des Gebirges im Nationalpark Paklenica geschützt, nach einer Erweiterung 1997 umfasst er heute 102 km^2. Man erreicht ihn im Ort **Starigrad Paklenica.**

Der Nationalpark Paklenica reicht von ca. 15 m Meereshöhe am Parkeingang bis auf 1758 m, der Höhe des **Vaganski Vrh,** des höchsten Gipfels im Velebitgebirge. Der Gebirgszug ist hier in zwei Stufen aufgebaut: Auf der ersten liegen alte Almdörfer, die allmählich veröden, die zweite stellt das

Gipfelplateau dar. Der Vaganski vrh ist nur eine von vielen kleinen Erhebungen, die das Karsthochplateau in einer Höhe von 1650–1700 m überragen. Zwei gewaltige Schluchten durchziehen das Gebirge im Parkbereich: **Velika Paklenica** und **Mala Paklenica.**

Die **Tierwelt** des Parks reicht vom den Bären zu seltenen Reptilien – die ehemals über dem Schluchteingang nistenden Geier sind seit dem Jahr 2000 ausgestorben. Desinteresse und zu starke Beeinträchtigung durch die großen Besucherzahlen in der Schlucht sind u. a. die Ursache. Die **Flora** ist artenreich, in Teilen herrscht dichter Bergwald. Einen weiteren Reiz dieses Parks machen die **Felsen** aus, die sich durch Verkarstung in die skurrilsten Gebilde verwandeln können.

Wandern, Freeclimbing, Mountainbiking

Während die Große Schlucht, **Velika Paklenica,** durch einen Wanderweg erschlossen ist, der zum Dom Paklenica (s. rechts) führt, ist die Kleine Schlucht, **Mala Paklenica,** zwar begehbar (außer bei Schneeschmelze und schweren Unwettern!), aber man muss sich seinen Weg über Geröll und Felsbrocken suchen. Bis zu 400 m hohe, senkrechte Wände stehen am Eingang der Großen Paklenica, auch für Spaziergänger vom Parkplatz aus leicht erreichbar. In den Felsen turnen die Freikletterer, der 712 m hohe **Anića kuk** gehört zu den Leckerbissen. Ein gut markiertes Netz von Wanderwegen, teils als Mountainbike-Trails verwendbar, durchzieht den Park. Die Karte »Trekking Nationalpark Paklenica« gibt es in der Nationalpark-Infostelle.

Übernachten

Familienhotel – **Vicko:** Jose Dokoze 20, Starigrad-Paklenica, Tel. 023 36 93 04, www.hotel-vicko.hr, DZ/ÜF 70–150 €. Die Zimmer sind modern und gut eingerichtet.

Freiklettterertreff – **Rajna:** Dr. Franje Tuđmana 105, Starigrad-Paklenica, Tel. 023 35 91 21, www.hotel-rajna.com, DZ/ÜF 50–70 €. Gemütliches Hotel in Privatbesitz, Freeclimber-Treff – hier wird das Routenbuch der Paklenica aufbewahrt. Zimmer mit Sat-TV und Minibar, gutes Restaurant (Grillgerichte probieren!).

Magisch – **Dom u Paklenici:** Tel. 095 813 18 41 (Hüttenwart) oder 023 30 16 36, www.pdpaklenica.hr, Starigrad Paklenica (im Park), Übernachtung 16 €. Die Berghütte u Paklenici ist eine im Hochsommer durchgehend geöffnete, ansonsten an Wochenenden betreute und einfach bewirtschaftete Selbstversorgerhütte (weißen Schlafsack mitbringen!). Großartig ist ihre Lage am Ende der großen Paklenicaschlucht. Sie ist Ausgangspunkt für Touren in alle Richtungen.

Aktiv

Rafting – **Terra Tedania/Riva Rafting Centar:** Ob. Senada Župana 6, 23450 Obrovac, Tel. 023 68 99 20, www.terra-tedania.hr. Eine interessante Tour auf der Zrmanja beginnt an der Brücke nahe Kaštel Žegarski, 18 km östlich von Obrovac. Das Ziel erreicht man nach rund 15 km bei Dolni Bilišane, 10 km östlich von Obrovac.

Infos

Infostelle des Nationalparks Paklenica: Dr. Franje Tuđmana 14a, 23244 Starigrad-Paklenica, Tel. 023 36 91 55, www.np-paklenica.hr.

Touristeninformation Starigrad Paklenica: Trg Tome Marašovića 1, 23244 Starigrad-Paklenica, Tel. 023 36 92 55, www.rivijerapaklenica.hr.

Lieblingsort

Kreative Natur – Bojinac im Nationalpark Paklenica ▶ F 8

Felsen wie Faltenröcke, glatt gespülte weiße Kalkköpfe, Nadeln und Knäuel in den verwegensten Formen – im südwestlichen Ausläufer des Nationalparks Paklenica haben Wind und Wetter über Jahrtausende ganze Arbeit geleistet. Die Rillen in den Felsen zeigen es: Steter Tropfen hat den Stein gelöst. Bojinac heißt der imposante, mit Felsen gespickte Bergrücken hier. Vom höchsten Gipfel in diesem Teil des Nationalparks, dem 1110 m Bojin kuk, genießt man einen fantastischen Blick über die Karstlandschaft des Nationalparks und bis zur endlos langen Insel Pag.

Das Beste auf einen Blick

Zadar und Umgebung

Highlight!

Zadar: Seit byzantinischer Zeit steht der majestätische hohe Zentralbau Sveti Donat im Zentrum der Altstadt von Zadar. S. 178

Auf Entdeckungstour

Venezianische Spuren in Zadar: Ein halbes Jahrtausend regierte Venedig in Zadar, damals Zara. Machen Sie einen Spaziergang durch Zadar auf den Spuren der Serenissima. S. 182

Kultur & Sehenswertes

Gold und Silber in Zadar: Die Schatzkammer im Kloster der Benediktinerinnen nennt sich zu Recht Zlato i Srebro Zadre, »Gold und Silber aus Zadar«. S. 185

Nin und die frühe Geschichte Kroatiens: Nin, heute kaum mehr als ein Dorf, war eine der ersten kroatischen Königsstädte. S. 191

Mit dem Rad unterwegs

Eine Radtour über die Inseln Pašman und Ugljan: Ob mit dem Rennrad auf der Straße oder mit dem Mountainbike auf alten Maultierwegen, diese 60 km haben's in sich. S. 194

Genießen & Atmosphäre

Restaurant Foša am kleinen Hafen in Zadar: Stimmungsvoller als auf der verglasten Terrasse im venezianischen Zolltor am Fischerhafen kann man Fisch nicht speisen. S. 189

Hotel Sali auf der Insel Dugi Otok: Unterkunft mit Traumlage im Ort Sali an der Bucht, eigenes Tauchzentrum, ringsum kein anderes Gebäude – was will man mehr. S. 195

Abends & Nachts

Die Meeresorgel in Zadar: Die Töne der Meeresorgel an der Küste in Zadar sind verführerisch – zum längeren Verweilen und vor allem bei Sonnenuntergang. S. 186

»Četiri Kantuna« in Zadar: Sie haben auch tagsüber geöffnet, aber erst abends kommen sie in Schwung, die Kneipen und Bars rund um die ›Vier Ecken‹ in Zadar. S. 190

Zadar ist die lebendige Hauptstadt Norddalmatiens. Mit dem römischen Forum bilden die byzantinische Kirche Sveti Donat und die gotische Kathedrale ein außergewöhnliches Ensemble. Die Straßen säumen vor allem venezianische Bauten, denn Zadar war vier Jahrhunderte lang Venedigs Verwaltungsstandort für Dalmatien. Dabei ist die Stadt mehr als nur historisch oder kunstgeschichtlich interessant – sie ist zentraler Ort für eine große Region, der tägliche Grünmarkt ist einen Besuch Wert, die Basketballmannschaft gehört zu den besten Kroatiens, und an Kneipen und Clubs herrscht kein Mangel.

Am Stadtrand in Borik und im Umfeld liegen Badeorte wie Zaton, Biograd und das historisch bedeutsame Nin, in Letzteren hatten die ersten kroatischen Könige vor nunmehr einem Jahrtausend Residenzen. Vor der Küste lockt ein schwach besiedelter Inselarchipel mit einer kaum auslotbaren Fülle an Freizeitmöglichkeiten. Dugi Otok ist immerhin 30 km lang, die durch eine Brücke verbundenen Inseln Pašman und Ugljan bringen es auf 60 km.

Ein großartiges Naturdenkmal ist der Naturpark Telašćica zwischen dem Südteil von Dugi Otik und dem (bereits auf dem Gebiet von Šibenik liegenden) Nationalpark Kornaten. Wer in diesem Inselarchipel nicht weiß, was er mit seiner Zeit anfangen soll, ist selber schuld.

Infobox

Touristeninformationen

Tourismusverband des Landkreises Zadar: TZŽ Zadarske, Sv. L. Bogdana Mandića 1, Tel. 023 31 53 16, www.zadar.hr

Internet

www.zadar.hr: Informative Seite des Landkreises Zadar (auch auf Deutsch)

Anreise und Verbindungen

Zadar hat einen eigenen Flughafen mit Direktflügen aus Deutschland. Oder man kommt über den Flughafen Split und dann weiter mit Bus oder Leihwagen. Die Bahnverbindung mit Zagreb ist langsam und deshalb wenig empfehlenswert, es sei denn, man liebt klassische Bahnfahrten! Über die neue Autobahn ist Zadar direkt mit Zagreb, Rijeka und Split verbunden. Auch gibt es regelmäßige Fähren nach Ancona.

Zadar! ▶ E 9

Aus der Vogelschau erkennt man die rechten Winkel im Straßennetz von Zadar, Erbe der römischen Anlage. Wer sich von der See her oder über die Fußgängerbrücke nähert, sieht zuerst die venezianischen Stadtmauern und Kirchtürme der alten Hauptstadt Dalmatiens (nach 614 bis 1919). Vor dem Landtor erinnern österreichische Festungsmauern an mehr als ein Jahrhundert Zugehörigkeit zum Habsburgerreich. Das Nebeneinander frühkroatischer und gotischer, venezianischer und gründerzeitlicher Bauten ist der abwechslungsreiche Hintergrund für die heitere Altstadt auf der Halbinsel. Wer ihre Lebendigkeit erleben will, geht morgens zum großen Markt zwischen Kathedrale und Meerestor und flaniert abends auf der Kneipenmeile zwischen Narodni trg und der Stomorica-Gasse. Zadar mag ein Touristenziel sein, vor allem aber ist es das Zentrum einer großen Region, unaufgeregt geschäftig und selbstbewusst.

Die Eröffnung des neuen Hafens **Gaženica** südlich der Stadt hat die Altstadt vom Autoverkehr deutlich entlastet, da die Autos von der Fähre

Einer der bedeutendsten byzantinischen Bauten an der Adria: die Kirche Sveti Donat

sich nun nicht mehr durchs Stadtzentrum bewegen. Der neben Split größte Hafen des Landes beginnt auch wirtschaftlich auszustrahlen.

Der *Decumanus maximus*, die Nordwest-Südost-Hauptachse des römischen Ladera, ist heute noch zu erkennen: Die Široka ulica folgt ihrem Verlauf und hat ihre Funktion übernommen. Nach der Eroberung von Salona durch die Awaren (614 oder 615) verlegte Byzanz die Verwaltung Dalmatiens hierher. Ihre Nachfolger, die ungarisch-kroatischen Könige, waren für die selbstbewusste Stadt nur die offiziellen Herren, tatsächlich verwaltete Zadar sich selbst. 1409 fiel Zadar mit ganz Dalmatien durch Kauf an Venedig, der Name der Stadt war nun Zara. Von 1797 bis 1919, unterbrochen durch die napoleonische Zeit, regierte Österreich. Dann fiel Zadar nicht etwa an das neu gegründete Königreich Jugoslawien, sondern an Italien. Erst nach dem Zweiten Weltkrieg und seinen Zerstörungen kam Zadar zu Jugoslawien, die Italiener und ihre Sympathisanten mussten gehen. 1991 bis 1995 war das inzwischen kroatische Zadar durch die Freischärler der serbischen Republik Krajina vom Hinterland abgeschnitten und musste über See versorgt werden. Die Wunden aus beiden Kriegen sind heute verheilt.

Rund um den Volksplatz

Von Zadars wenig ansprechender, in großen Teilen aus jugoslawischen Zeiten stammender Neustadt führt eine Fußgängerbrücke hinüber zur Altstadt. Man betritt sie durch das **Neue Tor (Nova Vrata)** 1. Vor dem Narodni trg passiert man das spätgotische **Palais Ghirardini-Marchi** 2.

Der Narodni trg (Volksplatz) ist der unbestrittene Mittelpunkt der Stadt, von hier aus erreicht man rasch sowohl die Einkaufsstraße (Široka) als auch die Kneipengasse (Mihe Klaića).

Die 1565 errichtete **Stadtloggia (Loža)** 3 und die **Stadtwache (Gradska straža)** 4 mit Uhrturm und Loggia sind Bauten des venezianischen Staatsbaumeisters Sanmicheli, der Uhrturm jedoch wurde erst 1798 errichtet. Rechts davon befindet sich das Café **Lovre** 6, in dessen Hof durch eine Glaswand die Ruine der **Kirche Sveti Lovro** 5 aus dem 11. Jh. zu sehen ist. Das protzige **Rathaus** 6 wurde während der italienischen Besatzung errichtet (1934).

Von der Široka zum Arsenal

Zadars Hauptstraße, die Široka, wird meist Kale larga genannt, ›breite Gasse‹. Mit heutigen Augen gesehen ist sie gar nicht so breit. Leider hat sie im Zweiten Weltkrieg durch Bombentreffer stark gelitten, der Wiederaufbau der Nachkriegszeit ist deutlich zu erkennen. In einer Parallelstraße, der Ulica Brne Karnarutića, befindet sich die **Kirche Sveti Krševan** 7, die dem Stadtpatron Chrysogonus gewidmet ist. Der romanische Bau wurde barock umgestaltet, sehenswert ist besonders der Marmoraltar des Titelheiligen.

Zadar

Sehenswert

1 Neues Tor (Nova Vrata)
2 Palais Ghirardini-Marchi
3 Stadtloggia
4 Stadtwache mit Uhrturm (Gradska straža)
5 Kirche Sveti Lovro
6 Rathaus
7 Kirche Sveti Krševan
8 Hafentor (Lučka vrata)
9 Stadtmuseum
10 Arsenal
11 Kirche Sveti Donat
12 Kathedrale Sveta Stošija
13 Archäologisches Museum
14 Kirche Sveta Marija
15 Benediktinerinnenkloster
16 Franziskanerkloster mit der Kirche Sveti Frane
17 Meeresorgel und »Gruß an die Sonne«
18 Stomorica
19 Kirche Sveti Šimun
20 Palast des Stadtkommandanten
21 Palast des venezianischen Generalgouverneurs
22 Rektorenpalast
23 Stadtpalast Petrizio
24 Palais Grisogono
25 Museum für antikes Glas
26 Platz der fünf Brunnen (Trg pet bunara)
27 Turm des Stadtkommandanten (Kapetanova kula)
28 Landtor (Kopnena Vrata)
29 Zolltor
30 Grimani-Bastion

Übernachten

1 Arthotel Kalelarga
2 Kolovare
3 Mediteran
4 Apartments Donat
5 Jugendherberge Zadar
6 Camping Borik
7 Bastion

Essen & Trinken

1 Foša
2 Dva Ribara
3 Konoba Dalmacija
4 Caffe Bar Forum
5 Callegro
6 Lovre
7 Slastičarnica Donat

Einkaufen

1 Grünmarkt
2 Iločki Podrumi

Abends & Nachts

1 Četiri Kantuna (›Vier Ecken‹)
2 Casino Zadar
3 Sommerdisco in Borik
4 Gotham
5 Puppentheater Zadar

Auf Entdeckungstour: Venezianische Spuren in Zadar

Lange war Venedig in Zadar, damals Zara, präsent. Die meisten Spuren hat die Renaissance hinterlassen, als die Serenissima gegen türkische Angriffe ein komplett neues Befestigungssystem errichten ließ und dafür den bewährten Stadtbaumeister Sanmicheli beauftragte. Aber auch aus dem Barock sind einige Veneziana erhalten, vor allem in den Kirchen.

Cityplan: s. S. 181
Zeit: 2–3 Std. oder länger
Öffnungszeiten der Kirchen: meist 8–12/13 Uhr, nachmittags – weniger verlässlich – 15/16–19/20 Uhr

Auftakt mit Löwe

Beim **Landtor** 28 tritt uns Venedig sofort deutlich entgegen. Sanmichelis Rustiko-Dekor des mit Säulen ganz nach Renaissance-Geschmack gestalteten Tores, das einem antiken römischen Tor gleichen sollte, ist unverkennbar. Klar, dass ein großer Markuslöwe über dem Hauptdurchlass wacht.

Rechts hinter dem Tor liegt etwas höher der **Platz der fünf Brunnen** 26, dessen Gestaltung ebenfalls auf Sanmicheli zurückgeht (1575). Hintereinander sind sie aufgereiht, die fünf achteckigen Steintröge. Sie markieren das ehemals wichtigste Wasserreservoir von Zara. Rechts oberhalb sieht man die pfeilförmige venezianische

Grimani-Bastion 30, die ein Teil der in der ersten Hälfte des 16. Jh. entstandenen neuen Befestigungen ist.

Loggien alla Venezia

Vorbei am **Palast des venezianischen Generalgouverneurs** 21 mit schönem gotischen Fenster und Loggia nach venezianischem Vorbild im Innenhof gelangt man zum Hauptplatz von Zara, heute Volksplatz – Narodni trg genannt. Zwei Loggien zieren ihn, die repräsentative **Stadtloggia** 3 und die robuste, in Rustika ausgeführte Loggia der **Stadtwache** 4 mit dem später hinzugefügten Uhrturm. Beide wurden von Sanmicheli entworfen, bei der Stadtloggia kennt man sogar das Entstehungsjahr: 1565. In der Loggia hat sich in der Nische oben links eine Büste erhalten, die den Stadtkommandanten Giovanni Zane (1608) in römischer Feldherrenkleidung, aber mit unpassendem Vollbart darstellt.

Meisterwerke in Sakralbauten

Die **Kathedrale Sveti Stošija (St. Anastasia)** 12 besitzt mehrere Kunstwerke venezianischer Meister. Das Chorgestühl (1618–50) ist ein Werk des Matteo Moronzon, den pompösen barocken Altar des heiligsten Sakraments im rechten Seitenschiff schuf Andrea Vivarini 1719. Die **Kirche Sveti Marija (St. Maria)** 14 am Forum ist wesentlich älter als ihre Renaissancefassade, die auch in Venedig stehen könnte, und noch viel älter als der Rokokostuck eines venezianischen Künstlers im Inneren, der vor allem die Loggien der adeligen Nonnen im oberen Stockwerk ziert. Im Anschluss können Sie noch das **Franziskanerkloster** 16 besuchen, das ein wunderschönes Chorgestühl von Giacomo di Borgosansepolcro (ab 1393) besitzt sowie einen Renaissance-Kreuzgang mit venezianischem Brunnen.

Finale am Hafentor

Das venezianische **Arsenal** 10 (1752) beherbergt heute Läden und Gaststätten. Über die venezianische Mauer gelangt man zum **Hafentor** 8, ebenfalls eine Erinnerung an die Venezianer. Es entstand nach 1573, als Venedig den Türken in der Schlacht von Lepanto eine empfindliche Niederlage beigebracht hatte.

Venezianischer Markuslöwe am Landtor

Hafentor und Stadtmuseum

Auch auf dem **Hafentor (Lučka vrata)** 8 ist der hl. Chrysogonus präsent: im Stadtwappen von 1573. Außerhalb des Tores und der Mauern liegen die Anlegestellen der Fähren zu den vorgelagerten Inseln. Das **Stadtmuseum** 9 (Muzej grada Zadra, Poljana pape Alexandra III, Mo–Fr 9–15, Mi auch 17–19 Uhr, 3 €) auf dem Platz vor dem Hafentor zeigt auf drei Stockwerken interessante Architekturmodelle, Möbel und Porträts von Zadars *upper class* vom 17. bis 20. Jh.

Arsenal 10

Vom Hafentor ausgehend sollte man einen Abstecher zum venezianischen Arsenal machen, einem massiven Steinbau, den heute Bars, Restaurants und Läden beleben. Das Sträßchen oben auf der Stadtmauer (Stiege auf der Museumsseite des Hafentores) bietet den interessantesten und wegen der Blicke, die man von oben auf den Hafen hat, eindrucksvollsten Weg dorthin.

Das römische Forum

Forum nennt sich heute wieder der Platz, auf dem man die Reste des römischen Forums und des Kapitols ausgegraben hat. Gut sind die Mauerzüge der *tabernae* zu erkennen, einräumiger Läden, die einst das Forum flankierten. Grundmauern des Kapitoltempels und Säulen finden sich ebenfalls. Am Rande des Forums entstanden Zadars wichtigste Sakralbauten, die Kirche Sveti Donat und die Kathedrale.

Kirche Sveti Donat 11

Šimuna Kožičića, im Sommer tgl. 9–21, im Winter 9–17 Uhr, 3 €

Der nach außen nur durch Lisenen und drei Ostapsiden gegliederte Zentralbau der Kirche Sveti Donat zieht besonders viele Blicke auf sich. Der byzantinische Bau entstand um 800. Der Bezug auf die Rundkirchen San Vitale in Ravenna und die zur gleichen Zeit entstandene Pfalzkapelle Karls des Großen in Aachen ist offensichtlich. Faszinierend ist das Innere, ein sehr hoch wirkender, zweigeschossiger Mittelraum mit Umgang und Galerie, die Säulen stammen aus einem römischen Tempel des Forums. 27 m über dem Boden spannt sich die (restaurierte bzw. teilrekonstruierte) Holzkuppel (Originalbalken im Archäologischen Museum, s. u.).

Kathedrale 12

Erst im 12. Jh. wurde mit dem Bau der heutigen Kathedrale Sveta Stošija (St. Anastasia) begonnen, der Zeit entsprechend im romanischen Stil. Ein älterer Bau wurde dafür größtenteils abgetragen und teilweise integriert. Die Kathedrale wurde im 14. Jh. mit einer Fassade im Stil norditalienischer Dome versehen, mit übereinander gelagerten Reihen von Blendarkaden und zwei Fensterrosen. Im 15. Jh. kam schließlich noch der Campanile hinzu, der alle anderen Türme der Altstadt überragt. Das Innere der dreischiffigen Basilika wird durch die freitragenden Säulen aus einem römischen Tempel bestimmt. Ihren Höhepunkt findet die prachtvolle Ausstattung in einem zierlichen gotischen Baldachin und vergoldetem Chorgestühl aus dem frühen 15. Jh.

Archäologisches Museum 13

Trg opatice Čike 1, http://amzd.hr, tgl., Sommer 9–21, Winter 9–15 Uhr, 4 €

Auf der anderen Seite des Forums bietet das Archäologische Museum vorgeschichtliche, griechische und römische Funde sowie frühkroatische Architektur- und Ausstattungsteile, Kirchenmodelle, Holzbalken aus dem Dachstuhl von Sveti Donat.

Kirche Sveta Marija 14

Die Kirche Sveta Marija (St. Maria) steht, wie früher der römische Kapitoltempel gegenüber, auf einem Podium, zu dem Stufen hinaufführen. Sie hat eine RenaissanceFassade und ist innen spätbarock ausgestattet. Die Logen im Obergeschoss verraten ihre ursprüngliche Funktion: Sie gehörte zu einem Nonnenkloster. Von hier aus verfolgten die Nonnen den Gottesdienst, ohne gesehen zu werden. Der eindrucksvolle romanische Campanile wurde um 1105 errichtet.

Benediktinerinnenkloster 15

Mo–Sa 10–12.30/13, Sommer auch 18–20, So 10–13 Uhr, 1 €

Ein weiteres interessantes Bauwerk flankiert das Forum auf seiner Südostseite: das Kloster der Benediktinerinnen. Es beherbergt auf zwei großflächigen Stockwerken die Sammlung **Zlato i Srebro Zadre (Gold und Silber aus Zadar)**, eigentlich »Ständige Sammlung kirchlicher Kunst in Zadar«. Die Ausstellung heißt nicht zufällig so, denn unter den gezeigten Kunstschätzen dominieren Gold- und Silberschmiedearbeiten. Eindrucksvoll sind die goldenen und vergoldeten Reliquiare des Früh- und Hochmittelalters mit ihren im Edelmaterial nachgeformten Gliedmaßen, etwa einem Arm des hl. Isidor und die reich verzierten Reliquienkästchen wie das des hl. Gregor.

An der Halbinselspitze

Franziskanerkloster 16

Museum: Mo–Sa 9–18 Uhr, 2 €

Fast an der Spitze der Altstadthalbinsel liegt das Franziskanerkloster mit der Kirche **Sveti Frane.** Sie hat eine schlichte gotische Fassade mit den typischen sehr lang gestreckten Fenstern, wie sie für die Franziskanerkirchen des Mittelalters üblich war. Die 1280 geweihte Kirche des Klosters ist die erste und somit älteste gotische Kirche Dalmatiens. Die barocken Altäre des einschiffigen Baus sind gut, aber nicht aufregend, dagegen ist das Chorgestühl im Mönchschor (1394) ein Meisterwerk.

Meeresorgel 17

s. Lieblingsort S. 186

Von der Stomorica zum Landtor

Stomorica 18

Stomorica nennt sich die Ruine einer kleinen frühkroatischen Kirche. Sie ist tief in den heutigen Boden eingesenkt, die Mauern über kleeblattförmigem Grundriss sind noch bis zu 2 m hoch. Nachtschwärmer kennen eher die hier beginnende gleichnamige Gasse, die zum Kneipenmittelpunkt Zadars führt, der Straßenkreuzung »Četiri kantuna« (s. S. 190).

Kirche Sveti Šimun 19

In der Kirche Sveti Šimun (St. Simeon) befindet sich einer der bedeutendsten Kunstschätze Kroatiens, der Sarkophag des hl. Simeon, des Titularheiligen. Das Kunstwerk wurde um 1380 von der ungarisch-kroatischen Königin Elisabeth bestellt. Sie widmete dem Heiligen den kostbaren Sarkophag als Votivgabe und wohl auch als Bestechung – sie hoffte auf einen männlichen Erben und Thronfolger (erfolglos). Zwischen 1377 und 1380 verarbeitete der Goldschmied in dem Sarkophag 240 kg Silber und reichlich Gold. Auf der Rückseite sieht man die Königin mit ihren drei Töchtern, wie sie dem Heiligen den fertigen Schrein übergibt, auf der Vorderseite dominiert der Einzug des Königs Ludwig von Ungarn und Kroatien in Zadar.

Lieblingsort

Außergewöhnliche Klänge – die Meeresorgel 17

Vom Franziskanerkloster ist es nicht weit bis zur Spitze der Halbinsel von Zadar. Eine steinerne Treppe führt hinunter zum Meer. Hier sind die Töne einer außergewöhnlichen Orgel zu hören, die aus den Spalten der Treppenabsätze hervordringen. 2005 hat der Architekt Nikola Bašić die »Meeresorgel« geschaffen. Das ständig bewegte Meerwasser strömt in unterschiedlich weite Röhren ein, die wiederum zu verschieden geformten Hohlräumen führen. Durch die Spalten dringt der Ton nach außen. Abends sitzen hier viele Menschen, lauschen den Tönen und betrachten den Sonnenuntergang über der Insel Pašman. Den stärksten Eindruck hinterlässt die Orgel bei stark bewegter See, aber auch an ruhigen Tagen hört man sie singen. Unweit der Meeresorgel bildet eine aus 300 Einzelteilen bestehende Glasscheibe von 22 m Durchmesser den Boden des Kais, Nikola Bašić hat sie **»Gruß an die Sonne«** genannt (Pozdrav suncu). Tatsächlich handelt es sich um Solarzellen. Nachts leuchten sie.

Man sieht den Hafen mit Schiffen, die befestigte Stadt, König, Bischof und Honoratioren sowie den übergroßen Sarkophag. Vor der Kirche steht eine **römische Säule**. Sie stammt vom Forum und gehört eigentlich nicht hierher, dient jedoch zur Markierung der Position des römischen Landtores, das 2 m unter dem heutigen Straßenniveau ergraben wurde.

Paläste

Der **Palast des Stadtkommandanten** 20 gegenüber der Simeonskirche ist reinste Renaissance; der durch den **Palast des venezianischen Generalgouverneurs** 21 getrennte mittelalterliche **Rektorenpalast** 22 wird renoviert. Die **Stadtpaläste Petrizio** 23 und **Grisogono** 24 geben einen guten Eindruck von venezianischen Palästen in der Provinz, bei beiden sind spätgotische Formen mit Renaissance-Elementen verbunden.

Museum für antikes Glas 25

Poljana Zemaljskog odbora 1, www.mas-zadar.hr, Mo–Sa 9–16 Uhr, 4 €

Der gründerzeitliche Bau mit der schönen ockerfarbenen Fassade, der **Cosmacendi-Palast,** ist das Museum für antikes Glas. Zadars (und Nins) reiche Schätze an künstlerisch bedeutsamem wie handwerklich aufwendigem römischem und jüngerem Glas werden hier samt Glasbläserei und Laden mit ausgezeichneten Repliken in Szene gesetzt.

Am Platz der fünf Brunnen

Der **Platz der fünf Brunnen** 26 (Trg pet bunara) hat seinen Namen von eben fünf Brunnen aus venezianischer Zeit. Sie wurden über einer riesigen Zisterne angebracht, die das winterliche Regenwasser für den Sommer speicherte (heute kommt das Wasser aus dem Zrmanja-Fluss). Der angrenzende **Turm des Stadtkommandanten (Kapetanova kula)** 27 stammt aus dem 13. Jh. und war der Vorgänger des Palastes gegenüber der Simeonskirche, später Befestigungsturm. Er ruht auf römischen und frühmittelalterlichen Fundamenten, wie man in der Gasse Prolaz Cara Augusta erkennen kann.

Vom Landtor zur Bastion

Das **Landtor (Kopnena Vrata)** 28 ist wie die Zisterne ein Werk Sanmichelis, kein Wunder, dass es den Toren dieses Meisters in der Stadtbefestigung von Verona ähnelt. Der venezianische Markuslöwe bewacht den Eingang von außen. Davor liegt der kleine Hafen Foša, auch hier gab es ein Tor, das **Zolltor** 29, das den Handel aus diesem Fischerhafen überwachte. Heute ist es ein Restaurant.

Wenn man die Altstadt durch das Landtor verlässt, stößt man auf eine die gesamte Halbinsel von Zadar abriegelnde **Bastion** 30. Sie entstand in österreichischer Zeit und trug auch die Garnison der Stadt, die Gebäude werden heute anderweitig genutzt. Hier liegt heute ein schöner Park, **Perivoj Vladimira Nazora.**

Grimani-Bastion 30

s. Entdeckungstour S. 183

Übernachten

Zadar besitzt in der Altstadt nur ein Hotel, aber Privatzimmer und kleine Pensionen. **Privatzimmer** vermittelt z. B. Jaderatours, Elizabete Kotromanić bb., Tel. 023 25 03 50, www.jaderatours.hr.

Klein und zentral – **Arthotel Kalelarga** 1: Majke Margarite 3, Tel. 023 23 30 00, DZ/ÜF 170–220 € Das kompakte Hotel mit nur zehn Zimmern (jedes hat ein »Thema«) wird innen von künstlichem Naturmauerwerk gestaltet, und auch sonst spürt man die Arbeit der Designer. Die Lage: zentraler geht's nicht.

Busy – **Kolovare** 2: Bože Pericica 14, Tel. 023 20 32 00, www.hotel-kolovare.com, DZ/ÜF ab 140 €. Das komplett renovierte Hotel älteren Datums liegt in Gehentfernung von der Altstadt und wird gerne von Geschäftsleuten frequentiert, der Strand ist neu gerichtet.

Angenehm – **Mediteran** 3: Matije Gupca 19, Tel. 023 33 75 00, www.mediteran.hr, DZ/ÜF 75–115 €. Das private Hotel liegt 400 m vom Strand entfernt im Vorort Puntamika, 4 km nordwestlich der Stadt. Das Haus hat 30 funktional eingerichtete Zimmer.

Apartments mit Rezeption – **Apartments Donat** 4: Fra Donata Fabijanica 2, Tel. 095 825 63 90, www.apartmentsdonat.com, Apartment 65–100 €. Moderne Apartments mit Küchenzeile in altem Haus unweit Forum, Rezeption, trotz Parkplatz vor der Tür ruhige Lage.

Zweckmäßig – **Jugendherberge Zadar** 5: Obala kneza Trpimira 26, Tel. 023 33 11 45, www.hfhs.hr. Haus an der Marina Borik mit 245 Betten, vorwiegend in Schlafsälen, ab 22 €.

Luftig – **Camping Borik** 6: Majstora Radovana 7, Tel. 023 20 65 99, www.campingborik.com, Mai–Sept. Großer Platz mit FKK in Borik.

Eleganz in Stadtmauern – **Bastion** 7: Bedemi zadarskih pobuna 13, Tel. 023 49 49 50, www.hotel-bastion.hr, DZ/ÜF 160–250 €. Luxushotel in den Resten des mittelalterlichen Kastells. Es hat nicht mehr als 28 aufwendig ausgestattete Zimmer, bietet aber ein Wellness Center.

Essen & Trinken

Meeresfrüchte satt – **Foša** 1: Ulica kralja Dmitra Zvonimira 2, Tel. 023 31 44 21, www.fosa.hr, Menü kaum unter 35 €. Das legendäre Fischrestaurant im alten Zolltor am Fischerhafen hat eine verglaste Terrasse mit Blick auf den Hafen – eine unnachahmliche Atmosphäre. Die Speisekarte offeriert die ganze Palette dalmatinischer Gerichte, die klassisch zubereitet auf den Tisch kommen.

Kühl, aber gut – **Dva Ribara** 2: Blaža Jurjeva 1a, Tel. 023 21 34 45, www.2ribara.com/zadar/, zwei Gänge ab ca. 15 €. Das gute Altstadtlokal hat sich kühl und modern herausgeputzt. Sehr guter Fisch, *Risotto nero,* Spaghetti mit dalmatinischem Schinken und immer noch so rustikale Gerichte wie gefüllte Paprika als Tagesgericht (7 €).

Mehrere **einfache Esslokale** liegen in der Varoška ulica und der Stomorica.

Edel unter Bäumen – **Konoba Dalmacija** 3: Ivana Tanzlingera 4, Tel. 023 63 34 59, Restaurant mit klassischer dalmatinischer Speisekarte. Bemerkenswert ist die Lage: Man gelangt durch ein unscheinbares Tor in einer alten Steinmauer in einen hübschen Garten mit antiken Ruinenresten und sitzt im Schatten von Bäumen.

Cafés und Kneipen

An jeder Straßenecke gibt es zwei *kaffe bars*, Brennpunkt sind die »Vier Ecken« nahe dem Narodni trg. Besuchenswert die **Caffe Bar Forum** 4 an der Široka mit Blick auf Forum, Sveti Donat und Kathedrale. Das schickere **Callegro** 5 nebenan ist Café und Kino, die zwei Etagen sind gut besucht. Ein besonders stimmungsvoller Treffpunkt ist das **Lovre** 6 (Narodni trg). Hier verkehrt die gute Gesellschaft von Zadar. Das Besondere dieses Cafés: ein offener Durchgang zu einem mittelalterlichen Raum.

Die hohen Säulen der romanischen Kirche des hl. Lorenz (Sveti Lovre) schließen sich an den Innenraum des Cafés an. Die Eisdiele **Slastičarnica Donat** 7 auf dem Platz vor der Kathedrale, Trg Sv. Stošije, ist *die* Adresse für Eisschlecker (wie die meisten Eisdielen Dalmatiens von einer albanischen Familie betrieben).

Einkaufen

Beliebtestes Mitbringsel ist der Maraschino, kroatisch *maraska* (www.maraska.hr), der in Zadar aus Sauerkirschen der Region erzeugt wird. Erhältlich ist er z. B. in einem Maraska-Laden im Arsenal (s. u.).

Märkte – **Grünmarkt** 1: tgl. vormittags innerhalb der Stadtmauer zwischen Neuem Tor und Hafentor. Käse, Wein, Olivenöl von privat. Fischmarkt.

Wein – **Iločki Podrumi** 2: Dalmatinskog Sabora 3. Wohl größte und landesweit präsente Vinothek. Große Auswahl und nicht nur Weine aus Slawonien.

Vielfalt – Das venezianische **Arsenal** 10 beherbergt viele Boutiquen, Cafés und kleine Galerien, Infos: www.arsenalzadar.com.

Abends & Nachts

Die Lokale um die Kreuzung **Četiri Kantuna (›Vier Ecken‹)** 1 zwischen Narodni trg und Spire Brusine haben bis weit nach Mitternacht geöffnet. **Casino Zadar** 2 in der Marina Tankerkomerc, **Sommerdisco in Borik** 3, Clubs gibt es z.B. auf halbem Weg nach Borik, wo das **Gotham** 4 in der Marka Oreškovića 3 (Tel. 023 20 02 89) DJ-Nächte präsentiert, daneben gibt es ein Kino und eine Sommerdisco. Das **Arsenal** 10 hat bis nach Mitternacht geöffnete Lokale. Das **Zadarer Puppentheater** (Kazalište lutaka Zadar) 5, Sokolska 1, Tel. 023 31 11 22, www.klz.hr, ist landesweit bekannt.

Infos & Termine

Touristeninformation Zadar: Mihe Klaica 2, direkt am Narodni trg, Tel. 023 31 61 66, www.zadar.travel.
Flughafen: ca. 12 km entfernt, www.zadar-airport.hr, Stadtbüro: Poljana Natka Nodila 7, Tel. 023 20 58 00, z. B. Ryanair und Croatia Airlines.
Bahn: Bummelzug nach Knin (2 Std.); Bahn-/Bushof nahe Hotel Kolovare.
Fähren: Katamaran und Personenfähren vom alten Hafen an der Nordseite der Altstadt zu den vorgelagerten Inseln Dugi Otok, Žverinac, Sestrunj, Ist, Molat, Iž, Rava 1 x tgl. Autofähren setzen vom großen Hafen Gaženica südlich der Altstadt zu den Inseln Dugi Otok, Iž, Rava, Ist, Ugljan, Premuda, Sestrunj über sowie nach Olib und bis Mali Lošinj 1 x tgl. sowie 4 x wöchentlich nach Ancona (alle Jadrolinija, www.jadrolinija.hr).
Musikabende in Sveti Donat: vier Wochen im Juli/Aug. mit klassischer Musik.
Internationaler Wettbewerb der Chöre: Ende Mai.
Theatersommer: vier Wochen im Juli/Aug. auf dem Trg pet bunara, in Sveti Dominik und im Theater.

Umgebung von Zadar

Zaton ▶ E 8

Von Borik, dem Hotelviertel Zadars, zieht sich die Küste mit Feinkiesstränden und Kiefernwald weiter über das freundliche Dorf Petrčane und die Hotelsiedlung Punta Skala auf einer bewaldeten Halbinsel bis Zaton. Auch dort liegt eine Hotelkolonie, mitten im Kiefernwald, mit Traumstrand (einige Sandabschnitte!), einem großen Campingplatz und bekannter Sommerdisco.

Malerisch gelegen – die Kirche Sveti Nikola in Nin

Nin ▸ E 8

Auf der anderen Seite der Halbinsel von Zaton liegt zwischen Meer und Salzsumpf die zwar kleine, aber historisch umso wichtigere Stadt Nin. Ein **römischer Tempel,** dessen Podium mitten im Städtchen ausgegraben wurde, erinnert an Nins antike Vorgängerin Aenona. Kroaten ließen sich in der während der Völkerwanderungszeit zerstörten Stadt nieder, bauten bescheidene Kirchen, wie die »kleinste Bischofskirche der Welt«: **Sveti Križ** (Heiligkreuz; einen Bischof gibt es schon seit 200 Jahren nicht mehr). Über dem Türsturz des Kirchleins aus dem 9. Jh. sieht man eine Inschrift, sie ist eine der ersten, die das damals noch junge Kroatien hinterlassen hat. Unter dem Fürsten Trpimir war Nin ab 846 sogar Hauptstadt des Landes.

Vor der Stadt liegt auf einem Hügel die viel fotografierte frühkroatische **Kirche Sveti Nikola.** Die winzige Kirche ist aus hellem Stein mit drei Apsiden und dem (später aufgesetzten) Wehrturm.

Drei Museen

Schätze gibt es im sehr guten **Stadtmuseum** zu bewundern, darunter Reste eines römischen und eines frühkroatischen Schiffes (Juni/Aug. tgl. 9–14, 18–21, sonst Mo–Sa 8–13 Uhr, 2 €). Gold und Silber zeigt die **Schatzkammer der Pfarrkirche,** kostbare Reliquiare, bemerkenswert die Arm- und Fußreliquiare aus dem 14. Jh. (keine festen Öffnungszeiten, Schlüssel bei der Touristeninfo).

Nins drittes Museum gehört zum Salzwerk, der **Solana Nin.** Die flache Bucht produziert auch unter natürlichen Bedingungen Salzkrusten an ihren Ufern, der Mensch hat Pfannen geschaffen, in denen er diesen Prozess fördert. Heute noch wird hier Salz gewonnen, besonders feines »fleur de sel«. Das **Museum** steht am Rand einer ökologischen Schutzzone, (Öffnungszeiten etc.: www.nin.hr; auch Führungen).

Per Fahrrad von Zadar nach Nin

Bei den Touristeninformationen gibt es eine kostenlose Radkarte (»Bike Tourist Zadar«), die den Raum zwischen Zadar, Zaton und Nin abdeckt. Sie zeigt, dass man Nin über **Petrčane** und **Zaton** bis auf eine kleines Stück Hauptstraße (ca. 2 km Länge) auf Nebenstraßen und Feldwegen erreichen kann, ebenso die **Halbinsel Privlaka,** von der die Brücke auf die Insel **Vir** führt, und die Landspitze vor dem Inselchen **Zečevo.** Für den Rückweg ist man ab Zaton auf die Route des Hinwegs angewiesen.

Insel Vir ▸ E 8

Die Insel Vir ist mit dem Festland durch eine Brücke verbunden. Das Verkehrsaufkommen ist besonders im Sommer gewaltig: Viele Kroaten (und Slowenen) haben auf der Insel ihr Wochenendhäuschen gebaut. Virs Attraktion sind einige schöne **Sandstrände,** besonders an der Inselspitze.

Übernachten

Platz für Familien – **Holiday Resort Zaton:** Nin, Tel. 023 20 55 88, www.zaton.hr, Mai–Sept., Apt. mit TV/Tel. 2 Pers. ca. 40–160 €. In der Anlage des großen Feriendorfs im Kiefernwald gibt es auch einen großen Campingplatz. Spezialattraktion: Sandstrand!
Ausgezeichnet – **Camping Zaton:** Tel. 023 28 02 15, www.zaton.hr. Sehr gepflegter Platz im Pinienwald mit langem Kies- und Sandstrand sowie Animationsprogramme.

Infos & Termine

Touristeninformation Nin-Zaton: Trg Braće Radića 3, 23232 Nin, Tel. 023 26 52 47, www.nin.hr.
Fest der Madonna von Zečevo: 5. Mai in Nin. Die Statue der Madonna wird zu Fuß und mit dem Boot zum Inselchen Zečevo gebracht.

Biograd na moru ▸ F 9

Wie eine Reihe von Orten an der kroatischen Adriaküste liegt auch das alte Biograd na moru auf einer schildkrötenförmig gewölbten Halbinsel. Die Kirche steht auf dem höchsten Punkt, der alte **Hafen** liegt an der Landspitze. Von der großen Vergangenheit sieht man nichts, die Krönung des ungarischen Königs Koloman zum kroatischen König in Biograd im Jahr 1102 ist doch schon zu lange her. Dazwischen wurde das Städtchen zwei Mal von den Venezianern zerstört. Was bis heute überdauert hat, besitzt eher Dorfcharakter. Dafür wird's im neuen Ort recht städtisch mit breiten Straßen, einer schönen **Promenade,** die nach Süden zu den Hotels am Strand führt, mit Shopping, Lokalen, Marinas und dem Fährhafen. Sämtliche Fernbusse machen den Schlenker in die Stadt. Bei Interesse an Geschichte gibt es Sehenswertes im kleinen **Stadtmuseum** am Fähranleger (Krešimirova 20, Juli/Aug. Mo–Sa 7–15, 20–22 Uhr, 1 €): Hauptattraktion ist der reiche Inhalt eines vor den Küsten Biograds gesunkenen Schiffs.

Übernachten

Biograd hat immer noch einen Überhang an Hotelzimmern aus sozialistischen Zeiten, aber im Norden und Süden wurden viele Häuschen gebaut, in denen die Besitzer **Zimmer/Apartments** anbieten.
Funktionell – **Meduza:** A. Šenoa 24, Tel. 023 38 33 31, www.hotelmeduza.com, DZ/ÜF 54–66 €, Apartment bis 115 €. Das angenehme, kleinere Privathotel ist ein moderner Bau mit 15 Zimmern mit Satelliten-TV und Balkon. Ca. 10 Min. zum Strand.
Schöne Lage – **Camping Soline:** Put Kumenta 16, Tel. 023 38 33 51,

www.campsoline.com. Der Drei-Sterne-Campingplatz am Meer mit Kies- und Felsstrand liegt wirklich idyllisch.

Essen & Trinken

Für jeden etwas – **Arkada:** Šetalište dražice 3. Rohschinken und *škampi na buzaru* mit Tischwein gibt es für 30 €, einfaches Essen ohne Wein für 8–15 €, ein Gedicht der Arkada-Grillteller zu ca. 12 €. Sehr freundlich, mit Innenhof.

Infos

Touristeninformation Biograd: Trg hrvatskih velikana 2, 23210 Biograd na moru, Tel. 023 38 53 82, www.tzg-biograd.hr.

Zadar-Archipel

Der Inselarchipel von Zadar ist vielfältig: Kleine und große Inseln tummeln sich im Meer, mit Kies- und Felsstränden, bewohnte und unbewohnte, mit flachem und gebirgigem Gesicht. Zu den kleineren Inseln kommt man nicht an einem Tag hin und zurück, so zu den Inseln des Virsko More mit ihren Fischersiedlungen wie Ist, Molat und Sestrunj. Besser sieht es mit den größeren Inseln aus.

Insel Molat ▸ D 8

Eine Insel mit zwei Dörfern ist in der Inselgruppe zwischen Olib und Sestrunj die Ausnahme, nur Molat hat Bedarf für eine Verbindungsstraße. Die Insel ist auch am leichtesten zu erreichen. Vorbei an der Landspitze von Ugljan steuert man auf den schmalen Kanal zwischen den Inseln Veli und Mali Tun zu, dann erreicht man den Anleger von Molat. Ein Sträßchen führt zur anderen Inselspitze, über den Weiler **Brgulje** zum Dorf **Zapuntel.** Auf alten Maultierpfaden erreicht man die Küste, felsig, wenige Feinkiesabschnitte, einsam.

Insel Ugljan ▸ E 9

Vor der Tür von Zadar liegen die Inseln Ugljan und Pašman, ihr bergiges Profil ist vom Festland aus gut zu sehen. Viele Familien aus Zadar haben im Inselort **Preko** auf Ugljan ein Wochenendhaus. Von der Spitze des Berges **Veliko Brdo** (265 m) mit seiner Kirchenruine sieht man weit über Inseln und Festland (Straße von Preko). Im Süden von Ugljan liegt **Kukljica** mit dem großen Feriendorf Zelena Punta, an der Landspitze die kleine Kirche **Gospa od Sniga,** Maria Schnee. Seit 1514 findet am 5. Aug. eine Schiffsprozession statt, bei der das Madonnenstandbild der Pfarrkirche St. Paul in Kukljica mit dem Boot zur Kirche Gospa od Sniga gebracht wird. Bis zu hundert Begleitboote machen aus der Prozession ein lebendiges Volksfest.

Insel Pašman ▸ E 9

Besonders auf Pašman sind die Orte noch recht ländlich, wie **Pašman** und **Kraj** mit seinem Kloster Sveti Dujma u Kraju direkt am Meer. Hier kann man garantiert einen erholsamen Urlaub verbringen. Oder in dem mit Biograd na moru durch eine Fähre verbundenen **Tkon:** Über dem Ort steht auf einem Hügel das alte **Benediktinerkloster Sveti Kozma i Damjan,** das im 12. Jh. auf einer älteren byzantinischen Klosterruine errichtet wurde. Die Mönche zeigen nachmittags Kloster und Kirche, im kleinen Museum sieht man alte Folianten in glagolitischer Schrift.

Radtour über die Inseln Pašman und Ugljan

Per Rad von Zadar über die Inseln Pašman und Ugljan

Start/Ziel: Zadar, Länge: 57 km, 1 Tag

Die gesamte Radtour von **Zadar** über **Biograd na moru,** mit der Fähre nach **Tkon,** dann auf der Inselhauptstraße über **Pašman** nach **Ugljan** und von **Preko** mit der Fähre zurück nach **Zadar** ist 57 km lang, davon sind 27 km auf dem Festland, 27 km auf den Inseln zurückzulegen – eine bequeme Tagestour, wenn man auf den Straßen bleibt.

Mountainbike-Variante: Wer mit dem Mountainbike unterwegs ist und abseits der Straßen fährt, wird mit einem ziemlich harten Tagespensum rechnen müssen, denn während die Straße die Hügel umgeht, sind die alten Maultierstraßen in dieser Hinsicht ungeniert: besser drüber als drumherum. Auf Pašman und Ugljan werden es dann, wenn man sich auf dem Inselrücken hält, mindestens 700 Höhenmeter und bis zu 10 km mehr. Dafür hat man mit dem Mountainbike auch einige Möglichkeiten, die Seite zu wechseln und etwa im Ort Ugljan einen Abstecher zur Seeseite zu machen.

Insel Dugi Otok ▸ D 9, E 9/10

Die ›Lange Insel‹ verdient ihren Namen: 39 Straßenkilometer liegen zwischen Soline im Nordwesten und Sali im Süden. Dabei ist die Insel meist nur 1,5–2,5 km schmal. Im Nordwestteil stehen Kiefern und Steineichen über der Macchie, um die Orte Božava, Dragove und Brbinj gibt es sogar ausgedehnte Obstgärten und Weinberge.

Božava ist das touristische Zentrum des Nordens und der gesamten Insel. Das ist vor allem auf den Halt der Schiffe von Ancona nach Zadar im Sommer zurückzuführen, die zahlreiche italienische Gäste in die kleine Siedlung spülen. Im Süden ist der Stein nur von niedriger Macchie bedeckt und mancherorts ganz kahl. Nur rund um die beiden Orte **Sali** und **Zaglav** finden sich Gärten und Felder.

Naturpark Telašćica

Überall umspült ein sauberes Meer die felsigen Küsten, die an der Südwestseite mit gewaltigen Kliffs zum Wasser abbrechen. Diese Steilküste gehört zu den eindrucksvollsten Küstenlandschaften Europas. In der Telašćica-Bucht liegt ein viel besuchtes Naturwunder: der **Salzsee Mir,** auch Silbersee genannt. Er ist mit Meerwasser gefüllt, das wohl unterirdisch, aber bei starkem Südwestwind auch über eine flache Landbrücke von der Adria her eindringt. Nur fünf Minuten geht man über einen Treppenweg von der Anlegestelle an der stark gegliederten Telašćica-Bucht zum See, wo man im besonders warmen und sehr salzigen Wasser herrlich baden kann. Von der Anlegestelle kann man auch zum Kliff hinaufgehen und den atemberaubenden Blick aufs Meer genießen; der senkrechte Absturz ist hier um die 30 m hoch.

Übernachten

... auf Ugljan

Feriendorf unter Kiefern – **Zelena Punta:** 23273 Kukljica, Tel. 023 37 33 37, www.zelenapunta.hr, Mai–Okt., Bungalows und Apartments für 1–4 Pers. mit Frühstück ab 47 €. Das Feriendorf mit Jugo-Charme liegt im Kiefernwald an einem sanft geneigten Hang über einer Bucht bei Kukljica.

... auf Dugi Otok

Sportlich – **Božava:** 23286 Božava, Tel. 023 29 12 91, www.hoteli-bozava.hr, Mitte Juni–Mitte Sept., DZ/HP 90–200 €. Hotel aus mehreren unterschiedlich komfortablen Blöcken im Kiefernwald bei Božava. Alle Zimmer haben TV und Minibar; Sauna, Fitnessraum, Radverleih und Tauchschule.

Unter Kiefern – **Sali IV 32:** 23281 Sali, Tel. 023 37 70 49, www.hotel-sali.hr, DZ/HP 80–110 €. Vom Hafen in Sali geht oder fährt man über einen bewaldeten Rücken in die nächste Bucht. Von den einzelnen Blöcken aus hat man teils wunderschönen Meerblick. Die Zimmer sind wesentlich komfortabler, als die beiden Sterne suggerieren; eigenes Tauchcenter.

Aktiv

Radfahren – Dugi Otok wird gerne mit dem Rad befahren, zumal weder der Verkehr noch die Steigungen Schwierigkeiten bereiten; **Radverleih** in den Hotels in Sali und Božava (s. links).

Wandern – Ein Netz aufgelassener, aber begehbarer Wege überzieht die Insel.

Infos

Informationen zum Zadar-Archipel erhält man in der **Touristeninformation Zadar** (s. S. 190).

Touristeninformation Sali: Obala Kralja Tomislava (am Hafen), 23281 Sali, Tel. 023 37 70 94, www.dugiotok.hr.

Naturpark Telašćica: Sali, Danijela Grbin bb., Tel. 023 37 70 96, www.telascica.hr.

Fähren/Katamarane: Molat: tgl. ein Katamaran von/nach Zadar. **Ugljan:** häufige Fährverbindungen zwischen Zadar und Preko. **Pašman:** häufige Verbindungen (Fähre) zwischen Biograd na moru und Tkon. **Dugi Otok:** Im Sommer 3 x tgl. Katamarane zwischen Zadar und Sali, Brbinj und Božava; Autofähren von Zadar (Gaženica) nach Brbinj. In Sali bieten mehrere Agenturen **Bootsausflüge in den Telašćica-Park** an.

Tipp für Tauchfreunde

Tauchen ist rund um Dugi Otok die Sportart Nummer 1: Ausrüstung und Infos erhält man im Tauchcenter Kornati Diver in Zaglav, Tel. 091 36 79 506, www.kornati-diving.com, beim Tauchcenter im Hotel Sali, Tel. 023 37 71 28, www.tauchschule-seehase.com, oder in der Tauchschule im Hotel Božava, Tel. 023 31 88 91, www.bozava.de.

Das Beste auf einen Blick

Von Šibenik nach Trogir

Highlights!

Nationalpark Krka: Die Krka löst im Oberlauf eine Menge Kalk. Bevor sie ins Meer mündet, setzt sie ihn in Form von Sinterbarrieren ab, über die zahlreiche Wasserfälle stürzen und die zwei Seen aufstauen. Unter dem größten Wasserfall kann man baden! S. 207

Trogir: Auf der schmalen Insel drängt sich eine Altstadt mit Gebäuden von der Romanik bis zum Barock – und Venedigs Herrschaft ist immer noch präsent. S. 209

Auf Entdeckungstour

Per Motorsegler durch die Inselwelt der Kornaten: Man braucht keine eigene Jacht, in Murter und Jezera gibt es genug Anbieter von Segeltörns durch die Inselwelt der Kornaten. Am schönsten sind die mit klassischen Segel-Oldtimern mit hölzernem Rumpf. S. 204

Kultur & Sehenswertes

Die Kathedrale von Trogir: Sie ist ein Meisterwerk dalmatinischer Steinmetzkunst aus mehreren Jahrhunderten. S. 209

Aktiv unterwegs

Unterwassererkundungen vor Trogir: Das Meeresgebiet um die Inseln Čiovo und Šolta ist ein ergiebiges Tauchrevier. Auf Čiovo und in Trogir gibt es mehrere Tauchzentren. S. 211

Genießen & Atmosphäre

Babić kosten in Primošten: Wo sonst als in seiner Heimat Primošten sollte man den herausragenden Rotwein Babić verkosten? S. 208

Hotel Concordia in Trogir: Alter Steinbau, Zimmer zur Mole, an der die Motorsegler anlegen, kompetenter und freundlicher Service – so sollte ein Privathotel sein. S. 210

Abends & Nachts

Theater, Konzerte, Ballettabende im Kastell Kamerlengo in Trogir: Im Sommer wird die venezianische Festung Kamerlengo richtig lebendig, wenn abends auf der Bühne gespielt und getanzt wird. S. 211

Zwischen Zadar und Split haben sich zwei weitere Orte entwickelt, die heute etwas im Schatten dieser dalmatinischen Zentren stehen. Beide hatten sie früher größere Bedeutung, was die Fülle repräsentativer Bauten aus Mittelalter und Renaissance erklärt. Beide besitzen kunsthistorisch bedeutende Kathedralen und venezianische Befestigungen. In Trogir ist das Stadtbild nicht durch Neubauten gestört und die gesamte Altstadt UNESCO-Weltkulturerbe. Bei Šibenik mündet der Fluss Krka ins Meer, er prunkt knapp vor seiner Mündung mit zahlreichen Wasserfällen und zwei großen Seen, geschützt durch den Nationalpark Krka. Zwischen Šibenik und Trogir sind kleine, alte Städtchen, wie Primošten und Krapanj, auf Halbinseln und noch winzigeren Inseln entstanden.

Während sich einige Küstenorte wie Primošten und vor allem Vodice auf den Badetourismus eingestellt haben, sind Šibenik und Trogir im Wesentlichen Ziele von Tagesausflügen. Daran ändern auch die Handvoll Betonkastenhotels in der Umgebung und das eine oder andere Hotel in der Stadt nichts. Besonders Trogir bietet zahlreiche Restaurants in der Altstadt, während Šibenik eher auf die in Kroatien übliche *kaffe bar* setzt.

Der große Trumpf der Region ist alles andere als städtisch: Von der Halbinsel Murter mit dem gleichnamigen Städtchen und der Big-Game-Fischer-Hochburg Jezera stechen Boote in den Inselarchipel vor der Küste, dessen größter und schönster Teil sich um die lang gestreckte Insel Kornat konzentriert. Der dortige Nationalpark Kornaten (man nennt die ganze Inselgruppe nach der größten von ihnen) ist ein Skipperparadies erster Güte.

Infobox

Touristeninformation

Tourismusgemeinschaft der Region Šibenik: TZ Šibenso-Kninska Županje, Fra Nikole Ružića bb., 22000 Šibenik Tel. 022 21 90 72, www.sibenikregion.com

Tourismusgemeinschaft der Region Split (nur für Trogir): Braće Kaliterna 10, Split, Tel. 021 49 02 36

Telefonvorwahl: 022, mit Ausnahme von Trogir, hier lautet die Vorwahl 021

Internet

www.sibenik-tourism.hr: ergiebige Seite für die Region um Šibenik

www.dalmacija.net: Seite hauptsächlich für Trogir, ebenfalls recht ergiebig, auch mit Privatquartieren

Anreise und Verbindungen

Šibenik und Trogir liegen an der Adria-Küstenstraße und haben Anschluss an die Autobahn, die Verbindung in Trogir verläuft über Solin (Split). Trogir liegt nahe dem Flughafen Split, Stadtbus 37 verbindet Trogir mit dem Flughafen und Split.

Šibenik ▸ G 10

Anders als etwa Zadar, Trogir oder Split wurde Šibenik nicht vom Meer, sondern vom Land her gegründet. Die Stadtanlage ist im Wesentlichen vorvenezianisch, also byzantinisch und kroatisch. Šibenik kam dann nach ersten Eroberungen im 12. Jh. mit dem Rest Dalmatiens 1412 nach dreijähriger Belagerung auch offiziell an die Republik Venedig, eine Herrschaft, die bis 1797 andauerte. Aus dieser Zeit stammen die meisten heute noch sichtbaren Gebäude. Älter sind nur noch die Festung Sveti Mihovil oben auf dem Berg und die Kirche des hl. Franziskus.

Dicht an dicht stehen die Häuser in der Altstadt von Šibenik

Von der Poljana zum Klostergarten Sv. Lovre

Die **Poljana** 1 ist der größte Platz Šibeniks, hier beginnen die beiden Straßen, die fast die gesamte Altstadt durchqueren: die Kralja Tomislava zur Kathedrale und die Straßenfolge hinauf zur Festung Sveti Mihovil auf dem höchsten Punkt der Altstadt, die einmal komplett von Mauern umgeben war. Große Teile davon haben sich erhalten, gleich neben dem Platz wird die Parkanlage von Resten einer **Doppelmauer** 2 begrenzt.

Der Glaspalast dahinter war in jugoslawischen Zeiten das lokale Haus der nationalen Armee, heute ist es die **Stadtbibliothek** 3. Die »Straße« zur Festung Sveti Mihovil ist eine Treppengasse, über die man früher die Lasten mit Maultieren transportierte. Beim **Theater** 4, einem Gründerzeitbau im Neo-Renaissance-Stil, beginnt sie und passiert mehrere kleine Kirchen. Die **Sveti Duh (Heiliggeistkirche)** 5 in einer Nebengasse verdient wegen ihres schönen Radfensters einen Abstecher. Noch prachtvoller ist die Fassadenrosette der **Sveti Ivan (Johanneskirche)** 6. Sie wurde im 15. Jh. im typisch venezianischen Gotik-Renaissance-Mischstil errichtet. Pure Renaissance zeigt der leider unvollendete Glockenturm. Ein spätgotischer Treppenaufgang führt vom komplett im Renaissance-Stil skulptierten Nebenportal auf eine Balustrade.

Auf dem Weg zur Festung über der Altstadt passiert man den 2008 angelegten ›mittelalterlichen‹ **Garten des Laurentiusklosters (Sveti Lovre)** 7 (Vrt Sv. Lovre 10, tgl. 9–22 Uhr; kein Eintritt, aber für 1 € gibt es eine gute Führung durch eine der Studentinnen, die hier im Sommer jobben).

Šibenik

Sehenswert
1 Poljana
2 Doppelmauer
3 Stadtbibliothek
4 Theater
5 Sveti Duh (Heiliggeistkirche)
6 Sveti Ivan (Johanneskirche)
7 Garten des Laurentiusklosters (Sveti Lovre)
8 Festung Sveti Mihovil
9 Festung Barone
10 Stadtloggia (Vijećnica)
11 Kathedrale Sveti Jakov
12 Museum Bunari
13 Fürstenpalast (Kneževa palača) mit Stadtmuseum

Übernachten
1 Jadran
2 Heritage Hotel Life Palace

Essen & Trinken
1 Zlatna Ribica
2 Konoba Vinoteka Pelegrini
3 Eiscafé Valeria
4 Penkala

Festungen

Festung Sveti Mihovil 8

Zagrađe 21, im Sommer 9–22 Uhr, 7 €
Die Festung – früher auch Sveta Ana genannt – ist frisch renoviert und bietet einen Traumblick auf Stadt, Hafen und Inselfestung Sveti Nikola, Inseln und die Festungen Sveti Ivan und Šubićevac (s.u.). Letztere wurden von den Venezianern errichtet. Sveti Mihovil steht auf älteren, etwa um 1000 unter byzantinischer Herrschaft errichteten Fundamenten. Die Lage prädestiniert sie zum beliebten Veranstaltungsort für Konzerte und Theater-Aufführungen.

Festung Barone 9

www.barone.hr, tgl. 9–22 Uhr, 7 €
Diese Festung liegt noch etwas höher als die Stadtfestung Sveti Mihovil und etwas außerhalb Richtung Nordosten. Sie wurde 2016 renoviert und der Öffentlichkeit zugänglich gemacht. Ihr eigentlicher Name ist Šubićevac, sie wird aber auch »Festung des Barons« genannt, nach einem deutschen Baron aus dem 17. Jh., der die Stadt in dieser Festung gegen die Osmanen verteidigte.

Kathedralplatz

Der geistliche und weltliche Mittelpunkt des alten Šibenik ist der Kathedralplatz. Hier steht die **Stadtloggia (Vijećnica)** 10 aus der venezianischen Zeit (1533–1542), in der alle offiziellen Erlässe und Verordnungen verkündet wurden. Vor allem aber wird er von der **Sveti Jakov (Jakobskathedrale)** 11 (tgl. 8–19 Uhr) dominiert, an der von 1431 bis 1555 gebaut wurde. Sie war für die Entstehungszeit ein technisches Wunderwerk: Die Dachkonstruktion des Hauptschiffes ist eine freitragende Tonne, die aus einzelnen Steinplatten zusammengesetzt ist. Die niedrigeren Seitenschiffe und die Vierungskuppel sind ebenfalls mit Steinplattenkonstruktionen gedeckt. Einen Campanile gibt es nicht, als Glockenturm diente ehemals ein Turm der nahen Stadtmauer. Ein großartiges Beispiel für die Meisterschaft des Juraj Dalmatinac, der zwischen 1444 und 1477 den Bau leitete, sind die 71 Porträtköpfe an den Außenseiten der Apsiden. Da sie fast in Augenhöhe angebracht sind, kann man sie in aller Ruhe im Detail bewundern. Offensichtlich hat Juraj Dalmatinac bei ihrer Gestaltung Werke seiner Zeitgenossen zum Vorbild genommen. Im gewaltigen und prunkvollen Inneren sind die Steinmetzarbeiten wie das Marmorgestühl im Chor sehenswert. Die Taufkapelle mit ihrer aus einem einzigen Stein gemeißelten Decke ist ebenfalls ein Werk des Juraj Dalmatinac (zusam-

men mit Andrea Alessi, 1450–1452) und ein Meisterwerk dazu.

Auf dem Kathedralplatz steht das **Juraj-Dalmatinac-Denkmal,** geschaffen von Kroatiens großem modernen Bildhauer Ivan Meštrović. Dahinter befindet sich der Zugang zu den Bunari, unterirdischen Sälen, die im 15. Jh. unter venezianischer Herrschaft als Zisternen errichtet wurden. Heute beherbergen sie das interaktive **Museum Bunari** 12, das Motive aus der Stadtgeschichte beleuchtet (tgl. 10–23 Uhr, 2 €).

Mit einer Ecke des Baus schaut auch der frühere **Fürstenpalast (Kneževa palača)** mit dem wenig inspirierenden (im wesentlichen archäologischen) **Stadtmuseum** 13 auf den Kathedralplatz (www.muzej-sibenik.hr, tgl. 10–18, im Sommer 10–21 Uhr, 4 €).

Übernachten

Šibenik besitzt nur zwei Stadthotels, nächster Hotelkomplex ist das 5 km entfernte Solaris (4 Hotels und 1 Touristendorf), das durch einen Bus stündlich mit der Innenstadt verbunden ist.

Zentral – **Jadran** 1: Obala Dr. Franje Tuđmana 52, Tel. 022 24 20 00, www.rivijera.hr, DZ/ÜF 82–122 €. Zentral gelegenes Hotel mit dem gewissen ›Jugo-Charme‹. Die Meerblickzimmer sind leider, wenn es draußen lebhaft ist, etwas laut.

Design im Steinhaus – **Heritage Hotel Life Palace** 2: Trg šibenskih palih boraca 1, Tel. 022 21 90 05, www.hotel-lifepalace.hr, DZ/ÜF 160–260 €. Neues Designhotel in einem früheren Patrizierpalast in der Altstadt. Es fühlen sich hier diejenigen Gäste wohl, die die Wandmalereien für original Renaissance halten.

Essen & Trinken

Feines mit Ausblick – **Zlatna Ribica** 1: Brodarica, Krapanskih spužvara 46, Tel. 022 35 03 00, Hauptgericht ab 15 €. Das elegante Lokal liegt im Vorort Brodarica, von der Terrasse hat man einen schönen Blick auf die Insel Krpanj. Empfehlenswert: der Weißfisch und das gebackene Seehechtfilet mit Kapernsoße und Mangoldkartoffeln.

Schick – **Konoba Vinoteka Pelegrini 2:** J. Dalmatinca 1 (Stiege vom Kathedralplatz), Tel. 022 21 37 01, http://pelegrini.hr, Hauptgericht ab 15 €. Natursteinwände, helle Massivholztische, dazu eine interessante Speisekarte mit italienischem Touch, gute Weinauswahl.
Abkühlung – **Eiscafé Valeria 3:** Immer volle Eisdiele und Café beim Theater.
Konoba am Markt – **Penkala 4:** Fran J. Milete 17, Tel. 022 21 98 69. Traditionelle Küche, fantastisch die *pašticada* (mit Brot und ¼ l Wein 7 €).

Infos & Termine

Touristeninformation Šibenik: Obala palih omladinaca 3 (gegenüber Fähranleger), Tel. 022 21 44 11, www.sibenik-tourism.hr.
Busse: Überregionale und einige regionale Busse starten am Busbahnhof (Draga bb.), andere regionale und lokale Busse an der Haltestelle am Markt.
Fähren: Autofähre zu den Inseln Zlarin, Kaprije, Žirje; Personenfähre zur Insel Prvić und nach Vodice, je 1 x tgl.
Internationales Kinderfestival: zwei Wochen Ende Juni/Anfang Juli. (Straßen-)Theater, Workshops, Ausstellungen (seit 1958, www.sibenik.hr).

Šibenik-Archipel

▶ F/G 10

Fährt man durch den schmalen Kanal Sveti Ante aufs offene Meer hinaus, vorbei an der venezianischen **Inselfestung Trđava Sveti Nikola** (St. Nikolaus), befindet man sich in einem nicht zu überschauenden Archipel von etwa 250 Inseln und Riffen. Alle sind steinig, von Macchie überzogen, mit nur kleinen fruchtbaren Poljen, in denen Wein und Oliven wachsen, Saubohnen und Artischocken; wenige sind bewohnt.

Insel Zlarin

Auf der autofreien Insel geht alles einen entsprechend ruhigen Gang. Leben kommt in den einzigen Inselort, wenn eine Fähre oder ein Ausflugsboot anlegt und vielleicht jemand im einzigen verbliebenen Hotel hängen bleibt. **Zlarin** liegt Šibenik am nächsten. Der kleine Hafenort hat eine gotische und eine barocke Kirche, von 1298 bis 1843 gehörte die Insel dem Bischof von Šibenik. Zlarin hatte es in den vergangenen Jahrhunderten durch seinen früheren Reichtum an Korallen zu einem gewissen Wohlstand gebracht und war bekannt als die einzige Insel Dalmatiens, die sich auf das Sammeln und die Bearbeitung von Korallen spezialisiert hatte. Diese Einnahmequelle versiegte jedoch bereits im 19. Jh. – im Jahr 1900 gab es nur noch drei aktive Korallentaucher auf der Insel. Ein 1927 gestarteter Versuch, das Korallentauchen wieder aufzunehmen, musste bald wieder abgebrochen werden. In den Kirchen und Kapellen der Insel sieht man heute noch rote und die selteneren schwarzen Korallen als Votivgaben. Es gibt im Ort auch eine kleine **Korallenboutique** (im Sommer meist 9–18 Uhr).

Insel Prvić

Diese hübsche kleine Insel mit den zwei Orten **Prvić Luka** und **Šepurine** (zusammen rund 400 Einw.) steht im Zeichen des Renaissance-Genies Faust Vrančić (1551–1617), dessen Familie die Insel einst besaß. Er hatte an Windrädern, Fallschirmen und Brückenkonstruktionen getüftelt, woran in Prvić Luka das neue **Museum Faust Vrančić** erinnert (I Ulica 1a, www.mc-faustvrancic.com, Mo–Sa 8–16, Juli, Aug. Di–So 9–22, Mo 9–16 Uhr, 4 €).

Insel Krapanj

Die Insel Krapanj, gerade mal 0,36 km² ›groß‹, ist eine der kleinsten bewohnten Inseln der Adria. Sie wird fast gänzlich von dem gleichnamigen Dorf eingenommen, das um ein Franziskanerkloster von 1450 entstanden ist.

Die 170 Einwohner leben zumeist von Jobs auf dem Festland, früher war man hier auf die Schwammtaucherei spezialisiert. Ein kleines **Inselmuseum** informiert hierüber und über die Meeresnatur der Adria. Einige Geschäfte bieten Schwämme an – sie kommen heutzutage meist aus dem Ostmittelmeer.

Übernachten

Auf den genannten Inseln werden **Privatzimmer** angeboten, Infos in Zlarin bei der im Sommer geöffneten Touristeninformation.

Einfach – **Hotel Koralj:** Zlarinska obala 17, Zlarin, Tel. 022 55 36 21.

Originell – **Hotel Maestral:** Prvić Luka, Tel. 022 44 83 00, www.hotelmaestral.com, DZ/ÜF 100–130 €. Hotel in einem soliden Steinhaus aus dem 19. Jh. direkt am Wasser. Mit schönen Holzdielen und einfachen Holzmöbeln – bester kroatischer Öko-Look.

Einkaufen

Schwämme – **Žitak Fina Dalmata:** Trg I br. 6, 22231 Krapanj, Tel. 022 35 09 50, www.zitak.hr. Schwämme u. a. aus kroatischen Gewässern.

Vodice ▸F 10

Vodice ist touristisch. Aber Vodice hat auch Atmosphäre, einen reizvollen alten Ortskern, eine Hafenpromenade mit Bars und Restaurants, Pizzerien, Eissalons sowie Kneipen jeder Art, wo man draußen sitzen und die flanierende Menge studieren oder ganz einfach aufs Wasser schauen kann.

Dort, wo man so gemütlich sitzt, war früher noch das Wasser, der venezianische Wachturm in der Altstadt markiert die alte Küstenlinie. Der hübscheste Ausflug führt mit der Personenfähre zur Insel Prvić, die nur eine Seemeile entfernt auf der Adria schwimmt.

Übernachten

Es gibt ein großes Angebot an **Apartments** und **Privatzimmern** (z. B. über Agentur Pina, Srima IV/5a, 22211 Vodice, Tel. 022 44 45 30. www.pina.hr zu buchen).

Meerblick vom Balkon – **Dalmatino:** Grgura Ninskog 4, Tel. 022 44 09 11, www.hoteldalmatino.com, DZ/ÜF 60–100 €. Ein eher einfaches Familienhotel, schön gelegen auf der Halbinsel Punta. Die Zimmer haben teilweise Meerblick.

Essen & Trinken

Die Hafenpromenade ist eine Fressmeile, das Angebot leider meist einfallslos.

Traditionell – **Burin:** Trg Dr. Franje Tuđmana bb., Tagesgericht 6–8 €. Urig ist die *konoba* am Platz zwischen Altstadt und altem Fischerhafen, innen sitzt man unter einem alten Gewölbe. Deftig-traditionell ist die Küche mit Mixed Grill und dalmatinische *pašticada*.

Infos

Touristeninformation Vodice: Obala Vladimira Nazora bb., 22211 Vodice, Tel. 022 44 38 88, www.vodice.hr.

Auf Entdeckungstour: Per Motorsegler durch die Inselwelt der Kornaten

147 Inseln umfasst der Archipel der Kornaten. Zwischen den Inseln zu segeln ist herrlich – ein klassischer Motorsegler empfiehlt sich besonders, mit ihm lassen sich Segelspaß und Tradition verbinden.

Reisekarte: ▶ E/F 10

Zeit: 1 Tag oder länger; nur Ostern bis Ende Sept./Mitte Okt.
Start: Murter (alternativ in Sali auf Dugi Otok, in Biograd na moru oder in Zadar). Die Agenturen bieten ein- bis mehrtägige Touren an. Bei den eintägigen muss man morgens ziemlich früh am Hafen sein. Die Tagesstrecke variiert je nach Wind, Wellengang und Kapitän. Infos zu Anbietern und Kosten s. unter Aktiv S. 206.

Die eintägige Tour auf dem Motorsegler startet um sieben Uhr morgens im **Hafen von Murter.** Gesegelt wird im Verlauf der nächsten Stunden allerdings selten. Der Antrieb kommt vom Motor des Zweimasters mit zwei Großsegeln und einem Lateinersegel am Heck, wobei Letzteres, ein Dreieckssegel, typisch für die Segler vor Murter ist. Das bauchige Schiff mit Holzrumpf und Holzaufbau wurde 1886 gebaut. Damals erlebten diese hervorragend für die kroatischen Gewässer geeigneten Segler mit Motorantrieb ihren Höhepunkt. 1995, unmittelbar nach dem Krieg, hat man das 20 m lange Boot rekonstruiert.

Früher hatten viele Murteraner ihre Felder, Obst- und Weingärten, Ölbaumhaine, Schafherden und sogar Milchkühe auf den Inseln der Kornaten. Mit ihren motorlosen *gajetas*, die so groß waren wie die heutigen Boote und ebenfalls zwei Masten besaßen, setzten sie dorthin über. Aber es gab auch viele Murteraner, die ihre 1890 erworbenen Inselgrundstücke verpachteten. Regelmäßig fuhren die Pächter dann mit den Booten nach Murter, um dort z. B. ihre Ziegen zu verkaufen.

Entlang der Hauptinsel

Die Hauptinsel der Kornaten, **Kornat,** ist fast 25 km lang und maximal 2,5 km, an den meisten Stellen jedoch weniger als 1 km breit. Während die Küste im Südwesten relativ flach ist, stürzt sie im Nordosten größtenteils steil ins Meer. Fast alle Siedlungen liegen an der Südwestküste, die den Vorteil bietet, gegen die kalte Bora geschützt zu sein. Zwischen Kornat und Žut lässt der **Žutski kanal** eine zuerst breite, sich dann gegen Nordwesten abrupt verschmälernde Passage.

Am Nordwestkap von Kornat passiert man eine schmale Meerenge, linker Hand liegt Kornat, auf der anderen Seite die **Insel Katina,** zudem säumen links und rechts schwarze Steinpyramiden die Strecke. Sage und schreibe 2 m Wassertiefe erlauben lediglich flachkieligen Schiffen die Durchfahrt, und das auch nur bei gutem Wetter.

Die flachere Südwestküste von Kornat wird gegen das offene Meer von einer Kette aus Inseln, Inselchen und Schollen geschützt, der **Kornatski kanal** ist ein relativ windgeschütztes Gewässer. Auf den kleinen Klippen brüten oft Vögel in Kolonien. In den geschützten Buchten stehen Häuser zwischen ein paar Obstbäumen, lange Natursteinmauern ziehen sich quer durch die karge Landschaft. Immer noch werden Schafe und Ziegen gehalten. Ihr Fleisch ist besonders schmackhaft, ernähren sie sich doch von den duftenden Mittelmeerkräutern, die zwischen den Steinen wachsen.

Die ›Dörfer‹ bestehen in der Regel nur aus zwei oder drei Häusern, das größte von ihnen, **Vrulje,** immerhin aus 50. Es liegt in der **Vruja-Bucht,** wo oft teure Segeljachten ankern. Die nach ihrem Patron benannte Konoba Ante hat ihren eigenen Landungssteg.

Picknick und Rückfahrt

Bei Ausflügen mit einem Motorsegler ist meist ein Picknick in einer idyllischen Bucht vorgesehen, bei dem frischer Fisch gegrillt wird. Anschließend packt man seine Badesachen aus und genießt ein erfrischendes Bad. Einige Segler haben einen oder mehrere Meereskajaks dabei (die eigentlich für längere Touren bestimmt sind), mit denen man ein wenig die Umgebung erkunden kann. Später geht es durch die Meerenge zwischen Kornat und Vela Smokvica nach Nordosten und Murter wieder zurück.

Insel Murter und die Kornaten ▸ E/F 10

In Tisno führt eine Brücke auf die Insel Murter mit den Orten Jezera, Betina und Murter. Wenige erhaltene alte Feldmauern gliedern die teils bewaldete, teils mit Macchie überzogene Insel, die meisten sind verfallen und überwachsen. Die Bewohner waren seit Generationen Seefahrer und Fischer, die Landwirtschaft war immer nur Zubrot. Der Ort **Murter,** der Ausgangspunkt für Bootstouren in die Inselwelt der **Kornaten** ist (s. Entdeckungstour S. 204), hat noch die alte Form eines Fischerortes, jedes Haus hat seinen eigenen Anleger. **Jezera** mit seinem großen Hafen ist ein Dorf an der Südseite der Insel. Hier versammeln sich im Sommer die Big-Game-Fischer der Adria. Hauptsehnsuchtsfang ist Bluefin, der sehr selten gewordene Thunfisch.

Nationalpark Kornati

Ab 20 € pro Tag für ein eigenes Boot, bei Teilnahme an einer Gruppenfahrt ist der Eintritt im Preis (30–40 €) enthalten

Die Inseln des Nationalparks Kornati sind vom Hafen in Murter aus nicht zu sehen. Steuert man jedoch aus der Bucht hinaus in das Murtersko more, das Meer von Murter, bauen sie sich am Horizont auf wie ein einziges Massiv: 101 Inseln, Inselchen und Riffe mit einer Gesamtfläche von 300 km². Die größte und längste Insel ist Kornat, 25,2 km lang, mit einer Küstenlinie von 61 km, bis zu 237 m hoch, wie alle anderen unbewohnt und verkarstet, ohne Wasser, fast ohne Vegetation. Die Häuser mit Anlegestellen, Ölbaumparzellen, Weideabgrenzungen, die man sieht, waren zum Teil bis ins 19. Jh. ganzjährig bewohnt, heute sind sie es nur noch im Sommer. Viele der Häuschen kann man mieten, einige beherbergen eine Sommer-*konoba*. Der Park ist aber vor allem ein Meerespark mit ungewöhnlich artenreicher Fauna und Flora. Auf dem Meeresboden zwischen den Inseln wurden bisher 346 verschiedene Pflanzen bestimmt.

Übernachten

Privatunterkünfte auf den Kornaten vermittelt z. B. die Agentur Arta, Podvrtaje 21, 22243 Murter, Tel. 022 43 65 44, www.murter-kornati.com, Haus für 2 Pers. 500–700 €/Woche, hinzu kommen Transferkosten; die Verpflegung muss vorher besorgt werden; wer sich versorgen lässt, zahlt viel. Für die Hochsaison frühzeitig buchen!

Essen & Trinken

Der rege Bootstourismus im Nationalpark Kornati hat viele Häuschen zu Sommer-*konobas* oder Restaurants werden lassen. Das Preisniveau ist recht hoch: Fisch/Meeresfrüchte kaum unter 20 €.

Erste Qualität – **Žut:** Marina Žut, Tel. 091 473 51 55, www.restoran-zut.com.hr, Hauptgericht ab ca. 15 €, Fisch/Meeresfrüchte locker das Doppelte. Hummer, *škampi* und Weißfisch.

Sympathisch – **Konoba Boba:** Butina 22, 22243 Murter, Tel. 098 948 52 72, Klassische kroatische Gerichte.

Aktiv

Ausflüge – Von Murter während der Saison täglich **Tages- und Mehrtagesausflüge in die Kornaten,** Buchung vor Ort oder: ACI Marina Kornati, Biogradna moru, Tel. 023 21 27 36, www.marinakornati.com. Bewährter **Jacht-**

charter in Murter: Jarušica, Tel. 022 43 47 76, www.jarusica.hr; Jacht für 6–8 Pers./Woche (Mindestdauer) je nach Modell und Jahreszeit 1000–5000 €.

Infos

Touristeninformation Murter: Rudina 2, 22243 Murter, Tel. 022 43 49 95, www.tzo-murter.hr.
Touristeninformation Jezera: Put Zaratića 3, 22242 Jezera, Tel. 022 43 91 20, www.tzjezera.hr.
Nationalpark Kornati: Butina 2, Tel. 022 43 57 40, www.np-kornati.hr.

Nationalpark Krka! ▶ G 9/10

Das Karstplateau im Rücken von Šibenik wird von der Krka und der Čikola in einem Canyon durchflossen, der an manchen Stellen durch Ablagerungen von Kalksinter (Travertin) unterbrochen ist. Dort stürzt sich der in viele kleine Arme aufgefächerte Fluss in Kaskaden hinunter, wo er wieder Seebreite und -tiefe annimmt. Diese Wasserfalllandschaft, eine wunderbare grüne Flussoase, ist zu Recht als Nationalpark geschützt.

Ein System von Holzbrücken und gesicherten Stegen führt über den Fluss und an die Fälle heran. Unter den Fällen darf man baden (anderswo verboten), was von vielen Besuchern genutzt wird. Der schönste, höchste und eindrucksvollste der Wasserfälle ist der **Skradinski buk:** Über 17 Stufen, in einer Gesamthöhe von 45,7 m und einer Breite von bis zu 100 m donnert das Wasser in das Tal. Oberhalb kann man ein Boot besteigen, das über den See, zu dem hier die Krka aufgestaut ist, bis zur **Insel Visovac** fährt. Auf der Insel hat man dann genug Zeit, um das gut

Ein besonders idyllischer Ort zum Baden: Wasserfall im Nationalpark Krka

erhaltene Franziskanerkloster aus dem Spätmittelalter zu besichtigen. Die meisten Boote kehren hier um, es gibt jedoch auch welche, die zum zweiten großen Wasserfall weiterfahren, dem mit 25,5 m Fallhöhe ebenfalls sehr eindrucksvollen **Roški slap.**

In **Skradin** unterhalb des Skradinski buk regierten frühkroatische Könige, heute ist der Ort v. a. Ausgangspunkt für Shuttleboote zum Wasserfall – für Touristen, die auf der Straße Šibenik-Skradin in den Nationalpark kommen.

Übernachten

Gut gelegen – **Skradinski buk**: Burinovac 2, 22222 Skradin, Tel. 022 77 17 71, www.skradinskibuk.hr, DZ/ÜF 60–100 €. Unauffälliges Hotel im Ort, moderne Zimmer mit Furnierholzmöbeln.

Essen & Trinken

Gemütlich – **Cantinetta:** Skradinski svilara 7, Tel. 022 77 11 83, Hauptgerichte ab 15 €. Im kulinarisch landesweit bekannten Skradin eines der beliebtesten Restaurants. Hinter grün überwachsenen Mauern genießt man z.B. Oktopussalat oder Trüffelnudeln.

Infos

Nationalparkzentrum Krka: 22000 Šibenik, Trg Ivana Pavla II, Tel. 022 20 17 77, www.npkrka.hr.

Touristeninformation Skradin: Trg Male Gospe 3, Tel. 022 77 13 29, www.skradin.hr.

Anfahrt: Von Šibenik auf der Straße nach Knin, die Abzweigung zum Skradinski buk ist gut beschildert. Attraktiver ist die Anreise per **Boot** ab Šibenik, von wo auch **Bustouren** angeboten werden. Im Park werden Bootstouren ab Skradin und vom Skradinski buk zum Roški slap angeboten.

Primošten ▸ G 11

Primošten ist ganz auf den Tourismus eingestellt. Wer durch den aus alten Steinhäusern bestehenden Ort auf der schmalen Halbinsel geht, findet viele Restaurants, Bars und Reiseagenturen. Früher konnte man Primošten nur über eine Zugbrücke erreichen, die Insellage schützte vor Feinden, vor allem Piraten.

Heute hat man den Besuchern den Eintritt durch das alte Stadttor mittels Aufschüttungen erleichtert. Das Inselchen wurde erst 1564 dicht besiedelt, damals ließen sich vor den Türken geflüchtete Kroaten in dem bis dahin kleinen Fischerörtchen nieder. Von der **Kirche Sveti Juraj** auf dem höchsten Punkt der Halbinsel (29 m) hat man nicht nur einen guten Ausblick, im Inneren ist auch eine Marienikone im Silberrahmen sehenswert.

Auf dem Festland gedeihen in winzigen Lesesteinquadraten die Weinreben für den in ganz Kroatien bekannten und beliebten Rotwein Babić. Manche dieser Weinparzellen haben eine geringere Grundfläche als die sie umgebende Lesesteinmauer. Die **historische Weinbergslandschaft des Babić** ist UNESCO-Welterbe.

Übernachten

Es gibt eine große Auswahl an **Privatzimmern** und **Apartments,** die von Agenturen vermittelt werden, u.a. Nik, Ante Šupuka 5, Tel. 022 33 85 50, www.nik.hr.

Am Wasser – **Villa Kosa:** Bana Josipa Jelačića 4, Tel. 022 57 03 65, http://villa-kosa.hr, Apartments 65–75 €. Privatpension mit 15 Apartments. Geschätzt wird die ruhige Lage der Villa, die ihren Standort direkt am Wasser Richtung Porat-Bucht hat.

Essen & Trinken

Gemütlich – **Konoba Mediteran:** Put briga 13, Tel. 022 57 17 80, www.mediteran-primosten.hr, Hauptgericht 10–18 €. Etwas touristisch, aber gemütlich ist diese *konoba* mit traditioneller Küche und eigenem Wein.

Infos

Touristeninformation Primošten: Trg biskupa Arnerića 2, 22202 Primošten, Tel. 022 57 11 11, www.tz-primosten.hr.

Trogir! ▸G 11

Hat man an der dalmatinischen Küste keine Insel für eine Siedlung, dann schafft man sich einfach eine. Der Kanal zwischen dem Festland und der Insel, auf der Trogir liegt, ist ein künstlicher Durchstich, lediglich der Kanal zur **Insel Čiovo** ist natürlich. Beide sind so schmal, dass die griechische Gründung Traugurion (3. Jh. v. Chr.) nicht auf Befestigungen verzichten konnte, genauso wenig wie ihre Nachfolger. Eine Klappbrücke verbindet mit der Stadtinsel, die ihr altes Ortsbild erhalten konnte.

Stadtrundgang

Festlandtor und Palais Garagnin

Das **Festlandtor** 1 im Renaissance-Stil mit der Statue des Stadtpatrons Sveti Ivan Trogirski oder auch Giovanni Orsini, eines Bischofs aus dem 11. Jh., führt in ein von rechten Winkeln geprägtes Gassensystem, Relikt der hellenistischen Anlage. Autos passen nicht in diese mit Steinplatten belegten Gassen, man geht zu Fuß, freut sich an dekorativen Eingängen mit Blicken in schmale Höfe, an steinernen Stiegen aus dem Mittelalter und venezianisch-spätgotischen Fenstern. Das **Stadtmuseum** im **Palais Garagnin** 2 mit seinem recht interessanten Lapidarium im großen Innenhof steht gleich hinter dem Landtor (Mo–Sa 8–12, 18–21, So 8–12 Uhr, 1 €).

Kathedrale 3

8–18 Uhr, im Winter kürzere Öffnungszeiten, 3 €

Einen Katzensprung entfernt, am Ende der Gradska, öffnet sich der Kathedralplatz mit der Kathedrale **Sveti Lovro (St. Laurentius)**. Das um 1240 fertiggestellte spätromanische **Westportal** ist wohl die bedeutendste romanische Steinmetzarbeit Kroatiens. Sie ist ein Werk des Dalmatiner Meisters Radovan, Datum und Name sind durch eine Inschrift belegt. Atlanten tragen die Seitenelemente, auf denen die Monatsarbeiten und die Apostel inmitten üppiger Pflanzenranken dargestellt sind. Das Stufenportal wird von Adam und Eva flankiert, sie stehen auf Löwen. Die halbrunden Archivolten über dem Eingang zeigen Szenen aus dem Leben Christi, während im halbkreisförmigen Tympanon in aller Ausführlichkeit die Geburt Christi erzählt wird.

Im Inneren ist die **Kanzel** mit ihren schlanken Säulchen und den elaborierten Kapitellen wahrscheinlich eine Werkstattarbeit unter Mitwirkung des Meisters. Das **Baptisterium** links von der Vorhalle stammt von Andrea Alessi (1464), die **Kapelle** des sel. Giovanni Orsini wurde von Alessi gemeinsam mit Niccolò Fiorentino und Ivan Duknović Trogiranin geschaffen, beide Räume sind der Florentiner Renaissance verpflichtet.

Rund um die Kathedrale

Die **Stadtloggia** 4, ebenfalls auf dem Kathedralplatz, vertritt den venezia-

Trogir

Sehenswert
1 Festlandtor
2 Stadtmuseum/Palais Garagnin
3 Kathedrale Sveti Lovro
4 Stadtloggia
5 Palais Čipiko
6 Kirche Sveti Ivan Krštitelj (Johannes d. T.)
7 Nikolauskloster mit der Kunstsammlung Zbirka Umjetnina Kairos
8 Seetor
9 Festung Kamerlengo
10 Rundturm Sveti Marko

Übernachten
1 Concordia
2 Fontana
3 Camping Seget

Essen & Trinken
1 Monika
2 Dionis

nischen Loggienstil der Renaissance. Daneben sticht das aus zwei Häusern zusammengesetzte **Palais Čipiko** 5 mit seinen spätgotischen Fenstern hervor, aber auch hier sind die Portale im Renaissance-Stil gehalten. Im Innenhof des Palastes steht eine Holzskulptur, die einen krähenden Hahn auf einer Faust darstellt. Sie ist eine Kriegstrophäe und schmückte den Steven eines der türkischen Schiffe, die in der Schlacht von Lepanto (1571) gekapert wurden.

In einer Ecke des Platzes steht die romanische **Kirche Sveti Ivan Krštitelj (Johannes des Täufers)** 6 mit der städtischen **Pinakothek,** die zwei Arbeiten von Giovanni Bellini besitzt.

Nikolauskloster 7

Sommer tgl. 9–13, 15–19 Uhr, im Winter Schlüssel an der Klosterpforte, 1 €
Im Nikolauskloster der Benediktinerinnen wird die dritte Sammlung der Stadt gezeigt, die **Kunstsammlung Zbirka Umjetnina Kairos,** die ihren Namen von einer antiken Darstellung des Kairos, des Gottes der Gunst des Augenblicks, bezieht. Das kleine Relief ist eine im 1. Jh. v. Chr. geschaffene Kopie eines Originals des griechischen Bildhauers Lysipp.

Seetor und Festung Kamerlengo

Durch das **Seetor** 8 mit der kleinen Außenloggia, wo täglich der Fischmarkt stattfindet, gelangt man auf den der Insel Čiovo zugewandten Kai. Geht man von hier nach rechts zur Inselspitze, vorbei am Kloster Sveti Dominik, erreicht man die spätmittelalterliche **Festung Kamerlengo** 9, in deren Hof Freiluftaufführungen stattfinden. Weiter am Kai entlang passiert man den **Rundturm Sveti Marko** 10 und kehrt zur Klappbrücke zurück, dem Ausgangspunkt des Stadtbummels.

Übernachten

Trogir ist gut mit Hotels ausgestattet. Apartments und weitere Hotels in Trogir und Čiovo vermittelt die Agentur Portal, Obala bana Berislavića 3, Tel. 021 88 50 16, www.portal-trogir.com, ausführlicher Prospekt auf Deutsch.

Im Steinhaus – **Concordia** 1: Obala bana Berislavića 22, Tel. 021 88 54 00, www.concordia-hotel.net, DZ/ÜF ab 85 €. Sympathisches Privathotel an der Riva. Große Zimmer, einige mit getrenntem Wohn- und Schlafbereich. Vordere Zimmer schauen auf die Riva und die Insel Čiovo.

Komfortabel – **Fontana** 2: Obrov 1, Tel. 021 88 57 44, www.fontana-trogir.com, DZ/ÜF 85–115 €. Nettes und ruhig gelegenes Hotel in Altstadtbau.

Am Wasser – **Camping Seget** 3: Seget Žrtava 121, Tel. 021 88 03 94, www.kamp-seget.hr, Mitte Mai–Mitte Okt. Kleinerer, teilweise schattiger Platz am Meer in der Nähe der Hotelgruppe Medena, zur Altstadt Trogir 2 km.

Essen & Trinken

Stimmungsvoll – **Monika 1**: Budislavićeva 12, Tel. 021 88 48 08, www.restoran-monika.com, drei Gänge ab 20 €, mit Fisch ab 25 €. Im grünen Innenhof lässt es sich stimmungsvoll speisen. Karte traditionell, Küchenleistung ist etwas schwankend, besonders wenn das Lokal voll ist. Üppig sind die Palatschinken »Monika« zum Nachtisch.

Meeresfrisch – **Dionis 2**: Dionis obrov 1, Tel. 021 88 48 11, Gerichte 20–25 €. Fisch und Meeresfrüchte gibt es in großer Auswahl, dazu eine schöne Lage am Dominikanerkloster. Der Blick vom Tisch fällt auf den Corso und oft auf den Sonnenuntergang.

Aktiv

Tauchen – Das Meeresgebiet um die Inseln **Čiovo** und **Šolta** ist ein ergiebiges Tauchrevier, auf Čiovo und in Trogir gibt es daher eine Reihe von Tauchzentren.

Abends & Nachts

Kulturgenuss im Sommer – Das venezianische **Kastell Kamerlengo 9** dient vor allem bei den abendlichen Konzerten oder Theateraufführungen als besonders stimmungsvoller Hintergrund. Auf einer Großleinwand werden außerdem **Filme** vorgeführt.

Infos

Touristeninformation Trogir: Trg Ivana Pavla II br. 1, 21220 Trogir, Tel. 021 88 56 28, www.tztrogir.hr.

Der 37er-**Bus** nach Split fährt den Umweg über den dortigen Flughafen. Die Fahrt mit diesem Linienbus nach Split ist wesentlich günstiger als mit dem Bus der Croatia Airlines.

Das Beste auf einen Blick

Split und Umgebung

Highlight!

Split: Im verlassenen Palast des Kaisers Diokletian entstand die Stadt – der Besuch ist wie ein Spaziergang durch eineinhalb Jahrtausende. S. 214

Auf Entdeckungstour

Museum kroatischer archäologischer Altertümer in Split: Ein Rundgang durch das Museum kroatischer archäologischer Altertümer macht mit einer zu Unrecht im Schatten liegenden Sammlung bekannt. Er empfiehlt sich für alle, die an der Geschichte, Kunst, Kulturgeschichte und Archäologie ihres Gastlandes interessiert sind. 26 S. 222

Kultur & Sehenswertes

Schiffsmodelle in der Festung Gripe: Nicht nur ›Boaties‹ staunen, wenn sie diese detailgenauen Schiffsmodelle sehen. 30 S. 224

Basilika Manastirine in Salona: In Salona, der antik-frühchristlichen Vorgängerin von Split, hat sich ein interessantes Heiligtum erhalten. S. 228

Aktiv unterwegs

Spaziergang vom Viertel Veli Varoš über den Marjanberg: So wünscht man sich einen städtischen Park – Wald, Hügel und wundervolle Ausblicke. S. 224

Am und auf der Cetina: Ob Wandern, Biken, Schlauchboot- oder Kajakfahren, an der Cetina, die östlich von Split in Omiš ins Meer mündet, sind vielerlei Aktivitäten möglich. S. 228

Genießen & Atmosphäre

Grünmarkt: Keine andere kroatische Stadt hat einen lebendigeren täglichen Markt. Und das direkt vor der Palastmauer! 1 S. 226

Café Luksor: Ein Café im antiken Peristyl, und zwar im Erdgeschoss eines Renaissance-Palastes – Atmosphäre hoch zwei. 4 S. 227

Abends & Nachts

Café-konoba Dioklecijan: Die Fenster der *konoba* gab es schon zu Diokletians Zeiten. 4 S. 226

Die Riva am Abend: Die breite Fußgängerpromenade mit ihren Cafés und Bars vor den römischen Palastmauern kommt erst abends so richtig in Schwung. S. 226

Die mit mehr als 180000 Einwohnern größte Stadt Dalmatiens (und zweitgrößte Kroatiens) hat erstaunlich viele Gesichter. Enttäuschend ist die Annäherung vom Norden, der Flughafenbus durchquert hässliche Industrieviertel und banale Vorstädte. Wer aber mit dem Schiff anreist, dem öffnet sich bei der Hafeneinfahrt ein unvergessliches Panorama, denn die vom grünen Marjanberg und den Hafenanlagen flankierte und vom Bergzug des Kozjak gekrönte Altstadtsilhouette ist nichts anderes als die Hafenfassade des Diokletianspalastes. Laut und geschäftig geht es auf dem großen Grünmarkt an der Altstadtmauer zu. An der Riva, der Hafenpromenade vor der Prachtfassade des Diokletianspalastes, flaniert ein großstädtisches Publikum. Locker ist die Atmosphäre in den vielen Kneipen der Altstadt, wo die Jugend bis lange nach Mitternacht über Gott und die Welt, die Raumprobleme der Uni, die Arbeitslosigkeit oder Splits Fußballklub Hajduk diskutiert. Wer Ruhe sucht, findet sie auf dem Marjanberg, dessen Grün die Spitze der Halbinsel von Split überzieht. Faszinierend ist die Atmosphäre am Hafen mit den vielen Fähren und dem trubeligen Busbahnhof.

Am Stadtrand liegen die Ruinen von Salona, der römischen Vorgängerin von Split, ein Theater, ein Kloster mit Friedhof, Reste von Zivilbauten. Und darüber die Festung Klis, umkämpft von Byzantinern, Venezianern, Türken. Noch weiter im Binnenland entspringt die Cetina, die bei Omiš südlich Split unter senkrechten Felswänden in die Adria mündet. Rafting auf der unteren Cetina und Freiklettern sind in Omiš auch räumlich verbunden.

Split bietet Touristen mehr als nur einen kurzen Bummel, viel mehr. Einen Abend im Peristyl des Kaiserpalastes, den Bummel über die Riva, einen morgendlichen Spaziergang über den Marjanberg mit Blick auf Split, seinen großen Hafen und die Inseln Šolta und Brač, das sollte man sich schon gönnen.

Infobox

Touristeninformationen

Touristeninformation im ehemaligen Rochuskirchlein am Peristyl, Peristil, Crkvica Sv. Roka, 21000 Split, Tel. 021 34 56 06; www.visitsplit.com

Hauptbüro für die Region Split (mit Omiš) und Mitteldalmatien: Prilaz braće Kaliterna 10/I, Tel. 021 49 00 32, 21000 Split, www.dalmatia.hr

Anreise und Verbindungen

Split wird von Rijeka und Zagreb auf der Autobahn erreicht, Bahnverbindung ab Zagreb. Der internationale Flughafen Split liegt bei Trogir und ist täglich mehrmals mit Zagreb sowie mind. 1 x mit Rom und Frankfurt verbunden, im Sommer auch mit Berlin und München und anderen deutschen Flughäfen. Split hat regelmäßige Fährverbindungen mit Ancona.

Split! ▸ H 11

Cityplan: S. 216, Umgebungsplan:
▸ Karte 4, Faltplanrückseite

Nach der Zerstörung der römischen Stadt Salona durch die Awaren und Slawen (614 oder 615) wurde der weitläufige Palast Kaiser Diokletians in der Bucht von Split Zufluchtsort der überlebenden Bewohner. 1075 kam die Stadt an Kroatien, blieb aber im Inneren autonom. Sie dehnte sich innerhalb der Palastmauern aus, bis sie diese ausgefüllt und überbaut hatte, dann wurden die Mauern übersprungen und es entstand eine Vorstadt.

Blick auf die von Palmen gesäumte Uferpromenade

Während der venezianischen Herrschaft (1420–1797) wurde die gesamte Stadt, Kaiserpalast und mittelalterliche Vorstadt, mit Mauern umgeben, denn die Türken standen nur ein paar Kilometer weiter bei Solin. Ein zweiter Mauerzug entstand im 17. Jh., auch davon haben sich Reste erhalten.

Unter den Österreichern wurde die Stadt stark erweitert, aber der Hafen, Splits Lebensnerv, blieb hinter dem ebenfalls österreichischen Handelshafen Triest weit zurück. Das änderte sich 1919, als dem jungen Königreich Jugoslawien aus der österreichischen Erbmasse an der Adria nur ein einziger Großhafen zufiel, nämlich Split (Triest, Rijeka, Pula und Zadar wurden italienisch). In der Zeit nach 1945 wurde Split endgültig die größte Stadt an der Ostküste der Adria, Fabriken entstanden in der Umgebung. Heute leidet Split unter Wirtschaftsschwäche, Arbeitslosigkeit und Abwanderung. Dem Tourismus tut das keinen Abbruch.

Diokletianspalast

Der römische Kaiser Diokletian (240–316) stammte aus Illyrien, wahrscheinlich aus Salona, der Hauptstadt der römischen Provinz Dalmatia. Er war der erste und einzige römische Kaiser, der freiwillig abdankte und daher einen Alterssitz brauchte – an den er schon zehn Jahre früher gedacht hatte. Der Kaiser entschied sich für einen Mix aus Landsitz, Stadtpalast und Festung, der auch Hofstaat und Garde aufnehmen können sollte. Zwischen 295 und 305 entstand ein 215 m x 180 m großer, von Mauern und Türmen geschützter Baukomplex, dessen Hafenseite die privaten Gemächer und Repräsentationsräume beherbergte. In der Mitte lag das zukünftige Mausoleum. Die Landseite wurde von Kasernen, Räumen für die Garde, Lagerräumen und Dienstbotenquartieren eingenommen. Die beiden Hauptachsen der Stadt, *Decumanus* (West-Ost-Rich-

Split

Sehenswert

1 Hafenfront des Diokletianspalastes
2 Südostturm
3 Südtor (Porta Aenea)
4 Kryptoportikus
5 Peristyl
6 Palais Crisogono-Cipici
7 Kathedrale Sveti Duje
8 Vestibül des Palastes
9 Ethnografisches Museum
10 Jupitertempel
11 Palais Cindro
12 Papalić-Palast / Stadtmuseum
13 Westtor (Porta Ferrea)
14 Osttor (Porta Argentea)
15 Nordtor (Porta Aurea)
16 Statue Gregors von Nin
17 Altes Rathaus
18 Palazzo Milesi
19 Marko-Marulić-Denkmal
20 Stadtmauern
21 Kroat. Nationaltheater
22 Kunstgalerie
23 Archäologisches Museum
24 Galerie Meštrović
25 Kaštelet
26 Museum kroatischer archäologischer Altertümer
27 Franziskanerkloster
28 Sveti Nikola
29 Jüdischer Friedhof
30 Festung Gripe

Übernachten

1 Globo
2 Park
3 Slavija
4 Kaštel
5 Peristil
6 Art Hotel
7 Bellevue
8 Camping Stobreč-Split

Essen & Trinken

1 Nostromo
2 Konoba Varoš
3 Galija
4 Dioklecijan
5 Gradska Kavana

Einkaufen

1 Grünmarkt
2 Galerija Kolura
3 Buchhandlung Algoritam

Aktiv

1 Split Excursions
2 Adventure Dalmatia

Abends & Nachts

1 Mosquito
2 O'Hara Music Club
3 Vanilla
4 Café Luksor

Adressen außerhalb s. a. Faltplan, Karte 4

tung) und *Cardo* (Nord-Süd-Richtung), haben sich bis heute erhalten, ebenso wie die vier Tore, von denen das sogenannte Seetor auf die heutige Uferpromenade führt.

Hafenfront des Diokletianspalastes 1

Die mehrstöckige Hafenfront des Palastes wurde unter Diokletian von zwei quadratischen Wehrtürmen flankiert, der **Südostturm** 2 hat sich erhalten. Die Fassade wurde in ganzer Breite von einer überdachten Galerie begleitet, auf der die Familie Diokletians auch bei Schlechtwetter mit Blick auf das Meer flanieren konnte. Ein Teil der Arkaden dieser Galerie sind vorzüglich erhalten, wenn auch heute zugemauert, andere wurden durch spätere Vorbauten entlang der Riva verdeckt. Besonders auffällig ist der

exzellent erhaltene Mittelteil mit seinen etwas höheren Säulen und dem geschwungenen Architrav.

Südtor und Kryptoportikus

Durch das von der Riva in den Palastbereich führende **Südtor** oder **Porta Aenea** 3 gelangt man nicht etwa in die (ex-)kaiserlichen Gemächer. Links und rechts erstrecken sich vielmehr Kellergewölbe, einst wohl als **Kryptoportikus** 4 ›Servicebereich‹ für die darüberliegenden Wohn- und Repräsentationsräume. Hier befinden sich heute einige Souvenirläden. Zudem gibt es seit Neuestem ein **Museum** (tgl. 8.30–21 Uhr, 5 €), das bisher verschlossene Kellergewölbe zeigt und über die Geschichte von Split informiert. Der museale Reichtum ist allerdings recht begrenzt. Der unterirdische Gang führt über eine steile

Treppe wieder ans Licht, man steht etwas oberhalb eines rechteckigen Platzes, des Peristyls.

Peristyl und Palais Crisogono-Cipici

Das **Peristyl** 5 war der Vorraum zu den Wohn- und Repräsentationsräumen, flankiert von hohen, geschwungenen Kolonnaden, von denen die linke (nördliche) im Spätmittelalter als Fassade für einen Renaissance-Palast, das **Palais Crisogono-Cipici** 6 (s. a. S. 227), vermauert wurde.

Dreht man sich um, hat man die dem Peristyl zugewandte repräsentative Fassade der kaiserlichen Gemächer vor sich. Wie in der Mittelachse außen ist auch hier der ansonsten waagerechte Giebel durch eine halbrunde Arkade unterbrochen und betont.

Kathedrale Sveti Duje 7

Hrvojeva 2; am besten löst man ein Ticket, das den Zutritt zu Kathedrale, Schatzkammer, Glockenturm, Krypta und Baptisterium ermöglicht (6 €)

Das Mausoleum des Kaisers auf der Ostseite des Peristyls wurde im Mittelalter zur Kathedrale Sveti Duje (Domniuskathedrale) umgewidmet. Man baute den romanisch-gotischen **Campanile** an (13.–16. Jh., er kann bestiegen werden) und stellte Altäre in das Rund, ließ eine überaus prächtige Tür mit 28 Feldern schnitzen, auf denen die Leidensgeschichte Christi dargestellt ist (1214, von Andrija Buvina) und baute einen Chor an (mit romanischem Chorgestühl, 13. Jh.). Darüber hinaus blieb der achteckige Mausoleumsbau mitsamt seiner Innenarchitektur und den umgebenden 24 Säulen unangetastet.

Im Inneren ist es vor allem der **Grabaltar des hl. Domnius** (Sveti Duje) auf der rechten Seite, der die Blicke auf sich zieht, die auf dem Sarkophag liegende Skulptur des Heiligen stammt von Bonino di Milano (1427). Von der reichen Ausstattung seien noch der **Anastasiusaltar** des Juraj Dalmatinac (1448) auf der anderen Seite des Schiffs und die spätromanische **Marmorkanzel** links hinter dem Eingang erwähnt. Die **Schatzkammer** enthält eine Sammlung kirchlicher Kunst von der Spätantike bis zur Gegenwart (über dem Chor, Eingang vom Umgang rechts, So. Juli/Aug. 8–12, 16–19; Juni, Sept. 10–12 Uhr, sonst, falls überhaupt, 11–12 Uhr).

Vestibül des Palastes und Ethnografisches Museum

Steigt man vom Peristyl ein paar Stufen hinauf, steht man unter der Kuppel der Vorhalle, dem **Vestibül des Palastes** 8, das mit seiner großen Lichtöffnung praktisch unverändert die Zeiten überdauert hat, allerdings ohne die früheren Dekors, ohne Stuck und Vergoldung.

Auf dem gleichen Niveau wie das Vestibül befindet sich in einem mittelalterlichen Haus das **Ethnografische Museum** 9 (Iza Vestibula 4, www.etnografski-muzej-split.hr, Mo–Fr 10–20, Sa 9–13 Uhr, im Winter kürzer, 2 €), eine interessante volkskundliche Sammlung für Split und seine Region mit vielen Trachten.

Jupitertempel und weitere Bauten

Der **Jupitertempel** 10 mit seinem reich verzierten Portal wurde im Mittelalter zu einer Taufkapelle, der **Kirche Sveti Krštitelj,** umgestaltet, das von Säulen flankierte antike Portal blieb dabei erhalten. Im kleinen Innenraum befindet sich eine Johannes-Statue von Ivan Meštrović.

Das **Palais Cindro** 11 am früheren *Decumanus* und der **Papalić-Palast** 12 mit dem **Stadtmuseum** (Di–Fr 9–20, Sa/So 10–18 Uhr) sind herausragende

Ein beliebter Treffpunkt: die Kolonnaden des Peristyls

Zeugnisse der venezianischen Zeit. Die drei Landtore haben sich unterschiedlich gut erhalten. Das **Westtor (Porta Ferrea)** 13 ist fast völlig von späterer Verbauung umgeben, wie dem **Osttor (Porta Argentea)** 14 hat man ihm die außen vorgebauten Achtecktürme genommen.

Nordtor und Umgebung

Das **Nordtor (Porta Aurea)** 15 war wohl das Haupttor, von der Fassade sind Figuren und Marmorauflagen verschwunden, aber weil es nicht verbaut wurde, hat man hier den besten Eindruck, wie der Palast einmal von außen ausgesehen hat.

Die oberhalb im kleinen Park (Štrossmajerov Park) aufgestellte monumentale **Statue des Gregor von Nin** 16 (Grgur Ninski) stellt jenen frühkroatischen Bischof dar, dessen Widerstand gegen den Vatikan der Entstehung der kroatischen Nation förderlich gewesen sein soll (s. Lieblingsort S. 220). Sie ist ein Werk des kroatischen Bildhauers Ivan Meštrović von 1929 (s. S. 71). Übrigens: Den großen Zeh zu berühren soll Glück bringen.

Lieblingsort

Strossmayer-Park mit der Statue des Gregor von Nin 16

Direkt nördlich an den Diokletian-Palast schließt sich Splits kleine grüne Oase an: der Strossmayer-Park mit der Statue des Gregor von Nin, erschaffen von Kroatiens wichtigstem Bildhauer Meštrović. Die barocke Parkanlage ist um einen hübschen Terrassenbrunnen gruppiert und strahlt die Ruhe aus, die ich nach einem Besuch im Gassengewirr der Altstadt gerade brauche. Im Sommer findet hier täglich ein Flohmarkt statt, und ich stöbere dort gerne nach altem dalmatinischem Geschirr.

Außerhalb des Diokletianspalastes

Novi Grad

Die ›Neue Stadt‹ ist die mittelalterliche Stadterweiterung. Man betritt sie vom Diokletianspalast durch die Porta Ferrea, heute noch die einzige direkte Verbindung zwischen den beiden alten Stadtteilen – mit entsprechend viel Fußgängerverkehr (Altstadt für Autos gesperrt). Novi Grad hat venezianischen Charakter, das zeigt gleich das **Alte Rathaus** 17 am Narodni trg. Dessen **Loggia,** die überdachte Terrasse – von den Splitern familiär Pjaca benannt –, ist typisch für venezianische Provinzstädte. Hier wurden, wie in anderen Städten, neue Verordnungen und Gesetze vorgelesen.

Am Trg braće Radić, dem zweiten großen Platz von Novi Grad, steht vor dem barocken (17. Jh.), aber mit einer sehr zurückhaltenden Fassade versehenen **Palazzo Milesi** 18 zu Ehren des Spliter Renaissance-Dichters das **Marko-Marulić-Denkmal** 19 (1450–1524), ein Werk von Ivan Meštrović.

Stadtmauern 20

Venedig schuf nicht nur Stadtpaläste. Die Mauern des 17. Jh., die Split sternförmig umgaben, sind noch in ein paar Abschnitten zu sehen, so beim **Kroatischen Nationaltheater** 21 (1893), das aus der österreichischen Zeit stammt.

Kunstgalerie 22

Krl. Tomislava 15, Di–So 10–21 Uhr, 5 €

Die **Städtische Kunstgalerie (Galerija umjetnina)** ist in einem Gebäude der alten, barocken Festungsanlage untergebracht, das eine Zeit lang auch als städtisches Krankenhaus diente. Sie bietet neben einer ständigen Ausstellung vor allem lokaler Künstler auch interessante wechselnde Ausstellungen.

Archäologisches Museum 23

www.mdc.hr/split-arheoloski, Zrinsko-Frankopanska, Mo–Fr 9–14, 16–20, Sa 9–14 Uhr, 4 €

Vor allem die römische Phase von Split und Salona ist im bereits fast 200 Jahre alten Archäologischen Museum gut vertreten, das zeigt schon der Garten. Dort hat man an der überdachten Wand des Museums zahlreiche Grabstelen und Plastiken aus römischer und frühchristlicher Zeit aufgestellt, die eine eindrucksvolle Sammlung von Steindenkmälern bildet.

Marjanberg

Galerie Meštrović 24

Šetalište Ivana Meštrovića 46, www.mestrovic.hr, Di–So 9–19, im Winter Di–Sa 9–16, So 10–15 Uhr, 5 €

Drei interessante, aber wenig besuchte Museen befinden sich am Südfuß des Marjanberges, zwei sind mit dem großen kroatischen Bildhauer und Architekten Ivan Meštrović verknüpft. In der Galerija Ivana Meštrovića in einer eindrucksvollen Villa mit klassizistisch anmutendem Säulenvorbau und fürstlichem Treppenaufstieg sind viele seiner Werke ausgestellt, einige größere Skulpturen befinden sich im Garten.

Kaštelet 25

Šetalište Ivana Meštrovića 39, Öffnungszeiten wie die Galerie, auch das Ticket von dort gilt

Ein Stück weiter liegt das Kaštelet, ein alter Landsitz einer Adelsfamilie, den Meštrović in eine Wohn- und Arbeitsstätte verwandelt hat. An einen Innenhof im Stil einer römischen Villa grenzt ein Kirchenraum, dessen 28 umlaufende Holzreliefs über einen Zeitraum von mehr als 30 Jahren entstanden sind.

Auf Entdeckungstour: Museum kroatischer archäologischer Altertümer in Split

Ein Rundgang durch das Museum kroatischer archäologischer Altertümer 26 macht mit einer zu Unrecht im Schatten liegenden Sammlung bekannt. Er empfiehlt sich für alle, die an der Geschichte, Kunst, Kulturgeschichte und Archäologie ihres Gastlandes interessiert sind.

Cityplan: s. S. 216

Zeit: mindestens 1 Std.
Museum kroatischer archäologischer Altertümer: Šetalište Ivana Meštrovića 18 (Bus 12 ab Platz vor dem Franziskanerkloster am Beginn der Trumbićeva obala, dort auch Taxistand), Tel. 021 32 39 01, www.mhas-split.hr, Sommer: Mo–Fr 9–13 und 17–20, Sa 9–14 Uhr, Mitte Sept. bis Mitte Juni Mo–Fr 9–16, Sa 9–14 Uhr, Eintritt frei

In Stein gemeißelt

Über eine Treppe gelangt man ins Hochparterre, wo eine sitzende Frau in Landestracht vor dem Eingang zur Sammlung frühkroatischer Kunst Wache hält. Auf dem Schoß hält sie einen Steinblock mit den typischen Mäandermustern frühkroatischer Kunst und glagolitischer Schrift – die Skulptur ist Ivan Meštrovićs Hommage an seine kroatische Herkunft.

Im Saal bleibt man zunächst rechts, an der Wand sind Kopien altkroatischer

Texte angebracht, eine Tafel mit lateinischem Textband des Königs Zvonimir (wohl 888) sowie die berühmte Tafel von Baška mit glagolitischem Text.

Auf der Ausstellungsebene unten gibt es zwei gut erhaltene **Ciborien aus Biskupija** bei Knin (im Binnenland an der oberen Krka), einem der Hauptzentren der frühkroatischen Königsmacht. Das Ciborium (Altaraufsatz), das mit komplettem Pyramidendach erhalten ist, stammt aus dem 11. Jh. Tiere in den sehr plastisch ausgearbeiteten Kapitellen (Adler) und Weinranken mit Trauben im Relief erinnern an römische und frühchristliche Dekormotive. Die Kroaten haben sie vor allem von Steinsarkophagen in Salona und Fundstücken aus dem Diokletianspalast übernommen. Die Form des Ciboriums ist byzantinisch, auf Byzanz gehen auch Chorschranken mit eingesetzten Reliefplatten zurück.

Das zweite Ciborium aus Biskupija ist ohne Aufsatz und stammt wahrscheinlich aus dem 9. Jh. Es veranschaulicht eine frühere Phase der Kunstentwicklung: Die Motive des typischen Flechtmusters erinnern noch an die Völkerwanderungszeit, sie gelten als typisch frühkroatisch und tauchen immer wieder als Dekor auf. Beide Ciborien wurden aus vielen Teilen zusammengesetzt und teilweise rekonstruiert, was man an den unterschiedlichen Farben der Oberflächen erkennt.

Ein großer sechseckiger, aus einem einzigen Stück gemeißelter **Taufstein aus Nin** fällt besonders auf. Mit seinen vereinfachten reliefierten Säulchen und dem mit einem Flechtmuster aufgefüllten Kreuz an der Vorderseite repräsentiert er eine sehr frühe Form kroatischer Skulptur. Dank des lateinischen Inschriftenbandes lässt er sich datieren: Er wurde im 9. Jh. für einen Knez (Fürsten) Višeslav geschaffen. Schöne frühkroatische Flechtmuster zeigt ebenso die **Altarwandbedeckung aus Ortesa** bei Brbir. Auch sie stammt aus dem 9. Jh. und wird von einem lateinischen Text geziert. Das Flechtmuster ist zwischen den Textstreifen und einem ganz antikisch anmutenden Mäanderstreifen angeordnet – eine interessante Zusammenstellung!

Auf den Spuren Diokletians

Im oberen Stockwerk warten weitere Attraktionen: Mit zahlreichen Fotos, Fundstücken aus Grabungen und Dokumentationen wird die Geschichte des Diokletianspalastes bis in die Gegenwart aufgerollt. Die ausgestellten Keramikfunde reichen bis ins frühe 20. Jh.! Besonders interessant sind die Rekonstruktionen des Palastes, die ihn zu verschiedenen Zeiten zeigen und so einen chronologischen Gang durch die 1700-jährige Entwicklung der Altstadt von Split ermöglichen. Örtlich produziertes und venezianisches Importgeschirr, Glas und Metallwaren, feine italienische Keramik der Barockzeit – all diese Fundstücke sind mit Fotos der Ausgrabungen und Stadtrekonstruktionen bestimmter Zeiträume kombiniert.

Museum kroatischer archäologischer Altertümer 26

Siehe Entdeckungstour S. 222

Spaziergang vom Viertel Veli Varoš über den Marjanberg

▶ Karte 4, A 2/3

Auch das Haus- und Gassengewirr des Viertels Veli Varoš hinter dem **Franziskanerkloster (Sveti Frane)** 27 ist einen Besuch wert, hier findet man einige ältere Bruchsteinhäuser und eine altkroatische Kirche, **Sveti Nikola** 28 (11. Jh.). Über die beim Kloster beginnende Senjska-Straße gelangt man zu einem Café mit Aussichtsterrasse. Etwas versteckt liegt in der Nähe unter Bäumen ein kleiner **jüdischer Friedhof** 29 (Staro židovsko groblje, ▶ A 2) von 1573, einer der ältesten erhaltenen jüdischen Friedhöfe. Die meisten der 700 Grabsteine sind aus dem 18. und 19. Jh.

Über eine Stiege mit Aussichtsplattformen geht es weiter auf den bewaldeten Marjanberg, der das Rückgrat der gleichnamigen Halbinsel bildet. Die Blicke auf Split und seinen Hafen, auf das Gebirge im Hintergrund und auf die Inseln Šolta und Brač sind die Anstrengung wert. Besonders eindrucksvoll ist die Zeit vor Sonnenuntergang, wenn die Berge im Osten, vor allem die Kette des Mosorgebirges, im Licht der untergehenden Sonne aufleuchten.

Vorbei an der **Kapelle Sveti Nikole** (11. Jh.) erreicht man auf Wegen oder auf der Straße den **Telegrin,** mit 175 m der höchste Punkt der Insel (bis hierher ca. 30 Min.). Auf dem Scheitel des Berges führen Pfade und ein Sträßchen zu einer weiteren **Kapelle** (bis hierher 1 Std.), von der aus man auf dem Sträßchen zur Landspitze gehen oder nach rechts auf Wegen in die Strandsiedlung **Bene** absteigen kann. Von beiden bringt uns Bus 12 wieder an den Platz vor Sveti Frane zurück.

Festung Gripe 30

Glagoljaša 18, Mo–Sa 9–20, www.hpms.hr, im Winter nur bis 15 Uhr, 3 €,

Die gewaltige, fast unverändert erhaltene Festung auf einem flachen Hügel beherbergt u. a. das interessante **Marine- und Seefahrtmuseum.** Das Museum wurde bereits 1925 gegründet und ist entsprechend reich an Exponaten zur kroatischen Schifffahrt: u. a. Kapitänsporträts, Votivbilder von Seeleuten, alte Hafenansichten und Gemälde des österreichischen Marinemalers Alexander Kircher. Sehr sehenswert ist die Sammlung von Schiffsmodellen. Ob die ragusanische Karaka, der Šambek der Piraten aus Cattaro (Kotor in Montenegro), die flache Trupica der Boote des Neretva-Deltas oder das klassische Küstenboot Laut (oder Leut), sie alle sind hier zu bewundern. Im Außenbereich ist ein halbes (!) Torpedoboot (1927) ausgestellt.

Übernachten

Hotels in Split sind teuer. Preiswerter ist es in Stobreć oder Podstrana südlich der Stadt, wo es viele Unterkünfte vom Typ Pizzerija-Pansion gibt. **Privatzimmer** kann man auf gut Glück am Busbahnhof buchen (dort warten Zimmervermieter), sicherer ist die Buchung in einem Turist Biro, z. B. Riva Luxury Suites, Riva 12, Tel. 021 34 25 44. Unterkünfte außerhalb des Zentrums siehe Faltplanrückseite, Karte 4.

Mit Stil – **Globo** 1: ▶ Karte 4, B 1, Lovretska 18, Tel. 021 48 11 11, www.hotelglobo.com, DZ/ÜF 120–170 €. Das luxuriös eingerichtete private Hotel mit 33 Zimmern in Gehentfernung zur Altstadt ist nicht gerade billig, sonst wäre es ein idealer Ort, um Split zu erkunden (die direkte Umgebung ist aber weniger toll).

Traditionshotel – **Park** 2: ▶ Karte 4, C 3, Hatzeov perivoj 3, Tel. 021 40 64 00, www.hotelpark-split.hr, DZ/ÜF 270–400 €. 2015 komplett renovierter Fünfsterner, ursprünglich errichtet im Jahr 1921. Ein Luxuspalast mit edlem Mobiliar, in dem man gesehen werden will. Hier trifft man kroatische Prominenz – und entsprechend sind Ausstattung und Preise.

Palazzo im Palast – **Slavija** 3: Buvinina 2, Tel. 021 32 38 40, www.hotelslavija.hr, DZ/ÜF 140–220 €. Das erste Hotel, das im Diokletianspalast eröffnet wurde, hat man in einem älteren, etwas düsteren Palazzo eingerichtet. Restauriert und recht komfortabel, nimmt es leider etwas überzogene Preise. Abends und nachts nach vorne Lärmbelästigung durch die Bar gegenüber und eine Disco nebenan.

Kleines Privathotel – **Kaštel** 4: s. Tipp rechts

Luxuslage – **Peristil** 5: Poljana Kraljice Jelene 5, Tel. 021 32 90 70, www.hotelperistil.com, DZ/ÜF 120–165 €. Hier stimmt alles: die Lage an der Kathedrale, die hochwertige Ausstattung eines an römische Mauern angelehnten Hauses, das zuvorkommende Personal.

Funktional – **Art Hotel** 6: ▶ Karte 4, C 1, Slobode 41, Tel. 021 30 23 02, www.arthotel.hr, DZ/ÜF 120–220. Sehr modernes Hotel mit 36 Zimmern im neueren Teil der Stadt, etwa auf halber Strecke zwischen Altstadt (Entfernung dorthin etwa 600 m) und Stadion, daher geeignet für Autoreisende. Man trifft hier auch Geschäftsreisende und es gibt ein großes Wellness- und Fitnessangebot.

Bezahlbare Tradition – **Bellevue** 7: Bana Josipa Jelačićeva 2, Tel. 021 34 56 44, http://hotel-bellevue-split.hr, DZ/ÜF 90–120 €. Das Hotel stammt vom Ende des 19. Jh. und ist daher eines der traditionsreichsten Häuser der Stadt. Es hat einen eigenen Stil bewahren können. Die Lage ist zentral, was des Nachts im Sommer durchaus etwas Lärm bedeuten kann.

Großes Angebot – **Camping Stobreč-Split** 8: östl. ▶ Karte 4, D 2, Sv. Lovre 6, 21311 Stobreč, Tel. 021 32 54 26, www.campingsplit.com.

Unser Tipp

Antikes zum Frühstück

Das kleine Privathotel **Kaštel** 4 grenzt an die Mauern des Diokletianspalastes, wie der Frühstücksraum mit der freigelegten antiken Wand zeigt. Das Hotel hat gut ausgestattete Zimmer mit Klimaanlage, einige mit Kochnische, dazu einen sehr freundlichen Service und das beste Preis-Leistungs-Verhältnis in Split (Mihovilova širina 5, Tel. 021 34 39 12, www.kastelsplit.com, DZ/ÜF 90–180 €).

Essen & Trinken

Mediterran – **Nostromo** 1: Kraj sv. Marije 10, Tel. 091 405 66 66, www.restoran-nostromo.hr. Ein beliebtes Restaurant mit großer Auswahl an Fischgerichten, beispielsweise Risotto mit Scampi für 14 €.

Dalmatinisch – **Konoba Varoš** 2: Ban Mladenova 7, Tel. 021 39 61 38, www.konobavaros.com, Hauptgericht 8–15 €, Fisch 20–25 €. Die beliebte *konoba* hat eine eher einem Restaurant entsprechende große Speisekarte, u.a. mit einigen dalmatinischen Spezialitäten wie köstlichen *škampi kardinale*, Scampispießchen mit dalmatinischem *pršut*. Schmorgerichte unter der Glocke *peka* sind besonders empfehlenswert.

Beste Pizza der Stadt – **Galija** 3: Tončićeva 12, Tel. 021 34 79 32, Pizza

Unser Tipp

Städtetour per Drahtesel
Eine amüsante Art, die Stadt kennen zu lernen, bietet Splitexcursions mit der **Split Bike Tour**, für die das Fahrrad bereitgestellt wird (nur mit Voranmeldung). Der Veranstalter bietet auch andere Stadtbesichtigungstouren an: **Split Excursions** 1, Trg republike 1, 21000 Split, Tel. 021 36 00 61, www.split-excursions.com.

8–12 €. Zu Stoßzeiten muss man anstehen, denn Galija ist wegen seiner hervorragenden Pizzen sehr beliebt. Flotter Service, immer freundlich.
Stimmungsvoll – **Dioklecijan** 4: Dosud 9, Tel. 021 34 66 83. Der Innenraum macht kaum von sich reden, aber die Terrasse nach vorne hat's dafür in sich: Einmal, weil sie einen winzigen Platz im oberen Stockwerk der mittelalterlichen Verbauung des Diokletianspalastes einnimmt, und zum zweiten, weil die drei Fenster, durch die man auf die Riva und den Hafen blickt, die Originalfenster des Bogens über dem Hafentor des Palastes sind.
Tradition – **Gradska Kavana** 5: Narodni trg 1, Tel. 021 31 78 35, www.restaurant-central.com.hr. Das Stadtcafé am Narodni trg mit seinem bürgerlichen Ambiente ist eine städtische Institution; es gibt einen separaten Restaurantteil.

Einkaufen

Wochenmarkt – **Grünmarkt** 1: (»Stari pazar«), tgl. an der Palastmauer.
Antiquitäten – Antiquitätenläden, echte und falsche Antiken und Trödel im **Kryptoportikus** 4 des Diokletianspalastes und in der Dioklecijanova (gehobenes Niveau).
Kunsthandwerk – **Galerija Kolura** 2: Majstora Jurja 11. Glas und Keramik vorwiegend aus Kroatien.
Bücher – **Buchhandlung Algoritam** 3: Kraj sv. Marije1, www.algoritam.hr. Bücher in Englisch und Deutsch, CDs etc.

Aktiv

Baden und beachen – Mehrere Stadtstrände ab der **Bačvice-Bucht** hinter dem Busbahnhof, recht sauber, aber meist sehr überfüllt.
Rafting auf dem Cetina-Fluss – **Split Excursions** 1 (s. Tipp S. 226) und **Adventure Dalmatia** 2 (▶ Karte 4, C 3, Matije Gupca 26, Tel. 091 501 29 13, www.adventuredalmatia.com).

Abends & Nachts

Lokale & Bars – An der **Hafenpromenade (Riva)** vor dem Diokletianspalast und in der **Majstora Jurja** am Nordtor haben die meisten Lokale bis lange nach Mitternacht geöffnet. Besonders stimmungsvoll ist das **Mosquito** 1 (Majstora Jurja 4) mit kleinem Sitzbereich in der Gasse vor der Tür. An der Riva drängen sich Cafés, *kaffe bars*, Konditoreien (wie das Bobis) und Eissalons dicht an dicht. Die Preise sind hoch, der Service etwas unpersönlich, aber der Standort ist Splits populärster.

An der **Bačvice-Bucht** (Karte 4, ▶ C 3) hinter dem Bahnhof konzentriert sich die Partyszene, vor allem der Tropic Club und die Sommerdisco sind bis frühmorgens geöffnet, ansässig sind ein Kino und diverse Kneipen sowie Schnellimbisse und Pizzerien. Die Open-Air-Disco **O'Hara Music Club** 2 (Uvala Zenta 3) in der zweiten Bucht nach der Bačvice-Bucht (Karte 4, ▶ D 1) ist ebenfalls sehr populär. In der Poljud-Bucht (nahe dem Stadion) liegt der Disco Club **Vanilla** 3 (Poljudsko šetalište; Karte 4, ▶ A 1).

Traditionslokal – **Café Luksor** 4 im Palast des Peristyls: Das Luksor (oder Luxor) nimmt das repräsentative Erdgeschoss des **Palais Crisogono-Cipici** 6 ein. Dieser wurde in der Renaissance in die Säulenarkaden des Peristyls gebaut, liegt also etwas höher als das Peristyl selbst, zu dem umgehende Treppen hinunterführen. Auf den Treppenstufen darf man auf Kissen verweilen und in der Dämmerung oder in nächtlicher Kühle seinen Drink nehmen und von Split oder wovon auch immer träumen.

Theater – **Kroatisches Nationaltheater (Hrvatsko Narodno Kazalište)** 21: Trg Gaje Bulata 1, Tel. 021 36 30 14, www.hnk-split.hr. Die Dreispartenbühne bietet im Winter sehr häufige (nicht unbedingt) tägliche Aufführungen, aber auch Konzerte, in den Übergangsjahreszeiten weniger.

Infos & Termine

Touristeninformation: Peristil bb., Crkvica Sv. Roka, 21000 Split, Tel. 021 34 56 06, www.visitsplit.com.

Flug: Kroatiens zweitwichtigster Flughafen (Tel. 021 20 35 06, www.split-airport.hr) liegt ca. 20 km von Split entfernt, nahe Trogir. Busse zum Flughafen fahren alle vom großen Busbahnhof am Hafenterminal ab. Auch die **Busse** der Linie 37 halten am Flughafen. Nach Split zu fahren, ist mit diesen Linienbussen wesentlich günstiger als mit dem Bus der Croatia Airlines! Direktflüge innerhalb Kroatiens, nach Frankfurt (tgl.), Amsterdam, Berlin, Düsseldorf und Zürich. Croatia Airlines in der Stadt, Obala Hrvatskog preporoda 9, Tel. 021 36 29 97.

Bahn: Verbindungen vom Hafenbahnhof nach Zagreb.

Bus: Regionale und überregionale Busse vom Busbahnhof am Hafen, Tel. 021 32 91 80, www.ak-split.hr.

Fähren/Katamarane: zu den dalmatinischen Inseln und Ancona, alle Agenturen im Hafen-Abfertigungsgebäude.

Taxi: am Ostende der Riva beim Hafenamt, Tel. 021 47 53 43.

Sommerfestival: Mitte Juli–Mitte Aug., in der Altstadt, mit Oper, Theater, Konzerten, Straßentheater, Tanz.

Ausflüge von Split

Antikes Salona ▶ H 11

Don Frane Bulića 91, Manastirine, 21210 Solin, ca. 8 km nördlich von Split; Ruinen und Museum Juni–Sept. Mo–Fr 7–19, Sa 8–19, So 8–19, Okt.–Mai Mo–Fr 7–16 Uhr, 4 €

Römische Heere besiegten die Dalmaten 119 v. Chr. und gliederten die östliche Adriaküste ihrem Reich ein. Zu diesem Zeitpunkt war Salona (Salonae) bereits eine bedeutende Stadt, die gemeinsam von ihren Gründern, den Griechen, und den Illyrern bewohnt wurde. Die Erhebung zum Status einer Militärkolonie und die Hauptstadtfunktion für die Provinz Dalmatia ließen die Stadt kräftig wachsen. Ein **Amphitheater** für bis zu 18 000 Zuschauer, ein großes Forum mit bedeutenden Tempeln, ein Theater und **Thermen** wurden als öffentliche Bauten errichtet, deren Ruinen heute zum Teil noch zu sehen sind. Vor allem das Amphitheater im äußersten nordwestlichen Ausgrabungsgebiet und die Thermenanlage nahe dem heutigen Eingang sind sehenswert. Besonders interessant sind auch die **frühchristlichen Bauten:** Salona nahm wie die meisten Provinzhauptstädte die neue Religion rasch an.

Von den altkroatischen Denkmälern – Salona war im 10. Jh. eine der kroatischen Königsresidenzen – ist fast nichts zu sehen.

Basilika Manastirine
Noch vor dem Eingang zum umfriedeten Bereich liegt die Ruine der dreischiffigen Basilika Manastirine, innen wie außen stehen zum Teil in den antiken Boden eingelassene Sarkophage. Da sich hier vor der Zerstörung des Ortes durch die Awaren 614 und der Überführung der Reliquien in den Kaiserpalast von Split das Grab des Märtyrers Domnius befand, wollten viele Menschen in seiner Nähe begraben werden. Die schönsten Sarkophage sind im Spliter Archäologischen Museum zu bewundern, aber die verbliebenen sind immer noch kaum zu zählen.

Infos

Anfahrt: Bus 1 nach Solin Mo–Sa halbstdl., So stdl. ab Haltestelle gegenüber Nationaltheater in Split, Rückfahrt evtl. ab Ausgang bei der Basilika Manastirine, dort Halt der Stadtbusse 37 Trogir–Spilt (100 m rechts auf der anderen Straßenseite).

Omiš ▶ J 11

Südlich von Split lässt das Mosorgebirge an der Küste wenig Platz für Siedlungen. Das ändert sich erst bei Omiš, wo der Cetina-Fluss die Gebirgsbarriere in einer eindrucksvollen Schlucht durchbricht. Die Felsen kommen so nah an das Flussbett heran, dass die Straße auf der südlichen Flussseite durch einen Tunnel gelegt werden musste. Die weit aus dem Binnenland herströmende Cetina fließt ganzjährig und reichlich. Da sie auch einen Verkehrsweg ins Innere darstellt, entwickelte sich auf dem kleinen Mündungsdelta schon früh, spätestens in der Römerzeit, eine Siedlung. Im Frühmittelalter entdeckten die Neretva-Piraten, dass man den Fluss bis nach den Felsen der Engstelle mit Booten befahren konnte, dahinter lag ein sicherer, vom Meer aus nicht erkennbarer Hafen. Und die Küste von Brač liegt genau gegenüber, nur drei Seemeilen entfernt, perfekt für rasche Piratenzüge. Mit Gottes Segen, wie es scheint, auf jeden Fall mit dem der Kirche, das bezeugt die kleine frühkroatische **Peterskirche** (Sveti Petar u Proku, 10./11. Jh.) unter den Felsen auf der nördlichen Flussseite.

Übernachten

Weitblick – **Villa Dvor:** Mosorska cesta 13, Omiš, Tel. 021 86 34 44, www.hotel-villadvor.hr, DZ/ÜF 110–150 €. Privathotel unter den Felsen über der Stadt. 23 zweckmäßige Zimmer, einige mit Balkon und herrlicher Aussicht. Das Parkhaus ist tief unten im Berg, ein Aufzug bringt den Gast ins Hotel.

Infos & Termine

Touristeninformation Omiš: Trg kneza Miroslava bb., 21310 Omiš, Tel. 021 86 13 50, www.tz-omis.hr.
Festival dalmatinischer Klapa-Gesänge: Juli. Treffen dalmatinischer Chöre, zu dem zunehmend auch Teilnehmer aus anderen Regionen kommen.

Aktiv am und auf dem Cetina-Fluss ▶ J 11

Mountainbiking
Omiš ist ein beliebter Ausgangspunkt für Touren entlang der Cetina. Durchschnittliche Mountainbiker finden die Straße auf dem Südufer ideal, zumal

Am Hafen von Omiš, das einst als Piratennest bekannt war

man bei zwei Fischrestaurants vorbeikommt, in denen es etwa den hier gefangenen Flussaal gibt. Sportfahrer nehmen die Straße auf dem anderen Ufer, die nach Gata hinaufführt, und machen die Runde über Kostanje und Kučiće (46 km). In **Gata** können sie das Museum Poljica besichtigen, in dem Erinnerungen an die Zeit der Autonomie dieser Bauernlandschaft unter venezianischer Oberherrschaft aufbewahrt werden (Poljički muzej, bei der Kirche, im Sommer meist vormittags geöffnet).

Wassersport

Rafter (Buchung von Touren z.B. bei Split Excursions, s. S. 226), Schlauchboot- und Kajakfahrer entdecken, dass der Fluss einige Überraschungen bietet: Als echter Karstfluss bildet er Sinterbarrieren, über die er sich in Wasserfällen ergießt, die Strecken davor sind fast seenglatt.

Wandern

Wanderer werden vom Mosorgebirge angezogen, das man sehr gut von **Gata** aus erkunden kann. Die Dörfer südlich von Omiš, die zwischen dem steil ins Meer stürzenden Bergrücken und der Küste angesiedelt sind, haben kaum einen Quadratmeter ebenen Boden: **Lokva, Mimice** und **Pisak** sind zwischen ihren Ölbaumhainen wie an den Hang geklebt.

Für die Weiterfahrt entlang der Küste in Richtung Makarska und zum Neretva-Delta siehe S. 251 und S. 256.

Das Beste auf einen Blick

Zwischen Split und Dubrovnik

Highlight!

Stadt Hvar: Der kleine Hafenort auf der Insel Hvar ist ein Städtchen mit tausendjähriger Geschichte, gotischen Palazzi, Renaissance-Loggia und einer Klientel vom ›Pauschaler‹ bis zum Jachtbesitzer. S. 238

Auf Entdeckungstour

Von Makarska zum Botanischen Garten Kotišina: Am Fuß der gewaltigen Felswand des Biokovo liegt ein natürlicher botanischer Gebirgsgarten, der mediterrane und alpine Arten vereinigt. Von Makarska kommt man auf alten Wegen dorthin. S. 252

Kultur & Sehenswertes

Friedhof von Supetar (Insel Brač): Die meisten Grabdenkmäler stammen aus der späten Gründerzeit und dem Jugendstil. S. 233

Griechischer Friedhof auf Vis: Die Griechen waren auch an der kroatischen Adria. Von den wenigen greifbaren Spuren ist der Friedhof von Vis die überraschendste. S. 243

Altstadt von Korčula: Korčula ist nicht die einzige alte Stadt an der Adria, die auf einer engen Halbinsel hinter ihren Mauern zusammenrückt, aber vielleicht die eindrucksvollste. S. 245

Zu Fuß unterwegs

Wanderung auf die Vidova Gora: Gar nicht so schwer ist der Aufstieg auf den höchsten Berg der dalmatinischen Inselwelt. Von oben blickt man auf Zlatni rat und die Insel Hvar. S. 235

Genießen & Atmosphäre

Lavendelblüte auf Hvar: Im Frühsommer duftet es auf Hvar nach Lavendel, der dort in der Karstlandschaft gezüchtet und geerntet wird. S. 240

Festung Španjola in Hvar: Von der gut erhaltenen Festung hat man einen Traumblick auf die Stadt Hvar. S. 240

Abends & Nachts

Hafen von Hvar: Abends konzentriert sich um den Fischerhafen Mandrac und auf der Riva das Leben. S. 242

Höhlen-Disco in Makarska: Extra-Stimmung bringt der Standort des Clubs Deep in einer Brandungshöhle am Meeresufer – cool. S. 255

Zwischen Split und Dubrovnik dehnt sich ein faszinierender Archipel aus. In seiner Vielfalt der Landschaften auf den großen und kleinen Inseln, dem Alter und der historischen Bedeutung seiner Orte und in seinen vielen wassersportlichen Möglichkeiten ist er nur mit einem anderen berühmten Archipel vergleichbar – den Inseln der Ägäis.

Die Inseln Brač, Hvar, Vis mit Biševo und Lastovo sind von duftender Macchie überzogen, bergig und mit langen, felsigen Küsten, aber auch Sandstränden, wie am Goldenen Horn auf Brač. Zwischen dem venezianischen Hvar und dem Fischerort Komiža auf Vis, zwischen dem Ferienort Supetar und dem verschlafenen Lastovo liegen Welten, die es zu erkunden lohnt.

Auch die Festlandküste südlich von Split ist reizvoll: Das Küstengebirge wird von zwei Flusstälern unterbrochen. An der Cetina liegt Omiš (s. S. 228), früher ein veritables Piratennest. Bei Ploče quert die Straße das Delta der Neretva, die immer ein wichtiges Einfallstor zum Hinterland war, auch schon in römischer Zeit, wie die Ruinen von Narona künden, denen man ein faszinierendes Museum aufgesetzt hat. Dazwischen liegen die hübschen Orte der Riviera von Makarska, dem touristisch bedeutendsten Ort der ganzen Strecke, überragt vom eindrucksvollen, steil zur Küste abfallenden Biokovogebirge.

Die Region ist touristisch gut erschlossen und ein Paradies für Wassersportler wie Taucher, Skipper, Badende an den Kies-, Fels- und einigen wenigen Sandstränden oder Passagiere auf einem Motorsegler. Sogar bergsteigen und klettern kann man, auf die Inselberge auf Brač und im Biokovogebirge. Wenig bleibt zu wünschen nach einem Urlaub auf einer der Inseln, höchstens, dass man wiederkommen kann.

Infobox

Touristeninformationen

Hauptbüro für die Region Split und Mitteldalmatien (Küste bis Neum, alle Inseln außer Korčula, Mljet und Lastovo): Prilaz braće Kaliterna 10/F, Tel. 021 49 00 32, 21000 Split, www.dalmatia.hr.
Hauptbüro in Dubrovnik (für die Inseln Korčula, Mljet und Lastovo): TZ Dubrovačko-neretvanska, Cvijete Zuzorić 1/1, 20000 Dubrovnik, Tel. 020 32 49 99, www.visitdubrovnik.hr
Telefonvorwahl: 021, mit Ausnahme von Neretvadelta und Vid/Narona sowie Inseln Korčula und Lastovo, hier lautet die Vorwahl 020

Internet

www.dalmatia.hr: ergiebige Seite für Mitteldalmatien (Region Split und Inseln); für die Inseln Lastovo und Korčula auch **www.visitdubrovnik.hr**

Anreise und Verbindungen

Alle Inseln sind von Split aus mit Fähren und Tragflügelbooten zu erreichen, in Richtung Dubrovnik häufige Busverbindungen über Makarska und Ploče, von denen einige über Metkovič fahren (dort Taxi nach Vid/Narona). Auf den Inseln eher mäßige Busverbindungen, an Sonn- und Feiertagen z. T. kein öffentlicher Verkehr. Zwischen den einzelnen Inseln gibt es kaum Verbindungen, in den meisten Fällen muss über Split gereist werden. Lastovo hat keine direkte Verbindung nach Dubrovnik, zu dessen Verwaltungsbezirk es gehört, nur nach Split.

Insel Brač ▸ H/J 11/12

Die Insel Brač hat eine buchtenreiche, sanft ansteigende Nordseite und eine steil und ungegliedert zur Vidova Gora (780 m) aufragende Südseite. Im Süden ist kaum Platz für Dörfer, nur **Bol** und der Weiler **Murvica** entstanden an dieser der Sonne ausgesetzten Küste. Die 2700 Sonnenstunden pro Jahr tun dem Wein wie auch den vielen Urlaubern gut. Auf dem allmählich abfallenden welligen Plateau im Norden liegen einige recht ursprüngliche Bauerndörfer. Hier sind Touristen nur Zugvögel, Äcker und Weinberge sind immer noch wichtiger als die Jobs, die von den Jungen längst in Split, Zagreb oder München ausgeübt werden. Einige Küstenorte haben sich dem Tourismus verschrieben, so der Fährort **Supetar** und das auf Jachttourismus ausgerichtete **Milna.** Eine eigene Rolle spielt **Pučišća:** Hier ist die Hochburg der bedeutenden Marmorproduktion der Insel samt einer Schule für Bildhauer und Steinmetzen. Die Insel ist im höheren Bereich teilweise bewaldet (vor allem mit Aleppokiefern, aber auch alten Beständen von Schwarzkiefern), der Rest ist von mehr oder weniger hoher Macchie überzogen. Zu den Sehenswürdigkeiten gehören Naturschönheiten wie das **›Goldene Horn‹** bei Bol, eine spitz ins Meer hinaus reichende Sandbank, und der Aufstieg zur **Vidova Gora**, aber auch Zeugen einer langen Kultur wie das einsam gelegene, verlassene **Kloster Blaca** oder der kleine Ort **Škrip,** dessen Bauten sich auf jahrtausendealten Mauern erheben.

Supetar ▸ H 11

Die Insel Brač ist von Split aus leicht zu erreichen, das hat den Fährhafen Supetar zu einem Vorort von Split gemacht. Der ovale, heute durch eine große Mole geschützte Hafen ist von älteren Häusern umstanden.

Schon vom Schiff sieht man auf dem strandnahen **Friedhof** ein ungewöhnliches Bauwerk: das mit Motiven orthodoxer Kirchen spielende Mausoleum der Familie Petrinović, ein Werk des zu seiner Zeit sehr geschätzten Bildhauers Toma Rosandić (1878–1958). Auch Werke anderer kroatischer Bildhauer aus der späten Gründerzeit bis zum Art déco finden sich auf dem Friedhof.

Von Supetar aus ist die ganze Insel mit Tagesausflügen zu erreichen, das Hotel- und Sportangebot ist groß Gute **Strände** beginnen am Bili rat, noch besser sind jene westlich der Bucht Vela Luka.

Škrip ▸ H 11

Škrip liegt in Aussichtsposition auf einem Hügel 4 km südlich von Splitska. Das Dorf fußt auf einer eisenzeitlichen Befestigung und war seither ununterbrochen bewohnt. So ist es verständlich, dass sich hier das **Bračer Heimatmuseum** befindet (tgl. 10–18 Uhr, im Winter Schlüssel nebenan). Man passiert, von Splitska kommend, das Kastell der Familie Cerineo, dann steht man vor dem Wehrturm **Kastell Radojković,** der zum Komplex des Heimatmuseums gehört. Er steht auf bis zu 5 m hohen Mauern aus der Eisenzeit, die durch ihre Bruchsteintechnik auffallen. Im Hof des Museums befindet sich ein römisches Mausoleum, man erreicht es durch die Museumsräume. Nahe der Pfarrkirche erhebt sich die kleine vorromanische **Kirche Sveti Duh** (11./12. Jh.) und beim Friedhofseingang findet sich eine **römische Wasserstelle** mit kleinem Wasserbecken, die man dort in den anstehenden Stein gehauen hat.

Pučišća ▶ J 11

Der mit seinen massiven, wohlgebauten Häusern fast städtisch wirkende Ort (1700 Einw.) in der schmalen Bucht lebt fast ausschließlich vom Marmor. Auf der Halbinsel östlich der Bucht liegt der größte **Steinbruch** der Insel, der den berühmten weißen Bračer ›Marmor‹ liefert, eigentlich ein Kalkstein aus der Kreidezeit. Unter anderem die Loggia in Šibenik und die Kathedrale von Zadar sind aus diesem Stein erbaut.

Bol ▶ H 12

Am Fuß der steil von der Vidova Gora herabfallenden Berghänge schiebt sich nahe dem Ort Bol eine bis zu 400 m lange Halbinsel aus Feinkies und Sand quer zur Küstenlinie ins Meer: **Zlatni rat,** das ›Goldene Horn‹. Die Form dieser Landzunge verändert sich jedes Jahr ein wenig mit den vorherrschenden jahreszeitlichen Strömungen. Der Strand ist entsprechend berühmt und beliebt bei Wasserratten aller Art.

Im Ort Bol geht man an vielen Kneipen vorbei, wenn man das äußerste östliche Ende der Siedlung und das **Dominikanerkloster** (Dominikanski samostan) aufsuchen will. Es besitzt ein sehr interessantes **Museum** mit den ältesten Zeugnissen der Anwesenheit des Menschen auf der Insel, mit Münzen, altkroatischen Inschriftsteinen, römischen Funden aus dem Meer, Manuskripten, Büchern und Bildern (im Sommer tgl. 10–12, 17–20 Uhr).

Ausflug zum Kloster Blaca

Kloster: Mai–Okt. Di–So 10–18 Uhr, 4 €; zur Sicherheit sollte man sich vorher im Ort Bol erkundigen

Lohnend ist eine Tour mit Bus und Geländewagen (oder zu Fuß) zum 1963 verlassenen, aber komplett erhaltenen und bewachten Kloster Blaca in einem

Strand am Zlatni rat bei Bol

Tal westlich von Bol. Der Platz – das Kloster klebt an und unter eine Felswand – und die Atmosphäre des alten Baus sind eindrucksvoll. Das ehemalige Kloster lässt sich nur mit einer Führung besichtigen.

Wanderung auf die Vidova Gora

Start/Ziel: Bol, Länge: 10 km, Dauer: 3–4 Std.

Man startet in **Bol** auf dem über der Treppe an der Hafenpromenade beginnenden Novi Put. Nach Querung zweier Asphaltstraßen geht es weiter in Richtung **Donje Podbarje** (mehr oder weniger geradeaus). Nach dem Straßenende verläuft die Route auf einem gepflegten Maultierweg. Bei einer Gabelung hält man sich links, anschließend wandert man auf dem eindeutigen Weg durch ein Tälchen, dann auf dessen linker Seite und schließlich wieder nach rechts durch einen steilen Hang zum Plateau. Dort hält man sich links entlang dem Plateaurand, bis man hinter dem eigentlichen **Gipfel der Vidova Gora** (mit Antenne) die **Konoba Dom Vladimir Nazor** (gut für eine Einkehr) erreicht. Vom Plateaurand schaut man auf die Insel Hvar und unterhalb auf die Landzunge Zlatni rat. Zurück geht es auf demselben Weg.

Übernachten

... in Supetar

Privatzimmer bzw. **Apartments** bekommt man z. B. über Atlas Supetar (Porat 10, Tel. 021 63 11 05, www.atlas-supetar.com) oder Maestral (Kaleta II, R. Boškovića 13/15, Tel. 021 47 09 44, www.maestral.hr).

Parkettfußboden – **Hotel Amor Put:** Vela Luke 10, Tel. 021 60 66 06, www.velaris.hr, DZ/ÜF ab 100 €. Mittelgroßes Hotel, in dem für alle Bedürfnisse gesorgt ist. 2007 komplett renoviert mit schönem Holzparkett.

Wanderung auf die Vidova Gora

Freundliches Haus – **Villa Adriatica:** Put Vele Luke 31, Tel. 021 75 50 10, www.villaadriatica.com, DZ/ÜF 100–180 €. Privathotel der Mittelklasse mit komfortablen Zimmern, Pool, Sauna.

Familienhotel – **Mandić:** Vladimira Nazora 9, Tel. 099 851 11 42, www.villamandic.com, DZ/ÜF 55–105 €. Kleines Hotel in einem Steinbau etwas oberhalb der Bucht am Rand der Altstadt. Modern, komfortabel, mit Klimaanlage, TV und teilweise mit Balkon.

Zweckmäßig – **Camping Beach Village:** Vrilo 7. Der Campingplatz im Ort gehört zur Hotelanlage Waterman Resorts, Tel. 021 55 46 66, www.beach-village.com.

... in Bol

Familienfreundlich – **Borak:** Put zlatnog rata 42, Tel. 021 30 62 02, www.brachotelborak.com, DZ 90–200 €. Moderner Hotelkomplex der Kette Blue Sun Hotels in der Nähe des Strandes Zlatni rat, Kinderprogramm, Sportangebote (u. a. Tennis, Tauchen).

Für Sporturlauber – **Elaphusa:** Put zlatnog rata 46, Tel. 021 30 62 00,

www.bluesunhotels.com, DZ/ÜF 100–290 €. Großes Hotel in der Nähe des Zlatni rat, komfortabel, im Gelände Sporteinrichtungen wie Tennis, Surf- und Tauchschule.
Günstig – **Camping Kito:** Bračke ceste bb., Tel. 021 63 55 51, www.camping-brac.com, April–Okt. In Ortsnähe, Rad- und Bootsverleih.

Essen & Trinken

Am Hafen von Supetar – **Bistro Palute:** Porat 4, Tel. 021 63 17 30, http://restaurant-palute.com, Tagesmenü ab 8 €. Das einzige Hafenlokal, wo man direkt am Wasser sitzen kann. Nicht nur durch seine Lage ausgezeichnet, sondern es hat auch noch zivile Preise.
Edel – **Restoran Vagabundo:** Ante Radića 36, Tel. 021 63 54 36, www.vagabundobol.com. Umfassende und immer originelle Speisekarte, z. B. Hummer mit Shrimps gefüllt 28 €.

Aktiv

Wassersport – **Surfen** und **Segeln** sind im windigen Kanal zwischen Brač und Hvar sehr beliebt. **Tauchschule** Big Blue, Podan Glavice 2, Tel. 098 21 26 19, www.bigbluesport.com.
Radfahren – Für Radfahrer gibt es die kostenlose Karte »Dalmatia by Bike Brač« bei der Touristinfo Supetar.

Abends & Nachts

Ideale Stationen sind abends in Bol die *kaffe bars* **Loža** unter den Arkaden und **Big Blue** im kleinen Steinhäuschen, beide am östlichen Hafenende.

Infos

Touristeninformation Supetar: Porat 1, 21400 Supetar, Tel. 021 63 05 51, www.supetar.hr.
Touristeninformation Bol: Porat bolskih pomoraca, 21420 Bol, Tel. 021 63 56 38, www.bol.hr.
Anreise nach Brač: Flughafen Brač (www.airport-brac.hr), ca. 32 km von Supetar, Zubringer ab/zum Airport nach Bedarf, Verbindungen nach Zagreb, Wien, Graz, Brüssel u. a.
Fähren: **Fährverbindungen** von Split nach Supetar bis zu 13 x pro Tag. **Autofähre:** Von Sumartin bis zu 5 x tgl. nach Makarska. **Katamaran:** Von Jelsa (Insel Hvar) 1 x tgl. über Bol nach Split sowie von Split nach Milna (alle mit Jadrolinija, www.jadrolinija.hr).
Inselverkehr: Einige wenige **Busse** zwischen Supetar und Bol, nicht unbedingt zu touristenfreundlichen Zeiten.

Insel Hvar ▸ H–K 12

Hvar hatte bereits im 19. Jh. einen guten Ruf als erholsame Insel mit gutem Klima: »Das feuchtwarme Inselklima Lesinas« – wie Hvar damals hieß – »entspricht ungefähr demjenigen von Ajaccio (Korsika), Palermo und Korfu. Dieses Klima wirkt durch seinen sedativen Charakter wohltuend auf die Atmungsorgane und auf das Nervensystem«, schreibt ein Reiseführer für Dalmatien, der 1909 erschien. Tatsächlich ist Hvar eine ausgesprochen ruhige Insel, ihr Klima ist aber keineswegs »feuchtwarm«, wenn heutige Touristen ankommen – nämlich im Sommer und nicht wie damals im Winter. Es erreicht sogar Tagesmittelwerte von 26 °C, die Spitzenwerte gehen selten über 30 °C hinaus, denn eine leichte Brise Meerwind kühlt den erhitzten Boden ab. Bei nur 88 Regentagen im Jahr, die sich fast ausschließlich auf das Winterhalbjahr beschränken, kann man im Sommer mit Sonnenschein rechnen. Und wie angenehm ist die Meerestemperatur, sie liegt im Juli/Aug. bei 24 oder 25 °C!

Die 68 km lange Insel ist an der breitesten Stelle 10,5 km, an schmalen Stellen etwa 2 km breit. Es gibt kaum Wald, Macchie dominiert, alte Feldterrassen sind fast überall überwachsen. Wein- und Lavendelfelder überziehen die fruchtbaren Senken. In der Ebene zwischen Stari Grad und Jelsa wird neben Wein und Lavendel auch Gemüse angebaut – seit mehr als 2300 Jahren.

Stari Grad ▶ H 12

Das einstige Zentrum der Insel wird heute von den Touristenströmen ignoriert – zu Unrecht. An Geschichte bietet es fast mehr als Stadt Hvar, nur die Strandsituation ist zugegebenermaßen nicht so ideal.

Die griechische Stadt Pharos, die 385 v. Chr. an der Stelle des heutigen Stari Grad von dorischen Parthern gegründet wurde, umfasste ca. 10 ha. Die enger gefassten, bisher als griechisch angesehenen Mauern wurden wohl erst in spätrömischer Zeit errichtet, vom griechischen Pharos ist in der Stadt nichts mehr zu sehen. Nach der Zerstörung durch die Römer existierte an der alten Stelle kein Ort mehr. Erst irgendwann im Mittelalter siedelten wieder Menschen in der Ruinenstätte.

Aus dieser Zeit stammen wenige Bauten wie die **St.-Johannes-Kirche** (14. Jh.) südlich der Pfarrkirche. Venedig bemächtigte sich der Insel 1420, damals begann der allmähliche Aufstieg des Ortes. Lokale Adelsfamilien siedelten sich an, darunter die Hektorović, die sich ein Renaissance-Stadthaus mit Innengarten und Fischteich errichten ließen, das auch der Dichter Petar Hektorović (1487–1572) bewohnte: **Kaštel Tvrđalj** (Hektorovićev tvrđalj, Tel. 021 76 50 68, Mai–Okt. tgl. 10–12, 18–20 Uhr, 1 €). Die 1605 entstandene **Pfarrkirche Sveti Stjepan** besitzt ein schönes Renaissance-Taufbecken.

Aus der gleichen Zeit stammt auch die **Kirche Sveti Nikola,** die Nikolauskirche (auf dem Weg zum Friedhof), in der Votivbilder von Seeleuten aufbewahrt werden – der hl. Nikolaus von Bari ist traditionell der Patron der Seeleute. Tintoretto hat eine Grablegung gemalt, die in der Kirche des **Dominikanerklosters** aufbewahrt wird, auch dies zeigt, dass Stari Grad damals einige Bedeutung gehabt haben muss.

Jelsa ▶ H/J 12

Schön sind die neu angelegten Lavendelpflanzungen in der Ebene zwischen Stari Grad und Jelsa, die man immer wieder lila aufleuchten sieht zwischen dem Grün der Weinblätter. Aber noch schöner sind die alten Pflanzungen am Rand der Ebene, etwa entlang der Straße nach den Dörfern von Bol, wo die halbkugelförmigen alten Lavendelsträucher so groß sind, dass sie einander bereits berühren.

Jelsa ist ein geschäftiger Touristenort mit Campingplätzen, Privatzimmern, Apartmenthäusern und Hotels, einer guten Gastronomie und lockerer Atmosphäre – eine Sommerfrische mit hervorragenden Wassersportmöglichkeiten, FKK-Strand und Ausflugsangeboten. Besonders beliebt ist Jelsa bei Familien mit kleinen Kindern.

Per Rad oder zu Fuß nach Vrboska

Ein ideales Ziel für einen kleinen Ausflug per Rad oder zu Fuß ist Vrboska. Der Ort liegt nur 4 km von Jelsa entfernt in der nächsten Bucht, eine Strandpromenade führt hin. In Vrboska kann man sich an malerischen Motiven erfreuen. Allein die **Festungskirche** auf der Hafensüdseite (15./16. Jh.), die aussieht wie ein steinernes Schiff mit Glockenaufsatz, ist den Besuch wert. Wer sich fragt, ob er nun vor einer Kirche oder einer Festung steht, wird belehrt: Er steht vor beidem, zuerst stand die Kirche, dann wurde die Festung – zum Schutz vor Piraten – herumgebaut.

Sehenswert sind auch die alten Häuser des Dorfes, die **Pfarrkirche** mit ihrer Gemäldesammlung und das kleine **Fischereimuseum** (Sabotova kola, im Sommer Di–So 10–13, 18–21 Uhr, 1 €).

neuen Arsenal gewartet wurde. Über dem Arsenal ist das kleine, heute noch bespielte **Theater** der Stadt; bereits 1612 entstanden, damals konnte sich Hvar diesen Luxus leisten.

Die **Kathedrale Sveti Stjepan,** dem ungarisch-kroatischen Patron geweiht, hat eine diskrete Renaissance-Fassade und einen fünfstöckigen Glockenturm, nebenan im **Erzbischöflichen Palast** kann man sich die sakralen Kunstwerke ansehen (Schatzkammer: Trg Sv. Stjepana, Mo–Sa 9–12, im Sommer evtl. auch 16.30–18.30 Uhr, 1 €).

Stadt Hvar ! ▸ H 12

Die schönste Art, sich der Stadt Hvar zu nähern, ist vom Meer her. Von Split kommend, fährt man zwischen der Südküste der Insel Hvar und den vorgelagerten buchtenreichen Pakleni-Inseln hindurch, bald ist die Festung Napoleon hoch oberhalb der Stadt sichtbar, dann die niedrigere Španjola und nach einer letzten Linkswendung, die Stadt selbst.

Wenn man vom Schiffsanleger zur Stadt geht und beim Fischerhafen Mandrac angelangt ist, öffnet sich rechts ein weiteres Stadtpanorama: der lang gestreckte Stefansplatz mit der Kathedrale Sveti Stjepan im Hintergrund.

Am Stefansplatz

Das **Arsenal** am Anfang des Stefansplatzes wurde von den Venezianern um 1600 errichtet, auf jeden Fall nach der für die Christen glücklichen Entscheidungsschlacht von Lepanto, die 1579 den weiteren türkischen Vormarsch in Europa vorübergehend stoppte.

Die Stadt Lesina (Hvar) hatte mit einer eigenen Galeere an dieser Seeschlacht teilgenommen, die hier im

Altstadtgassen über dem Stefansplatz

Die von Mauern umgebene mittelalterliche Altstadt liegt nördlich des Trg Sv. Stjepana. Die venezianische **Loggia** (Mitte 16. Jh.), die dem heutigen Hotel Palace vorgebaut ist, markiert den Mauerverlauf, der **Uhrtum** ist aus dem Jahr 1466.

Geht man die Treppengässchen hinauf, wird man in die Zeit des späten Mittelalters und der venezianisch geprägten frühen Neuzeit versetzt. Viele Häuser tragen Familienwappen, einige Fassaden sind mit venezianisch-gotischen Fenstern geschmückt, auf den alten Brunnen wacht der Markuslöwe.

Besonders schön ist der **Hektorović-Palast** am Anfang der gleichnamigen Gasse, der wohl nie vollendet wurde – man sieht seine Fassade übrigens vom Stefansplatz aus. Auch Kirchen stehen in diesem stimmungsvollen Altstadtbereich, so Sveti Duh oder das **Kloster der Benediktinerinnen,** wo heute noch von den Schwestern Spitzen angefertigt werden (tgl. 9–11, 16–19 Uhr, nur im Hochsommer, 1 €).

Hvar – Hafen mit Blick auf die venezianische Loggia

Festungen

Zwei Festungen liegen oberhalb der Stadt: **Španjola,** wohin ein etwas anstrengender Weg führt, wurde um 1579 errichtet (tgl. 9–18 Uhr). Wie sie zu ihrem Namen »die Spanische« kam, weiß niemand, dafür ist der Blick von ihr auf die Insellandschaft vor Hvar grandios. Die **Festung Napoleon,** die während der französischen Herrschaft (1806–12) erbaut wurde, ist heute eine seismologische Forschungsstation und daher nicht zugänglich.

Franziskanerkloster

Ein kurzer Spaziergang führt entlang der Ostseite des Hafens in eine kleine Bucht mit dem Franziskanerkloster. Es entstand ab 1461, ein Relief aus dieser Zeit ziert das Portal der **Klosterkirche.** Neben dem **Kreuzgang** besucht man das **Klostermuseum** (im Sommer Mo–Sa 10–12, 17–19, So 10–12, 16–17 Uhr, 2 €) mit Gemäldesammlung (Venezianer des 16./17. Jh.) und archäologischen Funden. Im einstigen Refektorium, ist vor allem eine riesige Darstellung des Letzten Abendmahls sehenswert. Es wurde früher Tintoretto zugeschrieben, an dessen Stil es erinnert, heute wahlweise Palma il Giovane, Matteo Ingoli oder Matija Ponzóni.

Bootsausflug zu den Pakleni-Inseln

Shuttle-Boote starten im Sommer vormittags jede halbe Stunde direkt vor dem Arsenal

Zur Inselgruppe Pakleni Otoci vor dem Hafen von Hvar gehören zwei Dutzend große und kleine Eilande mit ungezählten ruhigen Buchten. Die früher dichter besiedelten und bebauten oder beweideten Inseln verbuschen allmählich. Die Hauptinsel **Sveti Klement** kann sich rühmen, mit **Palmižana** einen der besten Jachthäfen der kroatischen Adriaküste zu besitzen. **Veli Vodnjak** im Westen der Inselgruppe markiert den Kern eines beliebten Tauchreviers.

Übernachten

Buchungen von **Apartments** und **Ferienwohnungen** übernimmt z. B. Atlas Hvar, ebenfalls an der Riva gelegen, Tel. 021 74 19 11, http://atlashvar.com.

Unser Tipp

Ein betörender Duft – die Lavendelinsel Hvar

Im Juni ist auf Hvar der Lavendel erntereif. Die duftenden Felder werden abgeerntet, Inselgäste dürfen – in Grenzen – behilflich sein (Auskunft bei den Touristeninformationen). Die Felder bestehen aus Reihen meist runder Beete, die aus mehreren Pflanzen zusammengesetzt sind und durch das ungebremste Wachstum der inneren Pflanzen eine halbkugelförmige Form haben. Die Blütenstände werden getrocknet und z. B. in Säckchen abgefüllt, die man als traditionelles Mottenmittel in den Kleiderschrank hängt. Überall auf Hvar und auch auf den anderen Inseln bekommt man diese und andere Lavendelprodukte angeboten. Ein Großteil des Lavendels wird allerdings exportiert und landet in der südfranzösischen Parfumindustrie.

... in Stari Grad

Hotelsiedlung – **Hotel Lavanda:** Priko bb., Tel. 021 76 58 66, www.heliosfaros.hr, DZ/ÜF 60–150, Apartment ab 65 €. Typisches Jugo-Hotel in größerem Komplex mit viel Beton, im Kiefernwald am östlichen Ufer der Bucht. Zimmer, Apartments und Bungalows in allen Preislagen.

Privat – **Privatzimmer über Mistral,** beim Marktgebäude, Tel. 021 76 52 81.

Camping – **Jurjevac:** Njiva bb., Tel. 021 30 63 06, www.heliosfaros.hr, Juni–Sept. Platz mit Bungalows unter Kiefern zwischen Ort und Fähre – jeweils in Fußentfernung.

... in Jelsa

Ruhige Lage – **Hotel Hvar:** Mala banda bb., Tel. 021 76 10 24, www.hotelhvar-adriatiq.com, DZ/HP 100–180 €. Teilweise renoviertes und recht großes Hotel, das nur wenige Minuten vom Ortskern entfernt in ruhiger Umgebung liegt. Es bietet neben Schwimmbad und Tennis auch Wellness und Massagen.

Luftig – **Camping Nudist:** 21463 Vrboska, Tel. 091 261 11 26, Mai–Sept. Nudistencamp unweit Vrboska.

... in der Stadt Hvar

Luxus pur – **Riva:** Riva 27, Tel. 021 75 05 55, www.suncanihvar.com, DZ/ÜF 150–320 €. Das Luxushotel an der Riva im alten Steinhaus blickt auf den Hafen, das ist exklusiv, hebt aber den Lärmpegel. Im Haus dominieren Fotos von Hollywoodlegenden à la James Dean und Marilyn an den Wänden.

Hotel in der Loggia – **Palace:** Trg Sv. Stjepana 5, Tel. 021 75 05 55, www.suncanihvar.com, DZ/ÜF 90–240 €. Das altösterreichische Kurhotel wurde in die alte venezianische Loggia hineingebaut. Es gibt ein beheiztes Meerwasserhallenbad und eine Sauna sowie schöne Zimmer mit Sat-TV.

Haus mit Privatstrand – **Pod Stine:** Put podstina 11, Tel. 021 74 04 00, www.podstine.com, DZ 200–310 €. Das kleine Hotel an der gleichnamigen Bucht besitzt angenehme Zimmer und vor allem einen Privatstrand.

Im Grünen – **Croatia:** Vlade Avelinija 7, Tel. 021 74 24 00, www.hotelcroatia.net, nur Mai–Okt., DZ/ÜF 105–200 €. Zum Teil mit Naturstein errichtetes, modernes Privathotel mit nur 22 Zimmern (Balkon, Sat-TV) auf einer grünen Landzunge; das Meer erreicht man zu Fuß in nur wenigen Minuten.

Einladend – **Skalinada Apartments:** Tel. 021 76 70 19, www.skalinada-apartmani-hvar.hr, DZ/HP 110–150 €. Hell, modern und funktional sind die Zimmer bei den Antičevićs (Sabine und Tonči), die alle Terrasse zur Meerseite besitzen. Von viel Grün umgeben steht ihr Haus mit großem Garten etwas über dem Meer. Persönliche Atmosphäre, Deutsch kein Problem.

Klassisch – **Hotel Park:** Bankete bb., Tel. 021 71 83 37, www.hotelparkhvar.com, DZ/ÜF 75–160 €. Edles Heritage-Hotel in einem Palast aus dem 16. Jh. mit nur 12 Zimmern und 3 Suiten. Es liegt im Zentrum direkt am alten Hafen, und wenn man Glück hat, ist der Blick aus dem Fenster fantastisch.

Essen & Trinken

... in Stari Grad

Fisch in der Einsiedelei – **Eremitaž:** Obala Hrvatskih Branitelja 2, Tel. 091 542 83 95, Hauptgericht ab 7 €. Wer in Stari Grad Fisch vom Grill oder Meeresfrüchte speisen will, hat einige Auswahl, ausgezeichneter *brodet*. In und vor diesem Lokal im alten Steinhaus am Hafen schmeckt es wohl schon wegen des Ambientes am besten.

... in Jelsa

Auch für Vegetarier – **Murvica:** Sv. Rok bb., Tel. 021 76 14 05, www.murvica.net. Nettes modernes Restaurant ca. 200 m vom Zentrum in Richtung Stari Grad. Gute – auch vegetarische – Küche aus ökologischem Anbau und mit selbst gepresstem Olivenöl. Dalmatinische Pasticada 12 €, Kalbfleisch ›unter der Glocke‹ 35 €. Auch Apartments.

... in der Stadt Hvar

Feiner Fisch – **Macondo:** M. Maričić 7, Tel. 021 74 28 50, nur abends geöffnet, Hauptgerichte ab 16 €. Das gute Fischrestaurant liegt in einer der Gassen, die das Altstadtviertel über dem Kathedralplatz durchziehen. Sehr feine Zubereitungen (nicht nur vom Grill!), aber durchaus keine formelle Atmosphäre.

Herausgeputzt – **Kavana Pjaca:** Trg Sv. Stjepana bb. Das Café neben der Loggia hat sich mit moderner Theke und (Plastik-)Flechtmobiliar vor der Tür fein herausgeputzt. Probieren Sie den selbst gemachten Apfelstrudel.

Aktiv

Wassersport – **Tauchen** ist u. a. beim Diving Center Viking in der Podstine-Bucht möglich, Tel. 091 620 58 47, www.viking-diving.com.

Radfahren – Kostenlose Radwegekarte »Dalmatia by Bike – Hvar« – erhältlich bei allen Touristinfos der Insel.

Abends & Nachts

In Hvar trifft man sich in und vor den Lokalen am Mandrac und auf der Riva, wo vor allem der trendige Club **Carpe Diem** (Tel. 021 74 23 69, www.carpe-diem-hvar.com) schon seit Jahren *der* Publikumsmagnet des Ortes ist, und das so ziemlich rund um die Uhr. Der Club hat seinen eigenen Strand auf der nahen kleinen Insel Stipanska, mit Party die ganze Nacht.

Infos & Termine

Touristeninformation Stari Grad: Obala dr. Franje Tuđmana 1, 21460 Stari Grad, Tel. 021 76 57 63, www.stari-grad-faros.hr.

Touristeninformation Jelsa: Riva bb., 21465 Jelsa, Tel. 021 76 10 17, www.tzjelsa.hr.

Touristeninformation Hvar: Trg Sv. Stjepana 42, 21450 Hvar, Tel. 021 74 10 59, www.tzhvar.hr.

Anreise nach Hvar: Autofähre Split–Stari Grad, Anlegestelle etwas abgelegen, Weiterfahrt ohne eigenes Auto daher gut planen, nicht viele Busse vom Ort. **Autofähre** Sućuraj–Drvenik bis zu 9 x tgl. **Katamaran** (autofreie, schnelle Fähre) von Split nach Stadt Hvar und Jelsa sowie nach Korčula und Dubrovnik (verschiedene Verbindungen) mit Jadrolinija und Kapetan Luka (s. S. 24). Die Fähren sind im Sommer immer Tage vorher ausgebucht, darum rechtzeitig ein Ticket besorgen!

Inselverkehr: wenige **Busse** zu den Fähren, nach Stari Grad und Sućuraj nur 1 x tgl.

Wassertaxis fahren zu den Stränden, zu vorgelagerten Inseln und nach Split, Tel. 021 74 13 43.

Sommerfestival Hvar: Ende Juni–Ende Sept. Theater, Musik, Folklore in Hvar im Theater, in der Loggia des Hotels Palace und im Sommerhaus Hanibal Lucić.

Insel Vis ▸ G 12/13

Vis (ital. Lissa) ist nur 91 km² klein und doch hat es zwei große Siedlungen: Vis auf der Ost-, Komiža auf der Westseite. In **Komiža** dreht sich auch heute noch alles um Fisch und Schiffe. Auch in **Vis,** der Inselhauptstadt, dominiert das Meer, im Hafen landen die Fähren von Split und Hvar, Frachtschiffe, Motorsegler und immer mehr Jachten, die jungen Männer gehen zur See (oder nach Split). Im fruchtbaren Tal, das man auf der Inselhauptstraße durchquert, wächst der hervorragende Inselwein, aber die Terrassen an den Hängen sind bis auf ein, zwei Ausnahmen oberhalb Komiža aufgegeben. Die Insel war in jugoslawischer Zeit (bis 1989) militärisches Sperrgebiet und bis auf den Hafen von Vis für Ausländer *off limits.*

Stadt Vis ▸ G 12

Vis wurde wahrscheinlich Mitte des 4. Jh. v. Chr. von Griechen aus Syrakus als Issa gegründet, es war die erste griechische Kolonie im Bereich des heutigen Kroatien. Im Gegensatz zu Stari Grad gibt es einige Reste aus dieser Zeit. Nahe dem Hotel Issa liegt der einzige **griechische (hellenistische) Friedhof** Kroatiens. Die Grabsteine und die Sarkophage stehen noch, die Inschriften erzählen von Menschen, die vor 2200 Jahren lebten. Dahinter zieht sich die **griechisch-römische Stadtmauer** den Hang hinauf, direkt an der Straße liegen sehr gut erhaltene **römische Thermen.**

Einige Funde der griechisch-hellenistischen Zeit kann man im **Museum »Batterije«** bewundern, Grabarchitektur, Geschirr, Waffen, Inschriftsteine und Skulpturen sind hier zu sehen. Das Gebäude war einmal die »Batteria della Madonna«, unter österreichischer Verwaltung als Festung errichtet (Šetalište Viški Boj 12, im Sommer Di–Sa 10–13, 17–20 Uhr).

Das **Franziskanerkloster** auf der Halbinsel Prirovo hat einen merkwürdigen halbkreisförmigen Schnitt, es wurde zum Teil auf den Mauern des römischen Theaters errichtet. Auf dem zugehörigen **Friedhof** gibt es ein Denkmal für die 1866 bei der Seeschlacht von Lissa zwischen Italienern und Österreichern (unter Admiral Tegethoff) Gefallenen (die Österreicher gewannen die Seeschlacht, aber verloren die Landschlacht gegen die Preußen in Königsgrätz – im folgenden Frieden mussten sie Venetien abtreten).

Ganz im Osten der Bucht liegt der einst selbstständige Ort **Kut,** den man auf dem (meist für Pkw gesperrten) Ufersträßchen in 20 Min. erreicht – ein paar alte Gassen und eine lebendige Gastronomie sind den Abstecher wert.

Komiža ▸ G 13

Komiža ist mit rund 1500 Einwohnern nur etwas kleiner als Vis. Da es auf der Italien zugewandten Seeseite liegt, ist es noch weltferner und im Sommer noch heißer. Es hat eine lange Fischereitradition: Bis vor einer Generation verwendeten die Fischer von Komiža bei ihren Fischzügen, die oft wochenlang dauerten, ein besonderes Boot, die 9 m lange, 9 m hohe und 3 m breite *falkuša*, die bei Windstille von Ruderern im Stehen angetrieben wurde. Heute hat man auf moderne Boote umgestellt, sie liegen meist zu Dutzenden an der langen Mole des großen Hafens der Stadt. Die Venezianer bauten, wie an vielen anderen Orten, die sie besaßen, an den Hafen eine **Festung mit Wachturm,** sie ist in Komiža besonders gut erhalten.

Über der Stadt liegt auf einem isolierten, vollständig von Weinbergen bedeckten Hügel ein **Benediktinerkloster** mit auffälligem Kirchturm. Wahrscheinlich steht es auf sehr viel älteren Fundamenten, die heutigen Bauten stammen aus dem 13.–17. Jh.

Ausflug zur Insel Biševo

Touren zur ›Blauen Grotte‹ (s. S. 244) auf Biševo können in Komiža z. B. im Hotel Biševo gebucht werden

Sitzt man am Hafen der Stadt, sieht man in geringer Entfernung das Profil einer größeren Insel: Biševo. In der Hochsaison fahren vom Hafen in Komiža fast täglich Boote dorthin, denn an der Küste gibt es eine Brandungshöhle, die mit Recht den Namen **Modra spilja** (Blaue Grotte), trägt. Wie auf Capri kann man die Grotte nur von der See aus erreichen. Wie dort ist auch hier der Eingang niedrig und die Höhle wird fast ausschließlich durch das im Wasser gebrochene blaue Licht erleuchtet. Das Phänomen ist am besten zwischen 11 und 12 Uhr mittags zu beobachten.

Übernachten

... in Vis

Einfach und freundlich – **Issa:** Apolonija Zanelle 5, Tel. 021 71 11 64, http://hotelsvis.com, Mai–Okt., DZ/HP 70–125 €. Das angenehme Hotel steht im Kiefernwald nahe dem Fähranleger, eher einfache Zimmer mit Sat-TV und Balkon.

Stadthotel mit Ausblick – **Tamaris:** Obala Sv. Jurja 30 (Riva), Tel. 021 711 13 50, http://hotelsvis.com, DZ/HP 70–130 €. Einfaches Haus mit zweckmäßig möblierten Zimmern, die vorderen Zimmer blicken auf die Klosterinsel. Im Speisesaal zeigt ein Riesengemälde die Schlacht von Lissa von 1866.

... in Komiža

Sportlich – **Biševo:** Ribarska 72, Tel. 021 71 32 79, www.hotel-bisevo.com.hr, DZ/ÜF 85–130 €. Das einzige Hotel am Ort liegt sehr dekorativ an einer Bucht am Stadtrand. Gute Zimmer mit Balkon, schöner Kiesstrand. Im Sommer frühzeitig ausgebucht.

Essen & Trinken

Unter Zitronen – **Pojoda:** Don Cvitka Marasovića 8, Vis, Tel. 021 71 15 75. Im Altstadtteil Kut gelegenes familiäres Restaurant. Man sitzt im Garten zwischen Zitronen- und Orangenbäumen und wählt im Meer vor Vis gefangenen Fisch nach Sicht aus – für 50 € das Kilo.

Palmengarten – **Val:** Don Cvjetka Marasovića 1, Vis, Tel. 021 71 17 63, zwei Gänge ab ca. 13 €. Unter Palmen und mit Meerblick speist man hier, empfehlenswert das Traditionsgericht Pasta mit Bohnen und aromatischem *brodet* aus Fisch, Muscheln und Scampi.

Aktiv

Tauchen – **Issa Diving Center**, Ribarska 91, Tel. 021 71 36 51, www.scubadiving.hr.

Wandern – Ein Netz gepflegter und gut markierter Wanderwege überzieht die Insel. Eine gute (aber nicht alle Markierungen zeigende) Wanderkarte im Maßstab 1 : 20 000 ist an jedem Kiosk erhältlich. Vorsicht beim Querfeldeinwandern: Es gab vor Jahren einmal einen Minenunfall.

Infos

Touristeninformation Visa: Šetalište stare Isse 5, 21480 Vis, Tel. 021 71 70 17, www.tz-vis.hr.

Katamarane (Schnellfähren) und **Fähren** fahren nach Split (Jadrolinija und Kapetan Luka, s. S. 24).

Insel Korčula ▶ H–K 13

Lumbarda am Südostende der Insel Korčula wurde vor etwa 2300 Jahren gegründet. Die griechischen (dorischen) Siedler regelten in einer Urkunde, die der in Zagreb aufbewahrte

»Stein von Lumbarda« wiedergibt, die Besitzansprüche der einzelnen Siedlergruppen. Lumbarda war keineswegs die älteste griechische Kolonie auf der Insel, bereits zwei Jahrhunderte früher hatten Ionier aus Kleinasien eine Kolonie namens Korkyra gegründet, deren Standort nicht bekannt ist, der aber der Insel den Namen gab: Korkyra Melaina, das Schwarze Korkyra. Die Griechen waren auch dort keineswegs die Ersten gewesen: Illyrische Siedlungshügel zeugen von früherer Besiedelung, und in mehreren Höhlen wurden Zeugnisse noch älterer Anwesenheit des Menschen auf der Insel gefunden.

Die Insel ist in ihrem Mittelteil kaum bewaldet, sondern von einem Kleid dichter mediterraner Macchie überzogen, die in sämtlichen Reisebüchern beschworenen Wälder gibt es nur als relativ junge Kiefernpflanzungen an einigen Küstenabschnitten. Die junge Hafenstadt **Vela Luka** und das Großdorf Blato im Inselinneren, die Dörfer Čara, Smokvica, Pupnat und Žrnovo, das bäuerliche Lumbarda haben ihre Reize, aber die venezianische Stadt Korčula übertrumpft sie alle.

Stadt Korčula ▸ K 13

Korčula ist eine Stadt vom Reißbrett: Ein perfektes Streifenmuster aus parallel verlaufenden Straßen prägt die Altstadt. Das hat zumindest den Vorteil, dass im Sommer der Wind etwas besser durchzieht. Die Stadt Korčula liegt auf einer kleinen Halbinsel. Ihr meisterhaft an die Gegebenheiten angepasster Stadtplan mit der über den Rücken führenden Hauptstraße und leicht gebogenen, wie Rippen angelegten Nebensträßchen stammt aus dem 13. Jh.

Um 1000 war die Insel in den Dunstkreis Venedigs geraten, die Serenissima wollte und konnte sich die strategische Position am schmalen Isthmus sichern, durch die damals fast die gesamte Schifffahrt durch die Adria lief. Von 1125 bis 1180 herrschte die venezianische Adelsfamilie Zorzi fast uneingeschränkt über Stadt und Insel, nach einem kurzen kroatisch-ungarischen Zwischenspiel wieder zwischen 1254 und 1358. In diese Zeit fällt wohl die Anlage des Stadtplans und die Gründung der Kathedrale. Die Stadt wurde nach einem weiteren kroatisch-ungarischen Intermezzo unter venezianischer Herrschaft (1420–1797) ausgebaut und mit kräftigen Mauern versehen, diese Phase der höchsten Blüte im 15. und 16. Jh. bestimmt heute noch ihr Aussehen.

Kathedrale Sveti Marko

Trg Sv. Marka

Ein paar Treppenstufen rechts der Loggia, dann durch die enge Treppengasse Ulica Rafa Arnerija und man ist auf dem Kathedralsplatz. Die Markuskathedrale (Sveti Marko) entstand im 15. Jh., ein spätromanischer Vorgängerbau wurde in sie integriert. Das **Hauptportal** wurde 1412 von Bonino di Milano geschaffen, es ist ganz spätgotisch. Interessant, dass man sich damals nicht an den nackten Konsolfiguren rechts und links gestoßen hat. An den dreischiffigen Dom hat man links eine große gotische Kapelle angebaut, das Portal, das von hier in die **Sakristei** führt, ist aber ganz Renaissance wie auch der verschnörkelte **Glockenturm** mit Kuppel und der Baldachin über dem **Hauptaltar** im Mittelschiff – die beiden letzteren sind Werke des bedeutenden einheimischen Bildhauers Marko Andrijić. Bemerkenswert im Inneren sind eine hl. Dreifaltigkeit im **Südschiff** von Leandro Bassano und ein

Lieblingsort

Wehrhafte Venezianerin – ›Meerblick‹ auf Stadt Korčula

▶ K 13

Einen der schönsten Blicke auf das Städtchen Korčula hat man vom Schiff aus. Die beinahe komplett erhaltenen Mauern machten die Stadt zur Zeit ihrer Hochblüte unter venezianischer Herrschaft im 15. und 16. Jh. fast uneinnehmbar. Ins Auge fällt vom Meer aus auch die prächtige, im 13. Jh. begonnene Kathedrale. Bei einem Spaziergang durch Korčula kann man sich gut in die venezianische Zeit zurückversetzt fühlen. Damals wurden zudem die vier markanten Wehrtürme errichtet, von denen einer, das Landtor, mit dem Macht demonstrierenden Markuslöwen der Venezianer geschmückt ist.

Jugendwerk Tintorettos, eine Verkündigung. An der Südwand hängt eine mit Goldrahmen geschmückte und mit Gold behängte **Ikone der Gottesmutter** von 1571.

Bischofspalast und Umgebung

Neben der Kathedrale steht der **Bischofspalast** (Opatski dvor), hier befindet sich der **Domschatz** (Juni–Aug. tgl. 9–19 Uhr) mit kostbaren sakralen Gefäßen und Gemälden. Auf der gegenüberliegenden Seite des Kathedralsplatzes steht links das **Stadtmuseum** (Mai–Okt. tgl. 10–13, Juli, Aug. auch 18–20 Uhr, 2 €). Außer dem Palais selbst sind Dokumente zum Stadtalltag und zum Schiffbauwesen von Interesse. Neben dem Museum gruppieren sich um einen stimmungsvollen Barockhof die Gotik-, Renaissance- und Barockbauteile des **Palais Arneri.**

Haus des Marko Polo

Depolo, Juli–Aug. Di–So. 9–21, sonst 9–15 Uhr, 3 €

Über die Hauptstraße der Stadt gelangt man zum Gässchen Depolo, wo das Haus des Marko Polo gezeigt wird.

Unser Tipp

Die Sandstrände von Lumbarda

Nur 7 km südlich der Stadt Korčula liegt Lumbarda (s. S. 244). Quert man das Dorf mit seinen alten Bruchsteinhäusern und Weingärten, in denen die Trauben für den Weißwein Grk reifen, erreicht man die beiden Strände der Buchten **Uvala Pržina** und **Bili žal** mit dem in Dalmatien so raren Sand. Sie sind zwar kein Geheimtipp mehr, aber immer noch nicht überlaufen.

Ob der berühmte Reisende wirklich hier gewohnt hat, ist umstritten, aber einigermaßen wahrscheinlich. Auch unabhängig davon ist der venezianisch-spätgotische Wohnturm mit seinen vier Stockwerken über dem Gässchen einen Besuch wert, und wäre es nur für die schöne Aussicht.

Rathaus und Umgebung

Am Trg braće Radić vor dem Landtor steht das Renaissance-**Rathaus** mit großer Loggia und Reliefs von Markuslöwen, die man von anderswo hierher geschafft hat. Die kleine **Kapelle Maria Schnee** (Kapela Gospe Snježne) wurde 1571 zum Dank für die Errettung aus der Türkengefahr errichtet. An diesen Gebäuden und der barocken **Kirche Sveto Mihovil** vorbei betritt man dann das **Landtor,** dem ein Triumphbogen für den Feldherrn Leonardo Foscolo (1650) vorgeblendet ist. Draußen bewacht ein Markuslöwe die Stadt, deren im 17. Jh. errichtete Vorstadt man über eine Treppe über den zugeschütteten Stadtgraben erreicht.

Svi Sveti und Ikonenmuseum

Die von einer religiösen Laienbruderschaft gegründete **Kirche Svi Sveti** (auch Svi Svetih; Allerheiligen) steht an einem winzigen Platz, über der dreigeteilten Fassade thront ein Glockenaufsatz. Im Inneren staunt man über eine monumentale Pietà, ein Werk des österreichischen Bildhauers Georg Raphael Donner (1693–1741).

Im Stadthaus der Laienbruderschaft gegenüber ist ein **Ikonenmuseum** eingerichtet (Mai–Okt. tgl. 10–13, Juli, Aug. auch 18–20 Uhr). Es enthält Ikonen vom 14.–18. Jh. sowie Kirchengerät und Andenken an die Bruderschaft. Zeugnisse naiver Gläubigkeit sind in die Außenwand des Gebäudes eingelassen: Votivreliefs von zwei Familien.

Vela Luka ▸ J 13

Die Österreicher errichteten in den 1840er-Jahren in der windgeschützten, gewundenen Bucht von Vela Luka einen kleinen Hafenort, eine Werft und Fabriken. Der hübschen Uferpromenade sieht man nicht an, dass Vela Luka heute immer noch ein industrieller Ort ist: Die überall gerne gegessenen Jadranka-Sardinen kommen von hier.

Ein schöner Spaziergang führt am Meer entlang zum Hotel Posejdon und weiter zum Hotel Adria, zuletzt auf einem Trampelpfad zum Fast-Inselchen **Sveti Ivan.** Eine Kirche des hl. Johannes (Ivan) steht auf dem künstlich abgeflachten Plateau.

Übernachten

Privatzimmer und **Apartments** vermittelt z. B. die Agentur Kaleta, Plokata 19, Tel. 020 71 12 82, www.kaleta.hr.

... in Korčula-Stadt

Stadthotel an der Riva – **Korčula:** Dr. Franje Tuđmana 5, Tel. 020 72 69 00, www.korcula-hotels.com, DZ/ÜF 140–250 €. Das komfortable, renovierte Hotel an der Hafenpromenade gegenüber der Anlegestelle der großen Fähren war das erste und ist immer noch das beste Hotel der Stadt; Zimmer mit Meerblick verlangen.

Strandhotel mit Stadtblick – **Liburna:** Put od Luke 17, Tel. 020 72 60 06, www.korcula-hotels.com, DZ/ÜF 100–176 €. Das 2015 renovierte Liburna liegt etwas außerhalb, etwa 10 Gehminuten von der Altstadt, und hat einen Bade-Felsstrand und einen Feinkiesstrand.

Edles Stadthotel – **Hotel Fabris:** Hrvatske Bratske Zajednice 6, Tel. 020 71 67 55, www.hotelfabris.com, Mai–Okt., DZ/ÜF 140–170 €. Im 400 Jahre alten Stadthaus ist nun ein Hotel mit zehn Zimmern eingerichtet: Auffallend sind Holzdielen und die edle Ausstattung.

Günstig übernachten – **Port 9 Camping:** Dubrovačka cesta 19. Tel. 020 72 63 36, www.korcula-hotels.com. Schöner Platz am Wasser, etwa 2 km vom Stadtzentrum.

... in Lumbarda

Agrotourismus – **Pansion Marinka:** Tel. 098 34 47 12, www.bire.hr, DZ/ÜF ab 40 €. Die einfache und freundliche Familienpension wird ihrem Anspruch auf Agrotourismus bestens gerecht: Sie bietet renovierte Unterkunft in Buchtnähe und in der eigenen *konoba* Bire (s. u.) ausgezeichnetes Essen und gute eigene Weine, denn man ist auch Winzer.

... in Vela Luka

Designhotel – **Korkyra:** Obala 3 br. 21, Tel. 020 60 10 00, www.hotel-korkyra.com, DZ/ÜF 120–202 €. Neues Hotel an der Hafenpromenade, Zimmer in drei Kategorien, die einfachste ist für zwei Personen etwas eng; Wellnesscenter.

Camping – **Mindel:** Stani 192, Tel. 020 81 36 00, www.mindel.hr. Isoliert liegender Platz im äußersten Westen der Insel, ganzjährig geöffnet.

Essen & Trinken

... in Korčula-Stadt

Regionalküche – **Maslina:** Lumbarajska cesta bb., Tel. 020 71 17 20, zwei Gänge mit Tischwein 20–28 €. Die *konoba* bietet Menü und Service eines guten Restaurants. Ausgezeichnet: die lokalen Spezialitäten wie *makkeroni črnova* oder *pašticada* und die Hausspezialitäten Schinken, Käse und Orangenlikör.

... in Lumbarda

Essen im Weinkeller – **Bire:** Schilder von der Durchgangsstraße, Tel. 020 71 20 07, www.bire.hr, drei Gänge mit offenem Wein ab 15 €. Bire, das ist der Weinkeller samt landwirtschaftlichem Gebäude, aus denen die Besitzerfamilie eine rustikale *konoba* gemacht hat. Hier kann man ihre Produkte kennenlernen: den Grk-Weißwein, Rotwein, Liköre, Olivenöl, Käse, Schinken.

Einkaufen

Stadt Korčula

Markt – **Grünmarkt:** tgl. vor dem Landtor.

Silber – Altes und neues **Silberfiligran** bieten mehrere Läden in der Gasse zwischen Landtor und Kathedrale.

Süßwaren – **Cukarin:** ul. Hrvatske bratske zajednice bb., www.cukarin.hr. Süßigkeiten der Insel: *cuka rini*, *amarete* und *klašuni*.

Bücher – **Kutak knjiga:** Kovački prolaz, Tel. 020 71 65 41. Kleiner Buchladen, auch englische und deutsche Titel.

Abends & Nachts

Originell – **Cocktailbar Massimo:** Šetalište, Petra Kanavelića bb., Tel. 020 71 50 73. Im Zakrjanturm.

Infos & Termine

Touristeninformation Korčula: Obala dr. Franje Tuđmana 4 (Loža), 20260 Korčula, Tel. 020 71 57 01, www.visitkorcula.eu.

Touristeninformation Vela Luka: Obala 3 br. 19, 20270 Vela Luka, an der Hafenpromenade, Tel. 020 81 36 19, www.tzvelaluka.hr.

Anreise nach Korčula: Autofähre von Orebić (kürzeste Verbindung). **Katamaran** von Dubrovnik, Split und Bol (Brač) (Jadrolinija und Kapetan Luka, s. S. 24) sowie von Vela Luka nach Hvar und Split.

Moreška: Im Sommer in Korčula-Stadt regelmäßig Aufführungen, meist auf dem Platz vor dem Landtor (Trg kralja Tomislava) oder vor dem Hotel Korčula.

Schwerttanz-Festival: Juli/Aug. in Stadt Korčula und in anderen Inselorten.

Marko-Polo-Fest: zweite Julihälfte, in Stadt Korčula, mit Weinausschank.

Fest des hl. Johannes am 24. Juni, auf Sveti Ivan, mit Ruderregatta.

Insel Lastovo ▸ J 13/14

Auf Lastovo ließen sich die Ragusaner aus strategischen Gründen schon 1252 nieder, sie blieben bis 1808. Dann kam die Insel zum österreichischen Kronland Dalmatien. Nach dem Abzug der Österreicher wurde sie der italienischen Exklave Zara (Zadar) zugeschlagen. Die Erinnerung an diese Zeit bewahrt eine noch ziemlich intakte traditionelle Architektur, bei der vor allem die eigenwilligen Schornsteine auffallen.

Durch Wald aus Aleppokiefern und Steineichen fährt man von **Ubli,** das von den Italienern als Fischerhafen angelegt wurde, hinauf zum Hauptort. Der dichte Wald ist auf das Abholzungsverbot während der Zugehörigkeit zur Republik Ragusa zurückzuführen, die sich hier ihren Holzvorrat für immer neue Schiffe hielt. Der Ort **Lastovo** liegt am Südhang eines von einem napoleonischen Aussichtsturm gekrönten Hügels. Ein Treppenweg führt hinauf, der Ausblick auf die **Inselgruppe Lastovnjaci** ist phänomenal. Die vorgelagerten Inseln gehören wie die Insel Lastovo zum 2006 eingerichteten **Naturpark Lastovo-Archipel** (Park prirode Lastovsko otočje, www.pp-lastovo.hr). Von Lastovo führt eine Straße zur **Skrivena Luka.** Warum sie ›Verborgene Bucht‹ heißt, wird dem klar, der sie vom Meer aus sucht: ein paar Fischerhäuser, ein paar Ferienhäuser und glasklares Wasser.

Übernachten, Aktiv

Taucherparadies – **Solitudo:** Pasadur, 20289 Ubli, Tel. 098 42 45 52, www.hotel-solitudo.com, DZ/HP 60–125 €. Das Haus an der Brücke zwischen Lastovo und Prežba ist eine moderne Anlage mit Restaurant und vor allem mit **Tauchzentrum.**

Infos & Termine

Touristeninformation Lastovo: Pjevor 7, 20290 Lastovo, Tel. 020 80 10 18, www.tz-lastovo.hr.
Autofähre von Split und **Katamaran** von Split über Vela Luka und Hvar, (Jadrolinija, s. S. 24, jeweils 1 x tgl.).
Lastovski poklad: Der Karneval von Lastovo (Mitte Januar bis Ende Februar) gehört zu den traditionsreichsten Veranstaltungen in Kroatien. Die ganze Inselbevölkerung nimmt teil, die Männer in bunten Uniformen. Höhepunkt ist die Verbrennung einer als Osmane verkleideten Strohpuppe, die man auf einer improvisierten Seilbahn vom Berg gegenüber der Stadt in das Polje hinuntergelassen hat.

Riviera von Makarska ▸ J/K 11/12

An der **Vrulja-Bucht** mit ihrer gewaltigen untermeerischen Süßwasserquelle, die das Schmelzwasser aus den Gebirgen im Frühjahr mächtig anschwellen lässt, beginnt der lange Küstenabschnitt, den die Tourismusmanager »Riviera von Makarska« getauft haben. Über Brela, Baška Voda, Makarska, Tučepi, Podgora, Drvenik, Zaostrog und Podaca zieht sich bis Gradac über 60 km Länge ein besonders reizvoller Streifen Küste. Das fast senkrecht aufsteigende Biokovogebirge im Hintergrund bietet einen dramatischen Abschluss für die Szenerie der Küste und Schutz vor den Winden aus dem Inneren des Balkans. Die Temperaturen sind milde und ohne große Schwankungen, die Strände sind gut (Kies, Felsabschnitte), fast überall von Strandkiefern beschattet.

Nahezu alle Orte haben einen pittoresken alten Kern und einige touristische Infrastruktur, manche sind gar, wie Baška Voda, Tučepi und Makarska, ganz auf den Tourismus eingestellt. Die Dörfer auf den Hängen oberhalb der Küste, Bast, Veliko Brdo, Makar, Potpeć, Srida Vela und viele andere, sind wahre Freiluftmuseen traditioneller bäuerlicher Architektur und besitzen zahlreiche Kirchen und Kapellen. Das Meer ist warm, man kann von Mai bis Oktober baden, für Ausflüge liegen Brač und Hvar vor der Tür, und Naturfreaks zieht es auf die Wanderwege des Naturparks Biokovo mit seinen vielen seltenen Pflanzen.

Makarska ▸ J 12

Makarska ist der größte und bedeutendste der Orte an der kroatischen Riviera. Er liegt in den Buchten zu beiden Seiten der von Kiefern bestandenen **Halbinsel Sveti Petar:** Der alte Ort mit der von Palmen bestandenen Flaniermeile liegt in der kleineren Hafenbucht, **Donja Luka,** die Hotelstadt, mit allen Wassersportmöglichkeiten in der größeren.

Der Ort hat durch Erdbeben viel gelitten, aber dennoch einige alte Bauten bewahrt. Vor allem folgen die Gassen und Treppen immer noch dem mittelalterlichen Muster. Im **Franziskanerkloster** lohnt sich der Besuch des **Schnecken- und Muschelmuseums** (Franjevački put 1, ▷ S. 255

Auf Entdeckungstour: Von Makarska zum Botanischen Garten Kotišina

In die wilde Felslandschaft des Biokovogebirges hat das Wasser bei Kotišina eine schmale Klamm eingesägt. In der Macchie an ihrem Ausgang und in der Schlucht selbst finden Naturliebhaber einen natürlichen Botanischen Garten vor, der mediterrane und alpine Arten vereinigt. Am besten kommt man zu Fuß oder mit dem Fahrrad, denn bereits der Weg hierher ist sehr schön.

Reisekarte: ► J/K 12
Start/Ziel: Makarska
Zeit: Reine Gehzeit 2–3 Std., mit dem Fahrrad (etwas anderer Weg) 1 Std., Botanischer Garten mind. 1 Std.
Planung: Der Garten ist frei zugänglich, am interessantesten ist er im April/Mai. Wanderungen im Naturpark können auch über Agenturen gebucht werden, z. B.: Biokovo Active Holidays, Kralja Petra Krešimira IV, 7b, Tel. 021 67 96 55, www.biokovo.net

Mitunter kann der Besuch Botanischer Gärten ein etwas dröger Zeitvertreib sein. Südamerikanische Epiphyten der Tropischen Regenwälder hier, alle Sträucher der gemäßigten Zone Ostasiens dort. Der Botanische Garten Kotišina (Biokovski botanički vrt Kotišina) oberhalb von Makarska macht da eine Ausnahme. Hier ist die Landschaft selbst der Garten, der Mensch hat nur sortiert, gekennzeichnet und Wege angelegt. Und wer von Makar oberhalb von Makarska aus hinwandert, erlebt vorab schon eine großartige Szenerie direkt unter den riesigen Felsabstürzen.

Von Makarska nach Makar

Los geht es am Put Makra, der an der alten Durchfahrtsstraße direkt oberhalb des Grünmarktes von **Makarska** (Kačićev trg) beginnt. Bei der Abzweigung nach Mlinice (Schild) trennen sich die Wege, Wanderer laufen weiterhin geradeaus, sozusagen in der Falllinie, Radler fahren nach rechts (und durch Mlinice hindurch nach Kotišina – dort trifft man sich wieder!). Bei der nächsten Linkskurve der Straße folgt man einem alten Maultierpfad durch Wein- und Obstterrassen hinauf nach **Makar.** Im Ort läuft man geradeaus bis zu einem Bildstock, der den hl. Martin darstellt, dort scharf rechts auf einen Fußweg. Diese erste Etappe dauert etwa 35 Minuten.

Von Makar nach Kotišina

Nun geht es fast immer direkt unterhalb der Felswände weiter. Zunächst passiert man eine sehr schlichte **Sommer-Konoba** (vielleicht hat sie ja geöffnet), dann folgt man in leichtem Auf und Ab einem oft recht holprigen Bergpfad. Felswände, Macchie und lichter Wald bilden die Kulisse, man blickt hinunter auf Makarska, das sich in seine Bucht schmiegt. Ein wunderbares Stück Weg! Für diese Strecke benötigt man ca. 45 Minuten.

Unvermittelt steht man unterhalb der verfallenden **Kirche Sveti Martin** mit Friedhof, deshalb der Bildstock zu Beginn des Weges. Der Friedhof wurde zuletzt 1958 belegt, nun ist auch er im Verfall.

Ein kurzes Stück weiter und man erreicht den kleinen Ort **Kotišina.** Links unter den gelben Felsüberhängen befinden sich Ruinen, rechts unterhalb ein paar Häuser und die Kirche. Oberhalb der Kirche liegt der Botanische Garten! Ab der Kirche Sveti Martin ist der Pfad zum Weg geworden, nun zu einem Sträßchen. Links biegt der Weg zum **Botanischen Garten** ab. Dank Schild und hölzernem Bogen kann man ihn kaum übersehen.

Der Botanische Garten

Die Lage macht's: Kotišina liegt an der Austrittstelle eines Gebirgsbaches, der sich eine enge Klamm in die Felsen des Biokovo gefressen hat. Das Wasser fließt ganzjährig, jedoch ist der kleine Wasserfall am Ende der Schlucht während der Schneeschmelze am eindrucksvollsten. In der Schlucht, auf dem Schuttkegel am Austritt und an den Felsen oberhalb der Kirche von Kotišina hat man die natürliche Vegetation für so interessant und vielfältig befunden, dass man sie als Botanischen Garten aus-

Gelber Affodil am Fuß des Biokovo

gewiesen hat. Hinweise zu einzelnen Pflanzen sind eher spärlich, und da sie auf Steinen angebracht sind, die man verschieben kann, nicht unbedingt zutreffend. Aber darum geht es nicht. Hier mischen sich Pflanzen des Mittelmeers, Steineiche, Phönizischer Wacholder, Mastixstrauch, auch Flaumeiche und Weißer Alant auf den Felsen mit Pflanzen gemäßigter Breiten wie der Hopfenbuche. Vor allem aber kommen aufgrund der dunklen, kühlen Verhältnisse in der Schlucht Arten vor, die sonst nur viel weiter oben im Gebirge gedeihen, etwa die Polster bildende Glockenblume *Campanula portenschlagiana*. Am schönsten ist die Blüte des Gelben Affodil im Frühjahr (März/April), wenn die trockenen offenen Stellen von unzähligen gelben Blütenkerzen übersät sind.

Auf dem Rückweg

Radfahrer haben Kotišina auf der Straße über **Mlinice** (mit leider erst ab spätnachmitags geöffneter *konoba* Mlinice) erreicht, die Wanderer nehmen sie nun in der anderen Richtung (im Tal unter dem Botanischen Garten, die erste Asphaltstraße queren). Vom Weiler Mlinice weiter auf dem Sträßchen, es mündet in den Put Makra – links unten liegt **Makarska.** Für den letzten Teil der Tour sollte eine Gehzeit von ungefähr 70 Minuten eingeplant werden.

Radfahrer folgen einem anderen Weg: Sie biegen auf dem Rückweg nicht nach rechts in das Sträßchen nach Mlinice ein, sondern fahren geradeaus weiter. Die gute Straße führt sie nach der Einmündung in eine größere Straße (dort rechts) direkt hinunter nach Makarska.

tgl. 10–12, 17–19, in der Nebensaison 11–12 Uhr, 3 €), in dem Muscheln und andere Schalentiere aus aller Welt gezeigt werden.

Auch das **Stadtmuseum** (Obala kralja Tomislava 17, Mo–Fr 9–13, 17–19, Sa 9–12 Uhr, 1 €) ist den Besuch wert, danach kann man sich besser vorstellen, wie es hier vor dem Beginn des Tourismus aussah, etwa zu Zeiten, als Makarska kurzzeitig unter osmanischer Herrschaft stand.

Zum Ort **Makar** oberhalb der Stadt führt der alte Weg (Put Makra) hinauf, er beginnt am Grünmarkt bei der Pfarrkirche Sveti Marko mit ihrem spitzen Turmhelm (s. S. 253).

Wanderung auf den Vošac

Aus dem oberen Ortsteil von **Makar** führt ein gut gekennzeichneter Wanderweg weiter ins **Biokovogebirge**. Er durchquert die steilen Felswände ganz bequem und bringt einen guten Wanderer in etwa 2 Std. 30 Min. hinauf zum **Vošac** mit seiner Traumaussicht. Oben auf dem von Dolinen gefurchten Plateau des Biokovo gibt es immer noch Felder, die bestellt werden.

Übernachten

Neben drei Hotels der Gruppe Hoteli Makarska, www.hoteli-makarska.com, gibt es weitere **Großhotels** in Ortsnähe, aber auch einige Privathotels mit persönlicher Atmosphäre. Ein großes Angebot an **Apartments** und **Privatzimmern** findet sich auch in den angrenzenden Orten. Die bei der Touristeninfo erhältliche Hotelliste (mit Preisen) verzeichnet auch die Adressen der allein in Makarska ansässigen rund 30 Agenturen, die Unterkünfte vermitteln.

Haus am Strand – **Osejava:** Šetaliste dr. Fra Jure Radića bb., Tel. 021 60 43 00, www.osejava.com, DZ/ÜF 80–150 €. Die fotorealistischen Darstellungen in den Zimmern lassen einen glauben, man befinde sich auf den Straßen der Stadt.

Stadthotel – **Biokovo:** Obala kralja Tomislava 14, Tel. 021 61 52 44, www.sol.hr, DZ/ÜF 70–145 €. Das komplett renovierte Stadthotel liegt direkt vor der Altstadt an der Hafenpromenade. 5 Gehminuten zu den Stränden, die Zimmer nach vorne sind leider nicht gerade leise.

Stadtvilla – **Porin:** Marineta 2, Tel. 021 61 37 44, www.hotel-porin.hr, DZ/ÜF 80–250 €. Privathotel an der Strandpromenade in der ehemaligen Hafenwache. Die Terrasse über den Dächern der Stadt bietet einen wunderbaren Blick. Gutes Restaurant, nur acht Zimmer.

Essen & Trinken

Speisen im Schatten – **Riva:** Obala kralja Tomislava 6, Tel. 021 61 68 29, Eingang von der Kavana Central, zwei Gänge ab ca. 30 €. Durch einen wenig versprechenden Gang gelangt man in einen schattigen Innenhof, wo das Riva feinen Weißfisch und die ganze Palette der dalmatinischen Küche auftischt.

Zweiklassengesellschaft – **Marina:** Marineta 11, Tel. 091 909 88 38. Neben guter Pizza gibt es hier die Peka, das unter der Glocke gegarte Fleisch für 32 € für 2 Personen. Man sollte sie mindestens 1,5 Std. vorher bestellen.

Abends & Nachts

Außergewöhnliche Location – **Deep:** Šetalište fra Jure Radića 5a. Nachtlokal und Bar in einer Brandungshöhle am Hafenende auf der Halbinsel Osejava. Beliebte DJs und Live-Auftritte.

Aktiv

Baden – Die **Strände** bei Makarska haben feinen bis groben Kies, FKK in der Nugal-Bucht nahe dem Wanderweg nach Tučepi. Schöne Strände gibt es auch in Tučepi und **Baška Voda**.
Tauchen – **Tauchklub More Sub:** Tel. 098 173 99 26, www.more-sub-makarska.hr; im nahen Podgora bei **Birgmaier Sub,** Tel. 091 563 30 67, www.birgmaier-sub.com.

Infos & Termine

Touristeninformation Makarska: Obala kralja Tomislava 16, 21300 Makarska, Tel. 021 61 20 02, www.makarska-info.hr.
Infobüro des Naturparks Biokovo: Marineta, Mala obala 16, 21300 Makarska, Tel. 021 61 69 24, www.biokovo.com.
Fähre: nach Sumartin/Brač (s. dort); von Drvenik (28 km südlich) nach Sućuraj auf Hvar (siehe dort).
Taxis: am Busbahnhof, Tel. 021 61 13 66.
Kulturelles Sommerfestival in Makarska: Juli/Aug. Konzerte, Folkloreveranstaltungen, Oper, Theater.
Sommerkarneval: in Makarska im August.

Neretva-Delta ▸ K/L 13

Die Neretva ist ein breiter, wasserreicher Fluss, der nahe der bosnisch-montenegrinischen Grenze entspringt. Kroatien erreicht er bei **Metković,** nur 16 Flusskilometer vor der Mündung. Im Unterlauf hat er große Sümpfe gebildet, ab **Opuzen,** bereits innerhalb Kroatiens, teilt er sich und bildet ein ebenfalls versumpftes Delta. Diese Landschaft war ein ideales Versteck für Piraten, was slawische Stämme besonders im Frühmittelalter weidlich ausnutzten. Nach ihrer Herkunft »Neretva-Piraten« genannt, tyrannisierten sie ein weites Umfeld vor der Flussmündung inklusive aller Inseln.

Die Piraterie ist lange vorbei. Im 19. und frühen 20. Jh. wurde das Delta, in dem vorher fast ausschließlich Fisch-, vor allem Aalfang betrieben wurde, teilweise trockengelegt und für Pflanzungen genutzt. Vorbild war das holländische Poldersystem, was man heute noch sehr gut erkennen kann. Auf den gewonnenen Flächen wurden Spezialkulturen angelegt, heute dominiert mit Abstand die Clementine. Im verbliebenen Sumpfbereich, der unter Naturschutz gestellt wurde, haben Fische und Vögel ein ungestörtes Revier. Man kann einen Ausflug buchen und auf einem der flachen Neretvaboote, *tupica* genannt, durch die Altarme streifen. Vielleicht hat man das Glück, einen der seltenen Vögel zu sehen, die hier einfallen oder auch brüten.

Durch das Neretva-Delta führt eine wichtige Bahnstrecke, die den Hafen **Ploče** mit Bosnien verbindet; für die ungehinderte Nutzung der Strecke hat die Republik Bosnien-Herzegowina den Kroaten im Gegenzug ungehindertes Passieren des Korridors von Neum zugesagt.

Infos

Touristeninformation Ploče: Ulica Vladimira Nazora 45, Tel. 020 67 95 10, www.infoploce.hr.
Bus: Von Ploče fahren bis zu 16 Buspaare tgl. nach Dubrovnik und Makarska, mehrere tgl. Lokalverbindungen und 5–6 überregionale Buspaare nach Metković und weiter nach Mostar und Sarajevo.
Fähre: nach Trpanj auf Pelješac mehrmals tgl. mit Jadrolinija (s. S. 24).

Vid ▸ L 12

Vid ist die Nachfolgerin der römischen Stadt Narona, eines bedeutenden Handels- und Kriegshafens. Der heutige Dorfplatz entspricht dem alten Forum, vor einigen Jahren haben Ausgrabungen den Tempel samt zwei Altären freigelegt. Und nicht nur das, neben einer Fülle römischer Funde kamen 14 gut, ja in einigen Fällen fast ohne Schäden erhaltene Statuen zum Vorschein. Sie wurden in Split restauriert und dann auf Ausstellungen gezeigt. Im Jahr 2007 hat man ihnen über dem Forum das **Archäologische Museum Narona** eingerichtet, wo sie seitdem wieder an ihrer originalen Stelle zu bewundern sind (Naronski trg 6, Tel. 020 69 15 96, www.a-m-narona.hr, Juni–Sept. Mo–So 9–19, sonst Di–Sa 9–16, So 9–13 Uhr, 5 €).

Geht man links in den Ort hinauf, kommt man zur **Evešova kula,** einem ganz aus römischen Inschriftsteinen, Bruchstücken von Statuen und Friesen errichteten Haus. Wenig höher liegt auf einer Plattform die moderne **Kirche.** Dort beginnt auf der östlichen Seite ein besonders gut erhaltener Abschnitt der **Stadtmauer,** der hinunter bis zur Asphaltstraße zu verfolgen ist, wo sich das Osttor befand.

Essen & Trinken

Nicht nur in Vid, sondern überall an der unteren Neretva ist *brodet* von Froschschenkeln und vom Aal beliebt.

Deftig – **Konoba Narona:** Tel. 020 68 75 55, www.konoba-narona.hr. Zu der kleinen Konoba gelangt man nach der Brücke links, es ist eines der hinteren Häuser. Dort gibt es eigenes Brot, hervorragenden lokalen Rohschinken und Weißkäse, gelegentlich Lamm am Spieß, eigenen Wein; deftige Brotzeit mit Wein ist ab 5 € zu bekommen.

Infos

Taxi vom Busbahnhof in Metković nach Vid. **Organisierte Touren** in das Neretvadelta und nach Narona werden in Makarska, Korčula und Dubrovnik veranstaltet und sind in Hotels und Agenturen zu buchen.

Neum ▸ L 13

Südlich des Neretva-Deltas quert die Küstenstraße auf 9 km bosnisches Territorium. Der **Korridor von Neum**, der Bosnien-Herzegowina einen Meerzugang sichert, scheint eine absurde Grenzziehung zu sein, ist aber schon über 300 Jahre alt. Er wurde dem Osmanischen Reich von der Republik Ragusa abgetreten, als durch den Frieden von Karlowitz 1699 eine Pufferzone zwischen Ragusa und venezianischem Territorium geschaffen wurde. Neum besteht nur aus Gebäuden neueren Datums, großen Hotels und vor allem jeder Menge Supermärkten. Vor allem Bosnier machen hier ihren Strand- und Sonne-Urlaub.

Seit 2007 wird an einem Projekt gearbeitet, das die für Kroatien unangenehme Situation bereinigen soll: Eine Brücke nördlich Neum über den hier 3 km schmalen und maximal 28 m tiefen Kanal Mali Ston hinüber zur Halbinsel Pelješac. Sie wird komplett auf kroatischem Territorium verlaufen und damit Süddalmatien ohne Pass- und Zollkontrollen mit dem Rest des Landes verbinden. Angesichts der Kosten steht jedoch in den Sternen, wann die Brücke gebaut wird – und ob überhaupt.

Wichtig: Für die Durchreise durch den Korridor von Neum wird ein Ausweis oder Reisepass benötigt, es ist offiziell EU-Außengrenze. Weiter geht es auf der Jadranska Magistrala in Richtung Dubrovnik.

Das Beste auf einen Blick

Dubrovnik und Umgebung

Highlight!

Dubrovnik: Die ›Königin der kroatischen Adria‹ ist eine der schönsten Städte rund ums Mittelmeer: auf steilem Felsen die trutzigen Wehrmauern, drinnen ein enges Straßennetz mit alten Steinhäusern, keine störenden Neubauten, aber Kirchen, Klöster, Museen, außerdem eine blühende Hotellerie und Gastroszene – und draußen vor dem Hafen die Luxusliner. S. 260

Auf Entdeckungstour

Kunstschätze im Dominikanerkloster in Dubrovnik: Ob bei den Dominikanern oder bei den Franziskanern, die Schätze im Museum und das Gebäude selbst bilden eine unvergessliche Einheit. S. 266

Das Konavle – mit dem Fahrrad durch ›Dubrovniks Garten‹: Die Hochebene südlich von Cavtat war einst Dubrovniks Wirtschaftszentrum, ein fruchtbarer Landstrich, der in Fülle hatte, was andernorts knapp war: Wasser. Lange wurde es genutzt, um Mühlräder anzutreiben. Einige Mühlen sind erhalten und ein schönes Ziel für einen Ausflug per Rad. S. 276

Kultur & Sehenswertes

Stadtmauern in Dubrovnik und Ston: Immer auf dem letzten Stand der Wehrtechnologie waren die Architekten, die Ragusas Regierung für den Bau der Befestigungen von Dubrovnik und Ston engagierte. S. 261, 284

Mausoleum Račić in Cavtat: Ein bedeutendes Werk Ivan Meštrovićs. S. 279

Zu Fuß unterwegs

Wanderung auf den Srđ: Auf Dubrovniks Festungsberg fährt eine Seilbahn, viel eindrucksvoller ist jedoch die kleine Wanderung hinauf. S. 269

Inselwanderung auf Lopud: Auf alten Wegen und Maultierpfaden kann man die gesamte Insel erkunden. S. 281

Zur Klosterinsel im Nationalpark Mljet: Bevor es per Boot zur Insel Otok Svete Marije geht, wird der ›Kleine See‹ umrundet. S. 287

Genießen & Atmosphäre

Hotel Pucić Palace in Dubrovnik: Exklusiver geht's nicht, als hier am Gundulić-Platz zu logieren. S. 272

Trachtentänze in Čilipi: Sonntagmorgens wird im Dorf Čilipi in alter Tracht getanzt und gesungen, nachher schmeckt das Essen in der *konoba* besonders authentisch. S. 280

Abends & Nachts

Sonnenuntergang in der Strandbar: Einen langen Sommertag kann man wunderbar bei einem Glas Wein in der Strandbar Banje Beach Club in Dubrovniks Stadtteil Ploče ausklingen lassen. S. 275

Obwohl Dubrovnik lediglich rund 40 000 Einwohner zählt – und davon weniger als die Hälfte im alten Zentrum – ist die Stadt dennoch eines der bedeutendsten Tourismusziele im Mittelmeerraum. Dicht drängen sich die mehrstöckigen Steinhäuser mit ihren roten Ziegeldächern zwischen den Mauern. Vom Minčeta-Turm blickt man bei Sonnenuntergang auf ein klar umrissenes Häuservieleck, das im Meer zu schwimmen scheint, nur an einer Seite mit dem Land verbunden, bereit, hinauszusegeln ins Mittelmeer.

Dubrovnik hat als Hauptort der selbstständigen Republik Ragusa eine tausendjährige Geschichte hinter sich, in der die Stadtregierung immer wieder Konflikte verhindern musste, um das Potenzial der Stadt zu schützen: den Mittelmeerhandel mit eigenen Schiffen und den Balkanhandel über Land. Byzanz, Venedig, Bosnien, Osmanisches Reich, Österreich, Frankreich waren Schutzmächte und Feinde zugleich. Überleben konnte die winzige Republik nur durch geschickte Diplomatie und dank ihrer Nützlichkeit für alle. Heute hat die Stadt ihre Handelsfunktion verloren, aber eine neue gewinnbringende Bestimmung – um nicht zu sagen eine Goldader – gefunden: den Tourismus. Luxusherbergen entstehen allerorten und große Cruiseliner ankern vor der Reede. Dubrovnik ist *in*, und das weltweit. Doch warum ist diese Stadt ein Muss für Weltenbummler geworden? Was ist ihr Geheimnis, was ist das Besondere an ihrer Atmosphäre? Es lässt sich nicht in Worte fassen. Man muss Dubrovnik besuchen, um es zu erfahren.

Dubrovnik! ▸ M 14

Die beiden Namen der Stadt, Ragusa und Dubrovnik, spiegeln ihre beiden Wurzeln wider: die antik-romanische und die slawische. Als slawische Heere im Jahr 615 das griechisch-römische Epidaurum (heute Cavtat) stürmten, mussten sich die überlebenden Bewohner ganz schnell eine

Infobox

Touristeninformationen

Hauptbüro für die Region Dubrovnik: TZ Dubrovačko-neretvanska, Vukovarska 22, 20000 Dubrovnik, Tel. 020 32 49 99, www.visitdubrovnik.hr

Büro für die Stadt Dubrovnik: Touristeninformation Dubrovnik, Brsalje 5, 20000 Dubrovnik, Tel. 020 32 38 87, www.tzdubrovnik.hr

Anreise und Verbindungen

Der internationale Flughafen wird tgl. mehrmals von Zagreb aus angeflogen, LH, AUA, Germanwings u. a. verbinden die Stadt mit dem deutschsprachigen Raum. Dubrovnik hat keine Bahnverbindung, die Autobahn nach Split und Zagreb bzw. Rijeka ist im Bau. Regelmäßige Fährverbindung mit Bari.

Dubrovnik Card und Museumspass

Die **Dubrovnik Card** für 1, 3 oder 7 Tage (23, 33 und 47 €) gilt für alle Museen, Busse und die Stadtmauer, erhältlich in den Büros der Touristeninformation, www.dubrovnikcard.com. Für alle, die mehr als drei Museen besuchen wollen, lohnt sich der **Museumspass,** gültig für 7 Tage und 9 Einrichtungen (13 €, in Museen erhältlich).

sichere Zuflucht suchen. Sie fanden sie auf einer 10 km entfernten kleinen Felseninsel vor der Küste, am Südrand des heutigen Dubrovnik, dort, wo die steilen Klippen zum Meer unüberwindlich sind. An der Küste gegenüber der später Ragusa genannten Siedlung siedelten sich in einem friedlichen Prozess Slawen an, mit denen die Ragusaner Handel trieben. Aus der Bezeichnung für die slawische Siedlung entwickelte sich der Name Dubrovnik. Ein Hinterland gab es nicht, jenseits des Berges, an dessen Fuß Ragusa/Dubrovnik liegt, herrschte der bosnische Ban oder der serbische König und auf den Inseln machten sich die Venezianer breit. Statt zu kämpfen, verlegte sich Ragusa auf die Diplomatie und den Seehandel. Das Geld für Bestechungen und ›Geschenke‹ an die Bosnier und später die Türken verdienten die Ragusaner mit ihrer Handelsflotte.

Die Zuschüttung des Meeresarms zwischen Ragusa und Dubrovnik im 12. Jh. hatte schon zur Annäherung der beiden Bevölkerungsgruppen beigetragen, die gemeinsame Abneigung gegen Venedig, das sich immer wieder einzumischen versuchte (und die Stadt sogar eine Zeit lang regierte), tat ein Übriges. Die endgültige Verschmelzung zu einem Gemeinwesen ist der größten Katastrophe der Stadt zu verdanken, dem Erdbeben vom 6. April 1667. Der Großteil der Bevölkerung kam dabei um, darunter die meisten der bisher die Stadt regierenden Adelsfamilien, die fast ausschließlich romanischer Herkunft waren. Die Überlebenden reagierten schnell: Neue Adelsfamilien, vor allem aus dem slawischen Bevölkerungsteil, stiegen auf. In den Folgejahren wurden bedeutende Bauten wie der Rektorenpalast und die beiden großen Bettelordensklöster renoviert, aber der Großteil der Stadt wurde völlig neu errichtet oder neu ausgestattet. Nach dem Erdbeben konnte Dubrovnik seine alte Bedeutung nicht mehr erreichen. Das Städtchen wurde zu einem Museum seiner selbst und schon im späten 19. Jh. als pittoresk-romantisches Reiseziel mit mediterranem Klima vermarktet.

Das fast vollständige Fehlen von moderner Industrie erweist sich heute als Segen. So gilt noch immer, was in einem Reiseführer von 1892 zu lesen ist: »Die Romantik einer glänzenden Vergangenheit ... haftet ihr noch immer an. In mancher Beziehung ist Ragusa der angenehmste Aufenthalt in Dalmatien, namentlich wegen der herrlichen landschaftlichen Umgebung und wegen des milden Klimas.« Der Schreiber war sicher nicht im Sommer in Dubrovnik, wenn Süddalmatien unter der Hitze brütet und die Bevölkerung aufs Land flüchtet. Wahrscheinlich war er im Frühjahr dort – noch heute die schönste Jahreszeit für einen Besuch.

Stadtbefestigung

April–Okt. tgl. 8–19.30, Nov.–März tgl. 10–15 Uhr, 16 €

Dubrovniks Stadtbefestigung erhielt ihr heutiges Aussehen in der Mitte des 15. Jh., als die Türkengefahr immer größer wurde. Die Stadt traute den Türken nicht, obwohl sie sich durch Bestechungen, Geschenke und Tributzahlungen Handelsvorteile und Autonomie erworben hatte. Die Eroberung von Konstantinopel (1453), Bosnien (1463) und Teilen Kroatiens (1482) durch die Türken bestärkte die Republik Ragusa nur in ihrer Bauwut.

Pile-Tor 1

Man betritt die Stadt am westlichen Landtor, dem Pile-Tor, vor dem sich rechts die gewaltige Festung Lovrije-

Dubrovnik

Sehenswert
1 Pile-Tor
2 Festung Bokar
3 Festung Sveti Ivan/ Aquarium/Schifffahrtsmuseum)
4 Ploče-Tor
5 Festung Revelin
6 Festung Minčeta
7 Großer Onofrio-Brunnen
8 Erlöserkirche
9 Franziskanerkloster
10 Synagoge
11 Sponza-Palast
12 Uhrturm
13 Stadtloggia
14 Sveti Vlaho
15 Dominikanerkloster
16 Rektorenpalast/ Stadtmuseum
17 Kathedrale
18 Ikonenmuseum
19 Getreidespeicher Rupe/ Ethnografisches Museum
20 Jesuitenkirche
21 Archäologische Zone

Übernachten
1 Pucić Palace
2 Celenga Apartments

Essen & Trinken
1 Proto
2 Atlas Club Nautika
3 Domino
4 Dundo Maroje
5 nishta
6 Toni
7 Pantarul
8 Bota Šare
9 Gradskavana/Arsenal
10 Festival

Einkaufen
1 Vinoteka
2 Ronchi
3 Kraljević
4 Grünmarkt

Aktiv
1 Seilbahn (Talstation)
2 Stadtstrand Banje

Abends & Nachts
1 Stadttheater
2 Jazz Cafe Troubadour
3 Buza
4 360°
5 Night Club Fuego
6 Banje Beach Club
7 D'Vino Wine Bar
8 Malvasija Wine Bar

Adressen außerhalb der Altstadt s. Karte 3, Faltplanrückseite

nac erhebt. Es ist ein Doppeltor mit geräumigem Waffenhof, das Innentor wird von einer Statue des Sveti Vlaho bewacht, eine von vielen in dieser Stadt, die den hl. Blasius zum Schutzpatron erwählt hat. Drinnen steht man auf einem Platz, von dem die Hauptstraße, der Stradun, schnurgerade zum Uhrtum auf der anderen Stadtseite läuft – aber widerstehen Sie der Verlockung des Flanierens und gehen Sie über die Stiegen links hinauf zu den Stadtmauern. Dann wieder nach links und der Anblick des Stradun entfaltet sich jetzt aus höherer Perspektive.

Festung Bokar 2

An der Südwestecke der Stadtmauern liegt die wuchtige Festung Bokar (1464). Juraj Dalmatinac (s. S. 200) hat sie nach Plänen des Architekten Michelozzo Michelozzi ausgeführt. Der folgende Laufgang ist recht schmal, führt hoch über dem Meer entlang und erlaubt herrliche Blicke auf die Altstadt und die Insel Lokrum.

Festung Sveti Ivan 3

An der Südostecke der Stadtmauern und direkt an der Hafeneinfahrt steht die Festung Sveti Ivan (16. Jh.), in der sich heute das städtische **Aquarium** (tgl. 10–20, im Winter Di–So 9/10–13/14 Uhr) und das sehr sehenswerte **Schifffahrtsmuseum** befinden (tgl. 9–18, im Winter Di–So 9–13/14 Uhr, 5 €), beide erreicht man von den Stadtmauern aus.

Ploče-Tor und Festung Revelin

Über der Südseite des Hafens, in dem heute fast nur noch Ausflugsboote liegen (alle anderen sind in Dubrovniks großen Hafen Gruž umgezogen),

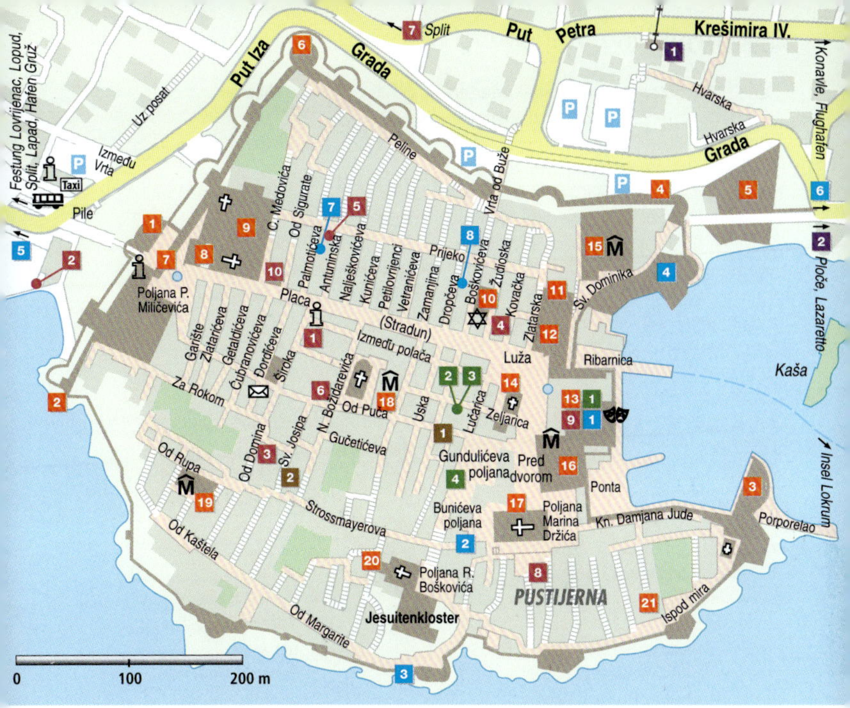

sieht man gut die Weiterführung der Stadtmauern auf der Hafennordseite. Nach dem **Ploče-Tor** 4 aus dem Jahr 1450 führt eine normalerweise gesperrte Brücke zur vorgelagerten **Festung Revelin** 5, die den Ostzugang zur Stadt zu bewachen hatte. Auf zwei Stockwerken finden sich eine **Sammlung mittelalterlicher Skulpturen,** eine **Archäologische Sammlung** zur Errichtung des Gebäudes und ein **Virtuelles Museum zur Geschichte der Republik Ragusa.** Von der riesigen Dachterrasse, auf der auch Veranstaltungen stattfinden, bietet sich ein guter Hafenblick (Informationen über Öffnungszeiten unter Tel. 020 32 61 00).

Festung Minčeta 6

Ziemlich ansteigend geht es zur Festung Minčeta an der Nordwestecke der Mauern, dem massiven Rundturm (1461–1464), den man schon zu Anfang bewundert hat. Die Ausblicke sind großartig, der Rundgang ist nach kurzem Abstieg zu Ende.

Stradun und Umgebung

Wieder beim Pile-Tor angelangt, geht es auf dem Stradun (offiziell Placa) weiter, Dubrovniks schnurgerader Flanierstraße (s. Abb. S. 76). Die Häuser, die sie säumen, wurden nach 1667 nach einem einheitlichen Plan errichtet, mit einem einfachen Dekor, gleichen Geschosshöhen und Dachschrägen. Auch Kanalisation, Wasserzufuhr und Abfallentsorgung wurden geregelt und überwacht. Die Steinplatten der Straße wurden im

Jahr 1468 gelegt und immer wieder repariert, zuletzt nach den starken Schäden von 1991/92.

Den Platz am Anfang des Stradun beherrscht der runde **Große Onofrio-Brunnen** (1444) 7 über der großen Zisterne, in der das Wasser aus einem 12 km langen Aquädukt gespeichert wurde. Links liegt die **Erlöserkirche (Sveti Spas)** 8, 1520 als Dank für die Verschonung von einem Erdbeben errichtet und 1667 beim großen Erdbeben nicht beschädigt. Die Kirche ist ein Werk der Brüder Andrijić (s. S. 245).

Franziskanerkloster 9

Placa 2, Eingang links vom Kloster, tgl. 9–18, im Winter 9–17 Uhr, 4 €

An die Erlöserkirche schließt sich das Franziskanerkloster (Franjevački samostan) an. Das dekorative spätgotische Südportal (1499), das zum Stradun weist, stammt aus einem älteren Bau, das Innere ist barockisiert. Im **Klostermuseum** ist nicht nur die hervorragend erhaltene alte Klosterapotheke sehenswert, sondern auch der stimmungsvolle Kreuzgang (um 1360).

Synagoge 10

Žudioska 5, Mo–Fr 10–15 Uhr, 5 €

Auf der linken Seite führt knapp vor dem Ostende des Stradun ein Gässchen namens Žudioska bergan zur Synagoge. Der 1652 errichtete und beim großen Erdbeben kaum beschädigte Bau dient heute noch als Bethaus der kleinen jüdischen Gemeinde.

Luža-Platz

Der Luža-Platz am Ostende des Stradun wird wie der Platz am Pile-Tor durch wichtige Gebäude markiert. Im Zentrum ragt die **Rolandssäule** (1418) auf, Symbol der städtischen und staatlichen Freiheiten Ragusas

und am Vorbild des Roland vor dem Bremer Rathaus orientiert. Links steht der **Sponza-Palast** (1506–22) 11, dessen Mix aus Gotik (Maßwerkfenster) und Renaissance (Loggia) stark an Venedigs Paläste erinnert: Die Steinmetzarbeiten wurden von den Brüdern Andrijić aus dem venezianischen Korčula ausgeführt.

Im rechten Winkel dazu schließt rechts der Durchgang zum Ploče-Tor an, darüber befindet sich die Glockenloggia und daneben der **Uhrturm** 12.

An trutzigem Mauerwerk herrscht hier kein Mangel: alter Hafen von Dubrovnik

Die **Stadtloggia (Luža)** 13 daneben entstand zwar bereits in der Gotik, wurde aber nach dem Erdbeben von 1667 stark verändert. Der **Kleine Onofrio-Brunnen** (1438) davor hat sich noch aus dem älteren Bau erhalten.

Ebenfalls am Luža-Platz steht Dubrovniks Prachtkirche **Sveti Vlaho** 14, des Stadtpatrons hl. Blasius, der Dubrovnik 971 persönlich gegen eine venezianische Armada verteidigt haben soll, sie entstand 1707–1715. Der Architekt und Bildhauer Marino Groppelli verwendete die ihm geläufigen Formen des venezianischen Barock. Eine meist von müden Stadtbummlern besetzte Treppe führt hinauf zum Portal. Im Inneren zieht die vergoldete Statue des hl. Blasius (15. Jh.) die Blicke auf sich. Er hält ein Modell Dubrovniks in der Hand, das den Zustand der Stadt vor dem großen Erdbeben von 1667 zeigt.

Dominikanerkloster 15

S. Entdeckungstour S. 266

▷ S. 268

Auf Entdeckungstour: Kunstschätze im Dominikanerkloster in Dubrovnik

Vor allem Kunstwerke aus Spätgotik und Renaissance bewahrt das beim großen Erdbeben 1667 nicht zerstörte Dominikanerkloster 15 auf. Ob in der Kirche oder im Museum – Kunstliebhaber werden an diesem wunderbar kontemplativen Ort immer neue Meisterwerke entdecken.

Cityplan: s. S. 262
Zeit: Besichtigung mind. 1 Std.
Dominikanerkloster (Dominikanski samostan): Sv. Dominika 4, im Sommer tgl. 9–18, im Winter 9–17 Uhr, 4 €

Oase der Ruhe

Das Dominikanerkloster, ein ruhiger Ort zwischen den Stadtmauern und der Festung Revelin, wurde ab 1304 erbaut. Den Höhepunkt seiner Bedeutung erreichte es etwa zwischen 1450 und 1550. Damals floss in der Republik Ragusa noch eine Menge Geld – auch bei den Dominikanern. In dieser Zeit wurde z. B. der Kirchturm vollendet und die Kirche mit Altären ausgeschmückt. In der dennoch recht schlichten, ursprünglich gotischen, dann barockisierten dreischiffigen **Kirche** sticht besonders das gemalte Kruzifix (Gekreuzigter mit Maria und Johannes dem Evangelisten) im Bogen über dem Hauptaltar hervor, ein Werk von Paolo Veneziano. Der Bogen wie auch die fünfeckige Apsis dahinter sind gotisch. In der Nische rechts ist eine von dem kroatischen Bildhauer Ivan Meštrović geschaffene Madonnenskulptur zu sehen.

Den großartigen **Kreuzgang** (Baubeginn 1456) entwarf der Italiener Maso di Bartolomeo. Die Renaissance-Architektur, die er aus Florenz mitbrachte, erschien den Dominikanern zu radikal-modern, daher ließen sie die Triforien des Umgangs lieber in einem spätgotischen Stil ausführen. Den zentralen Brunnen des Kreuzgangs rahmen Palmen, Japanische Mispeln und alte Orangenbäume ein.

Neben Kirche und Kreuzgang ist das Museum (Muzej dominikanskog samostana) eine Besichtigung wert.

Das Museum – erster Raum: zwei Meister, zwei Triptychen

Man betritt das Museum durch den Kreuzgang. Der erste Raum liegt an der dem Haupteingang diagonal gegenüberliegenden Ecke. Hier hängt ein großes und berühmtes Meisterwerk der Renaissance von einem lokalen Maler: **Nikola Božidarevićs Triptychon** mit der Gottesmutter, dem Kind und vier Heiligen. Links ist der hl. Blasius (Sveti Vlaho) dargestellt, Dubrovniks Stadtpatron. Er hält ein Stadtmodell in der Hand, das uns eine Vorstellung davon gibt, wie Dubrovnik vor dem großen Erdbeben ausgesehen haben muss, genau im Jahr 1513, als dieses Bild entstand. Präzise hat der Künstler die Stadt und ihren Hafen wiedergegeben, samt den dort ankernden Schiffen, Handelssegler vom Karaka-Typ, wie ihn die Republik Ragusa damals verwendete.

Ein weiterer hl. Blasius ist auf einem **Triptychon von Mihajlo Hamzić** (1512) abgebildet. Diesmal steht der Heilige in der Mitte, vier weitere Heilige an seiner Seite. Während Maltechnik und Goldgrund bei Božidarević noch an die Spätgotik erinnern, hat Hamzić, Schüler von Andrea Mantegna, die Renaissance bereits verinnerlicht – und erinnert in der Betonung der Linien und Umrisse stark an seinen Lehrer. Man muss sich diese beiden Werke links und rechts neben dem Hauptaltar der Kirche vorstellen, ihrem ursprünglichen Standort auf Nebenaltären.

Das Museum – zweiter Raum: Gold und Silber

Zwar gibt es auch im zweiten Raum, dem früheren Kapitelsaal des Klosters, Werke, die Beachtung verdienen, besonders die 15 Gemälde zu den Mysterien des Rosenkranzes des aus dem katholischen Kotor (Montenegro) stammenden Tripo Kokolja und das Tizian zugeschriebene Gemälde mit dem hl. Blasius, der hl. Magdalena und Tobias samt Engel und Stifter. In erster Linie aber fallen Gold- und Silberschmiedearbeiten sowie wertvolles Glas auf. Altargerät aus Edelmetall, ein Reliquiar mit roten Korallen in einem geschliffenen Glaszylinder und vor allem ein silbernes Weihrauchgefäß in Form einer Karaka gehören zu den interessantesten Stücken. Im Nebenraum ist ein gotisches Wandgrab zu sehen.

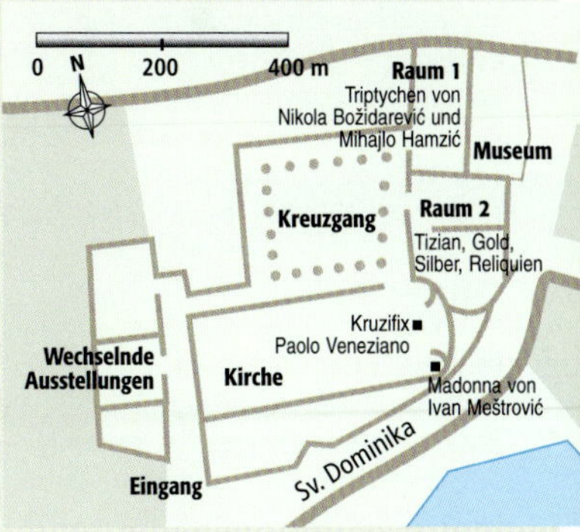

Rektorenpalast 16

Pred Dvorom 3, Mo–Sa 9–18, im Winter 9–16 Uhr, 5 €

Das eigentliche Zentrum des historischen Dubrovnik bildet der Rektorenpalast (Knežev dvor) der Republik Ragusa, der heute das **Stadtmuseum** beherbergt. Der Eingang des zwischen 1435 und 1463 entstandenen Baus ist eine großzügige Loggia mit eindrucksvoll skulptierten Kapitellen: Rechts ist z. B. eine Darstellung des Arztgottes Äskulap als Alchimist zu sehen. Im Stadtmuseum wird man über Kultur und Geschichte der Republik Ragusa aufgeklärt, im Nobelstock des um einen Innenhof gelagerten Baus erinnern prunkvolle Barock- und Rokokosäle an die verflossene Bedeutung der Stadt.

Kathedrale 17

Kneza Damjana Jude 1

Auch die Kathedrale Velika Gospa (Mariä Himmelfahrt) ist ein barocker Bau (1673–1713) mit monumentaler Schaufront. Die Vorgängerin, eine prunkvolle romanische Basilika, überstand das große Erdbeben nicht, nur die Fundamente blieben übrig. Bedeutendster Besitz der Kathedrale ist eine Himmelfahrt Mariens in der Apsis hinter dem Hauptaltar, die Tizian zugeschrieben wird (aber eher aus dessen Werkstatt stammt). Die **Schatzkammer** (Držiceva poljana, Mo–Sa 10–17 Uhr, So erst nach dem Gottesdienst, 2 €) verdient ihren Namen. Sie ist so reich mit Reliquien in Silber und Gold ausgestattet, wie es der Schatzkammer einer Kathedrale zusteht.

Ikonenmuseum 18

Od Puča 8, Mi–Mo 9–16 Uhr

Zum morgens sehr geschäftigen **Grünmarkt (Gundulićeva poljana)** 4 mit einer Statue des Dubrovniker Dichters Ivan Gundulić führt die Gasse Od Puča. Wenn man ihr weiter folgt, erreicht man das Ikonenmuseum (Muzej Pravoslavne Crkve) der serbisch-orthodoxen Gemeinde Dubrovniks, das in den historischen Räumen eingerichtet wurde. In der Bibliothek sind Ikonen des 16.–19. Jh. ausgestellt, darunter einige bedeutende Stücke, so das »Noli me tangere« des griechischen Meisters Emanuel Lampardos (1598–1632).

Südliche Altstadt

Getreidespeicher Rupe 19

Od Rupa 3, Mi–Mo 9–16 Uhr, 5 €

Im Getreidespeicher Rupe aus der zweiten Hälfte des 16. Jh. bewahrte die Stadt früher einen großen Getreidevorrat – bis 1500 Tonnen! Heute befindet sich hier das interessante **Ethnografische Museum** (Ethnografski muzej) mit vielen Trachten und Alltagsgegenständen sowie Fotos aus früheren Zeiten.

Jesuitenkirche 20

Poljana Ruđera Boškovića 7

Oben im ältesten Ragusa, durch schmale Treppengässchen erreichbar, erhebt sich die Sveti Ignacije (Jesuitenkirche), ein Barockbau (1725) mit einer prächtigen, den kleinen Vorplatz dominierenden Fassade. Der Chorraum ist besonders eindrucksvoll: Halbsäulen aus rosa Breccie und Wandpfeiler aus weißem Stuck gliedern die von Bildern zur Heiligengeschichte des Ignatius von Loyola bedeckte Wand.

Pustijernaviertel

Die winkligen Gassen zwischen der Kathedrale und der Festung Sveti Ivan sind sehr alt, im Kern sind sie mittelalterlich. Man gelangt in das Viertel über die Treppengässchen an der Kathedrale. Nach dem Erdbeben von 1667 wurde

Pustijerna nicht wieder neu gebaut, sondern nur restauriert, wahrscheinlich, weil die Schäden relativ gering waren. Den Abraum schüttete man an eine Stelle, wo ein Palast und ein paar Häuser eingestürzt waren, und errichtete keine neuen Bauten darauf – ein Traum für Archäologen, die auf dem **Ruinenfeld** 21 graben konnten und die Fundamente aus der Zeit vor 1667 freilegten (Infotafel bei den Ausgrabungen).

Lapad ▸ M 14

Die bewaldete Landzunge Lapad, auf der sich die meisten modernen Hotels befinden, hat schöne Feinkiesstrände, felsige Buchten, Wanderwege und Radwege, hier kann man wunderbar den heißesten Tag verbringen. Wer einen Schiffsausflug machen will, lässt sich vom Ausflugsboot nach Cavtat bringen oder auf die Inselgruppe der Elafiten, dorthin führt ihn auch die Personenfähre vom **Hafen Gruž.**

Insel Lokrum ▸ M 14

Zu den schönsten Ausflugszielen in der näheren Umgebung von Dubrovnik gehört die Insel Lokrum. Ein Wassertaxi und die regelmäßig verkehrenden Boote bringen Besucher rasch zu dem Eiland mit seinem dichten Kiefernwald hinüber. Hier ließ der österreichische Erzherzog Maximilian, der spätere Kaiser von Mexiko, eine neugotische Villa erbauen (1859), wobei die Reste eines verfallenden Klosters verwendet wurden. Park und Wald, zahlreiche Buchten, Stände mit Erfrischungen und ein Restaurant sind heute beliebte Freizeitziele. Das gilt besonders für den Hochsommer, wenn man dem Brennofen der Stadt entfliehen will – auf der Insel ist es zehn Grad kühler.

Wanderung auf den Srđ

Länge: 3 km, Dauer: ca. 1 Std., alternativ per Seilbahn (s. S. 274); Fort und Kriegsmuseum Srđ: im Sommer tgl. 8–18, im Winter 9–16 Uhr, 4 €

Eine Kurzwanderung mit unvergleichlichen Blicken auf die Altstadt führt auf den Srđ (403 m), den höchsten Punkt der Küstenkette, die sich im Rücken Dubrovniks aufbäumt. Oben liegt die halb verfallene **Festung Imperial,** die heute das **Museum des »Heimatkrieges«** beherbergt, wie die Kroaten den Krieg in den Jahren 1991 bis 1995 nennen. Die im Krieg gelegten Minen, die den Srđ lange Zeit zur No-go-Area machten, sind inzwischen geräumt.

Der Aufstieg verläuft in einer knappen Stunde auf einem Zick-Zack-Weg, der ca. 200 m westlich der zentralen

Wanderung auf den Srđ

Lieblingsort

Stadt und Meer in der Tiefe – Dubrovniks Hausberg Srđ

▶ Karte 3, E2

Vom Srđ hat man einen überwältigenden Blick auf die Altstadt von Dubrovnik und die Insel Lokrum, man sieht die Bucht von Cavtat und die montenegrinischen Berge. Auf der anderen Seite, Richtung Westen, sind jenseits der Lapad-Halbinsel die Elafiten und dahinter die Insel Mljet zu erkennen. An dieser Stelle ist die Adria nur rund 150 km breit – mit etwas Fantasie kann man sich ganz in der Ferne am Horizont auch noch Italiens Küste vorstellen.

Ortsausfahrt von der Umgehungsstraße abgeht – genau unter dem Berg und an der Stelle der südlichen Hauptausfahrt. Dieser Weg biegt von der Straße nach Cavtat ab (Schild »Bosanka«). Ein großes Kreuz markiert den besten Aussichtspunkt. Schneller ist die Fahrt mit der erst wenige Jahre alten Seilbahn; die frühere Seilbahnverbindung wurde im Krieg zerstört. Die **Talstation** 1 ist an der Umgehungsstraße.

Übernachten

Dubrovniks Preisniveau bei Übernachtungen ist internationale Spitze. 19 Fünfsternehotels führen sie inzwischen an, jedes Jahr kommen ein oder zwei dazu. In der Altstadt werden selbst für Zimmer ohne eigene Dusche 40 € verlangt. **Privatzimmer** und **Apartments** vermittelt z. B. Atlas, Svetog Đurđa 1 (unterhalb der Bushaltestelle Pile), www.atlas-croatia.com. Im Badevorort Lapad mit großer Hotelauswahl sind die Preise kaum niedriger als in der Altstadt und ihrer unmittelbaren Umgebung. Die wichtigste Hotelkette ist dort Adriatic Luxury, Tel. 020 30 03 00, www.adriaticluxuryhotels.com, u. a. mit den Hotels Excelsior und Kompas.

... in der Altstadt

Luxuriös – **Pucić Palace** 1: Od Puća 1, Tel. 020 32 62 22, www.thepucicpalace.com, DZ/ÜF 220–465 €. Das Luxushotel innerhalb der Altstadtmauern wurde in einem historischen Palast am Gundulić-Platz eingerichtet und bietet einen Mix aus modernem Komfort und Antiquitäten. Das Hotel hat nur 19 Zimmer, die aber, wie bei diesem Preis zu erwarten, sehr komfortabel sind.

Altstadtflair – **Celenga Apartments** 2: Svetoga Josipa 13, Buchung über Pervanovo, Šipčine 2, Tel. 020 36 29 00, www.celengaapartments.com, Apt. (3 Typen), 55–225 €. Ruhiges Altstadthaus mit fünf sehr gut ausgestatteten Apartments (nur die Bar mit Hockern statt Essgruppe ist gewöhnungsbedürftig).

... außerhalb der Altstadt

Siehe Karte 3, Faltplanrückseite

Altstadtblick – **Excelsior:** ▶ E 3, Frana Supila 12, Tel. 020 35 30 00, www.adriaticluxuryhotels.com, DZ/ÜF 230–400 €. Das 100 Jahre alte Hotel im Ploče-Viertel ist ausgezeichnet, es besitzt alle Einrichtungen und Annehmlichkeiten der Fünfsternekategorie. Nur wenige Minuten zu Fuß in die Altstadt. Wenn man schon so viel Geld ausgibt, lohnt es sich, auf einem Zimmer zur Meerseite – mit Altstadtblick – zu bestehen.

Sehr traditionsreich – **Komodor:** ▶ C 2, Masarykov put 5, Tel. 020 43 35 00, www.dubrovnikhotels.travel, DZ/ÜF 130–280 €. Angenehmes, kleineres Hotel auf der Halbinsel Lapad. Viele Zimmer mit Meeresblick. Das Mobiliar ist dezent dunkel gehalten, Geschmackssache sind allenfalls die blauen Teppichböden.

Strandhotel – **Kompas:** ▶ C 2, Šetalište k. Zvonimira 56, Tel. 020 35 20 00, www.adriaticluxuryhotels.com, DZ/ÜF 120–300 €. Das solide Hotel in der Lapad-Bucht am Strand hat ruhige Zimmer mit Sat-TV und Minibar. Nur die zur Meerseite nehmen!

Direkt am Wasser – **Vis:** ▶ B 2, Masarykov put 4, Tel. 020 43 35 55, www.dubrovnikhotels.travel, DZ/ÜF 100–250 €. Für dieses Hotel mit seinen 142 Zimmern spricht weniger das Aussehen als die Lage direkt am, fast im Strand. Die Zimmer sind klassisch-modern eingerichtet, dominierende Tonlage ist hier: Blau.

Studentisch – **Berkeley Hotel:** ▶ D 2, Andrije Hebranga 116a, Tel. 020 49 41 60, DZ/ÜF 145–170. Günstiges Hotel in

Gruž nahe am Hafen. Funktional und modern eingerichtete komfortable Zimmer und Apartments.

In der Villa – **Zagreb:** ▶ C 2, Šetalište k. Zvonimira 5, Tel. 020 43 89 30, www.hotelzagreb-dubrovnik.com, DZ/ÜF 100–160 €. Die Villa von 1932 liegt in einem schönen Garten im Ortsteil Lapad nur wenige Minuten vom Strand. Abends regelmäßig Musik- und Unterhaltungsprogramm auf der Terrasse des Restaurants. Die vor wenigen Jahren renovierten Zimmer sind relativ klein, aber hell und ruhig.

Einfach – **Jugendherberge Dubrovnik:** ▶ D 3, Vinka Sagrestana 3, Tel. 020 42 32 41, www.hfhs.hr, 15–20 € pro Person, März–Okt., auf halber Strecke zwischen Hafen und Altstadt, DZ bis 6-Bett-Zimmer.

Im Freien – **Camping Solitudo:** ▶ C 1, Vratoslava Lisinskog 17, Tel. 052 46 50 10, www.camping-adriatic.com, April–Mitte Okt. Der einzige Campingplatz der Stadt liegt auf der Halbinsel Babin Kuk, im Pinienhain, Kieselstrand.

Essen & Trinken

Kein Lokal in Dubrovnik, das nicht auf Touristen eingestellt ist, manche versuchen jedoch, diese regelrecht auszunutzen. Nicht zu empfehlen ist die mit Restaurants und Bistros, Pizzerien und Cafés vollgestopfte Prijeko-Straße, wo man von Kellnern praktisch ins Lokal gezerrt wird. Leider ebenfalls nicht (mehr) empfehlenswert ist das sehr schön gelegene Orhan im winzigen Hafen unter der Festung Lovrijenac, dessen Leistung zuletzt nur noch als Nepp bezeichnet werden konnte.

Oberklasse – **Proto** 1: Široka 1, Tel. 020 32 32 34, www.esculaprestaurants.com, drei Gänge kaum unter 50 €. Ein immer wieder zitiertes und beliebtes Spitzenrestaurant. Seit 1886 wird im bescheidenen Altstadthaus und auf der großen Terrasse in der Nähe des Stradun Feines aufgetischt. Die Küche bietet überraschende Zusammenstellungen wie Risotto mit Kabeljau und Seealgen, der Service ist perfekt.

Exklusiv mit Ausblick – **Atlas Club Nautika** 2: Brsalje 3, Tel. 020 44 25 26, Menü 40–60 €, ein sehr gutes Mittagessen aber schon für 18 €. Hervorragend, aber teuer, kroatische und internationale Gerichte vom Risotto mit *škampi* bis zum Kalbsmedaillon in Trüffelsauce. Terrasse mit Traumblick.

Steak galore – **Domino** 3: Od Domina 6, Tel. 020 32 31 03, www.restaurantdomino-dubrovnik.com. Wer viel Fleisch braucht, ist hier mit einem sogenannten VIP-Menü mit Steak (ab 45 €) gut bedient, einfaches Hauptgericht ab 10 €. Das gute Steak-Restaurant hat eine sehr aufmerksame Bedienung und beschränkt sich durchaus nicht auf Fleisch: köstlich der lokale Schafskäse mit Sauerrahm als Vorspeise.

Eng und freundlich – **Dundo Maroje** 4: Kovačka bb., Tel. 020 32 10 21, Dreigängemenüs zu zwischen 15 und 25 €. Das Lokal in einer kleinen Gasse hat ein preiswertes Angebot bei überdurchschnittlicher Qualität. Empfehlenswert: z.B. *škampi na buzaru*, das Lamm vom Rost und die Palatschinken.

Veggie – **nishta** 5: Prijeko bb., Tel. 030 32 20 88, www.nishtarestaurant.com, Falafel 11 €. Ausgezeichnete vegetarische Küche, dem werden auch nicht eingefleischte Vegetarier beipflichten.

Pasta – **Toni** 6: Nikole Božidarevića 14, hausgemachte Pasta 6–12 €. Toni leitet eine Spaghetteria, die Nudeln in allen Variationen anbietet. Fliesen, Holzmobiliar, heller Raum, vor der Tür in der engen Gasse wenige Tische. Toni spricht bestes Englisch und berät gerne. Der Wein könnte besser sein.

Lokale Küche – **Pantarul** 7: ▶ Karte 3, C 2, Kralja Tomislava 1, Tel. 020 33 34 86, www.pantarul.com. Fischgerichte

(z. B. Dorade) ca. 25–30 €. Herausragende Küche, ausgefallene Gerichte. Fischnach dalmatinischer Art 18 €.
Fein kombiniert – **Bota Šare** 8: Od Pustijerne bb, Tel. 020 32 40 34, www.bota-sare.hr, Gerichte ab 40 €. Eigentlich eine Austern- und Sushibar, aber hier findet man auch exquisit zubereiteten Tintenfisch. Elegantes Tisch-Design drinnen und draußen.

Cafés und Bars

Traditionscafé – **Gradskavana** 9: Pred Dvorom 1, Tel. 020 32 10 65. Das klassische Kaffeehaus nach Wiener Vorbild (als das Café eingerichtet wurde, war Wien Hauptstadt). Im gleichen Haus Restaurant **Arsenal** mit bestem Blick auf den Hafen (einfache Hauptgerichte schon ab 10 €).
Intellektuell – **Festival** 10: Stradun 28. Café mit flotter Bedienung, Holzbalkendecke und angenehmer Atmosphäre, nicht laut, viele Studenten.

Einkaufen

Wein & Co – **Vinoteka** 1: Pred Dvoram 1 (im Gebäude der Gradskavana). Große Weinauswahl, auch seltene dalmatinische Kreszenzen (zu sehr gehobenen Preisen).
Hüte – **Ronchi** 2: Lučarica 2. Ronchi ist ein seit 1858 ansässiger Familienbetrieb, die Vorfahren kamen aus Italien, die Hüte sind eigene Kreationen, Hut auf Wunsch ist kein Problem.
Filigran – **Kraljević** 3: Lučarica bb. Mladen Kraljević schmiedet nach alten Vorbildern feinste Filigran-Schmuckstücke aus Gold- und Silberfäden zusammen.
Markt – Obst, Gemüse und Tagesbedarf tgl. auf dem **Grünmarkt** (Gundulić-Platz in der Altstadt) 4, auf dem täglichen **Markt in Gruž** (Hafenbereich, Karte 3, ▶ D 2) gibt es auch Konsumgüter wie Kleidung und Schuhe.

Aktiv

Bequem auf den Srđ – **Seilbahn (Talstation)** 1: Petra Krešimira 4, www.dubrovnikcablecar.com, Juni–Aug. 9–24 Uhr, in den übrigen Monaten kürzer, Berg- und Talfahrt 16 €.
Strände – Der **Stadtstrand Banje** 2 (Karte 3, ▶ E 3) ist ein betonierter Felsenstrand am Alten Hafen bei den Lazareti (Ploče). Größere Badestrände liegen rund um **Lapad** und **Babin Kuk** (Halbinsel nordwestlich von Lapad). Weitere Strände auf **Lokrum** und besonders schön, weil Feinkies und etwas Sand, **Sunj auf Lopud** (Ausflugsboote ab altem Hafen).

Abends & Nachts

Schauspielkunst – Das **Stadttheater** (Kazalište Marina Držića) 1, benannt nach Dubrovniks bedeutendstem Renaissance-Dichter Marin Držić, wird relativ häufig bespielt, z. T. finden auch Laienaufführungen statt (hinter der Gradska Kavana, Pred Dvorom 3, www.kazaliste-dubrovnik.hr).
Klassische Musik – Orgel- und Kammermusikkonzerte einmal pro Woche in der **Erlöserkirche (Sveti Spas)** 8. Konzerte des Philharmonischen Orchesters Dubrovnik in der **Festung Revelin** 5.
Folklore – Die **Volkstanztruppe Linđo** (Linđo ist der bekannteste Tanz der Region) tritt häufig an verschiedenen Orten der Stadt auf. Der Tanzmeister spielt auf der Iljerica, einer Art archaischer Geige (www.lindjo.hr).
Chillen & tanzen – In der Altstadt trifft man sich in den Cafés auf dem Stradun und auf dem Platz **Bunićeva poljana,** wo vor allem das **Jazz Cafe Troubadour** 2 (Bunićeva poljana 2, Tel. 020 32 34 76) Kultstatus besitzt. Wunderbar ist das durch eine kleine Öffnung in der Stadtmauer zu betretende oder zu erkletternde Felsencafé **Buza** 3 (Cri-

jevićeva ul. 9). Auch das **360°** 4 (Sv. Dominika, Tel. 020 32 22 22) und der **Night Club Fuego** (Karte 3, ▶ E 3, Brsalje 8) 5 sind gute Adressen. Der **Banje Beach Club** 6 (▶ E 3, Franja Supila 10b, Tel. 020 41 22 20, www.banjebeach.com) ist eine angesagte Strandbar in Ploče.

Weinlokale – **D'Vino Wine Bar** 7: Palmotićeva 4a, Tel. 020 32 11 30, www.dvino.net, tgl. 10–2 Uhr. Gute internationale und kroatische Weine. **Malvasija Wine Bar** 8: Dropčeva 4, Tel. 020 79 45 57. Reiche Auswahl an kroatischen Weinen (auch Verkauf).

Infos & Termine

Touristeninformation Dubrovnik: Brsalje 5, 20000 Dubrovnik, Tel. 020 31 20 11, www.tzdubrovnik.hr. Außerdem gibt es **Infobüros** am Hafen Gruž (Obala Ivana Pavla II br. 1), in Lapad (Kralja Tomislava 7), in Zaton (Zaton veliki 2) und in Lopud (Obala I. Kuljevana 2).

In Hotels und bei der Touristeninfo kostenloses **Magazin »Dubrovnik Riviera«** (2 x jährl.) mit aktuellen Terminen und wichtigen Telefonnummern.

Internetcafé: Dubrovnik Internet Centar, Dr. A. Starčevića 7.

Stadtführungen – **Dubrovnik Walks:** Pile-Tor, Tel. 095 806 45 26, www.dubrovnikwalks.com. Im Sommer tgl. um 10 Uhr und 19 Uhr, 12 €.

Flughafen: in Čilipi, 21 km vom Zentrum entfernt, Tel. 020 77 31 00, www.airport-dubrovnik.hr; Flüge zu vielen kroatischen Zielen, nach Wien, München, Frankfurt und in andere europäische Städte. **Flughafenbusse** ab Pile-Tor 90 Min. vor Abflug. **Büro von Croatia Airlines:** Brsalije 9 (am Pile-Tor), Tel. 020 41 37 76; Direktflüge nach Zagreb und Wien.

Stadtbusse: vom Pile-Tor aus in alle Ortsteile (an der Straße zwischen Pile und Gruž, Haltestelle von Bus 1, der zwischen Busbahnhof, Hafen Gruž und Pile/Altstadt verkehrt – Abfahrt der Busse von Pile auf der ›Ankunftsseite‹, da keine eigene Haltestelle).

Fernbusse: Zentraler Busbahnhof Nähe Hafen Gruž, Obala Papa Ivana Pavla II 44a, Tel. 060 30 50 70; Direktverbindungen in alle Landesteile sowie nach Österreich und Deutschland.

Taxi: Tel. 970; Standplätze vor dem Pile-Tor, am Busbahnhof, in Ploče am Beginn der Frana Supila, vor dem Jardrolinija-Büro im Hafen Gruž und in Lapad.

Schiffe: Autofähren nach Šipan, Personenfähren zu allen ▷ S. 279

Unser Tipp

Sommerfestspiele

Ein guter Grund, Dubrovnik im Sommer zu besuchen, sind die alljährlichen Festspiele von Juli bis Ende August. Die ganze Stadt verwandelt sich in eine Freilichtbühne und überall wird Musik gemacht und getanzt: in der Festung Revelin, im Stadttheater, auf dem Stradun, in den Kirchen und Kreuzgängen. Viele berühmte Solisten und Ensembles kommen, in den letzten Jahren u.a. die Kremerata Baltica mit Gidon Kremer, die Warschauer Symphoniker, das Bartók-Quartett, das Leipziger Gewandhausorchester und die Jazz-Sängerin Nnenna Freelon. Lokale und Zagreber Theater führen dramatische Werke von Dubrovniks größtem Dichter Marin Držić (1508–67) auf, darunter sein bekanntestes Werk »Dundo Marije« (Onkel Maroje, 1551). Infos und Buchungen: Od Sigurate 1, Tel. 020 32 61 00, Programm: www.dubrovnik-festival.hr.

Auf Entdeckungstour: Das Konavle – mit dem Fahrrad durch ›Dubrovniks Garten‹

Die Hochebene südlich von Cavtat war einst das wirtschaftliche Herz Dubrovniks – bis heute ist sie ein für Dalmatien ungewöhnlich fruchtbarer Landstrich. Der Grund: Hier gibt es reichlich, was andernorts knapp ist: Wasser. Lange wurde es genutzt, um Mühlräder anzutreiben. Im Ljuta-Flusstal existieren noch einige mittelalterliche Mühlen. Sie sind das Ziel einer reizvollen Radtour.

Reisekarte: ▶ M/N 14
Zeit: ca. 4 Std.
Start/Ziel: Cavtat oder Močići
Internet: www.agroturizam-konavle.hr, http://visit.cavtat-konavle.com/de
Fahrradverleih: z. B. bei Agentur Teuta, Trumbićev put 3, 20210 Cavtat, Tel. 091 882 57 97
Unterkunft im Konavle: Agroturizam Brautović, Močići 48, 20213 Čilipi, Tel. 020 77 10 73, www.dubrovnik-airport-accommodation.com

Die südliche Spitze Kroatiens bildet ein schmaler Landstrich zwischen einem hohen Gebirgszug und der zur Adria steil abfallenden Felsküste: das Konavle, eine wasserreiche und fruchtbare Hochebene. Jenseits der bis zu 1232 m aufsteigenden kahlen Karstgipfel liegen im Norden Bosnien-Herzegowina, im Osten und Süden die Republik Montenegro. An den Rändern der ausgedehnten, von Karstquellen und kleinen Bachläufen durchzogenen Polje (›Feld‹) ziehen sich Weinberge und fruchtbare Ackerterrassen hoch hinauf.

Kein Wunder, dass diese Landschaft im 15. Jh. ein Objekt der Begierde Ragusas (Dubrovniks) war. Die aufstrebende Republik kaufte das Gebiet zwischen 1419 und 1426 Stück für Stück bosnischen Adeligen ab, die es bis dahin besessen hatten. Es sollte das wirtschaftliche Herzstück der Republik werden.

Erst Messe, dann Trachtentanz

Zu unserem Halbtagsausflug durch ›Dubrovniks Garten‹ starten wir in **Cavtat.** Zunächst müssen wir uns ein 2 km langes, teilweise anstrengendes Straßenstück nach oben kämpfen. Mit morgendlicher Frische und guter Gangschaltung sollte das problemlos gelingen. Bei den Häusern von **Zvekovica** geht es auf der Magistrale nach Süden, dann biegen wir nach ca. 500 m nach rechts in eine Feldstraße, die nach **Močići** führt.

An der Kirche Sveta Marija sollte man sich rechts Richtung Meer, nach einigen Minuten links und dann erneut etwas links halten – so umgeht man die Magistrale. Nach insgesamt ca. 30 Min. erreichen wir **Čilipi.** Der kleine Ort ist bekannt für seine sonntäglichen Trachtentänze auf dem Platz vor der Nikolauskirche (Palmsonntag–Ende Okt., www.cilipifolklor.hr). Trachten, aber auch typische Stickereien und Gebrauchsgegenstände aus der Region zeigt das sehenswerte kleine **Heimatmuseum des Konavle** im Ort (Beroje 49, Tel. 020 77 22 49, Di–So 9–16 Uhr).

Riesengrabsteine

Auf der anderen Seite der Magistrale fahren wir auf einer kleinen Straße hinter dem Flughafen vorbei. Nach 1 km halten wir uns rechts und sind einige Minuten später in **Pridvorje,** wo das Franziskanerkloster Sveti Vlaho (St. Blasius) von 1429 u.a. wegen seines Kreuzgangs und des dort stehenden *stećak* einen Besuch wert ist. Derartige *stećci* findet man auch an anderen Stellen im Konavle. Es handelt sich dabei um Riesengrabsteine, die charakteristisch für das mittelalterliche Bosnien sind. Dieses war im Mittelalter größer als heute und hatte eine eigene, von Rom sehr unabhängige Kirche. Möglicherweise war sie auch von den streng asketischen Bogumilen in Bulgarien beeinflusst. In der Kirche des Klosters beeindruckt ein Holzkruzifix des Bildhauers Juraj Petrović aus dem 15. Jh.

Mittelalterliche Energie

Wir fahren auf der Straße weiter in Richtung Südosten, bis wir nach rund 2 km am Oberlauf des Flusses Ljuta bei den Mühlen von **Gruda** ankommen. Selten trifft man auf so gut erhaltene mittelalterliche Mühlen in so ursprünglicher Umgebung. Als es noch keine Dampfmaschinen gab, bot Wasserkraft neben Windkraft die einzige Möglichkeit zur Gewinnung mechanischer Energie. Diese wurde zum Mahlen von Getreide und Oliven, aber auch zum Prägen von Münzen eingesetzt.

Als die Ragusaner den Wunsch hegten, das Konavle von den Bosniern zu erwerben, ging es ihnen vor allem darum, in den Besitz der Ljuta-Quelle zu kommen, denn in Dalmatien war Wasser ein knappes Gut. Bei Gruda existierten zu dieser Zeit vier Mühlen. Mitte des 16. Jh. wurde ein System von oberirdischen Kanälen geschaffen, das den Bau weiterer Mühlen erlaubte. Die Aquädukte, durch die das Wasser vom Ljuta-Fluss zu den Mühlen gelangte, sind sorgfältig rekonstruiert worden. Sie waren nicht die ersten Aquädukte in der Region: Bereits zur Zeit der Griechen und Römer brachten kilometerlange Aquädukte Wasser nach Epidauros, dem heutigen Cavtat. Auf dieses Kanalsystem geht auch der Name des Konavle zurück (von lat. *canale*, im lokalen Dialekt *konali)*.

Regulierung des kostbaren Gutes

Ragusa war zwar eine Republik, also ein von Patrizierfamilien regierter Staat, dennoch (oder gerade deshalb) wurde die Bewirtschaftung der Mühlen streng reguliert: Die Konzessionen für den Betrieb wurden immer nur für ein Jahr vergeben und die Preise für das Mahlen von Getreide waren festgesetzt.

Nach dem Ende der Republik Ragusa Anfang des 19. Jh. wurden die Mühlen privatisiert und verloren in der Folgezeit an Bedeutung. Trotzdem waren 1941 noch 14 Mühlen in Betrieb, die allerdings während des Zweiten Weltkriegs und durch die Industrialisierung Jugoslawiens nach dem Krieg unwirtschaftlich wurden. Einige Mühlen sind restauriert und heute als technische Denkmäler geschützt.

Das Konavle kulinarisch

Ein Hauptanziehungspunkt im Land der Mühlen ist heute das Restaurant **Konavoski Dvori** (s. S. 280) mit seiner weithin geschätzten Küche. Es liegt etwas versteckt im Schatten von Bäumen direkt an der kräftigen Quelle der Ljuta, die wenige Meter oberhalb an vielen Stellen aus dem Berg sprudelt. Zu den Spezialitäten gehört neben frischen Bachforellen *mlada jagnjetina i teletina ispod sadža*, ›junges Lamm und Kalb mit Kartoffeln unter der Glocke‹ (ein gewölbter Eisendeckel), in der Glut von Holzkohlen gebacken. Die Serviererinnen tragen die Trachten des Konavle.

Stippvisite auf der Ragusaner-Burg

Gut gestärkt kann man noch einen Abstecher zur **Burg Sokol** (›Falke‹) unternehmen. Sie thront auf der Spitze eines 25 m hohen Felsklotzes und war einst eine wichtige Festung. Von hier verteidigte sich die Republik Ragusa ab ihrer Errichtung 1420 nach Süden hin. Heute ist die Burg als **Museum** ausgebaut, das eine Waffensammlung präsentiert und einen interessanten Einblick in den Lebensalltag in früheren Zeiten gibt (tgl. 10–19 Uhr, 7 €). Für die Rückfahrt nehmen wir einen anderen Weg nördlich des Flughafens und kommen dann direkt bei **Zvekovica** auf die Magistrale.

Elafiten (Jadrolinija, 2–3 x tgl.) und Katamaran nach Korčula, Mljet und Lastovo (Kapetan Luka, s. S. 24).
Fest des hl. Blasius: 3. Feb., große Prozession, musikalische und Tanzveranstaltungen
Sommerfestspiele: Juli/Aug., s. S. 275.

Cavtat ▸ M/N 14

Cavtat begann seine Geschichte als Stadt unter dem Namen Epidaurum. Seine Bewohner flüchteten bei einem Awaren- oder Slaweneinfall Anfang des 7. Jh. und gründeten das besser zu verteidigende Dubrovnik (s. S. 260). Die frühere Stadt nannten sie *civitas vetus*, woraus »Cavtat« wurde. Das heutige Cavtat, ein hübscher, ruhiger Ort auf der weit ins Meer vorspringenden Halbinsel Rat, zeigt sein Alter – 2300 Jahre! – nicht. Nichts stammt noch aus der damaligen Zeit, fast nichts wurde ergraben, ein Villenrest am westlichen Ortsrand ist nahezu alles. Einige wenige antike Fundstücke sind im Museum Bogišić zu sehen.

Rektorenpalast – Museum Bogišić

Obala Ante Starčevića 18, Tel. 020 47 85 56, Mo–Sa 10–13 Uhr, 3 €
Das Museum Bogišić im alten Rektorenpalast der Republik von Ragusa beherbergt vor allem die heterogene Sammlung des aus Cavtat stammenden Juristen und Völkerkundlers Balthasar Bogišić (1834–1908), darunter eine 15 000 Bände umfassende Bibliothek.

Mausoleum der Familie Račić

Im Sommer tgl. 10–17 Uhr, 3 €
Vorbei am Franziskanerkloster mit dem Flügelaltar von Vičko Dobričević, der den hl. Michael zeigt, gelangt man in wenigen Minuten zum höchsten Punkt der Halbinsel Rat. Cavtats höchste bewaldete Kuppe wird vom Mausoleum der Familie Račić (1922), einem aus cremefarbenem Stein errichteten Bau des kroatischen Bildhauers Ivan Meštrović, gekrönt. Sollte es nicht geöffnet sein, kann man dennoch die Qualität der Steinmetzarbeit an den das Portal flankierenden Säulen-Karyatiden ermessen.

Geburtshaus des Malers Bukovac

Bukovčeva 5, Tel. 020 47 86 46, www.kuca-bukovac.hr, Di–So 9–13, 16–20 Uhr, 3 €
Der wichtigste kroatische Maler der frühen Moderne wurde hier geboren. Das Museum besitzt rund 200 Werke von Vlaho Bukovac (1855–1922), die Räume sind wegen dessen Wandmalereien aber auch an sich sehenswert.

Wanderung auf den Stražišće

Dauer: Aufstieg 2 Std., Abstieg 1 Std. (Variante über die Fahrstraße 2 Std.)
Eine nicht allzu anstrengende Wanderung führt von Cavtat aus auf den rund 701 m hohen Stražišće. Sie verläuft auf dem **Ronald-Brown-Wanderweg.**

Zunächst geht es in **Cavtat** nördlich am Ufer entlang. Zwischen den beiden **Hotels Albatros** und **Epidauros** führt eine Fahrstraße zu den Häusern an der Magistrale (Gornji Obod). Geht man ein paar Meter nach links, gelangt man zur **Bushaltestelle** auf der Bergseite, wo eine steile Straße (Svete Ane) abzweigt. Dort gibt es auch ein Hinweisschild auf den Wanderpfad Richtung Velji Do. Man geht ein Stück durch Gärten, gelangt, sich links haltend, auf einen Pfad mit Traktorspuren, dem man ca. 300 m in etwa parallel zur Magistrale folgt. Nicht weit von Stromleitungen entfernt geht es dann plötzlich nach rechts. Hat man diesen durch eine rote Markierung und Steinmännchen gekennzeichneten Abzweig gefunden, ist der Rest klar. Nun geht es in ca. 1 Std. im Zickzack auf den Kamm hinauf zum Ort **Velji Do** (Einkehrmöglichkeit im Restaurant Konavoski Komin, Tel. 020 47 96 07). Von dort erreicht man den **Gipfel des Stražišće** in ca. 30 Min. Ein riesiges Kreuz erinnert an die 35 Opfer eines Flugzeugabsturzes am Berg im Jahr 1996, unter ihnen der US-amerikanische Handelsminister Ronald Brown, nach dem der Weg benannt ist. Zurück kann man die gleiche Route wählen (1 Std.) oder die Fahrstraße. Diese macht in **Velji Do** einen Bogen nach Süden, führt über **Gradina** und stößt bei **Zvekovica** auf die Magistrale. Von dort geht es auf der Fahrstraße zurück nach **Cavtat** (2 Std.).

Übernachten

Luxuriös – **Villa Pattiera:** Trumbićev put 9, Tel. 020 47 88 00, www.villa-pattiera.hr, DZ/ÜF ab 200 €. Edles Familienhotel in traditionellem Steinhaus am Beginn der Uferpromenade mit 12 aufwendig dekorierten Zimmern.
Privatzimmer vermittelt z. B. die Atlas Travel Agency, Trumbićev put 2, Tel. 020 47 90 31, www.atlas-croatia.hr.

Essen & Trinken

Gutbürgerlich – **Cavtat:** Obala A. Starčevića bb., Cavtat, Menüs 14–35 €, Vorspeise und Fisch oder Fleisch 20–25 €. Bürgerliches Restaurant an der Hafenpromenade, nicht nur Fischplatte und Hummer, sondern auch traditionell marinierte Sardinen, eigenes Brot.
Geschmackvoll – **Galija:** Vulićevićeva 1, Tel. 020 47 85 66, www.galija.hr, ab 30 €. Edles Restaurant. Chefkoch Mislav Burdelez garantiert herausragende Menüs u. a. mit Fisch, Austern oder Fleisch, einschließlich einer guten Auswahl vegetarischer Gerichte.
Konoba am Wasser – **Konavoski Dvori:** 20217 Ljuta, Tel. 020 79 10 39, www.esculaprestaurants.com. Drei Gänge ca. 25 € (s. S. 278). Ein Erlebnis für heiße Sommertage.

Infos & Termine

Touristeninformation Cavtat: Zidine 6, 20210 Cavtat, Tel. 020 47 90 25, http://visit.cavtat-konavle.com/hr/.
Stadtbusse fahren von Dubrovnik (ab Busbahnhof in Gruž) nach Cavtat. Häufig **Ausflugsboote** von Dubrovniks Stadthafen nach Cavtat.
Trachtentänze: vor der Kirche von Čilipi im Sommer So vormittags (s. S. 277).
Sommerfestspiele Epidaurus Festival: Zwei Wochen im Sept., www.epidaurus-festival.hr.

Inselgruppe der Elafiten ▸ L/M 14

Eine Inselgruppe mit acht größeren, fünf kleineren und ungezählten kleinsten Inselchen und Riffen vor der Tür, tatsächlich in Sichtweite von der Stadt (Lapad) aus, leicht zu besuchen, Natur, Badestrände, historische Bauten – beneidenswertes Dubrovnik. Warum die Inselgruppe einen griechischen Namen trägt (*elaphos* = Hirsch), weiß niemand. Früher errichtete der Adel der Republik Ragusa sich hier Landsitze, heute kommen sonnenhungrige Touristen.

Insel Koločep ▸ L/M 14

Die Lapad nächste der drei bewohnten Elafiten ist Koločep (2,4 km^2). Zwei Orte und zwei Buchten: **Donje Čelo** im Nordwesten, **Gornje Čelo** im Südosten. Das Schiff landet im Norden, ein

Hotel in der Bucht verfügt über einen für manche Urlauber so beliebten Sandstrand. Schön ist die Pfarrkirche in Donje Čelo. Betonierte Wege führen über die Insel, auch hinunter an die schönen Kiesstrände der sonst felsigen Südküste. Verglichen mit den Schwesterinseln Lopud und Šipan ist Koločep touristisch recht wenig erschlossen und eher einsam.

Insel Lopud ▸ M 14

Lopud ist größer (5 km²) als Koločep, hat aber nur ein einziges Dorf, das im Nordwesten in einer geschützten Bucht liegt. Als erstes Gebäude des Ortes **Lopud** sieht man von der Fähre aus die Kirche des verlassenen Franziskanerklosters, heute Pfarrkirche Maria von Špilice. Die Ausstattung zeugt von früherem Wohlstand, vor allem während des Spätmittelalters und der frühen Renaissance-Zeit.

Wanderung auf der Insel Lopud

Beim **Hotel Glavović** beginnt ein schmaler Treppenweg, der mit »Kaštio Tvrđava« gekennzeichnet ist. Am Ende der Häuser führt er als roh gepflasterter Treppenweg weiter, begleitet von Johannisbrotbaum, Mastix und Lorbeer. Bei der Gabelung »Trekking Staza« biegen wir rechts, bei der nächsten Gabelung 20 m weiter an einer kleinen Kapelle links ab. Der Weg wird zum Pfad, die Abzweigung zur kleinen Kirche Sveti Nikola Grčki lassen wir rechts liegen und gehen geradeaus hinauf zur **Festungsruine** mit schöner Aussicht.

Läuft man ein Stück zurück, trifft man wieder auf die Abzweigung zur **Kirche Sveti Nikola Grčki,** in die man nun einbiegt. Bald liegt die Kirche rechts unterhalb, ein byzantinisch beeinflusster frühkroatischer Bau. Früher stand sie

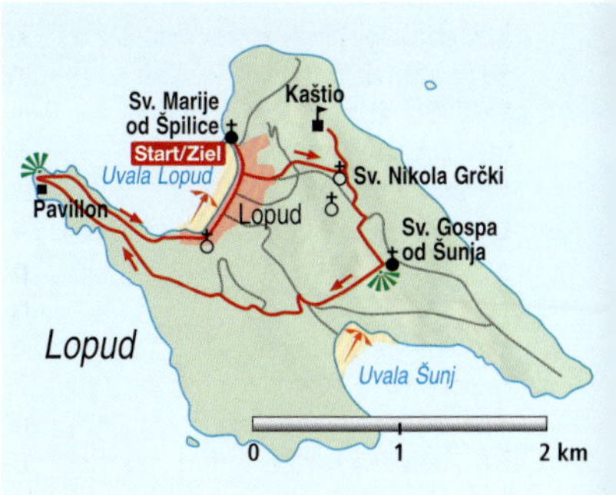

Wanderung auf der Insel Lopud

nicht abseits, sondern mitten in den Gemüse-, Getreide-, Obst- und Weinterrassen, die heute von Macchie überwuchert sind. Ein aufgegebener Weinberg wird durchquert. Auf der anderen Seite der Senke angekommen, geht es bei einem verlassenen Haus nach links auf einen alten Maultierpfad. Bald steht man vor der **Kirche Gospa od Šunja,** mit Blick hinunter auf die Šunj-Bucht. Weiter geht's auf der bei der Kirche endenden Betonplattenstraße, die nach fünf Minuten erreichte Abzweigung zur Bucht wird nicht beachtet.

Rechts folgt 150 m weiter ein nach unten führender Treppenweg. Um die senkrechten Kliffs an der Grohoti-Halbinsel zu sehen, gehen wir auf dem Treppenweg wieder zur Straße hinauf, bis links ein kurzes Sträßchen zu einem Wasserbehälter führt. Es setzt sich in einem Steig fort bis zu einem Bergrücken, der dicht bewaldet ist. Mitten im Wald steht eine **Hausruine,** der Brunnen rechts spendet Wasser (kein Trinkwasser!). Ab hier wird der Weg breiter und verläuft bald direkt entlang der Steilküste. Runde Betonbauten, die man zweimal passiert, dürften jugoslawische Maschinengewehrstellungen aus der Zwischenkriegszeit sein: Hinter dem Horizont liegt Italien, von dem im

Zweiten Weltkrieg der Angriff kam. In einer Rechtskurve des Weges lädt ein **Pavillon** zum Ausblick ein: Man sieht Šipan vor sich und weiter entfernt die Insel Mljet. Auf der Hafenpromenade geht es zurück zur Mole.

Insel Šipan ▸ L/M 14

Auf Šipan (16 km^2), der größten und einzigen mit dem Auto befahrbaren Elafiten-Insel, liegt **Suđurađ** im Süden, ein winziges Dorf in einer engen Bucht. Zwei Türme gehörten einst zu Landhäusern der adeligen Ragusaner Familie Skočibuha. Eine Straße führt in den Norden nach **Šipanska Luka,** im Sommer ein wenig touristisch, im Winter ist alles geschlossen. Auch hier siedelten sich adelige Familien an, der Landsitz Giardini der Familie Sorkočević hat sich erhalten, ebenso der Sommersitz des Erzbischofs, eine bescheidene Villa auf halbem Weg zwischen den Ortschaften.

Übernachten

Alter Rahmen, neues Hotel – **Villa Vilina:** Obala Ivana Kuljevana 5, 20222 Lopud, Tel. 020 75 93 33, www.villa-vilina.hr, DZ/ÜF 120–310 €, Ende April–Ende Okt. Die seit 1792 auf der Insel ansässige Vilina-Familie hat in ihrem Stadthaus (19. Jh.) am Kai ein komfortables Hotel eingerichtet.

Tradition – **Hotel Glavović:** Obala Iva Kukljevana bb., Tel. 020 75 93 59, www.hotel-glavovic.hr, DZ/ÜF 100–120 €. Fast hundert Jahre altes Familienhotel, das seine Tradition hochhält. Für Liebhaber von wahrem Stil.

Am Strand – **Villas Koločep:** 20221 Koločep-Donje Čelo, Tel. 020 31 21 50, www.kalamotaislandresort.com, DZ/ÜF 120–310 €, Mai–Okt. Hotelkomplex am Strand. Zimmer mit Balkon, Klimaanlage, Internetzugang. Pool, Tennis und ein atmosphärisches Strandrestaurant (Sandstrand).

Infos

Anreise auf die Elafiten: Personenfähre von/nach Dubrovnik (Stadthafen) 3 x tgl., Autofähre nur nach Šipan (Jadrolinija, www.jadrolinija.hr).

Riviera Dubrovačka ▸ M 14

Ein halbes Jahrtausend war die Küste nördlich von Dubrovnik in der Hand der Republik Ragusa. Zwar nahm man nach Ston (s. S. 284), wo sich die großen und gewinnbringenden Salzgärten befanden, meist den Seeweg, aber die Küstenverbindung musste man zumindest aus strategischen Gründen halten. In den kleinen Orten haben sich einige Villen aus der damaligen Zeit erhalten, die meisten wurden im letzten Krieg beschädigt oder zerstört. Der Landschaft konnte das nichts anhaben – jede Bucht hat ihr Dorf, ihre Ölbaum- und Agrumenhaine. Idyllisch!

Rijeka Dubrovačka ▸ M 14

Die Ombla ist ein kurzer Fluss, nur 100 m trennen die kräftige Karstquelle von ihrer Mündung ins Meer. Kurz davor wird sie auch noch aufgestaut, ein Wehr verteilte einst das Wasser auf die Getreidemühlen. Der frühere Talverlauf ist nach den Eiszeiten im Meer versunken, es entstand eine 5 km tief ins Land reichende fjordähnliche Bucht, die Rijeka Dubrovačka. Die 2002 gebaute Brücke am Ausgang der Bucht erspart Autofahrern 10 km mühsamen Umweg und den Anwohnern

Lärm und Gestank. So kann man sich seitdem wieder besser in die Zeit der Renaissance zurückversetzen, als Ragusaner Patrizier hier Sommerhäuser errichteten, von denen noch etwa zwei Dutzend stehen, alle in schlechtem Zustand. Noch am besten erhalten ist die **Villa Gundulić,** da sie in die Gebäude des Jachthafens beim Dorf Komolac unweit der Omblaquelle integriert, dabei allerdings stark verändert wurde.

Trsteno ▸ M 14

Trsteno ist für sein Arboretum bekannt, einen seit 1502 sich entwickelnden Park mit vielen schönen alten Bäumen. Geplant und eingerichtet haben ihn mehrere Generationen der Familie Gozze/Gučetić. Bei der Bushaltestelle stehen zwei 500 Jahre alte Riesenplatanen (10 m Stammumfang), die das Arboretum signalisieren. Unterhalb befindet sich der Park **Arboretum Trsteno.** Im Park liegt die barocke Neptungrotte mit Teich und Statuen (Mai–Okt. Di–So 7–19, Nov.–April Di–So 8–15 Uhr, Tel. 020 75 10 19, 6 €).

Übernachten

Klein und günstig – **Camping Trsteno:** Od potoka 4, 20233 Trsteno, Tel. 020 75 10 60, April–Sept., www.trsteno.hr. Kleiner Campingplatz neben dem Arboretum, etwa 10 Gehminuten zum Strand.

Halbinsel Pelješac ▸ J–L 13

Die lange, schmale Halbinsel Pelješac ist gebirgig und trocken, aber südgerichtete Weinberge, wo der berühmte Dingač gedeiht, und die schönen Strände im Norden mit vielen Campingplätzen sichern den Bewohnern der wenigen Orte ein gutes Einkommen.

Festungsanlage von Ston

Zutritt zur Wehrmauer tgl. 9–15 Uhr, 5 €; ein Spaziergang auf der Mauer von Ston nach Mali Ston oder umgekehrt dauert ca. 30 Min.

Als die Republik Ragusa 1335 die Halbinsel Pelješac vom bosnischen Ban (Fürsten) Stjepan Kotromanić ›geschenkt‹ bekam, musste sie sie auch sichern. Die Halbinsel ist nur durch einen schmalen Isthmus (1,5 km) nahe ihrem heutigen Hauptort Ston mit dem Kontinent verbunden. Wer diesen Isthmus besitzt, sagten sich die Ragusaner, besitzt die Halbinsel. Und so begannen sie 1336 mit dem Bau einer gewaltigen Festungsanlage, der sich bis zum Ende des 15., in Teilen bis ins 18. Jh. hinzog. Am eindrucksvollsten ist die 5 km (einst 5,5 km) lange **Wehrmauer,** angeblich die zweitlängste Festungsmauer der Welt. Auch 20 von 40 **Wehrtürmen** und die fünf **Bastionen** sind erhalten. Hoch über Ston und dem Ortsteil Mali Ston sperrte die Anlage den Isthmus ab – nie wurde er von aus Norden oder Osten kommenden Feinden überwunden.

Mali Ston ▸ L 13

Mali Ston, das man von Dubrovnik kommend zuerst erreicht, liegt am ruhigen Meeresbusen von Mali Ston, einem Teil des Malo more. Weil das Meerwasser durch die vielen submarinen Süßwasserquellen nicht sehr salzig und durch die Lage des Meerbusens zwischen hohen Bergen wenig bewegt ist, eignet es sich besonders für die Austernzucht. In den letzten Jahren sind auch Fischkulturen dazu

Von oben ist das Raster der mittelalterlichen Stadtanlage gut zu erkennen: Ston

gekommen, sodass das Meer im gesamten Buchtbereich von den Markern der Zuchtanlagen überzogen ist. In Mali Ston mit seinem **Hafentor** (1336–1358) mit der Figur des hl. Blasius, der dominierenden **Festung Koruna** mit den fünf Wehrtürmen und dem **Wachturm Toljevac** (1478) am Ufer lassen sich die Austern, Muscheln und Fische besonders gut genießen.

Ston ▸ L 13

Über die kurze Landenge, die Doppelmauer immer zur Rechten, erreicht man Veliki Ston. Die **mittelalterliche Stadtanlage** besteht aus einem Raster von 3 x 3 Straßen, also 16 Feldern mit je zehn Häusern innerhalb eines unregelmäßigen Fünfecks von 980 m Mauerlänge. Die Stadt wurde nie vollständig verbaut, die Baulücken sind daher nicht unbedingt auf das verheerende Erdbeben zurückzuführen, das hier 1996 viele Gebäude zerstörte. Vor der Stadt, direkt an der heutigen Straße, liegt die isolierte **Festung Veliki Kaštio.** Wenn man in Ston ist, sollte man sich auch das **Franziskanerkloster** mit seinem schönen gotischen Kreuzgang auf der anderen Stadtseite ansehen.

Trstenik ▸ K 13

Trstenik ist das Zentrum des Weinbaus der Halbinsel Pelješac, der vielleicht die besten Rotweine Dalmatiens und ganz Kroatiens hervorbringt. Berühmt ist der Dingač, der ausschließlich in der Umgebung von Trstenik angebaut werden darf und sehr teuer ist. Auch andere Weine aus der Rebe Plavac Mali haben wegen ihrer exzellenten Qualität ihren Preis. Einblick in die Weinproduktion bietet das ausgezeichnete **Weingut Grgić** im Ort, das Interessierte besichtigen können (tgl. 10–17 Uhr).

Zwischen Ston und Trstenik passiert die Inselstraße den **Fährhafen Prapratno,** von dem aus täglich Fähren nach

Sobra auf die Insel Mljet ablegen. Die Busse zwischen Dubrovnik und Orebić fahren nicht zum Hafen hinunter, sondern halten am Abzweig.

Orebić ▶ K/L 13/14

Orebić besitzt eine Anzahl schöner Steinhäuser des 18. und frühen 19. Jh. Sie haben eher städtischen Charakter, mit den niedrigen Bruchsteinbauten der damaligen Zeit, sind sie nicht zu vergleichen. Es handelt sich um ehemalige **Kapitänshäuser,** errichtet von Schiffskapitänen, die sich hier zur Ruhe setzten, und den Besitzern der kleinen Reedereien, die bis in die Mitte des 19. Jh. Boote für die Republik Ragusa bauten. Wer etwas mehr über die Bedeutung der Seefahrt in Orten wie Orebić erfahren will, sollte das schöne kleine **Museum** nicht versäumen (Pomorski muzej Orebić, Trg Mimbelli bb., Juni–Sept. tgl. 9–12, 17–20 Uhr, 1 €).

Oberhalb des Ortes sieht man von Weitem einen Kirchturm, er gehört zur **Kirche Gospa od Anđela** (Unserer Lieben Frau der Engel) des **Franziskanerklosters** (Ende 15. Jh.; tgl. 16–18, Mo–Sa auch 9–12 Uhr), die einen sehr schönen Spätrenaissance-Altar von Maffeo di Verona (1599) und das gotische Kruzifix des Juraj Petrović (1457) beherbergt. Im **Klostermuseum** werden u. a. Votivbilder von Seeleuten bewahrt, die sich in Seenot der Madonna anverlobten und erhört wurden.

Weiter nach Nordwesten liegen einige schöne **Kiesstrände,** die von Hotels und Pensionen in den Örtchen Kučište, Viganj und Lovište genutzt werden.

Wanderung auf den Berg Sveti Ilija

Aufstieg 3 Std., Abstieg 2 Std., feste Schuhe bis über die Knöchel sind erforderlich, Getränk mitnehmen, es gibt kein Wasser auf dem Berg

Der Berg Sveti Ilija (St. Elias) ist mit 961 m die höchste Erhebung der dalmatischen Inseln – sofern man den Pelješac trotz seiner schmalen Landverbindung einmal zu den Inseln rechnet. Für den Aufstieg von Orebić gibt es zwei Varianten, die sich zu einer Rundwanderung kombinieren lassen. Der Aufstieg im Uhrzeigersinn erscheint angenehmer, aber wer steile Abstiege nicht mag, kann auch umgekehrt wandern.

Startpunkt ist das **Franziskanerkloster** westlich von Orebić (s. links; ausgeschildert; Parkmöglichkeit). Etwa 500 m weiter auf der Straße geht der Aufstieg rechts ab, vorbei an einem einsamen Haus. Hinter diesem läuft man auf markiertem Pfad durch einen Kiefernwald, der zunehmend lichter wird. An der Bergkante geht es rechts auf halber Höhe bis zur bewaldeten Hochebene. Dort, im Kiefernwäldchen, biegt der Weg nach rechts ab und führt zu einer einsamen **Bergwachthütte.** Von dieser geht es dann in einer halben Stunde über eine schöne trockene und steinige Hochebene zum **Gipfel** (3 Std.).

Der Abstieg führt zurück zur **Bergwachthütte** und von dort in einem Bogen bis zur Kante, wobei ein paar Meter Gegensteigung in Kauf genommen werden müssen. Entschädigt wird man mit etwas Glück durch den Anblick einer Herde halbwilder Pferde. Der weitere Abstieg erfolgt durch einen sehr steilen Tobel, dann geht es durch herrlichen Steineichenwald, bevor man in den verwilderten Gärten am Ortsrand von **Orebić** herauskommt.

Übernachten

Gemütlich – **Hotel Ostrea:** Mali Ston, Ante Starčevića 9, Tel. 020 75 45 55, www.ostrea.hr, DZ/ÜF 86–138 €. Familienhotel in einem alten Steinbau, alle Zimmer mit Klimaanlage, Sat-TV, Internetanschluss.

Kapitänsresidenz – **Hotel Adriatic:** Šetaliste Kneza Domagoja 8, Orebić, Tel. 020 71 44 88, www.hoteladriati corebic.com, DZ/ÜF 125–180 €. Schönes Boutiquehotel in alter Kapitänsresidenz. Holzdielenboden, elegantes Mobiliar.
Tolle Lage – **Camping Palme:** 20267 Kučište 45, Tel. 020 71 91 64, www.kamp-palme.com, April–Mitte Sept. Der Campingplatz liegt ausgesprochen schön an einem kleinen Landvorsprung direkt am Meer, auch Mobilheime. Zelt und 2 Pers. ab 20 €.

Essen & Trinken

Mali Ston ist in Kroatien als Feinschmecker-Treff bekannt. Ein Beispiel:
Meeresfrüchte – **Kapetanova kuća:** Restaurant des Hotels Ostrea (s. o., Tel. 020 75 45 55) an der Mole, mit Glasveranda: Schwarzer Risotto und Meeresfrüchte können gegen jede Konkurrenz bestehen. Austern, Fisch bis 45 €.

Infos

Touristeninformation Ston: Pelješki put 1, 20230 Ston, Tel. 020 75 44 52, www.ston.hr.
Touristeninformation Orebić: Zrinsko-Frankopanska 2, 20250 Orebić, Tel. 020 71 37 18, www.visitorebic-croatia.hr.
Autofähre nach Domince auf Korčula im Sommer 18 x tgl.; von Trpanj im Sommer 7 x tgl. Fähre nach Ploče (Jadrolinija, www.jadrolinija.hr).

Insel Mljet ▶ K/L 13/14

Die schmale Insel Mljet kann man auf dem Atlas leicht übersehen, obwohl sich hier ein Nationalpark befindet, der es in sich hat – mit zwei Seen, die eigentlich keine sind, einer Klosterinsel, einem guten Wanderwegenetz und sogar Sandstränden. Es gibt nur einige wenige Inselorte.

Der Nordwesten ▶ K 13

In **Pomena,** dem winzigen Hafenort im äußersten Nordwesten, findet man das einzige Hotel der Insel. Das nordöstlich gelegene **Polače** besitzt einige Ruinen aus römischer Zeit, z. B. den »Palast« am Meer, durch dessen Tor die Straße führt. Etwas oberhalb (ausgeschildert) liegen die Ruinen spätantik-frühchristlicher Kirchen.

Der Südosten ▶ L 14

Ganz im Südosten, am Ende der Straße, liegt Saplunara, das aus ein paar neuen Häusern besteht. Hier und in der noch weiter in Richtung Inselspitze gelegenen Bucht Uvala Blaci (über einen Trampelpfad erreichbar) findet man zwei der raren Sandstrände Kroatiens. Besonders der sichelförmige Sandstrand der **Uvala Blaci** ist ein Paradies, zumal es hier noch keine Siedlung gibt und der raue Zugang (kein Weg!) für Auslese sorgt.

Nationalpark Mljet ▶ K 13/14

Mitte Juni–Mitte Sept. 13 €, sonst 9 €
Mljet fächert sich im Nordwesten in mehrere Halbinseln und vorgelagerte Inselchen auf, sie bilden den Nationalpark Mljet. Kiefernwald und mediterrane Macchie mit Steineichen und Erdbeerbäumen überzieht die verkarsteten Hügel, es gibt zahlreiche nur hier vorkommende Pflanzen. Häufig sieht man Mastixstrauch, Stechwinde, Baumerika, Wacholder, Myrte im

Unterwuchs der Kiefernwälder. Eine Attraktion sind die beiden Salzwasser-›Seen‹ **Veliko jezero** und **Malo jezero** (Großer und Kleiner See) – in Wirklichkeit handelt es sich um Meeresbuchten, die durch schmale Arme mit dem offenen Meer verbunden sind. So schmal sind die Verbindungen, dass der nur geringe Tidenhub des Mittelmeers bei Ebbe und Flut starke Strömungen erzeugt. Beim **Veliki most** nutzten die findigen Mönche von der **Marieninsel (Otok Svete Marije)** die Strömung und errichteten im 16. Jh. eine Gezeitenmühle, vermutlich die erste der Welt. Eine ›Veliki most‹ (Große Brücke) gab es nicht. Beim **Mali most** zwischen Großem und Kleinem See errichteten die Mönche hingegen eine Brücke, ihre Nachfolgerin steht noch. Die Seen entstanden als Poljen, sie wurden von der nacheiszeitlich ansteigenden See überflutet.

Zu Fuß und per Boot zur Klosterinsel Otok Svete Marije

Eine Nationalparkkarte mit allen Wanderwegen ist im Nationalparkkiosk erhältlich

Die größte Attraktion im Nationalpark ist die Klosterinsel Otok Svete Marije im Veliko jezero. Man erreicht sie von **Pomena,** indem man den beschilderten Steinplattenweg zum **Malo jezero** nimmt (Schild »Jezera 0,3«). Bis zum ›Kleinen See‹ sind es 10 Min., bis zur **Verbindung zum Veliko jezero** weitere 10 Min. Von hier aus kann man den Kleinen See auf einem guten Fußweg (allerdings zahlreiche Stufen!) umrunden. Am Ufer des **Veliko jezero** besteigt man das Boot und lässt sich zur **Klosterinsel** hinüberschippern (alternativ Fahrt mit Busshuttle von der Fähre in Polače; diese und Bootsfahrt im Nationalparkeintritt inbegriffen).

Das **Kloster Sveta Marija** wurde im 12. Jh. von Benediktinern aus Apulien gegründet, aus dieser Zeit stammt auch die Stiftskirche. Um 1250 bemächtigte die Republik Ragusa sich der Klosterinsel und hielt sie bis 1808.

Ein Sträßchen führt weiter am Großen See entlang über die Engstelle am Ausgang zum Meer und endet am Buchtausgang. Bis hierher kann man radeln, danach ist sowohl für Radfahrer als auch Wanderer Schluss.

Übernachten, Essen

Großzügig – **Odisej:** Pomena, Tel. 020 36 21 11, www.adriaticluxuryhotels.com, April–Okt, DZ/ÜF 100–190 €. Gepflegtes Hotel der Dubrovniker Hotelkette an der Bucht von Pomena, im Sommer schnell ausgebucht, im Winter geschl. Zimmer unterschiedlicher Qualität, aber alle mit Sat-TV, Klimaanlage und Balkon. Großes **Restaurant** mit sehr günstigem Menü: ca. 10 €.

Aktiv

Vielfalt – Die Sträßchen um den Veliko jezero sind ein Radler-Dorado: **Leihräder** vor dem Hotel Odisej (s. o.). Das Hotel organisiert auch **Minibustouren** über die Insel, **Bootstouren** im Archipel um Pomena sowie **Wanderungen.**

Infos

Touristeninformation Mljet: in Sobra Tel. 020 74 60 25, in Polace Tel. 020 74 41 86, www.mljet.hr.

Verwaltung des Nationalparks Mljet: Pristanište 2, 20226 Goveđari, Tel. 020 74 40 41, www.np-mljet.hr.

Fähren: Pomena wird von Dubrovnik über Sobra mit dem **Katamaran** erreicht (Kapetan Luka, s. S. 24). Mehrmals tgl. **Fährverbindung** zwischen Sobra und Prapratno auf der Halbinsel Pelješac (Autofähre, Jadrolinija, s. S. 24).

Sprachführer Kroatisch

Ausspracheregeln

Amts- und Verkehrssprache ist das Kroatische. In Istrien und im Kvarner beherrschen die meisten Bewohner auch die italienische Sprache. An der Küste ist Deutsch weit verbreitet, ansonsten wendet man sich am besten in englischer Sprache an die jüngere Generation. Für eine Kroatienreise müssen Sie also nicht unbedingt die Landessprache beherrschen, die ersten Lektionen eines Sprachkurses und die Mitnahme eines Sprachführers (evtl. mit CD für die Aussprache) können jedoch gute Dienste leisten.

Aussprache

Das Kroatische kennt nur wenige Laute, die sich vom Deutschen unterscheiden; sie sind nachstehend aufgeführt:

č	wie tsch in deutsch
ć	wie tch in Brötchen
đ	zwischen dj und dsch
š	wie sch in rasch
ž	wie g in Genie
dž	wie dsch in Dschungel
c	wie ein deutsches z
z	wie ein deutsches stimmhaftes s, z. B. in »rasen«

Im kroatischen Alphabet sind die Sonderzeichen nach den Grundzeichen angeordnet, d. h.: đ folgt auf d, č und ć folgen auf c, š auf s und ž auf z.

Allgemeines

Guten Tag	dobar dan
Guten Abend	dobar večer
Auf Wiedersehen	do viđenja
Hallo/Tschüss	bok
Bitte	molim
Danke	hvala
Keine Ursache	nema na čemu
Verzeihung	oprostite
Ja	da
Nein	ne
Nein, danke	ne, hvala
Guten Appetit	dobar tek
Prost	na zdravlje
Wie geht's?	Kako je?
Herr	gospodin
Frau	gospođa
Deutschland	Njemačka
Österreich	Austrija
Schweiz	Švicarska

Unterwegs

rechts	desno
links	lijevo
geradeaus	ravno
zurück	natrag
Straße	ulica, cesta
Auto	auto
Reifen	guma
Öl	ulje
Autowerkstatt	radionica
Tankstelle	benzinska stanica
Fahrrad	bicikl
Bahn/Bus	vlak/autobus
verkehrt …	vozi …
Schiff/Fähre	brod/trajekt
verkehrt …	plovi …
… verkehrt nicht	… ne vozi/ … ne plovi
… verkehrt nur …	… vozi/plovi samo …
täglich	svaki dan
werktags	radni dan
außer …	osim …

Zeit

wann	kada
gestern	jučer
heute	danas
morgen	sutra
Sonntag	nedjelja
Montag	ponedjeljak
Dienstag	utorak
Mittwoch	srijeda
Donnerstag	četvrtak
Freitag	petak
Samstag	subota
am Morgen	ujutro
am Nachmittag	popodne

am Abend	večer
bei Nacht	noću
langsam	lagano
schnell	brzo

Einkaufen

gut	dobro
schön	lijepo
wie viel	koliko
viel/wenig	mnogo/malo
zu teuer	preskupo
genug	dosta
Geld	novac
Kreditkarte	kreditna kartica
Markt	tržnica

Essen und Trinken

Speisekarte	jelovnik
Frühstück	doručak
Mittagessen	ručak
Abendessen	večera
Löffel	žlica
Gabel	viljuška
Messer	nož
Salz	sol
Zucker	šećer

In der Stadt

Museum	muzej
Kirche	crkva
Zimmer	soba
Hotel	hotel
Stadtplan	plan grada
Touristen-Information	turistička informacija
geöffnet	otvoreno
geschlossen	zatvoreno
Bank	banka
Postamt	pošta
Briefmarke	poštanska marka

Zahlen

0	nula	17	sedamnaest
1	jedan	18	osamnaest
2	dva	19	devetnaest
3	tri	20	dvadeset
4	četiri	21	dvadesetjedan
5	pet	30	trideset
6	šest	40	četrdeset
7	sedam	50	pedeset
8	osam	60	šezdeset
9	devet	70	sedamdeset
10	deset	80	osamdeset
11	jedanaest	90	devedeset
12	dvanaest	100	sto
13	trinaest	200	dvjesto
14	četrnaest	1000	tisuća
15	petnaest	2000	dvije tisuće
16	šesnaest		

Die wichtigsten Sätze

Ich verstehe nicht	Ne razumijem
Ich habe einen Unfall/Panne	Imam nesreća/kvar
Wo ist ... nächste ...?	Gdje je najbliži ... ?
Arzt	liječnik
Krankenhaus	bolnica
Apotheke	ljekara
Polizei	policija?
Wo ist der ... ?	Gdje je ... ?
Bahnhof	kolodvor
Bus-Bahnhof	autobusni kolodvor
Hafen	luka
Flughafen	aerodrom/ zračna luka
Ist das die Straße nach ...?	Je li ovo cesta prema ...?
Wo ist das Hotel ...?	Gdje je hotel ...?
Haben Sie ein freies Zimmer?	Imate li slobodnu sobu?
Doppelzimmer?	dvokrevetnu sobu?
... mit Toilette?	... s zahodom?
... mit Badezimmer?	... s kupatilom?
Wie viel kostet das Zimmer?	Koliko stoji soba?

Kulinarisches Lexikon

Zubereitungsarten

gekocht	na lešo
gegrillt	na žaru/na roštilju
gebraten	pečen
gesalzen	posoljen
gefüllt	punjen
geschmort (mit Knoblauch, Gewürzen, Olivenöl, Wein)	na buzaru

Vorspeisen und Suppen

Gemüsesuppe	maneštra/suha od povrća
Omelett	omlet
Aufstrich aus Griebenschmalz	pešt
Rohschinken	pršut
Fischsuppe	riblja juha
Käse	sir
Frischkäse	bijeli sir
Schafskäse	ovčji sir
eingesalzener Fisch	slane ribe
kalte Platte	hladni pladanj
Perlzwiebeln	kapulica

Nudel- und Reisgerichte

Nudeln mit Trüffeln	rezanci/pašta s tartufima
Nockerl, Gnocchi	njoki
... mit Wildsugo	... sa divljči
Risotto mit Scampi	rižot od škampi
Risotto mit Meeresfrüchten	rižot s plodovima moru (marinara)
schwarzer Tintenfischrisotto	crni rižot

Fisch und Meeresfrüchte

Fisch	riba
Stockfisch in weißer Soße	bakalar na bijelo
Fischeintopf	brudet/brodet/fiš paprikaš
Languste	jastog
Forelle	pstrva
Karpfen	šaran
Zander	smuž
gegrillte Kalamari	pržene lignje
Hummer	rarog/hlap
Fisch in der Salzkruste	riba u soli
Krabbensalat	salata od rakovice
Scampo(-i), Kvarner Garnele	škamp
Zahnbrasse	zubatac/zubac
Goldbrasse	lavrata/podlanica
Bindenbrasse	šarag
Rotbrasse	arbun/rumenac
Gelbstrieme	bukva
Wolfsbarsch	lubin/brancin
Brauner Zackenbarsch	kirnja/finka/tenka
Brauner Drachenkopf	škpun/bodeć
Rotbarbe	barbun
Makrele	skuša/vrnut
Seezunge	list/šfoja
Lammzunge	patarača
Seeteufel	grdobina
Sardelle/Anchovis	inćun/sardon minćon
Sardine	srdela
Sprotte	srdelica/papalinka
Meeraal	ugor/gruj
Flussaal	jegulja/anguja/bizat
Seehecht	oslić/tovar

Fleischgerichte

Fleisch	meso
Hackfleischröllchen	ćevapčići
Reisfleisch	đuveč
Lammfleisch	janjetina
Lamminnereien	vitalac
Cordon Bleu	zagrebački odrezak
unter der Glocke gegartes Fleisch	meso pod pekom
Grillteller	miješano meso na žaru
luftgetrocknetes, mariniertes Kotelett	ma ombolo

Rinderschmorbraten	pašticada
Hähnchen	pile
Hamburger	pljescavica
gefüllte Paprika	punjene paprika
Rindersteak	ramstek/ biftek
Fleischspießchen	ražnjici
Krautwickel mit Hackfleisch	sarma
Schnitzel	šnicl/odrezak

Gemüse, Beilagen

Gemüse	povrće
Mangold	blitva
Sauerkraut	kiselo zelje
Essiggurke	kiseli krastavac
Tomate	rajčica
Gemüsemus (scharf)	ajvar
Nudeln (aus Istrien)	fuži
Nudeln (aus dem Hrvatsko Zagorje)	štrukli
Reis	riža
Salzkartoffeln	kuhani krumpir
Polenta	polenta/pura
Pommes frites	pomfrit
Schupfnudeln	šuljki
Fleischbeilage aus Palatschinkenteig	mlinzi
Brot	kruh

Dessert

Strudel mit Nussfüllung	baklava
in Öl ausgebackenes Hefegebäck	fritule
Kuchen	kolač
Mandelgebäck	kroštule
Hefekuchen	pinza
Apfelstrudel	pita/strudel od jabuke
Karamelpudding	rožata
Obst	voće
Speiseeis	sladoled
Getränke	
Wasser	voda
Mineralwasser	mineralna voda
Kaffee	kava
Tee	čaj
Orangensaft	oranžada
Apfelsaft	sok od jabuke
Wein	vino
Bier	pivo

Lokale

Bife wörtlich Buffet, bedeutet Imbissstube, Kneipe, Café (nur kein richtiges Restaurant)
Gostiona, Gostionica Gasthaus, Gaststätte, einfaches Restaurant, häufig mit eher traditioneller Küche, meist handelt es sich um einen Familienbetrieb
Grill Einfache Gaststätte mit Grillgerichten, meist nur Fleisch
Kaffee-Bar Café, wie Kavana
Kavana Café, hier gibt es nur zu trinken, kein Essen, nicht einmal Brötchen
Konoba eigentlich Weinkeller, heute meist ein Gasthaus im Familienbetrieb mit Hausmannskost, besonders gerne wird der Ausdruck in Istrien verwendet
Pivnica Bierlokal, Gasthaus mit Bierausschank, Bierkeller
Pizzeria tatsächlich eine Pizzeria, häufig werden aber auch Nudelgerichte angeboten
Restoran/Restaurant/Restauracija im Vergleich zur *gostiona* meist gehobeneres Ambiente und höhere Preise
Riblji restoran Fischrestaurant
Samoposlužni restoran Selbstbedienungsrestaurant
Slastičarna Eisdiele, Konditorei und Café in einem
Taverna aus dem Italienischen übernommene Bezeichnung für einen einfachen Gasthof oder eine *konoba,* fast nur in Touristengebieten

Register

Die Autoren: Hubert Beyerle (Foto) ist freier Journalist und lebt in Berlin, wenn er nicht gerade in Südosteuropa unterwegs ist. Er schreibt außer zu Reise- über Wirtschafts-, Energie-, Eisenbahn- sowie historische Themen. Kroatien kennt er seit vielen Jahren als Reisender und als Autor. Er hat für DuMont das »Reise-Handbuch Kroatien« geschrieben. Der vorliegende Band wurde ursprünglich von Dietrich Höllhuber (1943–2014) verfasst, der weitere Reise- und Wanderführer im DuMont Reiseverlag veröffentlichte.

Abbildungsnachweis
Hubert Beyerle, Berlin: S. 6, 296
DuMont Bildarchiv, Ostfildern: S. 62, 230 li., 234 (Kammerhof)
Fotolia, New York (USA): S. 167 (Kailova)
Ralf Freyer, Freiburg: S. 66, 78 li., 88/89, 112, 196 li., 199, 213 li., 229, 258 (2x), 259 li., 264/265, 266
Rainer Hackenberg, Köln: S. 91, 156 re., 157 li., 169
Huber-Images, Garmisch-Partenkirchen: S. 13 u. re., 270/271 (Gräfenhain); Titelbild, 12 u. re., 220 (Kremer)
Dietrich Höllhuber, Dresden: S.12 u. li., 21, 54, 58, 70, 120/121, 156 li., 165, 186/187, 222, 230 re., 231 li., 238/239, 252, 254
iStock.com, Calgary (Kanada): S. 29, 176 re. (Bostanci); 176 li., 179 (phant); 32/33 (Tan Kian Khoon)
Laif, Köln: S. 60, 99, 196 re., 204 (Amme); 13 u. li., 246/247 (Celentano); 42/43 (hemis.fr); 12 o. re., 94/95 (Linkel); 12 o. li., 116 li., 130/131, 177 li., 183 (Malherbe); 65 (Reid/Gamma); 103 (Standl); 8 (Trummer); 219 (Zahn); 136/137 (Zanettini); 16/17 (Zuder)
Look, München: S. 7, 212 re., 215 (age fotostock); 110 (Harding); 11 (Wothe)
Mauritius Images, Mittenwald: S. 284 (agestock/PATSTOCK); 13 0.re., 174/175, 276 (Alamy); 13 o. li., 144/145 (Wunderlich)
picture-alliance, Frankfurt a. M.: Umschlagklappe vorn, S. 79 li., 84, 117 li., 150/151 (Bildagentur Huber); 47 (dpa, akg images); 75 (dpa, Murat); 78 re., 104 (Eisend); 76/77 (Helga Lade Fotoagentur); 56 (Hippocampus Bildarchiv, Teigler); 116 re., 126 (OKAPIA, Bernhardt); 52 (OKAPIA, Meyers); 69 (ZB, Reents)
Transit, Leipzig: S. 191, 197 li., 207 (Hirth)
Visum, Hannover: S. 182 (Hackenberg); 212 li. (Schickert)

Kartografie
DuMont Reisekartografie, Fürstenfeldbruck
© DuMont Reiseverlag, Ostfildern

Umschlagfotos
Titelbild: Stadtmauer am alten Hafen in der Altstadt von Dubrovnik, Dalmatien
Umschlagklappe vorn: Bucht auf der Insel Vis

Hinweis: Autor und Verlag haben alle Informationen mit größtmöglicher Sorgfalt geprüft. Gleichwohl erfolgen alle Angaben ohne Gewähr. Bitte schreiben Sie uns! Über Ihre Rückmeldung und Ihre Verbesserungsvorschläge freuen wir uns: **DuMont Reiseverlag,** Postfach 3151, 73751 Ostfildern, info@dumontreise.de, www.dumontreise.de

5., aktualisierte Auflage 2018

Redaktion/Lektorat: Wais & Partner; Christiane Wagner
Grafisches Konzept: Groschwitz/Blachnierek, Hamburg
Printed in China

FSC www.fsc.org MIX Papier aus verantwortungsvollen Quellen FSC® C124385